2023

윤우혁

군무원
행정법
기출문제

윤우혁 만듦

박영사  gong.conects.com

머리말

여태 저자가 군무원 시험에 대한 기출문제집을 별도로 내지 않은 이유는, 법 과목은 직렬과 관계 없이 유사성이 높기 때문이었다. 그런데 최근 군무원 시험 수험생이 급증하면서 별도의 기출문제집 출간요청을 더 이상 외면할 수 없게 되었다. 군무원 시험문제를 별도로 풀어 봄으로써 수험생의 실 전감각을 높이는 것이 이 책의 역할이자 목적이 될 것이다. 저자는 책을 집필하는 과정에서 다른 시 험과는 다른 군무원 시험만의 몇 가지 특성을 분석하였다. 이 책으로 공부하는 수험생들 또한 이러 한 점을 유의하면 보다 효율적인 정리가 가능할 것으로 판단된다. 그 특성은 다음과 같다.

1. 반복되는 지문이 상당히 많다. 이러한 특징은 다른 시험에서도 마찬가지이지만, 군무원 시험에서는 그 경향이 더욱 강하다고 할 수 있다.
2. 명확하지 않은 지문이 상대적으로 많다. 지문 자체만으로는 정오가 명확히 판단되지 않는다. 따라서 이러한 지문은 상대적으로 판단해야 하고, 무조건 암기하는 방법은 바람직하지 않다.
3. 지엽적인 지문이 가끔 나온다. 이 부분은 별도로 대비하기보다는 소거법으로 풀어야 한다.

이 책은 군무원 행정법 기출문제 10개년과 기타 공무원 행정법 기출문제 각 1개년(총 3회분)으로 구성되어 있다. 점점 어려워지는 군무원 시험을 대비하여 이 책이 수험생 여러분의 합격에 도움이 되기를 기원한다. 마지막으로 저자의 바쁜 강의일정 때문에 새로운 책을 출간하기 어려운 상황에서, 이 책을 내는 데 도움을 주신 박영사 관계자분들께 깊은 감사를 드린다.

2022년 11월

윤우혁

군무원 소개

군무원이란?

군 부대에서 군인과 함께 근무하는 공무원으로서 신분은 국가공무원법상 특정직 공무원으로 분류

군무원의 종류

일반군무원	• 기술·연구 또는 행정일반에 대한 업무 담당 • 계급 구조 : 1~9급	• 행정, 군사정보 등 47개 직렬
전문군무경력관	• 특정업무 담당 • 계급 구조 : 가군, 나군, 다군	• 교관 등
임기제군무원	일정한 기간 동안 전문지식·기술이 요구되거나 임용에 있어서 신축성 등이 요구되는 업무 분야 군무원	

군무원의 근무처

국방부 직할부대(정보사, 안보사, 국통사, 의무사 능), 육군·해군·공군본부 및 예히부대

직렬별 주요 업무내용

직 군	직 렬	업무내용
행정(6)	행 정	• 국방정책, 군사전략, 체계분석, 평가, 제도, 계획, 연구업무 • 일반행정, 정훈, 심리업무 • 법제, 송무, 행정소송업무 • 세입·세출결산, 재정금융 조사분석, 계산증명, 급여업무 • 국유재산, 부동산 관리유지·처분에 관한 업무
	사 서	도서의 수집·선택·분류·목록작성·보관·열람에 관한 업무
	군 수	• 군수품의 소요/조달, 보급/재고관리, 정비계획, 물자수불(청구·불출)업무 • 물품의 생산·공정·품질·안전관리·지원활용 등 작업계획·생산시설 유지·생산품 처리업무
	군사정보	주변국 및 대북 군사정보 수집, 생산관리, 부대전파 및 군사보안업무
	기술정보	• 외국정보 및 산업, 경제, 과학기술 정보의 수집, 생산관리 보안업무 • 정보용 장비, 기기 등에 의한 정보수집업무
	수 사	범죄수사, 비위조사, 범죄예방, 계몽활동 등에 관한 업무

※ 그 외 직군별 직렬의 업무내용은 국방부 군무원 채용관리 홈페이지에서 확인

군무원 선발업무 주관부서

구 분	국방부	육 군	해 군	공 군
선발대상	각군 5급 이상 및 국직부대 전 계급	6급 이하	6급 이하	6급 이하
주관부서	국방부 군무원정책과	육군 인사사령부	해군본부 군무원인사과	공군본부 군무원인사과
연락처	02) 748-5106, 5115, 5289	042) 550-7102~7	042) 553-1284	042) 552-1453, 1457

시험안내

이하 내용은 국방부 군무원 채용관리 홈페이지(http://recruit.mnd.go.kr)와 2022년 일반군무원 채용시험 시행계획 공고문을 기준으로 작성하였습니다.

시험방법

채용절차

채용공고 → 원서접수 → 서류전형(경력경쟁채용) → 필기시험 → 면접시험 → 합격자 발표 → 채용후보자 등록(신체검사) → 임용

※ 채용공고: 신문(국방일보, 일간신문), 인터넷(군무원 채용관리 공지사항, 국방부 홈페이지 국방소식 채용 공지사항)

채용시험

시험구분	시험방법
공개경쟁채용시험	필기시험 → 면접시험
경력경쟁채용시험	서류전형 → 필기시험 → 면접시험

※ 시험시기: 연 1회(4~10월경)
※ 자세한 시험일정, 시험장소, 합격자 발표 등 시험시행과 관련한 사항은 국방부 군무원 채용관리 홈페이지에서 확인

시험 출제수준

· 5급 이상: 정책의 기획 및 관리에 필요한 능력·지식을 검정할 수 있는 정도
· 6~7급: 전문적 업무수행 능력·지식을 검정할 수 있는 정도
· 8~9급: 업무수행에 필요한 기본적 능력·지식을 검정할 수 있는 정도

채용시험 응시연령

· 7급 이상: 20세 이상
· 8급 이하: 18세 이상
※ 최종시험의 시행예정일이 속한 연도에 위 계급별 응시연령에 해당하여야 함

합격자 결정

서류전형

경력경쟁채용 응시자에 한함

필기시험

- 공개경쟁채용시험 및 경력경쟁채용시험 응시자(경력경쟁채용시험 지원자는 서류전형 합격자에 한해 응시기회 부여)
- 문제형식 및 문항수: 객관식 선택형, 과목당 25문항
- 시험시간: 과목당 25분
- 합격자 선발: 선발예정인원의 1.5배수(150%) 범위 내(단, 선발예정인원이 3명 이하인 경우, 선발예정인원에 2명을 합한 인원의 범위)
  ※ 합격기준에 해당하는 동점자는 합격처리함

면접시험

- 필기시험 합격자에 한해 응시기회 부여
- 평가요소: ① 군무원으로서의 정신자세, ② 전문지식과 그 응용능력, ③ 의사표현의 정확성·논리성, ④ 창의력·의지력·발전가능성, ⑤ 예의·품행·준법성·도덕성 및 성실성
  ※ 7급 공개경쟁채용시험 응시자는 개인발표 후 개별면접순으로 진행

최종합격자 결정

- 필기시험 합격자 중 면접시험을 거쳐 결정
- 필기시험 점수(50%)와 면접시험 점수(50%)를 합산하여 높은 점수를 받는 사람순으로 최종합격자 결정
  ※ 이후 '신원조사'와 '공무원채용신체검사'에서 모두 '적격'판정을 받은 사람을 최종합격자로 확정

임용 결격사유

군무원인사법 제10조(결격사유)

- 대한민국의 국적을 가지지 아니한 사람
- 대한민국 국적과 외국 국적을 함께 가지고 있는 사람
- 「국가공무원법」 제33조 각 호의 어느 하나에 해당하는 사람

국가공무원법 제33조(결격사유)

- 피성년후견인
- 파산선고를 받고 복권되지 아니한 자
- 금고 이상의 실형을 선고받고 그 집행이 종료되거나 집행을 받지 아니하기로 확정된 후 5년이 지나지 아니한 자
- 금고 이상의 형을 선고받고 그 집행유예 기간이 끝난 날부터 2년이 지나지 아니한 자
- 금고 이상의 형의 선고유예를 받은 경우에 그 선고유예 기간 중에 있는 자
- 법원의 판결 또는 다른 법률에 따라 자격이 상실되거나 정지된 자
- 공무원으로 재직기간 중 직무와 관련하여 「형법」 제355조 및 제356조에 규정된 죄를 범한 자로서 300만원 이상의 벌금형을 선고받고 그 형이 확정된 후 2년이 지나지 아니한 자
- 「성폭력범죄의 처벌 등에 관한 특례법」 제2조에 규정된 죄를 범한 사람으로서 100만원 이상의 벌금형을 선고받고 그 형이 확정된 후 3년이 지나지 아니한 사람
- 미성년자에 대한 다음 각 목의 어느 하나에 해당하는 죄를 저질러 파면·해임되거나 형 또는 치료감호를 선고받아 그 형 또는 치료감호가 확정된 사람(집행유예를 선고받은 후 그 집행유예기간이 경과한 사람을 포함한다)
  - 「성폭력범죄의 처벌 등에 관한 특례법」 제2조에 따른 성폭력범죄
  - 「아동·청소년의 성보호에 관한 법률」 제2조 제2호에 따른 아동·청소년대상 성범죄
- 징계로 파면처분을 받은 때부터 5년이 지나지 아니한 자
- 징계로 해임처분을 받은 때부터 3년이 지나지 아니한 자

군무원인사법 제31조(정년)

군무원의 정년은 60세로 한다. 다만, 전시·사변 등의 국가비상 시에는 예외로 한다.

시험과목 안내(공개경쟁채용 기준)

직 군	직 렬	계 급	시험과목
행 정	행 정	5급	국어, **행정법**, 행정학, 경제학, 헌법
		7급	국어, **행정법**, 행정학, 경제학
		9급	국어, **행정법**, 행정학
	사 서	5급	국어, 자료조직론, 도서관경영론, 정보학개론, 참고봉사론
		7급	국어, 자료조직론, 도서관경영론, 정보봉사론
		9급	국어, 자료조직론, 정보봉사론
	군 수	5급	국어, **행정법**, 행정학, 경제학, 경영학
		7급	국어, **행정법**, 행정학, 경영학
		9급	국어, **행정법**, 경영학
	군사정보	5급	국어, 국가정보학, 정보사회론, 정치학, 심리학
		7급	국어, 국가정보학, 정보사회론, 심리학
		9급	국어, 국가정보학, 정보사회론
	기술정보	5급	국어, 국가정보학, 정보사회론, 정보체계론, 암호학
		7급	국어, 국가정보학, 정보사회론, 암호학
		9급	국어, 국가정보학, 정보사회론
	수 사	5급	국어, 형법, 형사소송법, **행정법**, 교정학
		7급	국어, 형법, 형사소송법, **행정법**
		9급	국어, 형법, 형사소송법

※ 공통과목은 영어 및 한국사이며 '영어' 과목은 영어능력검정시험, '국사' 과목은 한국사능력검정시험으로 대체
※ 그 외 직군별 직렬의 시험과목은 국방부 군무원 채용관리 홈페이지에서 확인

영어 및 한국사능력검정시험

영어능력검정시험 기준점수

시험의 종류		5급	7급	9급
토익 (TOEIC)	기준점수	700점	570점	470점
	청각장애	350점	285점	235점
토플 (TOEFL)	기준점수	PBT 530점	PBT 480점	PBT 440점
		CBT 197점	CBT 157점	CBT 123점
		IBT 71점	IBT 54점	IBT 41점
	청각장애	PBT 352점	PBT 319점	PBT 292점
		CBT 131점	CBT 104점	CBT 82점
텝스 (TEPS)	기준점수	625점	500점	400점
	청각장애	375점	300점	240점
신텝스 (新TEPS)	기준점수	340점	268점	211점
	청각장애	204점	161점	127점
지텔프 (G-TELP)	기준점수	Level 2 65점	Level 2 47점	Level 2 32점
플렉스 (FLEX)	기준점수	625점	500점	400점
	청각장애(2·3급)	375점	300점	240점

- 응시원서 접수 시 계급별 기준점수 이상 취득해야 응시 가능
- ※ 청각장애 2·3급 응시자의 경우, 듣기부분을 제외한 점수가 계급별 기준점수 이상이면 응시 가능
- 공개경쟁채용 필기시험 시험예정일부터 역산하여 3년이 되는 해의 1월 1일 이후에 실시된 시험으로서 필기시험 전일까지 점수(등급)가 발표된 시험으로 한정하며, 기준점수가 확인된 시험만 인정
- 응시원서 접수 시에 본인이 기취득한 당해 영어능력검정시험명, 시험일자 및 점수 등을 정확히 표기

한국사능력검정시험 인증등급

시험의 종류	기준등급		
	5급	7급	9급
한국사능력검정시험	2급 이상	3급 이상	4급 이상

- 2020년 5월 이후 한국사능력검정시험 급수체계 개편에 따른 시험종류의 변동(초·중·고급 3종 → 기본·심화 2종)과 상관없이 기준(인증)등급을 그대로 적용
- 공개경쟁채용 필기시험 시행예정일부터 역산하여 4년이 되는 해의 1월 1일 이후에 실시된 시험으로서 필기시험 전일까지 점수(등급)가 발표된 시험으로 한정하며, 기준점수(등급)가 확인된 시험만 인정
- 응시원서 접수 시에 본인이 취득한 한국사능력검정시험의 합격등급, 인증번호(8자리)를 정확히 표기

가산점 적용대상자 및 가산점 비율표

구 분	가산비율
취업지원대상자	과목별 만점의 10% 또는 5%
의사상자 등(의사자 유족, 의상자 본인 및 가족)	과목별 만점의 5% 또는 3%
직렬별 가산대상 자격증 소지자	과목별 만점의 3~5%(1개의 자격증만 인정)

※ 비고
- 취업지원대상자 가점과 의사상자 등 가점은 1개만 적용
- 취업지원대상자 · 의사상자 등 가점과 자격증 가산점은 각각 적용

취업지원대상자 및 의사상자 등

- 적용대상: 「독립유공자예우에 관한 법률」 제16조, 「국가유공자 등 예우 및 지원에 관한 법률」 제29조, 「보훈보상대상자 지원에 관한 법률」 제33조, 「5 · 18민주유공자예우에 관한 법률」 제20조, 「특수임무유공자 예우 및 단체설립에 관한 법률」 제19조에 의한 취업지원대상자, 「고엽제후유의증 등 환자지원 및 단체설립에 관한 법률」 제7조의9에 의한 고엽제후유의증환자와 그 가족 및 「국가공무원법」 제36조의2에 의한 의사자 유족, 의상자 본인 및 가족은 과목별 득점에 위 표에서 정한 가산비율에 해당하는 점수를 가산
- 가점비율: 과목별 만점의 40% 이상 득점한 자에 한하여 과목별 득점에 과목별 만점의 일정 비율(10%/5%/3%)에 해당하는 점수를 가산
- 적용범위: 6급~9급 공개경쟁채용 또는 경력경쟁채용 직위에 한함
- 선발범위 : 국가유공자, 5·18민주유공자, 특수임무유공자 등 취입지원대상지 기점을 받아 합격하는 사람은 선발예정인원의 30%(의사상자 등 가점의 경우 10%)를 초과할 수 없음. 다만, 응시인원이 선발예정인원과 같거나 그보다 적은 경우에는 그러하지 않음

군무원 공개경쟁채용시험 가산 자격증 · 면허증 소지자

- 가산 자격증 해당 직렬(응시자격증 소지자는 가산점 부여): 토목, 건축, 시설, 전기, 전자, 통신, 지도, 영상, 일반기계, 금속, 용접, 물리분석, 화학분석, 유도무기, 총포, 탄약, 전차, 차량, 인쇄, 선체, 선거, 함정기관, 잠수, 기체, 항공기관, 항공보기, 항공지원, 기상, 기상예보, 의공 등 30개 직렬
- 가산점은 6급~9급 공개경쟁채용시험 응시자에 한해 적용
- ※ 공개경쟁채용시험 응시자격증 소지 필수직렬(12개) 응시자에게는 응시가산점을 부여하지 않음 : 사서, 환경, 전산, 사이버, 항해, 약무, 병리, 방사선, 치무, 재활치료, 의무기록, 영양관리
- 가산비율: 과목별 만점의 3% 또는 5%

7급		9급	
기술사, 기능장, 기사	산업기사	기술사, 기능장, 기사, 산업기사	기능사
5%	3%	5%	3%

- 필기시험 시행 전일까지 취업지원대상자에 해당하거나 군무원 공개경쟁채용 가산 자격증 또는 면허증을 소지할 경우 가산점 부여
  ※ 취업지원대상자 · 의사상자 등 가점과 공개경쟁채용시험 가산 자격증 · 면허증의 가산점은 각각 적용
- 가산점을 받고자 하는 자는 원서접수 기간 또는 자격증 · 면허증 수정입력 기간에 국방부 군무원 채용관리 홈페이지를 접속하여 취업지원대상 · 의사상자 등 가점비율, 가산 자격증 종류 및 가산비율 등을 입력하여야 함
- 필기시험 매 과목 만점의 40% 이상 득점한 자에 한하여 각 과목별 득점에 각 과목별 만점의 일정 비율에 해당하는 점수를 가산
- 취업지원대상 · 의사상자 등 여부 및 가점비율과 가산 자격증 · 면허증 종류 및 가산비율을 잘못 기재하여 발생하는 불이익은 응시자 본인의 귀책사유임

수험자 유의사항

- 합격자 결정방법 등 시험에 관한 구체적인 내용은 「군무원인사법 시행령」 및 관계법령을 참고하시기 바랍니다.
- 면접시험 결과, 적격자가 없는 경우 합격자를 선발하지 않을 수 있으며, 합격자 공고 후라도 신원조사 및 채용신체검사 등을 통하여 공무원임용 결격사유가 확인될 경우 임용되지 않을 수 있습니다.
- 응시원서상의 허위기재 또는 자격요건 미해당자의 응시 및 관련 증빙자료 미제출 등으로 인한 불이익은 응시자 본인의 책임으로 합니다.
- 응시자는 응시표, 답안지, 시험일시 및 장소 공고 등에서 정한 응시자 주의사항에 유의하여야 하며, 이를 준수하지 않을 경우 본인에게 불이익이 될 수 있습니다.
- 「군무원인사법 시행령」 제29조 제2항의 임용유예 사유 중 "학업의 계속"을 사유로 한 임용유예는 부대 인력운영 사정상 허용되지 않을 수도 있습니다.
- 시험 관련 자세한 사항은 국방부 군무원정책과 군무원채용담당(02-748-5106, 5115, 5289)에게 문의하시기 바랍니다.
- 응시원서상의 기재착오 또는 누락이나 연락불능, 합격자 발표 미확인 등으로 인한 불이익은 응시자의 귀책사유가 될 수 있으므로, 합격자 발표일 등 시험일정과 안내사항, 합격 여부를 반드시 확인하여야 합니다.
- 제출된 서류에 기재된 내용이 사실과 다를 경우 채용을 취소할 수 있습니다.
- 응시자가 제출한 서류는 원칙적으로 반환하지 않으며, 당해 시험에서만 응시서류로 활용합니다.
  ※ 육 · 해 · 공군 및 국직부대(기관) 6급 이하 경력경쟁채용시험 관련 사항은 각 군 본부의 인터넷 누리집 참조(문의처: 육군 042-550-7148, 7149, 해군 042-553-1284, 공군 042-552-1453)

최근 출제경향 분석

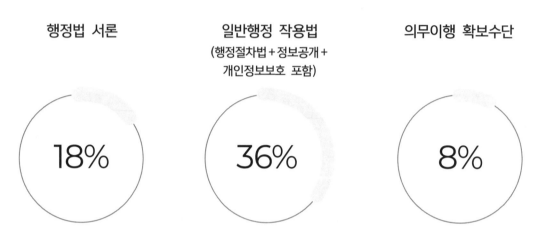

행정법 서론	일반행정 작용법 (행정절차법＋정보공개＋ 개인정보보호 포함)	의무이행 확보수단
18%	36%	8%

행정구제법	행정조직법	특별행정작용법
31%	3%	4%

7개년 군무원 행정법 기출분석표

구 분	2022	2021	2020	2019	2018	2017	2016	계	비율
행정법 서론	3	5	3	4	5	7	4	31	18%
일반행정 작용법	8	10	6	9	6	2	6	47	27%
행정절차법, 정보공개, 개인정보보호	0	2	4	2	3	3	3	17	9%
의무이행 확보수단	2	1	2	3	2	3	1	14	8%
행정구제법	12	6	6	6	7	8	9	54	31%
행정조직법	0	0	2	0	1	1	1	5	3%
특별행정작용법	0	1	2	1	1	1	1	7	4%
계	25	25	25	25	25	25	25	175	100%

- 최근 판례를 제시하는 문제유형이 빈번하게 출제됨에 따라 판례학습의 중요성은 더욱 증대되고 있습니다. 주요영역의 핵심개념에 대한 문제가 꾸준히 출제되고 있으므로, 반드시 관련 판례까지 암기하여야 합니다.
- 문제의 난도가 높아지고 있으나 전체적인 출제비중에 큰 차이는 없습니다. 다만, 지엽적이고 생소한 영역에서 문제가 출제되는 경우가 다소 있습니다.
- 군무원 시험은 일반 공무원 시험과는 달리, 기초영역인 행정법 각론에서의 출제비중이 높은 편입니다. 각론의 공유재산 및 물품 관리법, 지방자치법, 공무원법에서 주로 출제됩니다.

STRUCTURE
구성과 특징

01

군무원 기출(복원)문제 10개년

2022년 기출문제를 포함한 기출(복원)문제 10개년
을 수록하였습니다. 연속적인 기출문제 풀이를 통해
출제경향과 문제유형을 한눈에 파악할 수 있습니다.

02

기타 공무원 기출문제 3개년

국가직 · 지방직 · 소방직 행정법 기출문제 각 1개년을
수록하였습니다. 출제가능성이 높은 타 직렬 기출문제
풀이를 통해 완벽하게 시험에 대비할 수 있습니다.

03

상세하고 명쾌한 해설

상세하고 명쾌한 해설을 담았으며, 반드시 짚고 넘어가야 할 내용에는 밑줄로 표시하였습니다. 각 문제마다 난도를 표시하여 체계적으로 학습할 수 있습니다.

04

잘라 쓰는 연습용 마킹표

정답을 빠르게 확인할 수 있는 정답표와 실전감각을 키울 수 있는 연습용 마킹표를 수록하였습니다.

차 례

PART 01 | 군무원 기출(복원)문제

PART 02 | 기타 공무원 기출문제

PART 03 │ 정답 및 해설

PART

01

군무원 기출(복원)문제

01회

2022.07.16. 시행 9급 군무원

2022년 기출문제

Answer 102쪽

시작시간	
종료시간	
점수	

01

3회독 ☐☐☐

다음 중 행정법의 효력에 대한 설명으로 가장 옳지 않은 것은?

① 행정법령의 시행일을 정하지 않은 경우에는 공포한 날부터 20일이 경과함으로써 효력을 발생하는데, 이 경우 공포한 날을 첫날에 산입하지 아니하고 기간의 말일이 토요일 또는 공휴일인 때에는 그 말일의 다음 날로 기간이 만료한다.

② 법령을 소급적용하더라도 일반국민의 이해에 직접 관계가 없는 경우, 오히려 그 이익을 증진하는 경우, 불이익이나 고통을 제거하는 경우 등의 특별한 사정이 있는 경우에 한하여 예외적으로 법령의 소급적용이 허용된다.

③ 신청에 따른 처분은 신청 후 법령이 개정된 경우라도 법령 등에 특별한 규정이 있거나 처분 당시의 법령을 적용하기 곤란한 특별한 사정이 있는 경우를 제외하고는 개정된 법령을 적용한다.

④ 법령상 허가를 받아야만 가능한 행위가 법령개정으로 허가 없이 할 수 있게 되었다 하더라도 개정의 이유가 사정의 변천에 따른 규제범위의 합리적 조정의 필요에 따른 것이라면 개정 전 허가를 받지 않고 한 행위에 대해 개정 전 법령에 따라 처벌할 수 있다.

02

3회독 ☐☐☐

다음 중 행정법의 법원에 대한 설명으로 가장 옳은 것은?

① 행정청 내부의 사무처리준칙이 제정·공표되었다면 이 자체만으로도 행정청은 자기구속을 받게 되므로 이 준칙에 위배되는 처분은 위법하게 된다.

② 헌법재판소의 위헌결정이 있다면 행정청이 개인에 대하여 공적인 견해를 표명한 것으로 볼 수 있으므로 위헌결정과 다른 행정청의 결정은 신뢰보호원칙에 반한다.

③ 부당결부금지의 원칙은 판례에 의해 확립된 행정의 법원칙으로 실정법상 명문의 규정은 없다.

④ 법령의 규정만으로 처분요건의 의미가 분명하지 아니한 경우에 법원이나 헌법재판소의 분명한 판단이 있음에도 합리적 근거가 없이 사법적 판단과 어긋나게 행정처분을 한 경우에 명백한 하자가 있다고 봄이 타당하다.

03

3회독 ☐☐☐

다음 중 허가에 대한 설명으로 가장 옳지 않은 것은?

① 한의사면허는 허가에 해당하고, 한약조제시험을 통해 약사에게 한약조제권을 인정함으로써 한의사들의 영업이익이 감소되었다고 하더라도 이는 법률상 이익침해라고 할 수 없다.

② 건축허가는 기속행위이므로 건축법상 허가요건이 충족된 경우에는 항상 허가하여야 한다.

③ 허가신청 후 허가기준이 변경되었다 하더라도 그 허가관청이 허가신청을 수리하고도 정당한 이유 없이 그 처리를 늦추어 그 사이에 허가기준이 변경된 것이 아닌 이상 변경된 허가기준에 따라서 처분을 하여야 한다.

④ 석유판매업 등록은 대물적 허가의 성질을 가지고 있으므로, 종전 석유판매업자가 유사석유제품을 판매한 행위에 대해 승계인에게 사업정지 등 제재처분을 할 수 있다.

04

다음 중 처분의 사전통지에 대한 설명으로 가장 옳지 않은 것은?

① 고시 등에 의한 불특정 다수를 상대로 한 권익제한이나 의무부과의 경우 사전통지 대상이 아니다.

② 수익적 처분의 신청에 대한 거부처분은 실질적으로 침익적 처분에 해당하므로 사전통지 대상이 된다.

③ 「행정절차법」은 처분의 직접 상대방 외에 신청에 따라 행정절차에 참여한 이해관계인도 사전통지의 대상인 당사자에 포함시키고 있다.

④ 공무원의 정규임용처분을 취소하는 처분은 사전통지를 하지 않아도 되는 예외적인 경우에 해당하지 않는다.

05

다음 중 취소소송과 무효확인소송의 관계에 대한 설명으로 가장 옳지 않은 것은?

① 행정처분에 대한 취소소송과 무효확인소송은 단순병합이나 선택적 병합의 방식으로 제기할 수 있다.

② 무효선언을 구하는 취소소송이라도 형식이 취소소송이므로 제소요건을 갖추어야 한다.

③ 무효확인을 구하는 소에는 당사자가 명시적으로 취소를 구하지 않는다고 밝히지 않는 한 취소를 구하는 취지가 포함되었다고 보아서 취소소송의 요건을 갖추었다면 취소판결을 할 수 있다.

④ 취소소송의 기각판결의 기판력은 무효확인소송에 미친다.

06

다음 중 판결의 효력에 대한 설명으로 가장 옳지 않은 것은?

① 취소판결 자체의 효력으로써 그 행정처분을 기초로 하여 새로 형성된 제3자의 권리까지 당연히 그 행정처분 전의 상태로 환원되는 것이라고는 할 수 없다.

② 처분의 취소를 구하는 청구에 대한 기각판결은 기판력이 발생하지 않는다.

③ 취소판결이 확정된 경우 행정청은 종전 처분과 다른 사유로 다시 처분할 수 있고, 이 경우 그 다른 사유가 종전 처분 당시 이미 존재하고 있었고 당사자가 이를 알고 있었다 하더라도 확정판결의 기속력에 저촉되지 않는다.

④ 거부처분에 대한 취소판결이 확정된 후 법령이 개정된 경우 개정된 법령에 따라 다시 거부처분을 하여도 기속력에 반하지 아니하다.

07

다음 중 행정심판에 대한 설명으로 가장 옳지 않은 것은?

① 처분청이 처분을 통지할 때 행정심판을 제기할 수 있다는 사실과 기타 청구절차 및 청구기간 등에 대한 고지를 하지 않았다고 하여 처분에 하자가 있다고 할 수 없다.

② 행정심판청구서가 피청구인에게 접수된 경우, 피청구인은 심판청구가 이유 있다고 인정하면 직권으로 처분을 취소할 수 있다.

③ 수익적 처분의 거부처분이나 부작위에 대해 임시적 지위를 인정할 필요가 있어서 인정한 제도는 임시처분이다.

④ 의무이행심판에서 이행을 명하는 재결이 있음에도 불구하고 처분청이 이를 이행하지 아니할 때 위원회가 직접 처분을 할 수 있는데, 행정심판의 재결은 처분청을 기속하므로 지방자치단체는 직접 처분에 대해 행정심판위원회가 속한 국가기관을 상대로 권한쟁의심판을 청구할 수 없다.

08

다음 중 영조물의 설치·관리상 하자로 인한 손해배상에 대한 설명으로 가장 옳지 않은 것은?

① 공공의 영조물은 사물(私物)이 아닌 공물(公物)이어야 하지만, 공유나 사유임을 불문하고 행정주체에 의하여 특정 공공의 목적에 공여된 유체물이면 족하다.

② 도로의 설치 및 관리에 있어 완전무결한 상태를 유지할 정도의 고도의 안전성을 갖추지 아니하였다고 하여 하자가 있다고 단정할 수는 없고, 그것을 이용하는 자의 상식적이고 질서 있는 이용방법을 기대한 상대적인 안전성을 갖추는 것으로 족하다.

③ 하천의 홍수위가 「하천법」상 관련규정이나 하천정비계획 등에서 정한 홍수위를 충족하고 있다고 해도 하천이 범람하거나 유량을 지탱하지 못해 제방이 무너지는 경우는 안전성을 결여한 것으로 하자가 있다고 본다.

④ 공군에 속한 군인이나 군무원의 경우 일반인에 비하여 공군비행장 주변의 항공기 소음피해에 관하여 잘 인식하거나 인식할 수 있는 지위에 있다는 이유만으로 가해자가 면책되거나 손해배상액이 감액되지는 않는다.

09

통치행위에 관한 판례의 내용으로 가장 옳지 않은 것은?

① 외국에의 국군의 파견결정과 같이 성격상 외교 및 국방에 관련된 고도의 정치적 결단이 요구되는 사안에 대한 국민의 대의기관의 결정이 사법심사의 대상이 되지 아니한다.

② 선고된 형의 전부를 사면할 것인지 또는 일부만을 사면할 것인지를 결정하는 것은 사면권자의 전권사항에 속하는 것이고, 징역형의 집행유예에 대한 사면이 병과된 벌금형에도 미치는 것으로 볼 것인지 여부는 사면의 내용에 대한 해석문제에 불과하다.

③ 남북정상회담의 개최과정에서 재정경제부장관에게 신고하지 아니하거나 통일부장관의 협력사업승인을 얻지 아니한 채 북한 측에 사업권의 대가 명목으로 송금한 행위는 사법심사의 대상이 되지 아니한다.

④ 비록 서훈취소가 대통령이 국가원수로서 행하는 행위라고 하더라도 법원이 사법심사를 자제하여야 할 고도의 정치성을 띤 행위라고 볼 수는 없다.

10

행정행위의 효력에 대한 설명으로 가장 옳지 않은 것은? (단, 다툼이 있는 경우 판례에 의함)

① 일반적으로 행정처분이나 행정심판재결이 불복기간의 경과로 확정될 경우에는 그 처분의 기초가 된 사실관계나 법률적 판단이 확정되고 당사자들이나 법원이 이에 기속되어 모순되는 주장이나 판단을 할 수 없게 된다.

② 제소기간이 이미 도과하여 불가쟁력이 생긴 행정처분에 대하여는 개별법규에서 그 변경을 요구할 신청권을 규정하고 있거나 관계법령의 해석상 그러한 신청권이 인정될 수 있는 등 특별한 사정이 없는 한 국민에게 그 행정처분의 변경을 구할 신청권이 있다 할 수 없다.

③ 불가쟁력이 발생한 행정행위로 손해를 입은 국민은 그 위법성을 들어 국가배상청구를 할 수 있다.

④ 불가변력이라 함은 행정행위를 한 행정청이 당해 행정행위를 직권으로 취소 또는 변경할 수 없게 하는 힘으로 실질적 확정력 또는 실체적 존속력이라고도 한다.

11

부관에 대한 판례의 내용으로 가장 옳지 않은 것은?

① 재량행위에 있어서는 관계법령에 명시적인 금지규정이 없는 한 행정목적을 달성하기 위하여 조건이나 기한, 부담 등의 부관을 붙일 수 있다.

② 토지소유자가 토지형질변경행위허가에 붙은 기부채납의 부관에 따라 토지를 국가나 지방자치단체에 기부채납(증여)한 경우, 토지소유자는 원칙적으로 기부채납(증여)의 중요부분에 착오가 있음을 이유로 증여계약을 취소할 수 있다.

③ 당초에 붙은 기한을 허가 자체의 존속기간이 아니라 허가조건의 존속기간으로 보더라도 그 후 당초의 기한이 상당기간 연장되어 연장된 기간을 포함한 존속기간 전체를 기준으로 볼 경우 더 이상 허가된 사업의 성질상 부당하게 짧은 경우에 해당하지 않게 된 때에는 재량권의 행사로서 더 이상의 기간연장을 불허가할 수도 있다.

④ 일반적으로 행정처분에 효력기간이 정하여져 있는 경우에는 그 기간의 경과로 그 행정처분의 효력은 상실되며, 다만 허가에 붙은 기한이 그 허가된 사업의 성질상 부당하게 짧은 경우에는 이를 그 허가 자체의 존속기간이 아니라 그 허가조건의 존속기간으로 볼 수 있다.

12

행정계획에 관한 판례의 내용으로 가장 옳지 않은 것은?

① 관계법령에는 추상적인 행정목표와 절차만이 규정되어 있을 뿐 행정계획의 내용에 관하여는 별다른 규정을 두고 있지 아니하므로 행정주체는 구체적인 행정계획을 입안·결정함에 있어서 비교적 광범위한 형성의 자유를 가진다.

② 행정주체가 가지는 이와 같은 형성의 자유는 무제한적인 것이 아니라 그 행정계획에 관련되는 자들의 이익을 공익과 사익 사이에서는 물론이고 공익 상호간과 사익 상호간에도 정당하게 비교교량하여야 한다는 제한이 있다.

③ 판례에 따르면, 행정계획에 있어서 형량의 부존재, 형량의 누락, 평가의 과오 및 형량의 불비례 등 형량의 하자별로 위법의 판단기준을 달리하여 개별화하여 판단하고 있다.

④ 이미 고시된 실시계획에 포함된 상세계획으로 관리되는 토지 위의 건물의 용도를 상세계획승인권자의 변경승인 없이 임의로 판매시설에서 상세계획에 반하는 일반목욕장으로 변경한 사안에서, 그 영업신고를 수리하지 않고 영업소를 폐쇄한 처분은 적법하다고 한 판례가 있다.

13

다음 중 취소소송의 대상이 되는 처분에 해당하는 것으로 옳은 것은 모두 몇 개인가?

ㄱ. 한국마사회의 조교사나 기수에 대한 면허취소·정지
ㄴ. 법규성 있는 고시가 집행행위 매개 없이 그 자체로서 이해당사자의 법률관계를 직접 규율하는 경우
ㄷ. 행정계획변경신청의 거부가 장차 일정한 처분에 대한 신청을 구할 법률상 이익이 있는 자의 처분 자체를 실질적으로 거부하는 경우
ㄹ. 국가공무원법상 당연퇴직의 인사발령

① 0개
② 1개
③ 2개
④ 3개

14

행정입법부작위에 대한 설명으로 가장 옳지 않은 것은? (단, 다툼이 있는 경우 판례에 의함)

① 현행법상 행정권의 시행명령제정의무를 규정하는 명시적인 법률규정은 없다.

② 삼권분립의 원칙, 법치행정의 원칙을 당연한 전제로 하고 있는 우리 헌법하에서 행정권의 행정입법 등 법집행의무는 헌법적 의무라고 보아야 한다.

③ 행정입법의 부작위가 위헌·위법이라고 하기 위하여는 행정청에게 행정입법을 하여야 할 작위의무를 전제로 하는 것이나, 그 작위의무가 인정되기 위하여는 행정입법의 제정이 법률의 집행에 필수불가결한 것일 필요는 없다.

④ 부작위위법확인소송의 대상이 될 수 있는 것은 구체적 권리의무에 관한 분쟁이어야 하고, 추상적인 법령에 관하여 제정의 여부 등은 그 자체로서 국민의 구체적인 권리의무에 직접적 변동을 초래하는 것이 아니어서 행정소송의 대상이 될 수 없다.

15

판례에 따르면 공법상 당사자소송과 가장 옳지 않은 것은?

① 조세부과처분의 당연무효를 전제로 하여 이미 납부한 세금의 반환청구

② 재개발조합을 상대로 조합원자격 유무에 관한 확인을 구하는 소송

③ 사업주가 당연가입자가 되는 고용보험 및 산재보험에서 보험료납부의무 부존재확인소송

④ 한국전력공사가 한국방송공사로부터 수신료의 징수업무를 위탁받아 자신의 고유업무와 관련된 고지행위와 결합하여 수신료를 징수할 권한이 있는지 여부를 다투는 쟁송

16

행정소송법의 규정내용으로 가장 옳지 않은 것은?

① 법원은 소송의 결과에 따라 권리 또는 이익의 침해를 받을 제3자가 있는 경우에는 당사자 또는 제3자의 신청 또는 직권에 의하여 결정으로써 그 제3자를 소송에 참가시킬 수 있다.

② 법원은 다른 행정청을 소송에 참가시킬 필요가 있다고 인정할 때에는 당사자 또는 당해 행정청의 신청 또는 직권에 의하여 결정으로써 그 행정청을 소송에 참가시킬 수 있다.

③ 법원이 제3자의 소송참가와 행정청의 소송참가에 관한 결정을 하는 경우에는 각각 당사자 및 제3자의 의견, 당사자 및 당해 행정청의 의견을 들어야 한다.

④ 법원은 취소소송을 당해 처분 등에 관계되는 사무가 귀속하는 국가 또는 공공단체에 대한 당사자소송 또는 취소소송 외의 항고소송으로 변경하는 것이 상당하다고 인정할 때에는 청구의 기초에 변경이 없는 한 사실심의 변론종결 시까지 원고의 신청 또는 직권에 의하여 결정으로써 소의 변경을 허가할 수 있다.

17

판례에 따르면, 처분사유의 추가·변경 시 기본적 사실관계 동일성을 긍정한 사례로 가장 적절한 것은?

① 석유판매업허가신청에 대하여, 주유소 건축예정 토지에 관하여 도시계획법령에 의거하여 행위제한을 추진하고 있다는 당초의 불허가처분사유와, 항고소송에서 주장한 위 신청이 토지형질변경허가의 요건불비 및 도심의 환경보전의 공익상 필요라는 사유

② 석유판매업허가신청에 대하여, 관할 군부대장의 동의를 얻지 못하였다는 당초의 불허가사유와, 토지가 탄약창에 근접한 지점에 있어 공익적인 측면에서 보아 허가신청을 불허한 것은 적법하다는 사유

③ 온천으로서의 이용가치, 기존의 도시계획 및 공공사업에의 지장 여부 등을 고려하여 온천발견신고수리를 거부한 것은 적법하다는 사유와, 규정온도가 미달되어 온천에 해당하지 않는다는 사유

④ 이주대책신청기간이나 소정의 이주대책실시(시행)기간을 모두 도과하여 이주대책을 신청할 권리가 없고, 사업시행자가 이를 받아들여 택지나 아파트 공급을 해 줄 법률상 의무를 부담한다고 볼 수 없다는 사유와, 사업지구 내 가옥소유자가 아니라는 사유

18

다음 중 허가에 대한 설명으로 가장 옳지 않은 것은? (단, 다툼이 있는 경우 판례에 의함)

① 개정 전 허가기준의 존속에 관한 국민의 신뢰가 개정된 허가기준의 적용에 관한 공익상의 요구보다 더 보호가치가 있다고 인정되는 경우에는 그러한 국민의 신뢰를 보호하기 위하여 개정된 허가기준의 적용을 제한할 여지가 있다.

② 법령상의 산림훼손 금지 또는 제한지역에 해당하지 아니하더라도 중대한 공익상의 필요가 있다고 인정되는 경우, 산림훼손허가신청을 거부할 수 있다.

③ 어업에 관한 허가의 경우 그 유효기간이 경과하면 그 허가의 효력이 당연히 소멸하지만, 유효기간의 만료 후라도 재차 허가를 받게 되면 그 허가기간이 갱신되어 종전의 어업허가의 효력 또는 성질이 계속된다.

④ 요허가행위를 허가를 받지 않고 행한 경우에는 행정법상 처벌의 대상이 되지만 당해 무허가행위의 법률상 효력이 당연히 부정되는 것은 아니다.

19

다음 중 행정행위의 철회에 대한 설명으로 가장 옳지 않은 것은? (단, 다툼이 있는 경우 판례에 의함)

① 부담부 행정처분에 있어서 처분의 상대방이 부담을 이행하지 아니한 경우에 처분 행정청으로서는 이를 들어 당해 처분을 철회할 수 있다.

② 외형상 하나의 행정처분이라 하더라도 가분성이 있거나 그 처분대상의 일부가 특정될 수 있다면 그 일부만의 취소도 가능하고 그 일부의 취소는 당해 취소부분에 관하여 효력이 생긴다.

③ 행정행위의 철회는 적법요건을 구비하여 완전히 효력을 발하고 있는 행정행위를 사후적으로 효력을 장래에 향해 소멸시키는 별개의 행정처분이다.

④ 처분 후에 원래의 처분을 그대로 존속시킬 수 없게 된 사정변경이 생긴 경우 처분청은 처분을 철회할 수 있다고 할 것이므로, 이 경우 처분의 상대방에게 그 철회·변경을 요구할 권리는 당연히 인정된다고 할 것이다.

20

다음 중 이행강제금에 대한 설명으로 가장 옳지 않은 것은? (단, 다툼이 있는 경우 판례에 의함)

① 구 건축법상 이행강제금은 위반행위에 대하여 시정명령을 받은 후 시정기간 내에 당해 시정명령을 이행하지 아니한 건축주 등에 대하여 부과되는 간접강제의 일종으로서 금전제재의 성격을 가지므로 그 이행강제금납부의무는 상속인 기타의 사람에게 승계될 수 있다.

② 행정청은 의무자가 행정상 의무를 이행할 때까지 이행강제금을 반복하여 부과할 수 있고, 의무자가 의무를 이행하면 새로운 이행강제금의 부과를 즉시 중지하되, 이미 부과한 이행강제금은 징수하여야 한다.

③ 장기 의무위반자가 이행강제금 부과 전에 그 의무를 이행하였다면 이행강제금의 부과로써 이행을 확보하고자 하는 목적은 이미 실현된 것이므로 이행강제금을 부과할 수 없다.

④ 이행강제금은 의무위반에 대하여 장래의 의무이행을 확보하는 수단이라는 점에서 과거의 의무위반에 대한 제재인 행정벌과 구별된다.

21

다음 중 행정상 손실보상에 대한 설명으로 가장 옳지 않은 것은? (단, 다툼이 있는 경우 판례에 의함)

① 「공익사업을 위한 토지 등의 취득 및 보상에 관한 법률」 시행령에서 이주대책의 대상자에서 세입자를 제외하고 있는 것이 세입자의 재산권을 침해하는 것이라 볼 수 없다.

② 공익사업으로 인하여 영업을 폐지하거나 휴업하는 자가 구 「공익사업을 위한 토지 등의 취득 및 보상에 관한 법률」에 규정된 재결절차를 거치지 않은 채 곧바로 사업시행자를 상대로 영업손실 보상을 청구할 수 없다.

③ 사업시행자 스스로 공익사업의 원활한 시행을 위하여 생활대책을 수립·실시할 수 있도록 하는 내부규정을 두고 이에 따라 생활대책대상자 선정기준을 마련하여 생활대책을 수립·실시하는 경우, 생활대책대상자 선정기준에 해당하는 자기 자신을 생활대책대상자에서 제외하거나 선정을 거부한 사업시행자를 상대로 항고소송을 제기할 수 있다.

④ 보상청구권이 성립하기 위해서는 재산권에 대한 법적인 행위로서 공행정작용에 의한 침해를 말하고 사실행위는 포함되지 않는다.

22

다음 중 행정심판의 재결에 대한 설명으로 가장 옳지 않은 것은? (단, 다툼이 있는 경우 판례에 의함)

① 조세부과처분이 국세청장에 대한 불복심사청구에 의하여 그 불복사유가 이유 있다고 인정되어 취소되었음에도 처분청이 동일한 사실에 관하여 부과처분을 되풀이한 것이라면 설령 그 부과처분이 감사원의 시정요구에 의한 것이라 하더라도 위법하다.

② 행정심판위원회는 의무이행재결이 있는 경우에 피청구인이 처분을 하지 아니한 경우에는 당사자의 신청 또는 직권으로 기간을 정하여 시정을 명하고 그 기간에 이행하지 아니하면 직접 처분을 할 수 있다.

③ 행정심판의 재결이 확정된 경우에도 처분의 기초가 된 사실관계나 법률적 판단이 확정되고 당사자들이나 법원이 이에 기속되어 모순되는 주장이나 판단을 할 수 없게 되는 것은 아니다.

④ 처분취소재결이 있는 경우 당해 처분청은 재결의 취지에 반하지 아니하는 한 그 재결에 적시된 위법사유를 시정·보완하여 새로운 처분을 할 수 있는 것이고, 이러한 새로운 부과처분은 재결의 기속력에 저촉되지 아니한다.

23

×시의 공무원 甲은 乙이 건축한 건물이 건축허가에 위반하였다는 이유로 철거명령과 행정대집행법상의 절차를 거쳐 대집행을 완료하였다. 乙은 행정대집행의 처분들이 하자가 있다는 이유로 행정소송 및 손해배상소송을 제기하려고 한다. 다음 중 설명으로 가장 옳지 않은 것은? (단, 다툼이 있는 경우 판례에 의함)

① 乙이 취소소송을 제기하는 경우, 행정대집행이 이미 완료된 것이므로 소의 이익이 없어 각하판결을 받을 것이다.

② 乙이 손해배상소송을 제기하는 경우, 민사법원은 그 행정처분이 위법인지 여부는 심사할 수 없다.

③ 「행정소송법」은 처분 등의 효력 유무 또는 존재 여부가 민사소송의 선결문제로 되는 경우 당해 민사소송의 수소법원이 이를 심리·판단할 수 있는 것으로 규정하고 있다.

④ ×시의 손해배상책임이 인정된다면 ×시는 고의 또는 중대한 과실이 있는 甲에게 구상할 수 있다.

24

다음 중 취소소송에 대한 설명으로 가장 옳지 않은 것은? (단, 다툼이 있는 경우 판례에 의함)

① 제재적 행정처분의 효력이 제재기간 경과로 소멸하였더라도 관련법규에서 제재적 행정처분을 받은 사실을 가중사유나 전제요건으로 삼아 장래의 제재적 행정처분을 하도록 정하고 있다면, 선행처분의 취소를 구할 법률상 이익이 있다.

② 행정처분의 취소소송 계속 중 처분청이 다툼의 대상이 되는 행정처분을 직권으로 취소하면 그 처분은 효력을 상실하여 더 이상 존재하지 않는 것이므로 존재하지 않는 처분을 대상으로 한 항고소송은 원칙적으로 소의 이익이 소멸하여 부적법하다.

③ 고등학교 졸업이 대학 입학자격이나 학력인정으로서의 의미밖에 없다고 할 수 없으므로 고등학교졸업학력검정고시에 합격하였다 하여 고등학교 학생으로서의 신분과 명예가 회복될 수 없는 것이니 퇴학처분을 받은 자로서는 퇴학처분의 위법을 주장하여 그 취소를 구할 소송상의 이익이 있다.

④ 소송계속 중 해당 처분이 기간의 경과로 그 효과가 소멸하더라도 예외적으로 그 처분의 취소를 구할 소의 이익을 인정할 수 있는 '행정처분과 동일한 사유로 위법한 처분이 반복될 위험성이 있는 경우'란 해당 사건의 동일한 소송당사자 사이에서 반복될 위험이 있는 경우만을 의미한다.

25

다음 중 「행정소송법」상 집행정지결정에 대한 설명으로 가장 옳지 않은 것은? (단, 다툼이 있는 경우 판례에 의함)

① 법원은 당사자의 신청 또는 직권에 의하여 처분 등의 효력이나 그 집행 또는 절차의 속행의 전부 또는 일부의 정지를 결정하거나, 또는 집행정지의 취소를 결정할 수 있다.

② 집행정지결정은 속행정지, 집행정지, 효력정지로 구분되고 이 중 속행정지는 처분의 집행이나 효력을 정지함으로써 목적을 달성할 수 있는 경우에는 허용되지 아니한다.

③ 과징금납부명령의 처분이 사업자의 자금사정이나 경영 전반에 미치는 파급효과가 매우 중대하다는 이유로 인한 손해는 효력정지 내지 집행정지의 적극적 요건인 '회복하기 어려운 손해'에 해당한다.

④ 효력기간이 정해져 있는 제재적 행정처분에 대한 취소소송에서 법원이 본안소송의 판결선고 시까지 집행정지결정을 하면, 처분에서 정해 둔 효력기간은 판결선고 시까지 진행하지 않다가 판결이 선고되면 그때 집행정지결정의 효력이 소멸함과 동시에 처분의 효력이 당연히 부활하여 처분에서 정한 효력기간이 다시 진행한다.

02회 | 2022.07.16. 시행 7급 군무원
2022년 기출문제

Answer 108쪽

시작시간	시	분	초
종료시간	시	분	초
점수			점

01
3회독 ☐ ☐ ☐

다음 중 통치행위에 대한 설명으로 가장 옳지 않은 것은? (단, 다툼이 있는 경우 판례에 의함)

① 국군을 외국에 파견하는 결정은 통치행위로서 고도의 정치적 결단이 요구되는 사안에 대한 대통령과 국회의 판단은 존중되어야 하고 헌법재판소가 사법적 기준만으로 이를 심판하는 것은 자제되어야 한다.

② 남북정상회담의 개최과정에서 재정경제부장관에게 신고하지 아니하고 북한 측에 사업권의 대가 명목으로 송금한 행위는 남북정상회담에 도움을 주기 위한 통치행위로서 사법심사의 대상이 되지 아니한다.

③ 대통령의 사면권 행사는 형의 선고의 효력 또는 공소권을 상실시키거나 형의 집행을 면제시키는 국가원수의 고유한 권한을 의미하며, 사법부의 판단을 변경하는 제도로서 권력분립의 원리에 대한 예외이다.

④ 대통령의 긴급재정경제명령은 국가긴급권의 일종으로서 고도의 정치적 결단이나, 그것이 국민의 기본권 침해와 직접 관련되는 경우에는 당연히 헌법재판소의 심판대상이 된다.

02
3회독 ☐ ☐ ☐

다음 중 「행정기본법」에 제시된 행정의 법원칙에 대한 설명으로 가장 옳지 않은 것은?

① 행정작용은 법률에 위반되어서는 아니 되며, 국민의 권리를 제한하거나 의무를 부과하는 경우와 그 밖에 국민생활에 중요한 영향을 미치는 경우에는 법률에 근거하여야 한다.

② 행정청은 어떠한 경우에도 국민을 차별하여서는 아니 된다.

③ 행정청은 행정권한을 남용하거나 그 권한의 범위를 넘어서는 아니 된다.

④ 행정청은 공익 또는 제3자의 이익을 현저히 해칠 우려가 있는 경우를 제외하고는 행정에 대한 국민의 정당하고 합리적인 신뢰를 보호하여야 한다.

03
3회독 ☐ ☐ ☐

다음 중 「질서위반행위규제법」에 대한 설명으로 가장 옳지 않은 것은?

① 행정청의 과태료처분이나 법원의 과태료재판이 확정된 후 법률이 변경되어 그 행위가 질서위반행위에 해당하지 아니하게 된 때에는 변경된 법률에 특별한 규정이 없는 한 과태료의 징수 또는 집행을 면제한다.

② 법률에 따르지 아니하고는 어떤 행위도 질서위반행위로 과태료를 부과하지 아니한다.

③ 신분에 의하여 성립하는 질서위반행위에 신분이 없는 자가 가담한 때에 신분이 없는 자에 대하여는 질서위반행위가 성립하지 아니한다.

④ 신분에 의하여 과태료를 감경 또는 가중하거나 과태료를 부과하지 아니하는 때에는 그 신분의 효과는 신분이 없는 자에게는 미치지 아니한다.

다음 중 행정행위에 대한 설명으로 가장 옳지 않은 것은? (단, 다툼이 있는 경우 판례에 따름)

① 개별공시지가 결정과 이를 기초로 한 과세처분인 양도소득세부과처분에서는 흠의 승계는 긍정된다.

② 하자 있는 행정처분이 당연무효가 되기 위해서는 그 하자가 법규의 중요한 부분을 위반한 중대한 것으로서 객관적으로 명백한 것이어야 하며, 하자가 중대하고 명백한지 여부를 판별할 때에는 그 법규의 목적, 의미, 기능 등을 목적론적으로 고찰함과 동시에 구체적 사안 자체의 특수성에 관하여도 합리적으로 고찰함을 요한다.

③ 무효인 행정행위에 대하여 무효의 주장을 취소소송의 형식(무효선언적 취소)으로 제기하는 경우에 있어서, 취소소송의 형식에 의하여 제기되었더라도 이러한 소송에 있어서는 취소소송의 제소요건의 제한을 받지 아니한다.

④ 위법한 행정대집행이 완료되면 그 처분의 무효확인 또는 취소를 구할 소의 이익은 없다 하더라도, 미리 그 행정처분의 취소판결이 있어야만, 그 행정처분의 위법임을 이유로 한 손해배상청구를 할 수 있는 것은 아니다.

다음 중 행정행위에 대한 설명으로 가장 옳지 않은 것은? (단, 다툼이 있는 경우 판례에 따름)

① 행정행위를 한 처분청은 그 처분 당시에 그 행정처분에 별다른 하자가 없었고 또 그 처분 후에 이를 취소할 별도의 법적 근거가 없다 하더라도 원래의 처분을 그대로 존속시킬 필요가 없게 된 사정변경이 생겼거나 또는 중대한 공익상의 필요가 발생한 경우에는 별개의 행정행위로 이를 철회하거나 변경할 수 있다.

② 일반적으로 조례가 법률 등 상위법령에 위배된다는 사정은 그 조례의 규정을 위법하여 무효라고 선언한 대법원의 판결이 선고되지 아니한 상태에서는 그 조례규정의 위법 여부가 해석상 다툼의 여지가 없을 정도로 명백하였다고 인정되지 아니하는 이상 객관적으로 명백한 것이라 할 수 없으므로, 이러한 조례에 근거한 행정처분의 하자는 취소사유에 해당할 뿐 무효사유가 된다고 볼 수는 없다.

③ 일반적으로 행정처분이나 행정심판재결이 불복기간의 경과로 확정될 경우 그 확정력은, 처분으로 법률상 이익을 침해받은 자가 당해 처분이나 재결의 효력을 더 이상 다툴 수 없다는 의미이므로 확정판결에서와 같은 기판력이 인정된다.

④ 도로점용허가의 점용기간은 행정행위의 본질적인 요소에 해당한다고 볼 것이어서 부관인 점용기간을 정함에 있어서 위법사유가 있다면 이로써 도로점용허가처분 전부가 위법하게 된다.

06

다음 중 「행정조사기본법」상 행정조사에 대하여 괄호 안에 들어갈 단어로 가장 옳지 않은 것은?

행정조사는 조사목적을 달성하는 데 필요한 (ㄱ) 범위 안에서 실시하여야 하며, (ㄴ) 등을 위하여 조사권을 남용하여서는 아니 된다. 행정기관은 (ㄷ)에 적합하도록 조사대상자를 선정하여 행정조사를 실시하여야 한다. 행정기관은 유사하거나 동일한 사안에 대하여는 공동조사 등을 실시함으로써 행정조사가 (ㄹ) 아니하도록 하여야 한다. 행정조사는 법령 등의 위반에 대한 (ㅁ)보다는 법령 등을 준수하도록 (ㅂ)하는 데 중점을 두어야 한다. 다른 (ㅅ)에 따르지 아니하고는 행정조사의 대상자 또는 행정조사의 내용을 공표하거나 직무상 알게 된 비밀을 누설하여서는 아니된다. 행정기관은 행정조사를 통하여 알게 된 정보를 다른 법률에 따라 내부에서 이용하거나 다른 기관에 제공하는 경우를 제외하고는 원래의 (ㅇ) 이외의 용도로 이용하거나 타인에게 제공하여서는 아니 된다.

① ㄱ: 적절한　　　　ㄴ: 다른 목적
② ㄷ: 조사목적　　　ㄹ: 중복되지
③ ㅁ: 처벌　　　　　ㅂ: 유도
④ ㅅ: 법률　　　　　ㅇ: 조사목적

07

다음 중 원고에게 법률상 이익이 인정되는 사안으로만 묶은 것은? (단, 다툼이 있는 경우에 판례에 따름)

ㄱ. 주거지역 내에 법령상 제한면적을 초과한 연탄공장건축허가처분에 대한 주거지역 외에 거주하는 거주자의 취소소송

ㄴ. 지방자치단체장이 공장시설을 신축하는 회사에 대하여 사업승인 당시 부가하였던 조건을 이행할 때까지 신축공사를 중지하라는 명령을 발하였고, 회사는 중지명령의 원인사유가 해소되지 않았음에도 공사중지명령의 해제를 요구하였고, 이에 대한 지방자치단체장의 해제요구의 거부에 대한 회사의 취소소송

ㄷ. 관련법령상 인가·허가 등 수익적 행정처분을 신청한 여러 사람이 서로 경원관계에 있어서 한 사람에 대한 허가 등 처분이 다른 사람에 대한 불허가 등으로 귀결될 수밖에 없는 경우에, 허가 등 처분을 받지 못한 자가 자신에 대한 거부에 대하여 제기하는 취소소송

ㄹ. 이른바 예탁금회원제 골프장에 있어서, 체육시설업자가 회원모집계획서를 제출하면서 사업계획의 승인을 받을 때 정한 예정인원을 초과하여 회원을 모집하는 내용의 회원모집계획서를 제출하여 그에 대한 시·도지사 등의 검토결과통보를 받은 경우, 기존회원이 회원모집계획서에 대한 시·도지사의 검토결과통보에 대한 취소소송

① ㄱ, ㄷ　　　　　　② ㄷ, ㄹ
③ ㄴ, ㄹ　　　　　　④ ㄱ, ㄴ

08

3회독 ☐ ☐ ☐

다음 중 행정처분의 소멸에 관한 설명으로 가장 옳지 않은 것은? (단, 다툼이 있는 경우 판례에 의함)

① 취소심판을 제기한 경우 관할 행정심판위원회에서 취소재결하는 것은 직권취소에 해당한다.

② 도시계획시설사업의 사업자 지정을 한 관할청은 도시계획시설사업의 시행자 지정에 하자가 있는 경우, 별도의 법적 근거가 없더라도 스스로 이를 취소할 수 있다.

③ 종전 행정처분에 하자가 있음을 전제로 직권으로 이를 취소하는 행정처분의 경우 하자나 취소해야 할 필요성에 관한 증명책임은 기존이익과 권리를 침해하는 처분을 한 행정청에 있다.

④ 지방병무청장은 군의관의 신체등위판정이 금품수수에 따라 위법 또는 부당하게 이루어졌다고 인정하는 경우, 그 신체등위판정을 기초로 자신이 한 병역처분을 직권으로 취소할 수 있다.

09

3회독 ☐ ☐ ☐

다음 중 행정행위의 구성요건적 효력(공정력)과 선결문제에 대한 설명으로 가장 옳지 않은 것은? (단, 다툼이 있는 경우 판례에 의함)

① 갑이 영업정지처분이 위법하다고 주장하면서 국가를 상대로 손해배상청구소송을 제기한 경우, 법원은 취소사유에 해당하는 것을 인정하더라도 그 처분의 취소판결이 없는 한 손해배상청구를 인용할 수 없다.

② 선결문제가 행정행위의 당연무효이면 민사법원이 직접 그 무효를 판단할 수 있다.

③ 과세대상과 납세의무자 확정이 잘못되어 당연무효인 과세에 대해서는 체납이 문제될 여지가 없으므로 조세체납범이 문제되지 않는다.

④ 행정행위의 위법 여부가 범죄구성요건의 문제로 된 경우에는 형사법원이 행정행위의 위법성을 인정할 수 있다.

10

3회독 ☐ ☐ ☐

다음 중 하자의 승계가 인정되는 경우는? (단, 다툼이 있는 경우 판례에 의함)

① 국제항공노선운수권배분실효처분 및 노선면허거부처분과 노선면허처분

② 보충역편입처분과 공익근무요원소집처분

③ 토지구획정리사업시행인가처분과 환지청산금부과처분

④ 대집행계고처분과 비용납부명령

11

3회독 ☐ ☐ ☐

다음 중 「공익사업을 위한 토지 등의 취득 및 보상에 관한 법률」에 대한 설명으로 가장 옳지 않은 것은?

① 사업시행자가 수용 또는 사용의 개시일까지 관할 토지수용위원회가 재결한 보상금을 지급하거나 공탁하지 아니하였을 때에는 해당 토지수용위원회의 재결은 효력을 상실하고, 이 경우 사업시행자는 재결의 효력이 상실됨으로 인하여 토지소유자 또는 관계인이 입은 손실을 보상하여야 한다.

② 사업시행자는 보상금을 받을 자가 그 수령을 거부하거나 보상금을 수령할 수 없을 때에는 수용 또는 사용의 개시일까지 수용하거나 사용하려는 토지 등의 소재지의 공탁소에 보상금을 공탁(供託)할 수 있다.

③ 공익사업에 필요한 토지 등의 취득 또는 사용으로 인하여 토지소유자나 관계인이 입은 손실은 국가 또는 지방자치단체가 보상하여야 한다.

④ 토지수용위원회의 재결이 있은 후 수용하거나 사용할 토지나 물건이 토지소유자 또는 관계인의 고의나 과실 없이 멸실되거나 훼손된 경우 그로 인한 손실은 사업시행자가 부담한다.

12

다음 중 행정법상 의무의 강제방법에 관한 설명으로 가장 옳지 않은 것은? (단, 다툼이 있는 경우 판례에 의함)

① 법인은 기관을 통하여 행위하므로 법인이 대표자를 선임한 이상 그의 행위로 인한 법률효과는 법인에게 귀속되어야 하고, 법인 대표자의 범죄행위에 대하여는 법인이 자신의 행위에 대한 책임을 부담하는 것이다.

② 행정청이 여러 개의 위반행위에 대하여 하나의 제재처분을 하였으나, 위반행위별로 제재처분의 내용을 구분하는 것이 가능하고 여러 개의 위반행위 중 일부의 위반행위에 대한 제재처분 부분만이 위법하다면, 법원은 제재처분 중 위법성이 인정되는 부분만 취소하여야 하고 제재처분 전부를 취소하여서는 아니된다.

③ 관계법령상 행정대집행의 절차가 인정되어 행정청이 행정대집행의 방법으로 건물의 철거 등 대체적 작위의무의 이행을 실현할 수 있는 경우에는 따로 민사소송의 방법으로 그 의무의 이행을 구할 수 없다.

④ 행정대집행은 대체적 작위의무에 대한 강제집행수단이고, 이행강제금은 부작위의무나 비대체적 작위의무에 대한 강제집행수단이므로 이행강제금은 대체적 작위의무의 위반에 대하여는 부과될 수 없다.

13

다음 중 「행정기본법」에 규정된 행정법상 원칙으로 가장 옳지 않은 것은?

① 성실의무 및 권한남용금지의 원칙

② 신뢰보호의 원칙

③ 부당결부금지의 원칙

④ 행정의 자기구속의 원칙

14

다음 중 행정처분의 효력에 관한 설명으로 가장 옳지 않은 것은? (단, 다툼이 있는 경우 판례에 의함)

① 행정행위의 공정력이란 행정행위가 위법하더라도 취소되지 않는 한 유효한 것으로 통용되는 효력을 의미하는 것이다.

② 행정행위의 공정력은 판결의 기판력과 같은 효력은 아니지만 그 공정력의 객관적 범위에 속하는 행정행위의 하자가 취소사유에 불과한 때에는 그 처분이 취소되지 않는 한 처분의 효력을 부정하여 그로 인한 이득을 법률상 원인 없는 이득이라고 말할 수 없는 것이다.

③ 영업의 금지를 명한 영업허가취소처분 자체가 나중에 행정쟁송절차에 의하여 취소되었다면 그 영업허가취소처분 이후의 영업행위를 무허가영업이라고 볼 수는 없다.

④ 과세관청이 법령규정의 문언상 과세처분요건의 의미가 분명함에도 합리적인 근거 없이 그 의미를 잘못 해석한 결과, 과세처분요건이 충족되지 아니한 상태에서 해당 처분을 한 경우에는 과세요건사실을 오인한 것에 불과하여 그 하자가 명백하다고 할 수 없다.

15

다음 중 「공익사업을 위한 토지 등의 취득 및 보상에 관한 법률」상 손실보상제도에 관한 설명으로 가장 옳은 것은? (단, 다툼이 있는 경우 판례에 의함)

① 사업시행자가 광업권·어업권·양식업권 또는 물의 사용에 관한 권리를 취득하거나 사용하는 경우에는 동법이 적용되지 않는다.

② 토지수용위원회의 수용재결이 있은 후라고 하더라도 토지소유자 등과 사업시행자가 다시 협의하여 토지 등의 취득이나 사용 및 그에 대한 보상에 관하여 임의로 계약을 체결할 수 있다.

③ 사업시행자가 수용 또는 사용의 개시일까지 관할 토지수용위원회가 재결한 보상금을 지급하거나 공탁하지 아니하였을 때에는 해당 토지수용위원회의 재결의 효력은 확정되어 더 이상 다툴 수 없다.

④ 사업시행자가 동일한 토지소유자에 속하는 일단의 토지 일부를 취득함으로 잔여지를 종래의 목적에 사용하는 것이 불가능하거나 현저히 곤란한 경우이어야만 잔여지손실 보상청구를 할 수 있다.

16

다음 중 정보공개에 대한 설명으로 가장 옳지 않은 것은? (단, 다툼이 있는 경우 판례에 의함)

① 자연인은 물론 법인과 법인격 없는 사단·재단도 공공기관이 보유·관리하는 정보의 공개를 청구할 수 있다.

② 국내에 일정한 주소를 두고 거주하는 외국인은 정보공개 청구권을 가진다.

③ 이미 다른 사람에게 공개되어 널리 알려져 있거나 인터넷을 통해 공개되어 인터넷 검색 등을 통하여 쉽게 검색할 수 있는 경우에는 공개청구의 대상이 될 수 없다.

④ 정보란 공공기관이 직무상 작성 또는 취득하여 관리하고 있는 문서(전자문서를 포함한다) 및 전자매체를 비롯한 모든 매체 등에 기록된 사항을 말한다.

17

다음 중 「행정소송법」상 사정판결에 대한 내용으로 가장 옳지 않은 것은?

제28조【사정판결】

① 원고의 청구가 (ㄱ)고 인정하는 경우에도 처분등을 취소하는 것이 현저히 (ㄴ)에 적합하지 아니하다고 인정하는 때에는 법원은 원고의 청구를 (ㄷ)할 수 있다. 이 경우 법원은 그 판결의 (ㄹ)에서 그 처분등이 (ㅁ)을 명시하여야 한다.

② 법원이 제1항의 규정에 의한 판결을 함에 있어서는 미리 원고가 그로 인하여 입게 될 (ㅂ)의 정도와 배상방법 그 밖의 사정을 조사하여야 한다.

③ 원고는 피고인 행정청이 속하는 국가 또는 공공단체를 상대로 (ㅅ), (ㅇ) 그 밖에 적당한 구제방법의 청구를 당해 취소소송등이 계속된 법원에 병합하여 제기할 수 있다.

① ㄱ: 이유 있다   ㅇ: 제해시설의 설치
② ㄴ: 공공복리   ㅅ: 손해배상
③ ㄷ: 기각   ㅂ: 손해
④ ㄹ: 이유   ㅁ: 위법함

18

다음 중 행정절차법상 처분의 사전통지에 관한 설명 중 가장 옳은 것은? (단, 다툼이 있는 경우 판례에 의함)

① 행정청은 당사자에게 사전통지를 하면서 의견제출에 필요한 기간을 10일 이상으로 고려하여 정하여 통지하여야 한다.

② 신청에 대한 거부처분은 당사자의 권익을 제한하는 처분에 해당하므로 처분의 사전통지의 대상이 된다.

③ 현장조사에서 처분상대방이 위반사실을 시인하였다면 행정청은 처분의 사전통지절차를 하지 않아도 된다.

④ 행정청은 해당 처분의 성질상 의견청취가 현저히 곤란하더라도 사전통지를 해야 한다.

19

다음 중 「정부조직법」에 대한 설명으로 가장 옳지 않은 것은?

① 대통령은 정부의 수반으로서 법령에 따라 모든 중앙행정기관의 장을 지휘·감독한다.

② 대통령은 국무총리와 중앙행정기관의 장의 명령이나 처분이 위법 또는 부당하다고 인정하면 이를 중지 또는 취소할 수 있다.

③ 국무총리는 대통령의 명을 받아 각 중앙행정기관의 장을 지휘·감독한다.

④ 국무총리는 중앙행정기관의 장의 명령이나 처분이 위법 또는 부당하다고 인정될 경우에는 스스로 이를 중지 또는 취소할 수 있다.

20

다음 중 행정조직에 대한 설명으로 가장 옳지 않은 것은?

① 중앙행정기관에는 소관사무를 수행하기 위하여 필요한 때에는 특히 법률로 정한 경우를 제외하고는 대통령령으로 정하는 바에 따라 지방행정기관을 둘 수 있다.

② 행정기관에는 그 소관사무의 일부를 독립하여 수행할 필요가 있는 때에는 대통령령으로 정하는 바에 따라 행정위원회 등 합의제 행정기관을 둘 수 있다.

③ 행정기관은 법령으로 정하는 바에 따라 그 소관사무의 일부를 보조기관 또는 하급행정기관에 위임하거나 다른 행정기관·지방자치단체 또는 그 기관에 위탁 또는 위임할 수 있다. 이 경우 위임 또는 위탁을 받은 기관은 특히 필요한 경우에는 법령으로 정하는 바에 따라 위임 또는 위탁을 받은 사무의 일부를 보조기관 또는 하급행정기관에 재위임할 수 있다.

④ 행정기관은 법령으로 정하는 바에 따라 그 소관사무 중 조사·검사·검정·관리 업무 등 국민의 권리·의무와 직접 관계되지 아니하는 사무를 지방자치단체가 아닌 법인·단체 또는 그 기관이나 개인에게 위탁할 수 있다.

21

다음 중 「국유재산법」에 대한 설명으로 가장 옳지 않은 것은?

① 국유재산에 관한 사무에 종사하는 직원은 그 처리하는 국유재산을 취득하거나 자기의 소유재산과 교환하지 못하며, 이에 위반한 행위는 취소할 수 있다.

② 국유재산은 그 용도에 따라 행정재산과 일반재산으로 구분되며, 행정재산 외의 모든 국유재산은 일반재산이다.

③ 행정재산은 처분하지 못하며, 국가 외의 자는 원칙적으로 국유재산에 건물, 교량 등 구조물과 그 밖의 영구시설물을 축조하지 못한다.

④ 사권(私權)이 설정된 재산은 판결에 따라 취득하는 경우를 제외하고는 그 사권이 소멸된 후가 아니면 국유재산으로 취득하지 못한다.

22

다음 중 「지방자치법」의 내용에 대한 설명으로 가장 옳지 않은 것은?

① 지방자치단체는 1. 특별시, 광역시, 도, 특별자치도와 2. 시, 군, 구의 두 가지 종류로 구분한다.

② 지방자치단체의 장은 주민에게 과도한 부담을 주거나 중대한 영향을 미치는 지방자치단체의 주요 결정사항 등에 대하여 주민투표에 부칠 수 있다.

③ 주민은 지방자치단체의 조례를 제정하거나 개정하거나 폐지할 것을 청구할 수 있다.

④ 주민은 그 지방자치단체의 장 및 지방의회의원(비례대표 지방의회의원은 제외한다)을 소환할 권리를 가진다.

23

다음 중 공무원관계에 대한 설명으로 가장 옳지 않은 것은? (단, 다툼이 있는 경우 판례에 의함)

① 임용결격자가 공무원으로 임용되어 사실상 근무하여 온 경우 임용결격의 하자가 치유되어 「공무원연금법」이나 「근로자퇴직급여보장법」에서 정한 퇴직급여를 청구할 수 있다.

② 국가공무원법상 직위해제에 관한 규정은 징계절차 및 그 진행과는 관계가 없는 규정이므로 직위해제 중에 있는 자에 대하여도 징계처분을 할 수 있다.

③ 국가공무원법상 직위해제처분은 처분의 사전통지 및 의견청취 등에 관한 행정절차법 규정이 별도로 적용되지 아니한다.

④ 공무원은 자신에 대한 징계처분에 대해 항고소송을 제기하려면 반드시 소청심사위원회의 결정을 거쳐야 한다.

24

다음 중 공무원으로 임용이 될 수 있는 자는 몇 명인가?

ㄱ. 징계에 의하여 해임의 처분을 받은 때로부터 1,500일이 된 자

ㄴ. 공무원으로 재직기간 중 직무와 관련하여 「형법」 제355조 및 제356조에 규정된 죄를 범한 자로서 100만원의 벌금형을 선고받고 그 형이 확정된 후 2년이 지나지 아니한 자

ㄷ. 미성년자에 대한 「아동·청소년의 성보호에 관한 법률」 제2조 제2호에 따른 아동·청소년 대상 성범죄를 저질러 해임된 사람

ㄹ. 금고 이상의 형을 선고받고 그 집행유예기간이 끝난 날부터 1,500일이 된 자

ㅁ. 금고 이상의 실형을 선고받고 그 집행이 종료되거나 집행을 받지 아니하기로 확정된 후 1,500일이 된 자

ㅂ. 「성폭력범죄의 처벌 등에 관한 특례법」 제2조에 규정된 죄를 범한 사람으로서 100만원 이상의 벌금형을 선고받고 그 형이 확정된 후 3년이 지나지 아니한 자

① 1명   ② 2명

③ 3명   ④ 4명

25

다음 중 국유재산에 관한 설명으로 옳지 않은 것은? (단, 다툼이 있는 경우 판례에 의함)

① 기업용 재산은 행정재산에 속한다.

② 국유재산은 「민법」에도 불구하고 시효취득의 대상이 되지 아니한다.

③ 국유재산이 용도폐지되기 전 종전 관리청이 부과·징수하지 아니한 사용료가 있는 경우, 용도폐지된 국유재산을 종전 관리청으로부터 인계받은 기획재정부장관이 사용료를 부과·징수할 수 있는 권한을 가진다.

④ 행정재산의 사용허가를 받은 자가 그 행정재산의 관리를 소홀히 하여 재산상의 손해를 발생하게 한 경우에는 사용료 외에 대통령령으로 정하는 바에 따라 그 사용료를 넘지 아니하는 범위에서 가산금을 징수할 수 있다.

03회

01

3회독 ☐ ☐ ☐

사인의 공법행위에 대한 설명으로 옳지 않은 것은? (단, 다툼이 있는 경우 판례에 의함)

① 국민이 어떤 신청을 한 경우에 그 신청의 근거가 된 조항의 해석상 행정발동에 대한 개인의 신청권을 인정하고 있다고 보이면 그 거부행위는 항고소송의 대상이 되는 처분으로 보아야 하고, 구체적으로 그 신청이 인용될 수 있는가 하는 점은 본안에서 판단하여야 할 사항이다.

② 민원사항의 신청서류에 실질적인 요건에 관한 흠이 있더라도 그것이 민원인의 단순한 착오나 일시적인 사정 등에 기한 경우에는 행정청은 보완을 요구할 수 있다.

③ 건축주 등은 건축신고가 반려될 경우 건축물의 건축을 개시하면 시정명령, 이행강제금, 벌금의 대상이 되거나 당해 건축물을 사용하여 행할 행위의 허가가 거부될 우려가 있어 불안정한 지위에 놓이게 되므로, 건축신고반려행위는 항고소송의 대상성이 인정된다.

④ 건축법상의 건축신고가 다른 법률에서 정한 인가·허가 등의 의제효과를 수반하는 경우라도 특별한 사정이 없는 한 수리를 요하는 신고로 볼 수 없다.

02

3회독 ☐ ☐ ☐

평등원칙에 대한 설명으로 옳지 않은 것은? (단, 다툼이 있는 경우 판례에 의함)

① 국가기관이 채용시험에서 국가유공자의 가족에게 10%의 가산점을 부여하는 규정은 평등권과 공무담임권을 침해한다.

② 평등원칙은 동일한 것 사이에서의 평등이므로 상이한 것에 대한 차별의 정도에서의 평등을 포함하지 않는다.

③ 재량준칙이 공표된 것만으로는 행정의 자기구속의 원칙이 적용될 수 없고, 재량준칙이 되풀이 시행되어 행정관행이 성립한 경우에 적용될 수 있다.

④ 행정의 자기구속의 원칙이 인정되는 경우에는 행정관행과 다른 처분은 특별한 사정이 없는 한 위법하다.

03

3회독 ☐ ☐ ☐

행정소송제도에 대한 설명으로 옳지 않은 것은?

① 개별법령에 합의제 행정청의 장을 피고로 한다는 명문규정이 없는 한 합의제 행정청 명의로 한 행정처분의 취소소송의 피고적격자는 당해 합의제 행정청이 아닌 합의제 행정청의 장이다.

② 원고가 피고를 잘못 지정한 경우 피고경정은 취소소송과 당사자소송 모두에서 사실심 변론종결에 이르기까지 허용된다.

③ 법원은 당사자소송을 취소소송으로 변경하는 것이 상당하다고 인정할 때에는 청구의 기초에 변경이 없는 한 사실심의 변론종결 시까지 원고의 신청에 의하여 결정으로써 소의 변경을 허가할 수 있다.

④ 당사자소송의 원고가 피고를 잘못 지정하여 피고경정신청을 한 경우 법원은 결정으로써 피고의 경정을 허가할 수 있다.

수익적 행정행위의 철회에 대한 설명으로 옳은 것은? (단, 다툼이 있는 경우 판례에 의함)

① 수익적 행정행위에 대한 취소권 등의 행사는 기득권의 침해를 정당화할 만한 중대한 공익상의 필요 또는 제3자의 이익을 보호할 필요가 있고, 이를 상대방이 받는 불이익과 비교·교량하여 볼 때 공익상의 필요 등이 상대방이 입을 불이익을 정당화할 만큼 강한 경우에 한하여 허용될 수 있다.

② 행정행위를 한 처분청은 비록 처분 당시에 별다른 하자가 없었고, 처분 후에 이를 철회할 별도의 법적 근거가 없더라도 원래의 처분을 존속시킬 필요가 없게 된 중대한 공익상 필요가 발생한 경우에도 그 효력을 상실케 하는 별개의 행정행위로 이를 철회할 수 없다.

③ 수익적 행정행위를 취소 또는 철회하거나 중지시키는 경우에는 이미 부여된 국민의 기득권을 침해하는 것이 되므로, 비록 취소 등의 사유가 있다고 하더라도 허용되지 않는다.

④ 행정행위를 한 처분청은 비록 처분 당시에 별다른 하자가 없었고, 처분 후에 이를 철회할 별도의 법적 근거가 없더라도 원래의 처분을 존속시킬 필요가 없게 된 사정변경이 생겼다는 이유만으로 그 효력을 상실케 하는 별개의 행정행위로 이를 철회하는 것은 허용되지 않는다.

행정법의 효력에 대한 설명으로 옳지 않은 것은?

① 조례와 규칙은 특별한 규정이 없으면 공포한 날부터 20일이 경과함으로써 효력을 발생한다.

② 행정법령은 특별한 규정이 없는 한 시행일로부터 장래에 향하여 효력을 발생하는 것이 원칙이다.

③ 법령을 소급적용하더라도 일반국민의 이해에 직접 관계가 없는 경우에는 법령의 소급적용이 허용된다.

④ 법률불소급의 원칙은 그 법률의 효력발생 전에 완성된 요건사실뿐만 아니라 계속 중인 사실이나 그 이후에 발생한 요건사실에 대해서도 그 법률을 소급적용할 수 없다.

「행정절차법」상 청문에 대한 설명으로 옳지 않은 것은?

① 청문주재자에게 공정한 청문진행을 할 수 없는 사정이 있는 경우 당사자 등은 행정청에 기피신청을 할 수 있다.

② 청문주재자가 청문을 시작할 때에는 먼저 예정된 처분의 내용, 그 원인이 되는 사실 및 법적 근거 등을 설명하여야 한다.

③ 청문주재자는 직권으로 또는 당사자의 신청에 따라 필요한 조사를 할 수 있으며, 당사자 등이 주장하지 아니한 사실에 대하여는 조사할 수 없다.

④ 행정청은 청문을 마친 후 처분을 할 때까지 새로운 사정이 발견되어 청문을 재개(再開)할 필요가 있다고 인정할 때에는 청문조서 등을 되돌려 보내고 청문의 재개를 명할 수 있다.

행정지도에 대한 설명으로 옳지 않은 것은?

① 행정지도가 그의 한계를 일탈하지 아니하였다면, 그로 인하여 상대방에게 어떤 손해가 발생하였다 하더라도 행정기관은 그에 대한 손해배상책임이 없다.

② 위법한 건축물에 대한 단전 및 전화통화단절조치요청행위는 처분성이 인정되는 행정지도이다.

③ 상대방이 행정지도에 따르지 아니하였다는 것을 직접적인 이유로 하는 불이익한 조치는 위법한 행위가 된다.

④ 국가배상법이 정한 배상청구의 요건인 공무원의 직무에는 행정지도도 포함된다.

08

개인정보 보호에 대한 설명으로 옳지 않은 것은?

① 정보통신서비스 제공자는 이용자가 필요한 최소한의 개인정보 이외의 개인정보를 제공하지 아니한다는 이유로 그 서비스의 제공을 거부할 수 있다.

② 개인정보처리자가 집단분쟁 조정을 거부하거나 집단분쟁 조정의 결과를 수락하지 아니한 경우에는 법원에 권리침해 행위의 금지·중지를 구하는 단체소송을 제기할 수 있다.

③ 개인정보보호법은 외국의 정보통신서비스 제공자 등에 대하여 개인정보보호규제에 대한 상호주의를 채택하고 있다.

④ 개인정보자기결정권의 보호대상이 되는 개인정보는 개인의 내밀한 영역에 속하는 영역뿐만 아니라 공적 생활에서 형성되었거나 이미 공개된 개인정보까지 포함한다.

09

「행정소송법」상 당사자소송에 대한 설명으로 옳지 않은 것은?

① 공법상 당사자소송이란 행정청의 처분 등을 원인으로 하는 법률관계에 관한 소송 그 밖에 공법상의 법률관계에 관한 소송으로서 그 법률관계의 한쪽 당사자를 피고로 하는 소송을 말한다.

② 공법상 계약의 한쪽 당사자가 다른 당사자를 상대로 효력을 다투거나 이행을 청구하는 소송은 공법상의 법률관계에 관한 분쟁이므로 분쟁의 실질이 공법상 권리·의무의 존부·범위에 관한 다툼에 관해서는 공법상 당사자소송으로 제기하여야 한다.

③ 원고가 고의 또는 중대한 과실 없이 행정소송으로 제기하여야 할 사건을 민사소송으로 잘못 제기한 경우, 수소법원으로서는 만약 그 행정소송에 대한 관할도 동시에 가지고 있다면 이를 행정소송으로 심리·판단하여야 하고, 그 행정소송에 대한 관할을 가지고 있지 아니하다면 관할법원에 이송하여야 한다.

④ 당사자소송의 경우 법원은 필요하다고 인정할 때에는 직권으로 증거조사를 할 수 있으나, 당사자가 주장하지 아니한 사실에 대하여는 판단하여서는 안 된다.

10

행정법상 허가에 대한 설명으로 옳지 않은 것은?

① 허가는 규제에 반하는 행위에 대해 행정강제나 제재를 가하기보다는 행위의 사법상 효력을 부인함으로써 규제의 목적을 달성하는 방법이다.

② 허가란 법령에 의해 금지된 행위를 일정한 요건을 갖춘 경우에 그 금지를 해제하여 적법하게 행위할 수 있게 해준다는 의미에서 상대적 금지와 관련되는 경우이다.

③ 전통적인 의미에서 허가는 원래 개인이 누리는 자연적 자유를 공익적 차원(공공의 안녕과 질서유지)에서 금지해 두었다가 일정한 요건을 갖춘 경우 그러한 공공에 대한 위험이 없다고 판단되는 경우 그 금지를 풀어 줌으로써 자연적 자유를 회복시켜 주는 행위이다.

④ 실정법상으로는 허가 이외에 면허, 인가, 인허, 승인 등의 용어가 사용되고 있기 때문에 그것이 학문상 개념인 허가에 해당하는지 검토할 필요가 있다.

11

「행정기본법」에 대한 설명으로 옳은 것만을 모두 고른 것은?

ㄱ. 행정은 공공의 이익을 위하여 적극적으로 추진되어야 한다.

ㄴ. 행정작용은 법률에 위반되어서는 아니 되며, 국민의 권리를 제한하거나 의무를 부과하는 경우와 그 밖에 국민생활에 중요한 영향을 미치는 경우에는 법률에 근거하여야 한다.

ㄷ. 행정청은 합리적 이유 없이 국민을 차별하여서는 아니 된다.

ㄹ. 행정청은 행정작용을 할 때 상대방에게 해당 행정작용과 실질적인 관련이 없는 의무를 부과해서는 아니 된다.

ㅁ. 행정청은 처분에 재량이 있는 경우에는 부관(조건, 기한, 부담, 철회권의 유보 등을 말한다)을 붙일 수 있다.

① ㄱ, ㄴ, ㄷ

② ㄱ, ㄴ, ㄷ, ㄹ

③ ㄱ, ㄴ, ㄷ, ㄹ, ㅁ

④ ㄴ, ㄷ, ㄹ, ㅁ

12

행정소송의 원고적격에 대한 설명으로 옳지 않은 것은? (단, 다툼이 있는 경우 판례에 의함)

① 면허나 인·허가 등의 수익적 행정처분의 근거가 되는 법률이 해당 업자들 사이의 과당경쟁으로 인한 경영의 불합리를 방지하는 것도 그 목적으로 하고 있는 경우, 다른 업자에 대한 면허나 인·허가 등의 수익적 행정처분에 대하여 미리 같은 종류의 면허나 인·허가 등의 처분을 받아 영업을 하고 있는 기존의 업자는 당해 행정처분의 취소를 구할 원고적격이 인정될 수 있다.

② 광업권설정허가처분과 그에 따른 광산개발로 인하여 재산상·환경상 이익의 침해를 받거나 받을 우려가 있는 토지나 건축물의 소유자와 점유자 또는 이해관계인 및 주민들은 그 처분 전과 비교하여 수인한도를 넘는 재산상·환경상 이익의 침해를 받거나 받을 우려가 있다는 것을 증명하더라도 원고적격을 인정받을 수 없다.

③ 행정처분의 직접 상대방이 아닌 제3자라 하더라도 당해 행정처분으로 인하여 법률상 보호되는 이익을 침해당한 경우에는 취소소송을 제기하여 그 당부의 판단을 받을 자격이 있다.

④ 법인의 주주가 그 처분으로 인하여 궁극적으로 주식이 소각되거나 주주의 법인에 대한 권리가 소멸하는 등 주주의 지위에 중대한 영향을 초래하게 되는데도 그 처분의 성질상 당해 법인이 이를 다툴 것을 기대할 수 없고 달리 주주의 지위를 보전할 구제방법이 없는 경우에는 주주도 그 처분에 관하여 직접적이고 구체적인 법률상 이해관계를 가진다고 보이므로 그 취소를 구할 원고적격이 있다.

13

공법상 결과제거청구권에 대한 설명으로 옳지 않은 것은?

① 공법상 결과제거청구권의 대상은 가해행위와 상당인과관계가 있는 손해이다.

② 결과제거청구는 권력작용뿐만 아니라 관리작용에 의한 침해의 경우에도 인정된다.

③ 원상회복이 행정주체에게 기대 가능한 것이어야 한다.

④ 피해자의 과실이 위법상태의 발생에 기여한 경우에는 그 과실에 비례하여 결과제거청구권이 제한되거나 상실된다.

14

행정심판의 재결에 대한 설명으로 옳지 않은 것은?

① 기각재결이 있은 후에도 원처분청은 원처분을 직권으로 취소 또는 변경할 수 있다.

② 재결의 기속력에는 반복금지효와 원상회복의무가 포함된다.

③ 행정심판에는 불고불리의 원칙과 불이익변경금지의 원칙이 인정되며, 처분청은 행정심판의 재결에 대해 불복할 수 없다.

④ 행정심판의 재결기간은 강행규정이다.

15

사례에 대한 설명으로 옳지 않은 것은? (단, 다툼이 있는 경우 판례에 의함)

> 병무청장이 법무부장관에게 '가수 甲이 공연을 위하여 국외여행허가를 받고 출국한 후 미국 시민권을 취득함으로써 사실상 병역의무를 면탈하였으므로 재외동포 자격으로 재입국하고자 하는 경우 국내에서 취업, 가수활동 등 영리활동을 할 수 없도록 하고, 불가능할 경우 입국 자체를 금지해 달라'고 요청함에 따라 법무부장관이 甲의 입국을 금지하는 결정을 하고, 그 정보를 내부전산망인 '출입국관리정보시스템'에 입력하였으나, 甲에게는 통보하지 않았다.

① 일반적으로 처분이 주체·내용·절차와 형식의 요건을 모두 갖추고 외부에 표시된 경우에는 처분의 존재가 인정된다.

② 행정의사가 외부에 표시되어 행정청이 자유롭게 취소·철회할 수 없는 구속을 받게 되는 시점에 처분이 성립한다.

③ 그 성립 여부는 행정청이 행정의사를 공식적인 방법으로 외부에 표시하였는지를 기준으로 판단해야 한다.

④ 위 입국금지결정은 항고소송의 대상이 되는 '처분'에 해당한다.

16

계획재량에 대한 설명으로 옳지 않은 것은?

① 통상적인 재량행위와 계획재량은 양적인 점에서 차이가 있을 뿐 질적인 점에서는 차이가 없다는 견해는 형량명령이 계획재량에 특유한 하자이론이라기보다는 비례의 원칙을 계획재량에 적용한 것이라고 한다.

② 행정주체는 그 행정계획에 관련되는 자들의 이익을 공익과 사익 사이에서는 물론이고 공익 상호간과 사익 상호간에도 정당하게 비교교량하여야 한다는 제한을 받는다.

③ 행정주체가 행정계획을 입안·결정함에 있어서 이익형량의 고려대상에 마땅히 포함시켜야 할 사항을 누락한 경우 이익형량을 전혀 행하지 아니하는 등의 사정이 없는 한 그 행정계획결정은 형량에 하자가 있다고 보기 어렵다.

④ 행정계획과 관련하여 이익형량을 하였으나 정당성과 객관성이 결여된 경우에는 그 행정계획결정은 형량에 하자가 있어 위법하게 된다.

17

「행정조사기본법」상 행정조사의 기본원칙에 대한 설명으로 옳지 않은 것은? (단, 다툼이 있는 경우 판례에 의함)

① 행정조사는 조사목적을 달성하는 데 필요한 최소한의 범위 안에서 실시하여야 하며, 다른 목적 등을 위하여 조사권을 남용하여서는 아니 된다.

② 행정기관은 유사하거나 동일한 사안에 대하여는 공동조사 등을 실시함으로써 행정조사가 중복되지 아니하도록 하여야 한다.

③ 행정조사는 법령등의 위반에 대한 처벌에 중점을 두되 법령등을 준수하도록 유도하여야 한다.

④ 행정기관은 행정조사를 통하여 알게 된 정보를 다른 법률에 따라 내부에서 이용하거나 다른 기관에 제공하는 경우를 제외하고는 원래의 조사목적 이외의 용도로 이용하거나 타인에게 제공하여서는 아니 된다.

18

행정규칙에 대한 설명으로 옳지 않은 것은? (단, 다툼이 있는 경우 판례에 의함)

① 행정규칙인 고시가 법령의 수권에 의해 법령을 보충하는 사항을 정하는 경우에는 법령보충적 고시로서 근거법령규정과 결합하여 대외적으로 구속력 있는 법규명령의 효력을 갖는다.

② 행정규칙은 행정규칙을 제정한 행정기관에 대하여는 대내적으로 법적 구속력을 갖지 않는다.

③ 사실상의 준비행위 또는 사전안내로 볼 수 있는 국립대학의 대학입학고사 주요요강은 공권력 행사이므로 항고소송의 대상이 되는 처분이다.

④ 일반적인 행정처분절차를 정하는 행정규칙은 대외적 구속력이 없다.

19

「공익사업을 위한 토지 등의 취득 및 보상에 관한 법률」상의 환매권에 대한 설명으로 옳지 않은 것은? (단, 다툼이 있는 경우 판례에 의함)

① 토지의 협의취득일 또는 수용의 개시일부터 10년 이내에 해당 사업의 폐지·변경 또는 그 밖의 사유로 취득한 토지의 전부 또는 일부가 필요 없게 된 경우 취득일 당시의 토지소유자 또는 그 포괄승계인은 환매권을 행사할 수 있다.

② 환매권의 발생기간을 제한한 것은 사업시행자의 지위나 이해관계인들의 토지이용에 관한 법률관계 안정, 토지의 사회경제적 이용효율 제고, 사회일반에 돌아가야 할 개발이익이 원소유자에게 귀속되는 불합리 방지 등을 위한 것이라 하더라도, 그 입법목적은 정당하다고 할 수 없다.

③ 환매권 발생기간 '10년'을 예외 없이 유지하게 되면 토지수용 등의 원인이 된 공익사업의 폐지 등으로 공공필요가 소멸하였음에도 단지 10년이 경과하였다는 사정만으로 환매권이 배제되는 결과가 초래될 수 있다.

④ 법률조항 제91조의 위헌성은 환매권의 발생기간을 제한한 것 자체에 있다기보다는 그 기간을 10년 이내로 제한한 것에 있다. 이 사건 법률조항의 위헌성을 제거하는 다양한 방안이 있을 수 있고 이는 입법재량 영역에 속한다.

20

「국가배상법」의 내용에 대한 설명으로 옳지 않은 것은? (단, 다툼이 있는 경우 판례에 의함)

① 국가나 지방자치단체는 공무를 위탁받은 사인이 직무를 집행하면서 고의 또는 과실로 법령을 위반하여 타인에게 손해를 입힌 때에는 국가배상법에 따라 그 손해를 배상하여야 한다.

② 도로·하천, 그 밖의 공공의 영조물(營造物)의 설치나 관리에 하자(瑕疵)가 있기 때문에 타인에게 손해를 발생하게 하였을 때에는 국가나 지방자치단체는 그 손해를 배상하여야 한다. 이 경우 군인·군무원의 이중배상 금지에 관한 규정은 적용되지 않는다.

③ 직무를 집행하는 공무원에게 고의 또는 중대한 과실이 있으면 국가나 지방자치단체는 그 공무원에게 구상(求償)할 수 있다.

④ 군인·군무원이 전투·훈련 등 직무집행과 관련하여 전사(戰死)·순직(殉職)하거나 공상(公傷)을 입은 경우에 본인이나 그 유족이 다른 법령에 따라 재해보상금·유족연금·상이연금 등의 보상을 지급받을 수 있을 때에는 「국가배상법」 및 「민법」에 따른 손해배상을 청구할 수 없다.

21

「공공기관의 정보공개에 관한 법률」에 대한 설명으로 옳지 않은 것은?

① 정보공개의 원칙에 따라 공공기관이 보유·관리하는 정보는 국민의 알권리 보장 등을 위하여 이법에서 정하는 바에 따라 적극적으로 공개하여야 한다.

② 모든 국민은 정보의 공개를 청구할 권리를 가진다.

③ 공공기관의 정보공개담당자(정보공개청구 대상정보와 관련된 업무담당자를 포함한다)는 정보공개업무를 성실하게 수행하여야 하며, 공개 여부의 자의적인 결정, 고의적인 처리 지연 또는 위법한 공개 거부 및 회피 등 부당한 행위를 하여서는 아니 된다.

④ 공공기관은 예산집행의 내용과 사업평가 결과 등 행정감시를 위하여 필요한 정보에 대해서는 공개의 구체적 범위, 주기, 시기 및 방법 등을 미리 정하여 정보통신망 등을 통하여 알릴 필요까지는 없으나, 정기적으로 공개하여야 한다.

22

행정의 실효성 확보수단에 대한 설명으로 옳지 않은 것은? (단, 다툼이 있는 경우 판례에 의함)

① 계고서라는 명칭의 1장의 문서로서 일정 기간 내에 위법 건축물의 자진철거를 명함과 동시에 그 소정기한 내에 자진철거를 하지 아니할 때에는 대집행할 뜻을 미리 계고한 경우라도 건축법에 의한 철거명령과 행정대집행법에 의한 계고처분은 독립하여 있는 것으로서 각 그 요건이 충족되었다고 볼 것이다.

② 이행강제금은 행정상 간접적인 강제집행수단의 하나로서, 과거의 일정한 법률위반행위에 대한 제재인 형벌이 아니라 장래의 의무이행 확보를 위한 강제수단일 뿐이어서, 범죄에 대하여 국가가 형벌권을 실행하는 과벌에 해당하지 아니한다.

③ 세무조사결정은 납세의무자의 권리·의무에 직접 영향을 미치는 공권력의 행사에 따른 행정작용으로 보기 어려우므로 항고소송의 대상이 될 수 없다.

④ 토지·건물 등의 인도의무는 비대체적 작위의무이므로 행정대집행법상 대집행 대상이 될 수 없다.

23

개인적 공권에 대한 설명으로 옳지 않은 것은? (단, 다툼이 있는 경우 판례에 의함)

① 한의사들이 가지는 한약조제권을 한약조제시험을 통하여 약사에게도 인정함으로써 감소하게 되는 한의사들의 영업상 이익은 법률에 의하여 보호되는 이익이라 볼 수 없다.

② 합병 이전의 회사에 대한 분식회계를 이유로 감사인지정 제외처분과 손해배상공동기금의 추가적립의무를 명한 조치의 효력은 합병 후 존속하는 법인에게 승계될 수 있다.

③ 당사자 사이에 석탄산업법 시행령 제41조 제4항 제5호 소정의 재해위로금에 대한 지급청구권에 관한 부제소합의가 있는 경우 그러한 합의는 효력이 인정된다.

④ 석유판매업허가는 소위 대물적 허가의 성질을 갖는 것이어서 양수인이 그 양수 후 허가관청으로부터 석유판매업 허가를 다시 받았다 하더라도 이는 석유판매업의 양수도를 전제로 한 것이어서 이로써 양도인의 지위승계가 부정되는 것은 아니므로 양도인의 귀책사유는 양수인에게 그 효력이 미친다.

24

행정행위의 부관에 대한 설명으로 옳지 않은 것은? (단, 다툼이 있는 경우 판례에 의함)

① 재량행위에 있어서는 관계법령에 명시적인 금지규정이 없는 한 행정목적을 달성하기 위하여 조건이나 기한, 부담 등의 부관을 붙일 수 있고, 그 부관의 내용이 이행 가능하고 비례의 원칙 및 평등의 원칙에 적합하며 행정처분의 본질적 효력을 저해하지 아니하는 이상 위법하다고 할 수 없다.

② 부담은 행정청이 행정처분을 하면서 일방적으로 부가하는 것이 일반적이므로 상대방과 협의하여 협약의 형식으로 미리 정한 다음 행정처분을 하면서 이를 부가하는 경우 부담으로 볼 수 없다.

③ 부관의 사후변경은, 법률에 명문의 규정이 있거나 그 변경이 미리 유보되어 있는 경우 또는 상대방의 동의가 있는 경우에 한하여 허용되는 것이 원칙이지만, 사정변경으로 인하여 당초에 부담을 부가한 목적을 달성할 수 없게 된 경우에도 그 목적달성에 필요한 범위 내에서 예외적으로 허용된다.

④ 건축허가를 하면서 일정 토지를 기부채납하도록 하는 내용의 허가조건은 부관을 붙일 수 없는 기속행위 내지 기속적 재량행위인 건축허가에 붙인 부담이거나 또는 법령상 아무런 근거가 없는 부관이어서 무효이다.

25

행정소송법상 행정입법부작위에 대한 설명으로 옳지 않은 것은?

① 행정권의 시행명령제정의무는 헌법적 의무이다.

② 시행명령을 제정해야 함에도 불구하고 제정을 거부하는 것은 법치행정의 원칙에 반하는 것이 된다.

③ 시행명령을 제정 또는 개정하였지만 그것이 불충분 또는 불완전하게 된 경우에는 행정입법부작위가 아니다.

④ 행정입법부작위는 부작위위법확인소송의 대상이 된다

04회

2021.07.24. 시행 7급 군무원

2021년 기출문제

Answer 122쪽

시작시간	
종료시간	
점수	

01

3회독 □ □ □

행정행위의 효력에 대한 설명으로 옳지 않은 것은? (단, 다툼이 있는 경우 판례에 의함)

① 행정처분이 아무리 위법하다고 하여도 당연무효인 사유가 있는 경우를 제외하고는 아무도 그 하자를 이유로 무단히 그 효과를 부정하지 못한다.

② 공정력의 근거를 적법성의 추정으로 보아 행정행위의 적법성은 피고인 행정청이 아니라 원고 측에 입증책임이 있다.

③ 민사소송에 있어서 어느 행정처분의 당연무효 여부가 선결문제로 되는 때에는 이를 판단하여 당연무효임을 전제로 판결할 수 있고 반드시 행정소송 등의 절차에 의하여 그 취소나 무효확인을 받아야 하는 것은 아니다.

④ 어떤 법률에 의하여 행정청으로부터 시정명령을 받은 자가 이를 위반한 경우 그 때문에 그 법률에서 정한 처벌을 하기 위하여는 그 시정명령은 적법한 것이라야 한다.

02

3회독 □ □ □

행정법관계에 대한 설명으로 가장 옳은 것은? (단, 다툼이 있는 경우 판례에 의함)

① 육군3사관학교의 구성원인 사관생도는 학교입학일부터 특수한 신분관계에 놓이게 되므로 법률유보원칙은 적용되지 아니한다.

② 지방자치단체가 학교법인이 설립한 사립중학교에 의무교육대상자에 대한 교육을 위탁한 때에 그 학교법인과 해당 사립중학교에 재학 중인 학생의 재학관계는 기본적으로 공법상 계약에 따른 법률관계이다.

③ 불이익한 행정처분의 상대방은 직접 개인적 이익을 침해당한 것으로 볼 수 없으므로 처분취소소송에서 원고적격을 바로 인정받지 못한다.

④ 공무원연금수급권은 법률에 의하여 비로소 확정된다.

03

3회독 □ □ □

국유재산에 대한 설명으로 옳지 않은 것은? (단, 다툼이 있는 경우 판례에 의함)

① 국가가 국유재산의 무단점유자를 상대로 변상금의 부과징수권의 행사와 별도로 국유재산의 소유자로서 민사상 부당이득반환청구의 소를 제기할 수 있다.

② 국유재산의 무단점유자에 대한 변상금 부과는 관리청이 공권력을 가진 우월한 지위에서 행한 것으로 항고소송의 대상이 되는 행정처분의 성격을 갖는다.

③ 행정재산의 목적 외 사용·수익허가의 법적성질은 특정인에게 행정재산을 사용할 수 있는 권리를 설정하여 주는 강학상 특허에 해당한다.

④ 국유재산법에서는 행정재산의 사용·수익의 허가기간은 3년 이내로 한다.

04

3회독 □ □ □

확정된 취소판결과 무효확인판결의 효력에 대한 설명으로 옳지 않은 것은? (단, 다툼이 있는 경우 판례에 의함)

① 당사자가 확정된 취소판결의 존재를 사실심 변론종결 시까지 주장하지 아니하였다고 하더라도 상고심에서 새로이 이를 주장·입증할 수 있다.

② 취소판결이 확정된 과세처분을 과세관청이 경정하는 처분을 하였다면 당연무효의 처분이라고 할 수 없고 단순위법인 취소사유를 가진 처분이 될 뿐이다.

③ 행정처분의 무효확인판결은 확인판결이라고 하여도 행정처분의 취소판결과 같이 소송당사자는 물론 제3자에게도 미치는 것이다.

④ 행정처분의 취소판결이 확정되면 그 판결에서 확인된 위법사유를 배제한 상태에서 다시 처분을 하거나 그 밖에 위법한 결과를 제거하는 조치를 할 의무가 있다.

05

행정기본법상 법적용의 기준에 대한 설명으로 옳지 않은 것은?

① 새로운 법령은 법령에 특별한 규정이 있는 경우를 제외하고는 그 법령의 효력발생 전에 완성되거나 종결된 사실관계 또는 법률관계에 대해서는 적용되지 아니한다.

② 당사자의 신청에 따른 처분은 법령에 특별한 규정이 있거나 처분 당시의 법령을 적용하기 곤란한 특별한 사정이 있는 경우를 제외하고는 처분 당시의 법령에 따른다.

③ 법령을 위반한 행위의 성립과 이에 대한 제재처분은 법령에 특별한 규정이 있는 경우를 제외하고는 법령을 위반한 행위 당시의 법령에 따른다.

④ 법령을 위반한 행위 후 법령의 변경에 의하여 그 행위가 법령을 위반한 행위에 해당하지 아니하는 경우에도 해당 법령에 특별한 규정이 없는 경우 변경 이전의 법령을 적용한다.

06

재량행위에 대한 설명으로 옳지 않은 것은? (단, 다툼이 있는 경우 판례에 의함)

① 행정청이 제재처분의 양정을 하면서 공익과 사익의 형량을 전혀 하지 않았거나 이익형량의 고려대상에 마땅히 포함되어야 할 사항을 누락한 경우 또는 이익형량을 하였으나 정당성·객관성이 결여된 경우에는 제재처분은 재량권을 일탈·남용한 것이라고 보아야 한다.

② 처분이 재량권을 일탈·남용하였다는 사정은 처분의 효력을 다투는 자가 주장·증명하여야 한다.

③ 공유수면 관리 및 매립에 관한 법률에 따른 공유수면의 점용·사용허가는 특정인에게 공유수면이용권이라는 독점적 권리를 설정하여 주는 처분으로 원칙적으로 행정청의 재량행위에 속한다.

④ 구 주택건설촉진법상의 주택건설사업계획의 승인은 상대방에게 수익적 행정처분이므로 법령에 행정처분의 요건에 관하여 일의적으로 규정되어 있더라도 행정청의 재량행위에 속한다.

07

행정의 실효성확보제도에 대한 설명으로 가장 옳은 것은? (단, 다툼이 있는 경우 판례에 의함)

① 학원의 설립·운영 및 과외교습에 관한 법령상 등록을 요하는 학원을 설립·운영하고자 하는 자가 등록절차를 거치지 않은 경우 관할 행정청이 직접 그 무등록학원의 폐쇄를 위하여 출입제한시설물의 설치와 같은 조치를 할 수 있게 규정되어 있는데, 이러한 규정은 동시에 그와 같은 폐쇄명령의 근거규정이 된다.

② 행정대집행은 대체적 작위의무에 대한 강제집행수단으로, 이행강제금은 부작위의무나 비대체적 작위의무에 대한 강제집행수단으로 이해되어 왔으므로, 이행강제금은 대체적 작위의무의 위반에 대해서는 부과될 수 없다.

③ 대집행계고처분에서 정한 의무이행기간의 이행종기인 날짜에 그 계고서를 수령하였고 행정청이 대집행영장으로써 대집행의 시기를 늦추었다고 하여도 대집행의 적법절차에 위배한 것으로 위법한 처분이다.

④ 한국자산공사의 재공매결정과 공매통지는 행정처분에 해당한다.

08

행정규칙에 대한 설명으로 옳지 않은 것은? (단, 다툼이 있는 경우 판례에 의함)

① 경찰청예규로 정해진 구 「채증규칙」은 행정규칙이지만 이에 의하여 집회·시위 참가자들은 구체적인 촬영행위에 의해 비로소 기본권을 제한받게 되는 것뿐만 아니라 이 채증규칙으로 인하여 직접 기본권을 침해받게 된다.

② 행정규칙은 적당한 방법으로 통보되고 도달하면 효력을 가지며, 반드시 국민에게 공포되어야만 하는 것은 아니다.

③ 행정규칙의 내용이 상위법령이나 법의 일반원칙에 반하는 것이라면 그것은 법질서상 당연무효이고 취소의 대상이 될 수 없다.

④ 어떠한 처분의 근거나 법적인 효과가 행정규칙에 규정되어 있다고 하더라도, 그 처분이 행정규칙의 내부적 구속력에 의하여 상대방에게 권리의 설정 또는 의무의 부담을 명하거나 기타 법적인 효과를 발생하게 하는 등으로 그 상대방의 권리 의무에 직접 영향을 미치는 행위라면, 이 경우에도 항고소송의 대상이 되는 행정처분에 해당한다.

09

행정계획에 대한 설명으로 옳지 않은 것은? (단, 다툼이 있는 경우 판례에 의함)

① 개인의 자유와 권리에 직접 영향을 미치는 계획이라도 광범위한 형성의 자유가 결부되므로 국민들에게 고시등으로 알려져야만 대외적으로 효력을 발생하는 것이 아니다.
② 구 도시계획법상 도시계획안의 공고 및 공람절차에 하자가 있는 행정청의 도시계획결정은 위법하다.
③ 국토이용계획변경신청을 거부하였을 경우 실질적으로 폐기물처리업허가신청과 같은 처분을 불허하는 결과가 되는 경우 국토이용계획변경의 입안 및 결정권자인 행정청에게 계획변경을 신청할 법규상 또는 조리상 권리를 가진다.
④ 행정기관 내부지침에 그치는 행정계획이 국민의 기본권에 직접 영향을 끼치고 법령의 뒷받침에 의하여 그대로 실시될 것이 틀림없을 것으로 예상되는 때에는 예외적으로 헌법소원의 대상이 된다.

10

공법관계와 사법관계에 대한 설명으로 옳지 않은 것은? (단, 다툼이 있는 경우 판례에 의함)

① 산림청장이 산림법령이 정하는 바에 따라 국유임야를 대부하는 행위는 사경제 주체로서 하는 사법상의 행위이다.
② 건축물의 소재지를 관할하는 허가권자인 지방자치단체의 장이 국가의 건축협의를 거부한 행위는 항고소송의 대상인 거부처분에 해당한다.
③ 지방자치단체가 일반재산을 지방자치단체를 당사자로 하는 계약에 관한 법률에 따라 입찰이나 수의계약을 통해 매각하는 것은 지방자치단체가 우월적 공행정 주체로서의 지위에서 행하는 행위이다.
④ 국가가 당사자가 되는 공사도급계약에서 부정당업자에 대한 입찰참가자격제한조치는 항고소송의 대상이 되는 처분에 해당한다.

11

공법상 계약에 해당하는 것은? (단, 다툼이 있는 경우 판례에 의함)

① 지방자치단체가 사인과 체결한 자원회수시설 위탁운영협약
② 중소기업 정보화지원사업에 따른 지원금 출연을 위하여 중소기업청장이 체결하는 협약
③ 공익사업을 위한 토지 등의 취득 및 보상에 관한 법률상의 사업시행자가 토지소유자 및 관계인과 협의가 성립되어 체결하는 계약
④ 지방자치단체의 관할구역 내에 있는 각급 학교에서 학교회계직원으로 근무하는 것을 내용으로 하는 근로계약

12

개인정보보호법상 개인정보 보호에 대한 설명으로 옳은 것은? (단, 다툼이 있는 경우 판례에 의함)

① 많은 양의 트위터 정보처럼 개인정보와 이에 해당하지 않은 정보가 혼재된 경우 전체적으로 개인정보보호법상 개인정보에 관한 규정이 적용된다.
② 개인정보자기결정권은 자신에 관한 정보가 언제 누구에게 어느 범위까지 알려지고 또 이용되도록 할 것인지를 정보주체가 스스로 결정할 수 있는 권리로서 헌법에 명시된 권리이다.
③ 개인정보보호법상 개인정보는 살아 있는 개인뿐만 아니라 사자(死者)에 관한 정보로서 성명, 주민등록번호 및 영상 등을 통하여 개인을 알아볼 수 있는 정보를 말한다.
④ 개인정보보호법은 민간부분의 개인정보를 규율하고 있고, 공공부분에 관하여는 공공기관의 개인정보보호에 관한 법률에서 규율하고 있다.

13

행정심판의 재결에 대한 설명으로 옳은 것은? (단, 다툼이 있는 경우 판례에 의함)

① 행정심판을 거친 후에 원처분에 대하여 취소소송을 제기할 경우 재결서의 정본을 송달받은 날부터 60일 이내에 제기하여야 한다.

② 의무이행심판의 청구가 이유 있다고 인정되는 경우에는 행정심판위원회는 직접 신청에 따른 처분을 할 수 없고, 피청구인에게 처분을 할 것을 명하는 재결을 할 수 있을 뿐이다.

③ 사정재결은 취소심판의 경우에만 인정되고, 의무이행심판과 무효확인심판의 경우에는 인정되지 않는다.

④ 취소심판의 심리 후 행정심판위원회는 영업허가취소처분을 영업정지처분으로 적극적으로 변경하는 변경재결 또는 변경명령재결을 할 수 있다.

14

공무원의 권리에 대한 설명으로 가장 옳은 것은? (단, 다툼이 있는 경우 판례에 의함)

① 고충심사결정은 행정상 쟁송의 대상이 되는 행정처분이다.

② 국가공무원에 대한 불리한 부작위에 대한 행정소송은 인사혁신처의 소청심사위원회의 심사·결정을 거치지 않아도 제기할 수 있다.

③ 공무원이 국가를 상대로 그 실질이 보수에 해당하는 금원의 지급을 구하는 경우 그 보수에 관한 법률에 지급근거인 명시적 규정이 존재하여야 하고, 해당 보수 항목이 국가예산에도 계상되어 있어야만 한다.

④ 공무원이 임용 당시 공무원임용결격사유가 있었어도 사실상 근무에 대하여 공무원연금법령에서 정한 퇴직급여를 청구할 수 있다.

15

행정행위의 하자에 대한 설명으로 옳지 않은 것은? (단, 다툼이 있는 경우 판례에 의함)

① 국세에 대한 증액경정처분이 있는 경우 당초처분은 증액경정처분에 흡수된다.

② 처분권한을 내부위임받은 기관이 자신의 이름으로 한 처분은 무효이다.

③ 독립유공자 甲의 서훈이 취소되고 이를 국가보훈처장이 甲의 유족에게 서훈취소결정통지를 한 것은 통지의 주체나 형식에 하자가 있다고 보기는 어렵다.

④ 과세처분 이후 조세부과의 근거가 되었던 법률규정에 대해 위헌결정이 내려졌다고 하더라도, 그 조세채권의 집행을 위한 체납처분은 유효하다.

16

甲은 乙로부터 유흥주점을 양도받고 영업자지위승계신고를 식품위생법 규정에 따라 관할 행정청 A에게 하였다. 이에 대한 다음의 설명 중 옳지 않은 것은? (단, 다툼이 있는 경우 판례에 의함)

① A는 이 유흥주점영업자지위승계신고를 수리함에 있어 乙에게 그 사실을 사전에 통지하여야 한다.

② A는 이 유흥주점영업자지위승계신고를 수리함에 있어 청문이 필요하다고 인정하여 청문을 실시할 때에는 신고를 수리하기 전에 청문을 하여야 한다.

③ 乙은 행정절차법상의 당사자의 지위에 있다.

④ A의 유흥주점영업자지위승계신고수리는 乙의 권익을 제한하는 처분이다.

17

손실보상에 대한 판례의 내용으로 옳지 않은 것은?

① 보상가액 산정 시 공익사업으로 인한 개발이익은 토지의 객관적 가치에 포함된다.

② 개별공시지가가 아닌 표준지공시지가를 기준으로 보상액을 산정하는 것은 헌법 제23조 제3항에 위반되지 않는다.

③ 민간기업도 토지수용의 주체가 될 수 있다.

④ 공유수면 매립으로 인하여 위탁판매수수료 수입을 상실한 수산업협동조합에 대해서는 법률의 보상규정이 없더라도 손실보상의 대상이 된다.

18

판례상 행정소송에서의 법률상 이익을 인정한 경우는?

① 환지처분의 일부에 대한 취소소송

② 가중처벌에 관한 제재적 처분기준이 행정규칙의 형식으로 되어 있는 경우, 실효된 제재처분의 취소를 구하는 소송

③ 위법한 건축물에 대한 취소소송 중 건축공사가 완료된 경우

④ 교원소청심사위원회의 파면처분취소결정에 대한 취소소송 계속 중 학교법인이 교원에 대한 징계처분을 해임으로 변경한 경우

19

행정소송법상 집행정지에 대한 설명으로 옳지 않은 것은? (단, 다툼이 있는 경우 판례에 의함)

① 공공복리에 중대한 영향을 미칠 우려가 있어 집행정지를 불허할 경우의 입증책임은 행정청에게 있다.

② 집행정지결정 후 본안소송이 취하되면 집행정지결정의 효력도 상실한다.

③ 무효확인소송에서는 집행정지가 인정되지 않는다.

④ 집행정지의 결정을 신청함에 있어서는 그 이유에 대한 소명이 있어야 한다.

20

행정조사기본법상 행정조사에 대한 설명으로 옳지 않은 것은?

① 조사대상자의 자발적 협조를 얻어 실시하는 현장조사의 경우에도 개별 법령의 이에 관한 법적 근거가 있어야 한다.

② 행정기관의 장은 조사대상자에게 장부·서류를 제출하도록 요구하는 때에는 자료제출요구서를 발송하여야 한다.

③ 행정조사는 조사목적을 달성하는 데 필요한 최소한의 범위 안에서 실시하여야 하며, 다른 목적 등을 위하여 조사권을 남용하여서는 아니 된다.

④ 행정기관의 장은 법령등에 특별한 규정이 있는 경우를 제외하고는 행정조사의 결과를 확정한 날부터 7일 이내에 그 결과를 조사대상자에게 통지하여야 한다.

21

아래의 법률 조항에 대한 설명으로 옳지 않은 것은?

> 감염병의 예방 및 관리에 관한 법률 제49조 제1항: 질병관
> 리청장, 시·도지사 또는 시장·군수·구청장은 감염병을
> 예방하기 위하여 다음 각 호에 해당하는 모든 조치를 하거
> 나 그에 필요한 일부 조치를 하여야 하며, 보건복지부장관
> 은 감염병을 예방하기 위하여 제2호, 제2호의2부터 제2호
> 의4까지, 제12호 및 제12호의2에 해당하는 조치를 할 수
> 있다.
> 14. 감염병의심자를 적당한 장소에 일정한 기간 입원 또
> 는 격리시키는 것

① 감염병 의심자에 대한 격리조치는 직접강제에 해당한다.

② 그 성질상 행정상 의무의 이행을 명하는 것만으로는 행정
목적 달성이 곤란한 경우에 가능하다.

③ 다른 수단으로는 행정목적을 달성할 수 없는 경우에만 허
용된다.

④ 현장에 파견되는 집행책임자는 강제하는 이유와 내용을
고지하여야 한다.

22

甲은 청소년에게 주류를 제공하였다는 이유로 A구청장으
로부터 6개월 이내에서 영업정지처분을 할 수 있다고 규정
하는 식품위생법 제75조, 총리령인 식품위생법 시행규칙
제89조 및 별표 23[행정처분의 기준]에 근거하여 영업정
지 2개월 처분을 받았다. 甲은 처음으로 단속된 사람이었
다. 이에 대한 다음의 설명 중 가장 옳은 것은? (단, 다툼이
있는 경우 판례에 의함)

① 위 영업정지처분은 기속행위이다.

② 위 별표는 법규명령이다.

③ A구청장은 2개월의 영업정지처분을 함에 있어서 가중감
경의 여지는 없다.

④ A구청장이 유사사례와의 형평성을 고려하지 않고 3개월
의 영업정지처분을 하였다면 甲은 행정의 자기구속원칙의
위반으로 위법함을 주장할 수 있다.

23

행정조직법상 권한에 대한 설명으로 옳지 않은 것은? (단,
다툼이 있는 경우 판례에 의함)

① 체납취득세에 대한 압류처분권한은 도지사로부터 시장에게
권한위임된 것이고 시장으로부터 압류처분권한을 내부위임
받은 데 불과한 구청장이 자신의 명의로 한 압류처분은 권
한 없는 자에 의하여 행하여진 위법무효의 처분이다.

② 대리권을 수여받은 데 불과하여 원행정청과 대리관계를
밝히지 아니하고는 그의 명의로 처분 등을 할 권한이 없
는 행정청이 권한 없이 그의 명의로 한 처분에서 그 취소
소송 시 피고는 본 처분권한이 있는 행정청이 된다.

③ 행정권한의 위임은 법률이 위임을 허용하고 있는 경우에
한하여 인정된다.

④ 권한의 위임에 관한 개별규정이 없는 경우 정부조직법 제
6조, 행정권한의 위임 및 위탁에 관한 규정, 지방자치법
제104조와 같은 일반적 규정에 따라 행정청은 위임받은
권한을 재위임할 수 있다.

24

지방자치단체의 사무에 대한 설명으로 옳지 않은 것은?
(단, 다툼이 있는 경우 판례에 의함)

① 부랑인선도시설 및 정신질환자요양시설에 대한 지방자치
단체장의 지도·감독사무는 국가사무이다.

② 인천광역시장이 원고로서 인천광역시의회를 피고로 인천
광역시 공항고속도로통행료지원 조례안재의결 무효확인
청구소송을 제기하였는데, 이 조례안에서 지역주민에게
통행료를 지원하는 내용의 사무는 자치사무이다.

③ 법령상 지방자치단체의 장이 처리하도록 규정하고 있는
사무가 자치사무인지 기관위임사무인지를 판단할 때 그에
관한 경비부담의 주체는 사무의 성질결정의 본질적 요소
가 아니므로 부차적인 것으로도 고려요소가 될 수 없다.

④ 지방자치단체의 자치사무에 관한 그 장의 명령이나 처분
에 대한 시정명령의 경우 법령을 위반하는 것에 한한다.

25

3회독 □ □ □

A시와 B시는 공유수면매립지의 경계를 두고 이견이 있다. 이에 대한 최종적인 결정권을 가진 기관은 어디인가?

① 헌법재판소

② 대법원

③ 지방자치단체중앙분쟁조정위원회

④ 중앙행정심판위원회

05회

2020.07.18. 시행 9급 군무원
2020년 기출문제

01

3회독 □ □ □

행정법의 효력에 대한 설명으로 옳지 않은 것은? (다툼이 있는 경우 판례에 의함)

① 행정법규는 시행일부터 그 효력을 발생한다.

② 법령이 변경된 경우 신 법령이 피적용자에게 유리하여 이를 적용하도록 하는 경과규정을 두는 등의 특별한 규정이 없는 한 헌법 제13조 등의 규정에 비추어 볼 때 그 변경 전에 발생한 사항에 대하여는 변경 후의 신 법령이 아니라 변경 전의 구 법령이 적용되어야 한다.

③ 법령불소급의 원칙은 법령의 효력발생 전에 완성된 요건 사실에 대하여 당해 법령을 적용할 수 없다는 의미일 뿐, 계속 중인 사실이나 그 이후에 발생한 요건 사실에 대한 법령 적용까지를 제한하는 것은 아니다.

④ 진정소급입법의 경우에는 신뢰보호의 이익을 주장할 수 있으나 부진정소급입법의 경우에는 신뢰보호의 이익을 주장할 수 없다.

02

3회독 □ □ □

행정규칙 형식의 법규명령에 대한 설명으로 옳지 않은 것은? (다툼이 있는 경우 판례에 의함)

① 헌법이 인정하고 있는 위임입법의 형식은 예시적인 것으로 보아야 할 것이고, 그것은 법률이 행정규칙에 위임하더라도 그 행정규칙은 위임된 사항만을 규율할 수 있으므로, 국회입법의 원칙과 상치되지도 않는다.

② 재산권 등과 같은 기본권을 제한하는 작용을 하는 법률이 입법위임을 할 때에는 법규명령에 위임함이 바람직하고, 금융감독위원회의 고시와 같은 행정규칙 형식으로 입법위임을 할 때에는 적어도 행정규제기본법 제4조 제2항 단서에서 정한 바와 같이 법령이 전문적·기술적 사항이나 경미한 사항으로서 업무의 성질상 위임이 불가피한 사항에 한정된다.

③ 법률이 행정규칙 형식으로 입법위임을 하는 경우에는 행정규칙의 특성상 포괄위임금지의 원칙은 인정되지 않는다.

④ 상위법령의 위임에 의하여 정하여진 행정규칙은 위임한계를 벗어나지 아니하는 한 그 상위법령의 규정과 결합하여 대외적인 구속력이 있는 법규명령으로서의 효력을 갖게 된다.

03

3회독 □ □ □

인가에 대한 설명으로 옳지 않은 것은? (다툼이 있는 경우 판례에 의함)

① 기본행위가 적법·유효하고 보충행위인 인가처분 자체에 흠이 있다면 그 인가처분의 무효나 취소를 주장할 수 있다.

② 구 외자도입법에 따른 기술도입계약에 대한 인가는 기본행위인 기술도입계약을 보충하여 그 법률상 효력을 완성시키는 보충적 행정행위에 지나지 아니하므로 기본행위인 기술도입계약의 해지로 인하여 소멸되었다면 위 인가처분은 처분청의 직권취소에 의하여 소멸한다.

③ 공유수면매립법 등 관계법령상 공유수면매립의 면허로 인한 권리의무의 양도·양수에 있어서의 면허관청의 인가는 효력요건으로서, 면허로 인한 권리의무양도약정은 면허관청의 인가를 받지 않은 이상 법률상 아무런 효력도 발생할 수 없다.

④ 인가처분에 흠이 없다면 기본행위에 흠이 있다고 하더라도 따로 기본행위의 흠을 다투는 것은 별론으로 하고 기본행위의 흠을 내세워 바로 그에 대한 인가처분의 무효확인 또는 취소를 구할 수는 없다.

04

행정지도에 대한 설명으로 옳지 않은 것은? (다툼이 있는 경우 판례에 의함)

① 행정지도가 단순한 행정지도로서의 한계를 넘어 규제적·구속적 성격을 상당히 강하게 갖는 것이라면 헌법소원의 대상이 되는 공권력의 행사로 볼 수 있다.

② 행정관청이 국토이용관리법 소정의 토지거래계약신고에 관하여 공시된 기준시가를 기준으로 매매가격을 신고하도록 행정지도를 하여 그에 따라 피고인이 허위신고를 한 것이라면 그 범법행위는 정당화된다.

③ 구 남녀차별금지 및 구제에 관한 법률상 국가인권위원회의 성희롱결정과 이에 따른 시정조치의 권고는 성희롱 행위자로 결정된 자의 인격권에 영향을 미침과 동시에 공공기관의 장 또는 사용자에게 일정한 법률상의 의무를 부담시키는 것이므로 국가인권위원회의 성희롱결정 및 시정조치권고는 행정소송의 대상이 되는 행정처분에 해당한다.

④ 적법한 행정지도로 인정되기 위해서는 우선 그 목적이 적법한 것으로 인정될 수 있어야 할 것이므로, 행정청이 행한 주식매각의 종용이 정당한 법률적 근거 없이 자의적으로 주주에게 제재를 가하는 것이라면 행정지도의 영역을 벗어난 것이라고 보아야 할 것이다.

05

헌법재판소 결정례와 대법원 판례의 내용으로 옳지 않은 것은? (다툼이 있는 경우 판례에 의함)

① 현역군인만을 국방부의 보조기관 및 차관보·보좌기관과 병무청 및 방위사업청의 보조기관 및 보좌기관에 보할 수 있도록 정하여 군무원을 제외하고 있는 정부조직법 관련 조항은 군무원인 청구인들의 평등권을 침해한다고 보아야 한다.

② 행정소송에 있어서 처분청의 처분권한 유무는 직권조사사항이 아니다.

③ 행정권한의 위임이 행하여진 때에는 위임관청은 그 사무를 처리할 권한을 잃는다.

④ 자동차운전면허시험 관리업무는 국가행정사무이고 지방자치단체의 장인 서울특별시장은 국가로부터 그 관리업무를 기관위임 받아 국가행정기관의 지위에서 그 업무를 집행하므로, 국가는 면허시험장의 설치 및 보존의 하자로 인한 손해배상책임을 부담한다.

06

개인정보 보호법상 고유식별정보에 관한 설명으로 옳지 않은 것은?

① 여권법에 따른 여권번호나 출입국관리법에 따른 외국인등록번호는 고유식별정보이다.

② 고유식별정보를 처리하려면 정보주체에게 정보의 수집·이용·제공 등에 필요한 사항을 알리고 다른 개인정보의 처리에 대한 동의와 함께 일괄적으로 동의를 받아야 한다.

③ 개인정보처리자가 이 법에 따라 고유식별정보를 처리하는 경우에는 그 고유식별정보가 분실·도난·유출·위조·변조 또는 훼손되지 아니하도록 대통령령으로 정하는 바에 따라 암호화 등 안전성 확보에 필요한 조치를 하여야 한다.

④ 개인정보처리자는 다른 개인정보의 처리에 대한 동의와 별도로 동의를 받은 경우라 하더라도 주민등록번호는 법에서 정한 예외적 인정사유에 해당하지 않는 한 처리할 수 없다.

07

신뢰보호 원칙에 대한 설명으로 옳지 않은 것은? (다툼이 있는 경우 판례에 의함)

① 신뢰보호 원칙의 법적 근거로는 신의칙설 또는 법적 안정성을 드는 것이 일반적인 견해이다.

② 신뢰보호 원칙의 실정법적 근거로는 행정절차법 제4조 제2항, 국세기본법 제18조 제3항 등을 들 수 있다.

③ 대법원은 실권의 법리를 신뢰보호 원칙의 파생원칙으로 본다.

④ 조세법령의 규정내용 및 행정규칙 자체는 과세관청의 공적 견해 표명에 해당하지 아니한다.

08
3회독 ☐ ☐ ☐

정보공개에 대한 설명으로 옳지 않은 것은?

① 정보의 공개를 청구하는 자는 해당 정보를 보유하거나 관리하고 있는 공공기관에 법령상의 요건을 갖춘 정보공개 청구서를 제출하거나 말로써 정보의 공개를 청구할 수 있다.

② 공공기관은 공개 청구된 공개 대상 정보의 전부 또는 일부가 제3자와 관련이 있다고 인정할 때에는 그 사실을 제3자에게 지체 없이 통지하여야 하며, 필요한 경우에는 그의 의견을 들을 수 있다.

③ 공공기관의 정보공개에 관한 법률 제11조 제3항에 따라 공개 청구된 사실을 통지받은 제3자는 그 통지를 받은 날부터 7일 이내에 해당 공공기관에 대하여 자신과 관련된 정보를 공개하지 아니할 것을 요청할 수 있다.

④ 공공기관의 정보공개에 관한 법률 제21조 제2항에 따른 비공개 요청에도 불구하고 공공기관이 공개 결정을 할 때에는 공개 결정 이유와 공개 실시일을 분명히 밝혀 지체 없이 문서로 통지하여야 하며, 제3자는 해당 공공기관에 문서로 이의신청을 하거나 행정심판 또는 행정소송을 제기할 수 있다.

09
3회독 ☐ ☐ ☐

통고처분에 대한 설명으로 옳지 않은 것은? (다툼이 있는 경우 판례에 의함)

① 지방국세청장이 조세범칙행위에 대하여 고발을 한 후에 동일한 조세범칙행위에 대하여 통고처분을 하여 조세범칙행위자가 이를 이행하였다면 고발에 따른 형사절차의 이행은 일사부재리의 원칙에 반하여 위법하다.

② 도로교통법에 따른 경찰서장의 통고처분은 행정소송의 대상이 되는 행정처분이 아니다.

③ 통고처분은 상대방의 임의의 승복을 그 발효요건으로 하는 것으로서 상대방의 재판받을 권리를 침해하는 것으로 인정되지 않는다.

④ 관세법상 통고처분을 할 것인지의 여부는 관세청장 또는 세관장의 재량에 맡겨져 있고, 따라서 관세청장 또는 세관장이 관세법에 대하여 통고처분을 하지 아니한 채 고발하였다는 것만으로는 그 고발 및 이에 기한 공소의 제기가 부적법하게 되는 것은 아니다.

10
3회독 ☐ ☐ ☐

다음은 1993년 8월 12일에 발하여진 대통령의 금융실명거래 및 비밀보장에 관한 긴급재정경제명령(이하 '긴급재정경제명령'이라 칭함)에 관한 위헌확인소원에서 헌법재판소가 내린 결정 내용이다. 옳지 않은 것은? (다툼이 있는 경우 판례에 의함)

① 대통령의 긴급재정경제명령은 국가긴급권의 일종으로서 고도의 정치적 결단에 의하여 발동되는 행위이다.

② 대통령의 긴급재정경제명령은 이른바 통치행위에 속한다고 할 수 있다.

③ 통치행위를 포함하여 모든 국가작용은 국민의 기본권적 가치를 실현하기 위한 수단이라는 한계를 반드시 지켜야 한다.

④ 국민의 기본권 침해와 직접 관련되는 경우라도 그 국가작용이 고도의 정치적 결단에 의하여 행해진다면 당연히 헌법재판소의 심판대상이 되지 않는다.

11
3회독 ☐ ☐ ☐

다음 중 대법원 판례의 내용과 다른 것은? (다툼이 있는 경우 판례에 의함)

① 일정한 자격을 갖추고 소정의 절차에 따라 국립대학의 장에 의하여 임용된 조교는 법정된 근무기간 동안 신분이 보장되는 교육공무원법상의 교육공무원 내지 국가공무원법상의 특정직 공무원 지위가 부여되지만, 근무관계는 공법상 근무관계가 아닌 사법상의 근로계약관계에 해당한다.

② 행정규칙의 내용이 상위법령에 반하는 것이라면 법치국가원리에서 파생되는 법질서의 통일성과 모순금지 원칙에 따라 그것은 법질서상 당연무효이고, 행정내부적 효력도 인정될 수 없다.

③ 계약직공무원에 관한 현행 법령의 규정에 비추어 볼 때, 계약직공무원 채용계약해지의 의사표시는 일반공무원에 대한 징계처분과는 달라서 항고소송의 대상이 되는 처분 등의 성격을 가진 것으로 인정되지 아니한다.

④ 국가공무원법상 당연퇴직은 결격사유가 있을 때 법률상 당연히 퇴직하는 것이지, 공무원관계를 소멸시키기 위한 별도의 행정처분을 요하는 것이 아니며, 당연퇴직의 인사발령은 법률상 당연히 발생하는 퇴직사유를 공적으로 확인하여 알려주는 이른바 관념의 통지에 불과하고 공무원의 신분을 상실시키는 새로운 형성적 행위가 아니므로 행정소송의 대상이 되는 독립한 행정처분이라고 할 수 없다.

12

3회독 ☐☐☐

병역법에 관련한 설명으로 옳지 않은 것은? (다툼이 있는 경우 판례에 의함)

① 현역입영대상자인 피고인이 정당한 사유 없이 병역의무부과통지서인 현역입영통지서의 수령을 거부하고 입영기일부터 3일이 경과하여도 입영하지 않은 경우 통지서 수령거부에 대한 처벌만 인정될 뿐 입영의 기피에 대한 처벌은 인정되지 않는다.

② 병역의무부과통지서인 현역입영통지서는 그 병역의무자에게 이를 송달함이 원칙이고, 이러한 송달은 병역의무자의 현실적인 수령행위를 전제로 하고 있다고 보아야 하므로, 병역의무자가 현역입영통지의 내용을 이미 알고 있는 경우에도 여전히 현역입영통지서의 송달은 필요하다.

③ 현역입영대상자로서는 현실적으로 입영을 하였다고 하더라도, 입영 이후의 법률관계에 영향을 미치고 있는 현역병입영통지처분 등을 한 관할지방병무청장을 상대로 위법을 주장하여 그 취소를 구할 소송상의 이익이 있다.

④ 병역법상 보충역편입처분과 공익근무요원소집처분이 각각 단계적으로 별개의 법률효과를 발생하는 독립된 행정처분이 아니므로, 불가쟁력이 생긴 보충역 편입처분의 위법을 이유로 공익근무요원소집처분의 효력을 다툴 수 있다.

13

3회독 ☐☐☐

다수의 당사자 등이 공동으로 행정절차에 관한 행위를 할 때에 정하는 대표자에 관한 행정절차법의 규정 내용으로 옳지 않은 것은?

① 당사자 등은 대표자를 변경하거나 해임할 수 있다.

② 대표자는 각자 그를 대표자로 선정한 당사자 등을 위하여 행정절차에 관한 모든 행위를 할 수 있다. 다만, 행정절차를 끝맺는 행위에 대하여는 당사자 등의 동의를 받아야 한다.

③ 대표자가 있는 경우에는 당사자 등은 그 대표자를 통하여서만 행정절차에 관한 행위를 할 수 있다.

④ 다수의 대표자가 있는 경우 그중 1인에 대한 행정청의 행위는 모든 당사자 등에게 효력이 있다. 다만, 행정청의 통지는 대표자 1인에게 하여도 그 효력이 있다.

14

3회독 ☐☐☐

사실행위에 관한 판례의 내용으로 옳지 않은 것은? (다툼이 있는 경우 판례에 의함)

① 교도소장이 수형자를 '접견내용 녹음·녹화 및 접견 시 교도관 참여대상자'로 지정한 행위는 수형자의 구체적 권리의무에 직접적 변동을 가져오는 행정청의 공법상 행위로서 항고소송의 대상이 되는 '처분'에 해당한다.

② 구청장이 사회복지법인에 특별감사 결과, 지적사항에 대한 시정지시와 그 결과를 관계서류와 함께 보고하도록 지시한 경우, 그 시정지시는 항고소송의 대상이 되는 행정처분에 해당하지 아니한다.

③ 교도소 수형자에게 소변을 받아 제출하게 한 것은, 형을 집행하는 우월적인 지위에서 외부와 격리된 채 형의 집행에 관한 지시, 명령을 복종하여야 할 관계에 있는 자에게 행해진 것으로서 권력적 사실행위이다.

④ 국세징수법에 의한 체납처분의 집행으로서 한 압류처분은, 행정청이 한 공법상의 처분이고, 따라서 그 처분이 위법이라고 하여 그 취소를 구하는 소송은 행정소송이다.

15

다음 중 대법원 판례의 내용과 다른 것은? (다툼이 있는 경우 판례에 의함)

① 방사능에 오염된 고철을 타인에게 매도하는 등으로 유통시킴으로써 거래 상대방이나 전전 취득한 자가 방사능오염으로 피해를 입게 되었더라도 그 원인자는 방사능오염 사실을 모르고 유통시켰을 경우에는 환경정책기본법 제44조 제1항에 따라 피해자에게 피해를 배상할 의무는 없다.

② 토양은 폐기물 기타 오염물질에 의하여 오염될 수 있는 대상일 뿐 오염토양이라 하여 동산으로서 '물질'인 폐기물에 해당한다고 할 수 없고, 나아가 오염토양은 법령상 절차에 따른 정화 대상이 될 뿐 법령상 금지되거나 그와 배치되는 개념인 투기나 폐기 대상이 된다고 할 수 없다.

③ 행정청이 폐기물처리사업계획서 부적합 통보를 하면서 처분서에 불확정개념으로 규정된 법령상의 허가기준 등을 충족하지 못하였다는 취지만을 간략히 기재하였다면, 부적합 통보에 대한 취소소송절차에서 행정청은 그 처분을 하게 된 판단 근거나 자료 등을 제시하여 구체적 불허가 사유를 분명히 하여야 한다.

④ 불법행위로 영업을 중단한 자가 영업 중단에 따른 손해배상을 구하는 경우 영업을 중단하지 않았으면 얻었을 순이익과 이와 별도로 영업중단과 상관없이 불가피하게 지출해야 하는 비용도 특별한 사정이 없는 한 손해배상의 범위에 포함될 수 있다.

16

행정법규 위반에 대한 제재조치의 설명으로 옳지 않은 것은? (다툼이 있는 경우 판례에 의함)

① 행정법규 위반에 대한 제재조치는 행정목적의 달성을 위하여 행정법규 위반이라는 객관적 사실에 착안하여 가하는 제재이므로, 반드시 현실적인 행위자가 아니라도 법령상 책임자로 규정된 자에게 부과되며, 그러한 제재조치의 위반자에게 고의나 과실이 있어야 부과할 수 있다.

② 법규가 예외적으로 형사소추 선행 원칙을 규정하고 있지 않은 이상 형사판결 확정에 앞서 일정한 위반사실을 들어 행정처분을 하였다고 하여 절차적 위반이 있다고 할 수 없다.

③ 제재적 행정처분은 권익침해의 효과를 가져오므로 철회권이 유보되어 있거나, 법률유보의 원칙상 명문의 근거가 있어야 하며, 행정청이 이러한 권한을 갖고 있다고 하여도 그러한 권한의 행사는 의무에 합당한 재량에 따라야 한다.

④ 세무서장 등은 납세자가 허가·인가·면허 및 등록을 받은 사업과 관련된 소득세, 법인세 및 부가가치세를 대통령령으로 정하는 사유 없이 체납하였을 때에는 해당 사업의 주무관서에 그 납세자에 대하여 허가 등의 갱신과 그 허가 등의 근거 법률에 따른 신규 허가 등을 하지 아니할 것을 요구할 수 있다.

17

행정심판법의 규정 내용으로 옳지 않은 것은?

① 관계 행정기관의 장이 특별행정심판 또는 행정심판법에 따른 행정심판 절차에 대한 특례를 신설하거나 변경하는 법령을 제정·개정할 때에는 미리 법무부장관과 협의하여야 한다.

② 행정청의 처분 또는 부작위에 대하여는 다른 법률에 특별한 규정이 있는 경우 외에는 이 법에 따라 행정심판을 청구할 수 있다.

③ 대통령의 처분 또는 부작위에 대하여는 다른 법률에서 행정심판을 청구할 수 있도록 정한 경우 외에는 행정심판을 청구할 수 없다.

④ 행정청이란 행정에 관한 의사를 결정하여 표시하는 국가 또는 지방자치단체의 기관, 그 밖에 법령 또는 자치법규에 따라 행정권한을 가지고 있거나 위탁을 받은 공공단체나 그 기관 또는 사인(私人)을 말한다.

18

행정소송의 대상이 되는 처분에 관한 판례의 내용으로 옳지 않은 것은? (다툼이 있는 경우 판례에 의함)

① 당사자가 지방노동위원회의 처분에 대하여 불복하기 위해서는 처분 송달일로부터 10일 이내에 중앙노동위원회에 재심을 신청하고 중앙노동위원회의 재심판정서 송달일로부터 15일 이내에 고용노동부장관을 피고로 하여 재심판정취소의 소를 제기하여야 할 것이다.

② 지방의회 의장에 대한 불신임의결은 의장으로서의 권한을 박탈하는 행정처분의 일종으로서 항고소송의 대상이 된다.

③ 조례가 집행행위의 개입 없이도 그 자체로서 직접 국민의 구체적인 권리의무나 법적 이익에 영향을 미치는 등의 법률상 효과를 발생하는 경우 그 조례는 항고소송의 대상이 되는 행정처분에 해당한다.

④ 항정신병 치료제의 요양급여 인정기준에 관한 보건복지부 고시가 다른 집행행위의 매개 없이 그 자체로서 제약회사, 요양기관, 환자 및 국민건강보험공단 사이의 법률관계를 직접 규율한다는 이유로 항고소송의 대상이 되는 행정처분에 해당한다.

19

소의 이익에 관한 판례의 내용으로 옳지 않은 것은? (다툼이 있는 경우 판례에 의함)

① 소음·진동배출시설에 대한 설치허가가 취소된 후 그 배출시설이 어떠한 경위로든 철거되어 다시 복구 등을 통하여 배출시설을 가동할 수 없는 상태라면 이는 배출시설 설치허가의 대상이 되지 아니하므로 외형상 설치허가 취소행위가 잔존하고 있다고 하여도 특단의 사정이 없는 한 이제 와서 굳이 위 처분의 취소를 구할 법률상의 이익이 없다.

② 원자로 및 관계시설의 부지사전승인처분은 나중에 건설허가처분이 있게 되더라도 그 건설허가처분에 흡수되어 독립된 존재가치를 상실하는 것이 아니므로, 부지사전승인처분의 취소를 구할 이익이 있다.

③ 법인세 과세표준과 관련하여 과세관청이 법인의 소득처분 상대방에 대한 소득처분을 경정하면서 증액과 감액을 동시에 한 결과 전체로서 소득처분금액이 감소된 경우, 법인이 소득금액변동통지의 취소를 구할 소의 이익이 없다.

④ 건물철거 대집행 계고처분 취소소송 계속 중 건물철거 대집행의 계고처분에 이어 대집행의 실행으로 건물에 대한 철거가 이미 사실행위로서 완료된 경우에는 원고로서는 계고처분의 취소를 구할 소의 이익이 없게 된다.

20

재결 자체에 고유한 위법이 있는 경우와 관련된 내용으로 옳지 않은 것은? (다툼이 있는 경우 판례에 의함)

① 권한이 없는 행정심판위원회에 의한 재결의 경우가 그 예이다.

② 재결 자체의 내용상 위법도 재결 자체에 고유한 위법이 있는 경우에 포함된다.

③ 제3자효를 수반하는 행정행위에 대한 행정심판청구의 인용재결은 원처분과 내용을 달리하는 것이므로 그 인용재결의 취소를 구하는 것은 원처분에는 없는 재결에 고유한 하자를 주장하는 것이라고 하더라도 당연히 항고소송의 대상이 되는 것은 아니다.

④ 행정처분에 대한 행정심판의 재결에 이유모순의 위법이 있다는 사유는 재결처분 자체에 고유한 하자로서 재결처분의 취소를 구하는 소송에서는 그 위법사유로서 주장할 수 있으나, 원처분의 취소를 구하는 소송에서는 그 취소를 구할 위법사유로서 주장할 수 없다.

21

공공기관의 정보공개에 관한 법률의 내용으로 옳지 않은 것은? (다툼이 있는 경우 판례에 의함)

① 정보공개를 거부하기 위해서는 반드시 그 정보가 진행 중인 재판의 소송기록 그 자체에 포함된 내용의 정보일 필요는 없으나, 재판에 관련된 일체의 정보가 그에 해당하는 것은 아니고 진행 중인 재판의 심리 또는 재판 결과에 구체적으로 영향을 미칠 위험이 있는 정보에 한정된다고 보는 것이 타당하다.

② 처분청이 처분 당시에 적시한 구체적 사실을 변경하지 아니하는 범위 내에서 단지 그 처분의 근거법령만을 추가·변경하거나 당초의 처분사유를 구체적으로 표시하는 것에 불과한 경우에는 새로운 처분사유를 추가하거나 변경하는 것이라고 볼 수 없다.

③ 학교환경위생구역 내 금지행위(숙박시설) 해제결정에 관한 학교환경위생정화위원회의 회의록에 기재된 발언내용에 대한 해당 발언자의 인적사항 부분에 관한 정보는 공공기관의 정보공개에 관한 법률 제7조 제1항 제5호 소정의 비공개대상에 해당한다고 볼 수 없다.

④ 의사결정과정에 제공된 회의관련자료나 의사결정과정이 기록된 회의록 등은 의사가 결정되거나 의사가 집행된 경우에는 더 이상 의사결정과정에 있는 사항 그 자체라고는 할 수 없으나, 의사결정과정에 있는 사항에 준하는 사항으로서 비공개대상정보에 포함될 수 있다.

22

국가배상법 제2조와 관련한 내용으로 옳지 않은 것은? (다툼이 있는 경우 판례에 의함)

① 국·공립대학 교원에 대한 재임용거부처분이 재량권을 일탈·남용한 것으로 평가되어 그것이 불법행위가 됨을 이유로 국·공립대학 교원임용권자에게 손해배상책임을 묻기 위해서는 당해 재임용거부가 국·공립대학 교원 임용권자의 고의 또는 과실로 인한 것이라는 점이 인정되어야 한다.

② 입법부가 법률로써 행정부에게 특정한 사항을 위임했음에도 불구하고 행정부가 정당한 이유 없이 이를 이행하지 않는다면 권력분립의 원칙과 법치국가 내지 법치행정의 원칙에 위배되는 것으로서 위법함과 동시에 위헌적인 것이 된다.

③ 유흥주점에 감금된 채 윤락을 강요받으며 생활하던 여종업원들이 유흥주점에 화재가 났을 때 미처 피신하지 못하고 유독가스에 질식해 사망한 사안에서, 지방자치단체의 담당 공무원이 위 유흥주점의 용도변경, 무허가 영업 및 시설기준에 위배된 개축에 대하여 시정명령 등 식품위생법상 취하여야 할 조치를 게을리 한 직무상 의무위반행위와 위 종업원들의 사망 사이에 상당인과관계가 존재한다.

④ 국가배상법 제2조 제1항의 '법령을 위반하여'라고 함은 엄격하게 형식적 의미의 법령에 명시적으로 공무원의 행위의무가 정하여져 있음에도 이를 위반하는 경우만을 의미하는 것은 아니고, 인권존중·권력남용금지·신의성실과 같이 공무원으로서 마땅히 지켜야 할 준칙이나 규범을 지키지 아니하고 위반한 경우를 비롯하여 널리 그 행위가 객관적인 정당성을 결여하고 있는 경우도 포함한다.

23

무효와 취소의 구별실익에 관한 내용으로 옳지 않은 것은?

① 취소할 수 있는 행정행위에 대하여서만 사정재결, 사정판결이 인정된다.

② 행정심판전치주의는 무효선언을 구하는 취소소송과 무효확인소송 모두에 적용되지 않는다.

③ 무효확인판결에 간접강제가 인정되지 않는 것은 입법의 불비라는 비판이 있다.

④ 판례에 따르면, 무효선언을 구하는 취소소송은 제소기간의 제한이 인정된다고 한다.

24

이행강제금에 대한 설명으로 옳지 않은 것은? (다툼이 있는 경우 판례에 의함)

① 현행 건축법상 위법건축물에 대한 이행강제수단으로 대집행과 이행강제금이 인정되고 있는데, 행정청은 개별사건에 있어서 위반내용, 위반자의 시정의지 등을 감안하여 대집행과 이행강제금을 선택적으로 활용할 수 있다.

② 건축법에서 무허가 건축행위에 대한 형사처벌과 건축법 제80조 제1항에 의한 시정명령위반에 대한 이행강제금의 부과는 헌법 제13조 제1항이 금지하는 이중처벌에 해당한다고 할 수 없다.

③ 비록 건축주 등이 장기간시정명령을 이행하지 아니하였더라도, 그 기간 중에는 시정명령의 이행 기회가 제공되지 아니하였다가 뒤늦게 시정명령의 이행 기회가 제공된 경우라면, 시정명령의 이행 기회가 제공되지 아니한 과거의 기간에 대한 이행강제금까지 한꺼번에 부과할 수 있다.

④ 부동산 실권리자명의 등기에 관한 법률상 장기 미등기자가 이행강제금 부과 전에 등기신청의무를 이행하였다면 이행강제금의 부과로써 이행을 확보하고자 하는 목적은 이미 실현된 것이므로 이 법상 규정된 기간이 지나서 등기신청의무를 이행한 경우라 하더라도 이행강제금을 부과할 수 없다.

25

처분의 신청에 관한 행정절차법의 규정 내용으로 옳지 않은 것은?

① 행정청에 처분을 구하는 신청은 문서로 하여야 한다. 다만, 다른 법령 등에 특별한 규정이 있는 경우와 행정청이 미리 다른 방법을 정하여 공시한 경우에는 그러하지 아니하다.

② 행정청은 신청에 필요한 구비서류, 접수기관, 처리기간, 그 밖에 필요한 사항을 게시(인터넷 등을 통한 게시를 포함)하거나 이에 대한 편람을 갖추어 두고 누구나 열람할 수 있도록 하여야 한다.

③ 행정청은 신청에 구비서류의 미비 등 흠이 있는 경우에는 보완에 필요한 상당한 기간을 정하여 지체 없이 신청인에게 보완을 요구할 수 있다.

④ 행정청은 신청인의 편의를 위하여 다른 행정청에 신청을 접수하게 할 수 있다. 이 경우 행정청은 다른 행정청에 접수할 수 있는 신청의 종류를 미리 정하여 공시하여야 한다.

윤우혁 행정법

06회

2019.06.22. 시행 9급 군무원
2019년 기출복원문제

Answer 139쪽

시작시간	시	분	초
종료시간	시	분	초
점수			점

01

3회독 □ □ □

질서위반행위규제법의 내용에 대한 설명으로 옳지 않은 것은? (다툼이 있는 경우 판례에 의함)

① 행정청이 질서위반행위에 대하여 과태료를 부과하고자 하는 때에는 미리 당사자에게 대통령령으로 정하는 사항을 통지하고, 10일 이상의 기간을 정하여 의견을 제출할 기회를 주어야 한다.

② 판례에 따르면, 질서위반행위를 한 자가 자신의 책임 없는 사유로 위반행위에 이르렀다고 주장한다 하더라도 법원이 그 내용을 살펴 행위자에게 고의나 과실이 있는지 여부를 따져보아야 하는 것은 아니다.

③ 행정청의 과태료 부과처분을 받은 자가 그 통지를 받은 날부터 60일 이내에 해당 행정청에 서면으로 이의를 제기하면 행정청의 과태료 부과처분은 그 효력을 상실한다.

④ 행정청의 과태료 처분이나 법원의 과태료 재판이 확정된 후 법률이 변경되어 그 행위가 질서위반행위에 해당하지 아니하게 된 때에는 변경된 법률에 특별한 규정이 없는 한 과태료의 징수 또는 집행을 면제한다.

02

3회독 □ □ □

공법상 부당이득에 대한 설명으로 옳지 않은 것은? (다툼이 있는 경우 판례에 의함)

① 공법상 부당이득이란 법률상 원인 없이 타인의 재산 또는 노무로 인하여 이득을 얻고 타인에게 손해를 가한 자에 대하여 그 이득의 반환의무를 과하는 것을 말한다.

② 개발부담금 부과처분이 취소된 이상 그 후의 부당이득으로서의 과오납금 반환에 관한 법률관계는 단순한 민사관계에 불과한 것이 아니므로, 행정소송절차에 따라 반환청구를 하여야 한다.

③ 원천징수의무자가 원천납세의무자로부터 원천징수대상이 아닌 소득에 대하여 세액을 징수·납부하였거나 징수하여야 할 세액을 초과하여 징수·납부하였다면, 국가는 원천징수의무자로부터 이를 납부받는 순간 아무런 법률상의 원인 없이 보유하는 부당이득이 된다.

④ 조세부과처분이 무효임을 전제로 하여 이미 납부한 세금의 반환을 청구하는 것은 민사상의 부당이득반환청구로서 민사소송절차에 따라야 한다.

03

3회독 □ □ □

다음 중 행정계획에 대한 설명으로 옳지 않은 것은? (다툼이 있는 경우 판례에 의함)

① 비구속적 행정계획은 원칙적으로 행정소송의 대상이 될 수 없으나 국민의 기본권에 직접적으로 영향을 끼치고 앞으로 법령의 뒷받침에 의하여 그대로 실시될 것이 틀림없을 것으로 예상되는 경우에는 예외적으로 헌법소원의 대상이 될 수 있다.

② 위법한 행정계획으로 인하여 구체적으로 손해를 입은 경우에는 국가를 상대로 손해배상을 청구할 수 있다.

③ 대법원은 택지개발 예정지구 지정처분을 일종의 행정계획으로서 재량행위에 해당한다고 보았다.

④ 행정계획의 개념은 강학상의 것일 뿐 대법원 판례에서 이를 직접적으로 정의한 바는 없다.

04

3회독 □ □ □

다음 <보기>는 부동산 거래신고 등에 관한 법률 조문의 일부이다. 이에 대한 설명으로 옳지 않은 것은? (다툼이 있는 경우 판례에 의함)

─── <보기> ───

부동산 거래신고 등에 관한 법률 제11조(허가구역 내 토지거래에 대한 허가)

① 허가구역에 있는 토지에 관한 소유권·지상권(소유권·지상권의 취득을 목적으로 하는 권리를 포함한다)을 이전하거나 설정(대가를 받고 이전하거나 설정하는 경우만 해당한다)하는 계약(예약을 포함한다. 이하 "토지거래계약"이라 한다)을 체결하려는 당사자는 공동으로 대통령령으로 정하는 바에 따라 시장·군수 또는 구청장의 허가를 받아야 한다. 허가받은 사항을 변경하려는 경우에도 또한 같다.

⑥ 제1항에 따른 허가를 받지 아니하고 체결한 토지거래계약은 그 효력이 발생하지 아니한다.

① 토지거래허가의 대상은 사법적(私法的) 법률행위이다.

② 토지거래허가구역으로 지정된 토지에 대한 토지거래허가는 사인 간의 사법상 법률행위의 효과를 완성시켜 주는 행정행위이다.

③ 무효인 토지거래계약에 대하여 토지거래허가를 받았다면 토지거래계약이 무효이므로 그에 대한 토지거래허가처분도 위법하게 된다.

④ 토지거래허가는 건축법상의 건축허가와는 달리 인가의 성격을 갖고 있다.

05

3회독 □ □ □

행정절차법상 행정절차에 대한 설명으로 옳지 않은 것은?

① 행정절차법은 감사원이 감사위원회의의 결정을 거쳐 행하는 사항에 대하여는 적용하지 아니한다.

② 행정청은 대통령령·부령을 입법예고하는 경우에는 이를 국회 소관 상임위원회에 제출하여야 한다.

③ 적법한 요건을 갖춘 신고서가 접수기관에 도달된 때에는 신고의 의무가 이행된 것으로 본다.

④ 행정청은 신고에 구비서류의 미비 등 흠이 있는 경우에는 보완에 필요한 상당한 기간을 정하여 지체 없이 신고인에게 보완을 요구하여야 하며 신고인이 일정한 기간 내에 보완을 하지 아니하였을 때에는 그 이유를 구체적으로 밝혀 해당 신고서를 되돌려 보내야 한다.

06

3회독 □ □ □

공공기관의 정보공개에 관한 법률상의 정보공개에 대한 설명으로 옳지 않은 것은? (다툼이 있는 경우 판례에 의함)

① 모든 국민은 정보의 공개를 청구할 권리를 가지고, 여기의 국민에는 자연인과 법인뿐만 아니라 권리능력 없는 사단도 포함된다.

② "정보"란 공공기관이 직무상 작성 또는 취득하여 관리하고 있는 문서(전자문서를 포함한다)·도면·사진·필름·테이프·슬라이드 및 그 밖에 이에 준하는 매체 등에 기록된 사항을 말한다.

③ 청구인이 정보공개 청구 후 20일이 경과하도록 정보공개 결정이 없는 때에는 정보공개 청구 후 20일이 경과한 날부터 30일 이내에 해당 공공기관에 문서로 이의신청을 할 수 있다.

④ 정보공개청구인이 공공기관에 대하여 정보공개를 청구하였다가 거부처분을 받은 것 자체는 법률상 이익의 침해에 해당한다고 볼 수 없다.

07

다음 중 행정소송의 소송요건에 대한 설명으로 옳지 않은 것은?

① 원고적격, 소의 이익, 처분성 등은 행정소송의 소송요건에 해당한다.
② 소송요건을 갖추지 못한 경우라면 이는 부적법한 소로서 각하판결을 내려야 한다.
③ 소송요건은 불필요한 소송을 배제하여 법원의 부담을 경감하기 위하여 요구되는 것으로서 당사자가 이를 주장·입증하여야 한다.
④ 소송요건을 갖추었는지 여부를 심리하는 것을 요건심리라 한다.

08

판례의 입장으로 옳지 않은 것은?

① 어업권면허에 선행하는 우선순위결정은 행정청이 우선권자로 결정된 자의 신청이 있으면 어업권면허처분을 하겠다는 것을 약속하는 행위로서 강학상 확약에 불과하고 행정처분은 아니다.
② 계약직공무원 채용계약해지의 의사표시는 일반 공무원에 대한 징계처분과는 달라서 항고소송이 되는 처분 등의 성격을 가진 것으로 인정되지는 않지만, 행정처분과 마찬가지로 행정절차법에 의하여 근거와 이유는 제시하여야 한다.
③ 위법한 행정지도에 따라 행한 사인의 행위는 법령에 명시적으로 정하지 않는 한 그 위법행위가 정당화될 수 없다.
④ 국가가 사인과 계약을 체결할 때에는 국가계약법령에 따른 계약서를 따로 작성하는 등 요건과 절차를 이행하여야 할 것이고, 설령 국가와 사인 사이에 계약이 체결되었더라도 이러한 법령상 요건과 절차를 거치지 아니한 계약은 효력이 없다.

09

다음 중 개인정보 보호에 대한 설명으로 옳지 않은 것은?

① 개인정보 보호법상 '개인정보'란 살아 있는 개인에 관한 정보로서 사자(死者)나 법인의 정보는 포함되지 않는다.
② 개인정보 보호법은 민간에 의하여 처리되는 정보까지는 보호대상으로 하지 않는다.
③ 행정절차법도 사생활이나 경영상 또는 거래상의 비밀을 정당한 이유 없이 누설하면 안 된다는 개인정보 보호에 관한 규정을 두고 있다.
④ 정보주체는 개인정보처리자가 개인정보 보호법을 위반한 행위로 손해를 입으면 개인정보처리자에게 손해배상을 청구할 수 있으며, 이 경우 그 개인정보처리자는 고의 또는 과실이 없음을 입증하지 아니하면 책임을 면할 수 없다.

10

행정행위의 부관에 관한 설명으로 옳지 않은 것은? (다툼이 있는 경우 판례에 의함)

① 조건이나 부담은 행정행위의 효과를 제한하거나 의무를 부과하는 종된 의사표시이다.
② 부관 중 부담은 부종성이 약하므로 독립쟁송이 가능하다.
③ 운행시간과 구역을 제한하여 행한 택시영업의 허가는 부담부 행정행위에 해당한다.
④ 통상적으로 부관은 제한·조건·기간 등의 용어로 사용되기도 한다.

11

다음 중 법규명령의 통제에 대한 설명으로 옳지 않은 것은? (다툼이 있는 경우 판례에 의함)

① 국민권익위원회는 법령의 위임에 따른 훈령·예규·고시·공고 등 행정규칙의 부패유발요인을 분석·검토하여 그 법령 등의 소관 기관의 장에게 그 개선을 위하여 필요한 사항을 권고할 수 있다.

② 대법원은 구체적 규범통제를 행하면서 법규명령의 특정 조항이 위헌·위법인 경우 무효라고 판시하였고, 이 경우 무효로 판시된 당해 조항은 일반적으로 효력이 부인된다.

③ 행정소송법은 행정소송에 대한 대법원 판결에 의하여 명령·규칙이 헌법 또는 법률에 위반된다는 것이 확정된 경우에는 대법원은 지체 없이 그 사유를 행정안전부장관에게 통보하여야 하고, 통보를 받은 행정안전부장관은 지체 없이 이를 관보에 게재하여야 한다고 규정하고 있다.

④ 재량권 행사의 준칙인 행정규칙이 그 정한 바에 따라 되풀이 시행되어 행정관행이 성립되어 평등의 원칙이나 신뢰보호의 원칙에 따라 행정기관이 그 상대방에 대한 관계에서 그 규칙에 따라야 할 자기구속을 받게 되는 경우에는 대외적인 구속력을 가지게 되어 헌법소원의 대상이 된다.

③ 청구인의 주거지와 건축선을 경계로 하여 인정하고 있는 건축물이 건축법을 위반하여 청구인의 일조권을 침해하는 경우 피청구인에게 건축물에 대하여 건축법 제79조, 제80조에 근거하여 시정명령을 하여 줄 것을 청구했으나, 피청구인이 시정명령을 하지 아니하였다면 피청구인의 시정명령 불행사는 위법하다.

④ 경찰은 국민의 생명, 신체 및 재산의 보호 등과 기타 공공의 안녕과 질서유지도 직무로 하고 있고 그 직무의 원활한 수행을 위한 권한은 일반적으로 경찰관의 전문적 판단에 기한 합리적인 재량에 위임되어 있는 것이나, 그 취지와 목적에 비추어 볼 때 구체적인 사정에 따라 경찰관이 그 권한을 행사하여 필요한 조치를 취하지 아니하는 것이 현저하게 불합리하다고 인정되는 경우에는 그러한 권한의 불행사는 직무상의 의무를 위반한 것이 되어 위법하게 된다.

12

개인적 공권에 대한 설명으로 옳지 않은 것은? (다툼이 있는 경우 판례에 의함)

① 공무원연금수급권은 국가에 대하여 적극적으로 급부를 요구하는 것이므로 헌법 규정만으로는 이를 실현할 수 없어 법률에 의한 형성이 필요하고, 그 구체적인 내용, 즉 수급요건, 수급권자의 범위 및 급여금액 등은 법률에 의하여 비로소 확정된다.

② 행정처분에 있어서 불이익처분의 상대방은 직접 개인적 이익의 침해를 받은 자로서 원고적격이 인정되지만 수익처분의 상대방은 그의 권리나 법률상 보호되는 이익이 침해되었다고 볼 수 없으므로 달리 특별한 사정이 없는 한 취소를 구할 이익이 없다.

13

다음 중 행정의 자동결정에 대한 설명으로 옳지 않은 것은? (다툼이 있는 경우 판례에 의함)

① 행정의 자동결정의 예로는 신호등에 의한 교통신호, 컴퓨터를 통한 중·고등학생의 학교 배정 등을 들 수 있다.

② 행정의 자동결정도 행정작용의 하나이므로 행정의 법률적합성과 행정법의 일반원칙에 의한 법적 한계를 준수하여야 한다.

③ 교통신호기의 고장으로 사고가 발생하여 손해가 발생한 경우 국가배상법에 따른 국가배상청구가 가능하다.

④ 행정의 자동결정은 컴퓨터를 통하여 이루어지는 자동적 결정이기 때문에 행정행위의 개념적 요소를 구비하는 경우에도 행정행위로서의 성격을 인정하는 데 어려움이 있다.

14

소송에 대한 설명으로 옳지 않은 것은? (다툼이 있는 경우 판례에 의함)

① 공무원연금관리공단의 인정에 의하여 퇴직연금을 지급받아 오던 중 구 공무원연금법령의 개정 등으로 퇴직연금 중 일부 금액의 지급이 정지된 경우에는 당연히 개정된 법령에 따라 퇴직연금이 확정되는 것이지 공무원연금관리공단의 퇴직연금 결정과 통지에 의하여 비로소 그 금액이 확정되는 것이 아니므로 공무원연금관리공단이 퇴직연금 중 일부 금액에 대하여 지급거부의 의사표시를 하였다면 이는 거부처분으로서 항고소송의 대상이 된다.

② 사업주가 당연가입자가 되는 고용보험 및 산재보험에서 보험료 납부의무 부존재확인의 소는 공법상의 법률관계 자체를 다투는 소송으로서 공법상 당사자소송이다.

③ 원고가 고의 또는 중대한 과실 없이 당사자소송으로 제기하여야 할 것을 항고소송으로 잘못 제기한 경우에, 당사자소송으로서의 소송요건을 결하고 있음이 명백하여 당사자소송으로 제기되었더라도 어차피 부적법하게 되는 경우가 아닌 이상, 법원으로서는 원고가 당사자소송으로 소 변경을 하도록 하여 심리·판단하여야 한다.

④ 지방자치단체가 보조금 지급결정을 하면서 일정 기한 내에 보조금을 반환하도록 하는 교부조건을 부가한 사안에서, 이러한 부관상 의무는 보조사업자가 지방자치단체에 부담하는 공법상 의무이므로 보조사업자에 대한 지방자치단체의 보조금반환청구는 당사자소송의 대상이다.

15

국가배상법 제5조에 따른 배상책임에 대한 설명으로 옳지 않은 것은? (다툼이 있는 경우 판례에 의함)

① 영조물의 설치 또는 관리의 하자란 공물이 그 용도에 따라 통상 갖추어야 할 안전성을 갖추지 못한 것을 말한다.

② 국가배상법 제5조 소정의 공공의 영조물이란 공유나 사유임을 불문하고 행정주체에 의하여 특정 공공의 목적에 공여된 유체물 또는 물적 설비를 의미하므로 만약 사고지점 도로가 군민의 통행에 제공되었다면 도로관리청에 의하여 노선 인정 기타 공용개시가 없었더라도 이를 영조물이라 할 수 있다.

③ 가변차로에 설치된 두 개의 신호등에서 서로 모순되는 신호가 들어오는 오작동이 발생하였고 그 고장이 현재의 기술수준상 부득이한 것이라고 가정하더라도 그와 같은 사정만으로 손해발생의 예견가능성이나 회피가능성이 없어 영조물의 하자를 인정할 수 없는 경우라고 단정할 수 없다.

④ 영조물의 설치 및 관리에 있어서 항상 완전무결한 상태를 유지할 정도의 고도의 안전성을 갖추지 아니하였다고 하여 영조물의 설치 또는 관리에 하자가 있다고 단정할 수는 없다.

16

다음 중 행정상 손해배상에 대한 설명으로 옳지 않은 것은? (다툼이 있는 경우 판례에 의함)

① 근대국가의 성립 초기에는 국가무책임의 원칙이 지배적이었다.

② 재량위반이 부당에 그치는 경우에는 국가는 배상책임이 없다.

③ 헌법은 공무원의 직무상 불법행위로 인한 배상책임만 규정하고 있다.

④ 직무행위 여부의 판단기준은 외형 및 공무원의 주관적 의사에 의한다는 것이 통설·판례의 입장이다.

17

행정강제에 대한 설명으로 옳지 않은 것은? (다툼이 있는 경우 판례에 의함)

① 행정상 강제집행은 법률에 근거하여서만 행해질 수 있다.

② 비대체적 작위의무 또는 부작위의무를 이행하지 아니하는 경우에 그 의무자에게 심리적 압박을 가하여 의무의 이행을 강제하기 위하여 과하는 금전벌을 직접강제라 한다.

③ 대집행을 위해서는 먼저 의무의 이행을 최고하는 행위로서의 계고를 하여야 한다.

④ 강제징수를 위한 독촉은 통지행위인 점에서 대집행에 있어서의 계고와 성질이 같다.

18

다음 중 행정법의 일반원칙에 대한 설명으로 옳지 않은 것은? (다툼이 있는 경우 판례에 의함)

① 제1종 보통면허로 운전할 수 있는 차량을 음주운전한 경우에는 제1종 보통면허의 취소 외에 동일인이 소지하고 있는 제1종 대형면허와 원동기장치자전거면허까지 취소할 수 있다.

② 재량권 행사의 준칙인 행정규칙이 그 정한 바에 따라 되풀이 시행되어 행정관행이 이루어지게 되면 평등의 원칙이나 신뢰보호의 원칙에 따라 행정기관은 그 상대방에 대한 관계에서 그 규칙에 따라야 할 자기구속을 받게 된다.

③ 위법한 행정처분이라 하더라도 수차례에 걸쳐 반복적으로 행하여진 경우라면 행정의 자기구속의 원칙이 적용된다.

④ 지방자치단체장이 사업자에게 주택사업계획승인을 하면서 그 주택사업과는 아무런 관련이 없는 토지를 기부채납하도록 하는 부관을 주택사업계획승인에 붙인 경우, 그 부관은 부당결부금지의 원칙에 위반되어 위법이다.

19

행정심판법에 따른 행정심판에 관한 설명으로 가장 옳은 것은? (다툼이 있는 경우 판례에 의함)

① "부작위"란 행정청이 당사자의 신청에 대하여 상당한 기간 내에 일정한 처분을 하여야 할 법령상 의무가 있는데도 처분을 하지 아니하는 것을 말한다.

② 여러 명의 청구인이 공동으로 심판청구를 할 때에는 청구인들 중에서 5명 이하의 선정대표자를 선정할 수 있다.

③ 재결은 피청구인 또는 위원회가 심판청구서를 받은 날부터 90일 이내에 하여야 한다.

④ 행정심판 청구의 변경은 서면으로 신청하여야 한다.

20

3회독 □ □ □

다음 중 부작위위법확인소송에 대한 설명으로 옳지 않은 것은? (다툼이 있는 경우 판례에 의함)

① 부작위위법확인소송은 처분의 신청을 한 자로서 부작위의 위법의 확인을 구할 법률상 이익이 있는 자만이 제기할 수 있다.

② 부작위가 성립되기 위해서는 당사자의 신청이 있어야 하며 신청의 내용에는 사경제적 계약의 체결 요구나 비권력적 사실행위의 요구 등도 포함된다.

③ 부작위의 직접 상대방이 아닌 제3자라 하여도 당해 행정처분의 부작위위법확인을 구할 법률상의 이익이 있는 경우에는 원고적격이 인정된다.

④ 부작위상태가 계속되는 한 부작위위법의 확인을 구할 이익이 있다고 보아야 하므로 제소기간의 제한을 받지 않는다.

21

3회독 □ □ □

행정행위의 하자의 승계에 대한 설명으로 옳지 않은 것은? (다툼이 있는 경우 판례에 의함)

① 하자의 승계를 인정하면 인정하지 않는 경우에 비하여 국민의 권익구제의 범위가 더 넓어지게 된다.

② 선행행위에 무효의 하자가 존재하는 경우 선행행위와 후행행위가 결합하여 하나의 법적 효과를 목적으로 하는 경우에는 하자의 승계가 인정된다.

③ 과세처분과 체납처분 사이에는 취소사유인 하자의 승계가 인정되지 않는다.

④ 제소기간이 경과하여 선행행위에 불가쟁력이 발생하였다면 하자의 승계는 문제되지 않는다.

22

3회독 □ □ □

다음 중 대집행에 대한 설명으로 옳지 않은 것은? (다툼이 있는 경우 판례에 의함)

① 대집행이 인정되기 위해서는 대체적 작위의무의 불이행이 있어야 하고 다른 수단으로는 그 의무이행의 확보가 곤란하여야 하며 불이행을 방치하는 것이 심히 공익을 해하는 것으로 인정되어야 한다.

② 1장의 문서로 위법건축물의 자진철거를 명함과 동시에 소정 기한 내에 철거의무를 이행하지 않을 시 대집행할 것을 계고할 수 있다.

③ 판례는 반복된 계고의 경우 1차 계고뿐만 아니라 제2차·제3차 계고처분의 처분성도 인정된다고 보고 있다.

④ 공법상 의무의 불이행에 대해 행정상 강제집행절차가 인정되는 경우에는 따로 민사소송의 방법으로 의무이행을 구할 수는 없다.

23

3회독 □ □ □

다음 <보기> 중 행정상 공법관계인 것으로만 묶인 것은? (다툼이 있는 경우 판례에 의함)

<보기>

가. 국유(잡종)재산에 관한 대부료 납입고지

나. 입찰보증금 국고귀속조치

다. 창덕궁 비원 안내원의 채용계약

라. 지방자치단체에서 근무하는 청원경찰의 근무관계

마. 국유재산 무단점유자에 대한 변상금 부과처분

① 가, 나

② 가, 라

③ 라, 마

④ 다, 마

24

행정정보공개에 대한 판례의 입장으로 옳지 않은 것은?

① 법원 이외의 공공기관이 공공기관의 정보공개에 관한 법률 제9조 제1항 제4호에서 정한 '진행 중인 재판에 관련된 정보'에 해당한다는 사유로 정보공개를 거부하기 위하여는 반드시 그 정보가 진행 중인 재판의 소송기록 자체에 포함된 내용일 필요는 없다.

② 피청구인이 청구인에 대한 형사재판이 확정된 후 그중 제1심 공판정심리의 녹음물을 폐기한 행위는 법원행정상의 구체적인 사실행위로서 헌법소원심판의 대상이 되는 공권력의 행사로 볼 수 있다.

③ 방송법에 의하여 설립·운영되는 한국방송공사(KBS)는 공공기관의 정보공개에 관한 법률 시행령 제2조 제4호의 '특별법에 의하여 설립된 특수법인'으로서 정보공개의무가 있는 공공기관에 해당한다.

④ 오로지 공공기관의 담당공무원을 괴롭힐 목적으로 정보공개 청구를 하는 경우처럼 권리의 남용에 해당하는 것이 명백한 경우에는 정보공개청구권의 행사를 허용하지 아니한다.

25

다음 중 판례의 입장과 다른 것은?

① 도로법 시행규칙의 개정으로 도로경계선으로부터 15m를 넘지 않는 접도구역에서 송유관을 설치하는 행위가 관리청의 허가를 얻지 않아도 되는 행위로 변경되어 더 이상 그 행위에 부관을 붙일 수 없게 되었다 하더라도, 종전 시행규칙에 의하여 적법하게 행해진 허가와 접도구역 내 송유시설 이설비용 지급의무에 관한 부담이 개정 시행규칙의 시행으로 그 효력을 상실하게 되는 것은 아니다.

② 일반적으로 법률의 위임에 의하여 효력을 갖는 법규명령의 경우, 구법에 위임의 근거가 없어 무효였더라도 사후에 법 개정으로 위임의 근거가 부여되면 그때부터는 유효한 법규명령이 된다.

③ 지하철공사의 근로자가 지하철 연장운행 방해행위로 유죄판결을 받은 경우라면 그 후 공사와 노조가 위 연장운행과 관련하여 조합간부 및 조합원의 징계를 최소화하며 해고자가 없도록 한다는 내용의 합의를 하였다 하더라도 이를 해고의 면에서 그 행위자를 면책하기로 한다는 합의로 볼 수는 없으므로, 공사가 취업규칙에 근거하여 해당 근로자에 대하여 한 당연퇴직조치는 면책합의에 배치된다고 볼 수 없다.

④ 행정소송법상 행정청이 일정한 처분을 하지 못하도록 부작위를 구하는 청구는 허용되지 않는 부적법한 소송이라 할 것이다.

07회

2018.08.11. 시행 9급 군무원
2018년 기출복원문제

Answer 147쪽

시작시간	시	분	초
종료시간	시	분	초
점수			점

01

3회독 ☐ ☐ ☐

이행강제금에 관한 설명 중 옳지 않은 것은? (다툼이 있는 경우 판례에 의함)

① 이행강제금은 과거의 의무위반에 대한 제재보다는 장래의 의무이행의 확보에 주안점을 두기 때문에 행정벌과는 그 취지를 달리한다.

② 건축법상의 위법건축물에 대한 이행강제수단으로 대집행과 이행강제금이 인정되고 있으며, 이는 행정청이 합리적인 재량에 의해 선택적으로 활용할 수 있는 이상 중첩적 제재에 해당한다고 볼 수 없다.

③ 구 건축법상 이행강제금 납부의무는 상속인 기타의 사람에게 승계될 수 없는 일신전속적인 성질의 것이므로 이미 사망한 사람에게 이행강제금을 부과하는 내용의 처분이나 결정은 당연무효이다.

④ 구 건축법상 이행강제금의 부과에 대한 불복은 법률의 규정 여부에도 불구하고 비송사건절차법에 따른다.

02

3회독 ☐ ☐ ☐

행정입법에 관한 설명 중 옳지 않은 것은? (다툼이 있는 경우 판례에 의함)

① 조례는 집행행위의 개입 없이 그 자체로서 직접 국민의 권리·의무나 법적 이익에 영향을 미치더라도 항고소송의 대상이 될 수 없다.

② 군법무관임용 등에 관한 법률이 군법무관의 보수를 법관 및 검사의 예에 준하도록 규정하면서 그 구체적 내용을 시행령에 위임하고 있음에도 불구하고 행정부가 정당한 이유 없이 시행령을 제정하지 않았다면 이는 군법무관의 보수청구권을 침해하는 것으로서 국가배상법상 불법행위에 해당한다.

③ 법령보충적 행정규칙은 행정기관에 법령의 구체적 사항을 정할 수 있는 권한을 부여한 상위법령과 결합하여 대외적 효력을 갖게 된다.

④ 법률이 주민의 권리의무에 관한 사항을 조례에 위임하는 경우에는 헌법 제75조에서 정한 포괄적인 위임입법의 금지는 원칙적으로 적용되지 않는다.

03

3회독 ☐ ☐ ☐

다음 <보기> 중 판례가 통치행위로 본 사례만 묶은 것은? (다툼이 있는 경우 판례에 의함)

───── <보기> ─────
ㄱ. 대북송금행위
ㄴ. 이라크 파병
ㄷ. 대통령의 서훈취소

① ㄱ   ② ㄴ

③ ㄴ, ㄷ   ④ ㄱ, ㄷ

04

3회독 □ □ □

다음 중 하자의 승계가 인정되는 경우는? (다툼이 있는 경우 판례에 의함)

① 개별공시지가결정과 개발부담금부과처분

② 과세처분과 체납처분

③ 도시계획결정과 수용재결

④ 직위해제처분과 면직처분

05

3회독 □ □ □

행정행위의 취소와 철회에 관한 설명 중 옳지 않은 것은? (다툼이 있는 경우 판례에 의함)

① 수익적 행정행위의 경우에는 그 처분을 취소하여야 할 공익상 필요가 취소로 인하여 당사자가 입게 될 불이익을 정당화할 만큼 강한 경우에 한하여 취소할 수 있다.

② 하자 없이 성립한 행정행위의 효력을 장래에 향하여 소멸시키는 것을 행정행위의 취소라 하고, 일단 유효하게 성립한 행정행위를 그 행위에 위법 또는 부당한 하자가 있음을 이유로 소급하여 그 효력을 소멸시키는 별도의 행정행위를 행정행위의 철회라고 한다.

③ 취소권을 행사함에 있어서 법령상의 근거가 필요한지 여부에 대하여 판례는 별도의 법적 근거가 없더라도 처분청은 스스로 취소가 가능하다고 본다.

④ 행정행위의 철회는 처분청만이 할 수 있으며, 감독청은 법률에 근거가 있는 경우에 한하여 철회권을 가진다.

06

3회독 □ □ □

행정계획에 관한 설명으로 옳지 않은 것은? (다툼이 있는 경우 판례에 의함)

① 행정주체가 행정계획을 입안하고 결정함에 있어서 이익형량을 전혀 행하지 아니하거나 이익형량의 고려대상에 마땅히 포함시켜야 할 사항을 누락한 경우 또는 이익형량을 하였으나 정당성과 객관성이 결여된 경우에는 그 행정계획결정은 형량에 하자가 있어 위법하다.

② 비구속적 행정계획이라도 국민의 기본권에 직접적으로 영향을 끼치고, 앞으로 법령의 뒷받침에 의하여 그대로 실시될 것이 틀림없을 것으로 예상될 수 있을 때에는, 공권력행위로서 예외적으로 헌법소원의 대상이 될 수 있다.

③ 폐기물처리사업의 적정통보를 받은 자가 폐기물처리업 허가를 받기 위해서 국토이용계획의 변경이 선행되어야 하는 경우, 폐기물처리사업의 적정통보를 받은 자는 국토이용계획변경의 입안 및 결정권자인 관계행정청에 대하여 그 계획변경을 신청할 법규상 또는 조리상 권리를 가진다.

④ 확정된 행정계획이라도 사정변경이 있는 경우에는 일반적으로 조리상 계획변경청구권이 인정된다.

07

3회독 □ □ □

행정심판법상 재결의 효력이 아닌 것은?

① 불가변력   ② 형성력

③ 기속력   ④ 사정재결력

08

사인의 공법행위에 관한 설명 중 옳지 않은 것은? (다툼이 있는 경우 판례에 의함)

① 군인사정책상의 필요에 따라 복무연장지원서와 전역지원서를 동시에 제출한 경우, 복무연장지원의 의사표시를 우선하되, 그것이 받아들여지지 아니하는 경우에 대비하여 원에 의하여 전역하겠다는 조건부 의사표시를 한 것이므로 그 전역지원의 의사표시도 유효한 것으로 보아야 한다.

② 전역지원의 의사표시가 진의 아닌 의사표시라면 그 무효에 관한 법리를 선언한 민법 제107조 제1항 단서의 규정에 따라 무효로 보아야 한다.

③ 공무원이 강박에 의하여 사직서를 제출한 경우, 사직의 의사표시는 그 강박의 정도에 따라 무효 또는 취소사유가 되며, 그 정도가 의사결정의 자유를 박탈할 정도에 이른 것이라면 사직의 의사표시는 무효가 될 것이다.

④ 범법행위를 한 공무원이 수사기관으로부터 사직종용을 받고 형사처벌을 받아 징계파면될 것을 염려하여 사직서를 제출한 경우 그 사직의사결정을 강요에 의한 것으로 볼 수는 없다.

09

행정계약에 관한 설명으로 옳지 않은 것은? (다툼이 있는 경우 판례에 의함)

① 공익사업을 위한 토지 등의 취득 및 보상에 관한 법률에 따른 토지 등의 협의취득은 공법상 계약이 아닌 사법상의 법률행위에 해당한다.

② 행정절차법은 공법상 계약의 체결절차에 관한 기본적인 사항을 규율하고 있다.

③ 서울특별시립무용단원의 위촉 및 해촉은 공법상 계약이라고 할 것이고, 그 단원의 해촉에 대해서는 공법상 당사자소송으로 그 무효확인을 청구할 수 있다.

④ 국립의료원 부설주차장에 관한 위탁관리용역 운영계약은 관리청이 사경제주체로서 행하는 사법상의 계약이라 할 수 없다.

10

행정지도에 관한 설명 중 옳지 않은 것은? (다툼이 있는 경우 판례에 의함)

① 행정지도는 그 목적 달성에 필요한 최소한도에 그쳐야 하며, 행정지도의 상대방의 의사에 반하여 부당하게 강요하여서는 아니 된다.

② 행정기관은 상대방이 행정지도에 따르지 않았다는 이유로 불이익한 조치를 취하여서는 아니 된다.

③ 위법한 행정지도라 할지라도 행정지도에 따라 행한 행위라면 위법성이 조각된다.

④ 행정지도가 행정기관의 권한 범위 내에서 이루어진 정당한 행위인 경우라면 비록 손해가 발생하였다 하더라도 그 손해에 대하여 배상책임이 없다.

11

행정소송법상 항고소송의 대상이 되는 처분에 해당하는 것은? (다툼이 있는 경우 판례에 의함)

① 민원사무처리에 관한 법률이 정한 '거부처분에 대한 이의신청'을 받아들이지 않는 취지의 기각 결정

② 지적공부소관청이 토지대장을 직권으로 말소한 행위

③ 수도권매립지관리공사가 행한 입찰참가자격 제한조치

④ 중소기업 정보화지원사업에 따른 지원금 출연을 위하여 중소기업청장이 체결한 협약의 해지 및 지급받은 정부지원금에 대한 환수통보

12

신고에 관한 다음 설명 중 옳지 않은 것은? (다툼이 있는 경우 판례에 의함)

① 행위요건적 신고에 대하여 관할 행정청의 신고필증의 교부가 없더라도 적법한 신고가 있는 이상 신고의 법적효력에는 영향이 없다.

② 건축법에 따른 건축신고를 반려하는 행위는 항고소송의 대상이 되지 않는다.

③ 정보제공형 신고를 하지 않고 신고의 대상이 된 행위를 한 경우 과태료 등의 제재가 가능하지만 신고 없이 행한 행위 자체의 효력은 유효하다.

④ 영업양도에 따른 지위승계신고를 수리하는 행정청의 행위는 양도·양수인 사이의 영업양도사실의 신고를 접수하는 행위에 그치는 것이 아니라, 영업허가자의 변경이라는 법률효과를 발생시키는 행위이다.

13

행정절차법상 사전통지에 대한 설명으로 옳지 않은 것은?

① 신청에 대한 거부처분은 당사자의 권익을 제한하는 처분에 해당하므로 처분의 사전통지의 대상이 된다.

② 행정청은 식품위생법 규정에 의하여 영업자지위승계신고 수리처분을 함에 있어서 종전의 영업자에 대하여 행정절차법상 사전통지를 하고 의견제출의 기회를 주어야 한다.

③ 국가공무원법상 직위해제처분을 하는 경우, 처분의 사전통지 및 의견청취 등에 관한 행정절차법 규정은 별도로 적용되지 않는다.

④ 건축법상의 공사중지명령에 대해 미리 사전통지를 하고 의견제출의 기회를 준다면 많은 액수의 손실보상금을 기대하여 공사를 강행할 우려가 있다는 사정은 처분의 사전통지 및 의견제출절차의 예외사유에 해당하지 않는다.

14

행정권한의 위임에 관한 설명 중 옳지 않은 것은? (다툼이 있는 경우 판례에 의함)

① 권한을 위임하기 위해서는 법적 근거가 있어야 하고, 법령의 근거가 없는 권한의 위임은 무효이다.

② 권한의 위임은 권한의 일부를 위임하는 것에 한정되고, 권한의 전부를 위임하는 것은 허용되지 않는다.

③ 권한의 위임 및 재위임에 관하여 규정하고 있는 정부조직법 제6조 제1항의 규정은 개별적인 권한 위임의 법률상 근거가 될 수 없다.

④ 내부위임을 받아 원행정청 명의를 밝히지 아니하고는 그의 명의로 처분 등을 할 권한이 없는 행정청이 권한 없이 그의 명의로 한 처분에 대하여 항고소송이 제기된 경우, 처분명의자인 행정청이 피고가 된다.

15

행정절차법상 청문을 하여야 하는 경우가 아닌 것은?

① 다른 법령 등에서 청문을 하도록 규정하고 있는 경우

② 행정청이 필요하다고 인정하는 경우

③ 인허가 등을 취소하는 처분을 하는 경우

④ 법인이나 조합 등의 설립허가를 취소하는 처분시 의견제출기한 내에 당사자 등의 신청이 있는 경우

16

공무원의 징계에 관한 설명 중 옳지 않은 것은? (다툼이 있는 경우 판례에 의함)

① 상급자와 다투고 폭언하는 행위에 대하여 장관이 행한 서면 경고는 국가공무원법상의 징계처분에 해당한다.

② 경찰공무원이 그 단속의 대상이 되는 신호위반자에게 1만원을 요구하여 금품을 수수한 행위에 대하여 해임처분을 한 것은 징계재량권의 일탈·남용이라 할 수 없다.

③ 공무원은 직무와의 관련 여부를 떠나 공무원의 체면이나 위신을 떨어뜨리는 행동을 하면 국가공무원법상 징계의 사유에 해당한다.

④ 지방공무원의 동의 없는 전출명령은 위법하여 취소되어야 하므로, 전출명령이 적법함을 전제로 내린 당해 지방공무원에 대한 징계처분은 징계양정에 있어 재량권을 일탈하여 위법하다.

17

다음 <보기>에서 행정행위의 부관에 관한 설명 중 옳은 것으로만 묶은 것은? (다툼이 있는 경우 판례에 의함)

─────── <보기> ───────

ㄱ. 부관은 기속행위에만 붙일 수 있고, 재량행위에는 붙일 수 없다.

ㄴ. 부관이 붙은 행정행위 전체를 쟁송의 대상으로 하면서 부관만의 취소를 구하는 부진정일부취소소송은 허용되지 않는다.

ㄷ. 사정변경으로 인하여 당초에 부담을 부가한 목적을 달성할 수 없게 된 경우에는 원칙적으로 사후부관이 가능하다.

ㄹ. 행정청은 부담을 부가하기 이전에 상대방과 협의하여 부담의 내용을 협약의 형식으로 미리 정한 다음 행정처분을 하면서 이를 부가할 수는 없다.

ㅁ. 부담과 조건의 구분이 명확하지 않을 경우, 부담이 당사자에게 조건보다 유리하기 때문에 원칙적으로 부담으로 추정해야 한다.

① ㄱ, ㄴ, ㅁ   ② ㄴ, ㅁ

③ ㄴ, ㄷ, ㅁ   ④ ㄱ, ㄷ, ㄹ, ㅁ

18

공공기관의 정보공개에 관한 설명 중 옳지 않은 것은? (다툼이 있는 경우 판례에 의함)

① 정보공개 청구권은 법률상 보호되는 구체적인 권리이므로 청구인이 공공기관에 대하여 정보공개를 청구하였다가 거부처분을 받은 것 자체가 법률상 이익의 침해에 해당한다.

② 정보공개를 청구하는 자가 공공기관에 대해 출력물의 교부 등 공개방법을 특정하여 정보공개 청구를 한 경우에 법률상 예외사유에 해당하지 않는다면 공개청구를 받은 공공기관으로서는 다른 공개방법을 선택할 재량권이 없다.

③ 정보공개 청구권자인 국민에는 자연인은 물론 법인, 권리능력 없는 사단·재단도 포함되고, 법인, 권리능력 없는 사단·재단 등의 경우에는 설립목적을 불문한다.

④ 정보공개거부처분에 대한 정보공개 청구소송에서 정보공개거부처분에 대한 취소판결이 확정되었다면 행정청에 대해 판결의 취지에 따른 재처분의무가 인정될 뿐 그에 대하여 간접강제까지 허용되는 것은 아니다.

19

고시에 관한 설명 중 옳지 않은 것은? (다툼이 있는 경우 판례에 의함)

① 고시 또는 공고의 법적 성질은 일률적으로 판단될 것이 아니라 고시에 담겨진 내용에 따라 구체적인 경우마다 달리 결정된다.

② 고시가 일반·추상적 성격을 가질 때는 법규명령 또는 행정규칙에 해당하지만, 고시가 구체적인 규율의 성격을 갖는다면 행정처분에 해당한다.

③ 고시 또는 공고에 의하여 행정처분을 하는 경우에는 고시 또는 공고가 효력을 발생하는 날에 행정처분이 있음을 알았다고 보아야 한다.

④ 헌법상 위임입법의 형식은 열거적이기 때문에, 국민의 권리·의무에 관한 사항을 고시 등 행정규칙으로 정하도록 위임한 법률 조항은 위헌이다.

20

공물에 관한 설명 중 옳지 않은 것은? (다툼이 있는 경우 판례에 의함)

① 행정재산을 관재당국이 모르고 매각하는 처분을 한 경우, 그 매각처분은 무효이다.

② 행정재산이 본래의 용도에 제공되지 않는 상태에 있다는 사정만으로는 이에 대한 공용폐지의 의사표시가 있다고 볼 수 없다.

③ 도로의 특별사용이란 도로의 특정 부분을 유형적·고정적으로 특정한 목적을 위하여 사용하는 것을 의미하므로, 반드시 독점적·배타적인 것이어야 한다.

④ 국유재산의 무단점유자에 대한 변상금부과처분에 따라 발생하는 변상금징수권은 공법상의 법률관계에 기한 공법상의 권리이다.

21

행정상 손실보상에 관한 설명 중 옳지 않은 것은? (다툼이 있는 경우 판례에 의함)

① 이주대책은 헌법 제23조 제3항에 규정된 정당한 보상에 포함되는 것이라기보다는 생활보상의 일환으로서 국가의 정책적인 배려에 의하여 마련된 제도로서 이주대책의 실시 여부는 입법자의 입법정책적 재량의 영역에 속한다.

② 법률이 이주대책의 대상자에서 세입자를 제외하고 있다 하더라도 세입자의 재산권을 침해하여 위헌이라고는 할 수 없다.

③ 이주대책에 의한 수분양권은 법률의 규정만으로 직접 발생한다.

④ 토지의 일부가 접도구역으로 지정·고시됨으로써 사용가치 및 교환가치의 하락 등이 발생하더라도 잔여지 손실보상의 대상에 해당하지 않는다.

22

행정법에 관한 다음 설명 중 옳지 않은 것은? (다툼이 있는 경우 판례에 의함)

① 재량준칙이 공표된 것만으로는 자기구속의 원칙이 적용될 수 없고, 재량준칙이 되풀이 시행되어 행정관행이 성립한 경우여야 자기구속의 원칙이 적용될 수 있다.

② 판례는 행정의 자기구속의 원리의 근거를 평등의 원칙이나 신뢰보호원칙에서 찾고 있다.

③ 재량준칙이 정한 바에 따라 되풀이 시행되어 행정관행이 이루어지게 되면 행정기관은 상대방에 대한 관계에서 그 규칙에 따라야 할 자기구속을 받게 되므로, 이러한 경우에는 특별한 사정이 없는 한 그에 반하는 처분은 재량권을 일탈·남용한 위법한 처분이 된다.

④ 주택사업을 승인하면서 입주민이 이용하는 진입도로의 개설 및 확장 등의 기부채납의무를 부담으로 부과하는 것은 부당결부금지의 원칙에 반한다.

23

원고의 청구가 이유 있음에도 불구하고 공익을 이유로 기각하는 판결은?

① 사정판결

② 취소판결

③ 유효확인판결

④ 무효확인판결

24

신뢰보호원칙에 관한 설명 중 옳지 않은 것은? (다툼이 있는 경우 판례에 의함)

① 신뢰보호원칙이 적용되기 위한 행정기관의 공적인 견해표명 여부를 판단할 때는 행정조직상의 형식적인 권한분장에 의하여 판단하여야 한다.

② 신뢰의 대상인 행정청의 선행조치는 반드시 문서의 형식으로 행하여질 필요는 없으며 구두에 의해서도 가능하다.

③ 귀책사유의 유무는 상대방과 그로부터 신청행위를 위임받은 수임인 등 관계자 모두를 기준으로 판단한다.

④ 행정청의 확약 또는 공적 견해표명이 있은 후에 사실적·법률적 상태가 변경되었다면, 그와 같은 확약 또는 공적 의사표명은 행정청의 별다른 의사표시를 기다리지 않고 실효된다.

25

국가배상법 제5조에 의한 영조물의 설치·관리의 하자로 인한 손해배상에 관한 설명 중 옳지 않은 것은? (다툼이 있는 경우 판례에 의함)

① 국가배상법에는 영조물점유자의 면책규정이 있는 데 반하여 민법에는 공작물점유자의 면책규정이 없다.

② 국가배상법 제5조상의 영조물이란 국가 또는 지방자치단체에 의하여 특정 공공의 목적에 공여된 유체물 내지 물적 설비를 말하며, 국가 또는 지방자치단체가 소유권, 임차권, 그 밖의 권한에 기하여 관리하고 있는 경우뿐만 아니라 사실상 관리하고 있는 경우도 포함된다.

③ 영조물의 설치 또는 관리의 하자란 공공의 목적에 제공된 영조물이 그 용도에 따라 통상 갖추어야 할 안전성을 갖추지 못한 상태에 있음을 말한다.

④ 학생이 담배를 피우기 위하여 3층 건물의 화장실 밖의 난간을 지나다가 실족하여 사망한 경우, 학교시설의 설치·관리상의 하자는 인정되지 않는다.

08회

2017.07.01. 시행 9급 군무원

2017년 기출복원문제

Answer 155쪽

시작시간	
종료시간	
점수	

01

3회독 □□□

행정입법에 관한 다음 설명 중 옳지 않은 것은? (다툼이 있는 경우 판례에 의함)

① 법규명령 자체에 대한 항고소송은 인정하지 않는 것이 원칙이다.

② 법규명령이 헌법소원의 대상이 될 것인가에 대하여 이를 긍정하는 것이 헌법재판소의 입장이다.

③ 법규명령이 법률에 위반되었는지 여부가 재판의 전제가 된 경우에는 모든 법원에 판단권이 있으나, 대법원만이 최종적으로 심사할 권한을 갖는다.

④ 법령보충적 행정규칙은 상위 법령과 결합하더라도 법규성이 부정된다.

02

3회독 □□□

다음 행정쟁송에 관한 설명 중 옳은 것은?

① 행정심판위원회의 재결은 대법원의 확정판결과 비슷한 효력을 가진다.

② 소송요건은 사실심 변론종결 시까지 유지되어야 한다.

③ 통고처분은 행정소송의 대상이 되는 처분에 속한다.

④ 예외적·필요적 행정심판전치주의에 해당하는 경우 취소소송과 취소심판을 동시에 제기하면 그 즉시 각하판결을 하여야 한다.

03

3회독 □□□

병무와 관련된 다음 <보기>의 내용 중 옳지 않은 것은?

─── <보기> ───

ㄱ. 병역징집의 주체는 국가이다.

ㄴ. 강제징집이 원칙이지만, 지원병제도도 배제하고 있지 않다.

ㄷ. 병무청장의 처분으로 병역의무를 지는 국민의 법적 지위가 구체화된다.

ㄹ. 병무청장은 중앙행정기관이므로 부령을 발할 수 있다.

ㅁ. 병무청장은 국방부 소속이다.

① ㄱ, ㄴ 　　　② ㄷ

③ ㄷ, ㅁ 　　　④ ㄹ

04

3회독 □□□

통치행위에 관한 다음 설명 중 옳은 것은? (다툼이 있는 경우 판례에 의함)

① 헌법재판소는 이라크파병 결정을 통치행위로 보지 않았다.

② 국회는 통치행위의 주체가 될 수 없다.

③ 대법원은 계엄선포를 통치행위로 인정했다.

④ 통치행위는 이로 인하여 직접 국민의 기본권 침해가 이루어졌다 해도 헌법소원의 대상으로 볼 수 없다.

05

3회독 ☐ ☐ ☐

행정상 손실보상청구에 관한 설명으로 옳지 않은 것은?

① 비재산적 법익침해에 대한 희생보상청구권은 판례에 따르면 일반적으로 인정되고 있다.

② 손실보상은 헌법 제23조 제3항에 따라 법률로써 하고 이때의 법률은 국회가 제정한 형식적 의미의 법률을 의미한다.

③ 판례에 의하면 손실보상청구소송은 민사소송에 의하는 것이 원칙이다.

④ 징발물이 국유재산 또는 공유재산인 경우에는 보상을 하지 아니한다.

06

3회독 ☐ ☐ ☐

다음 중 질서위반행위규제법에서 규정한 과태료에 대한 설명으로 가장 적절하지 않은 것은?

① 신분에 의하여 성립하는 질서위반행위에 신분이 없는 자가 가담한 때에는 신분이 없는 자에 대하여도 질서위반행위가 성립한다.

② 행정청이 질서위반행위에 대하여 과태료를 부과하고자 하는 때에는 미리 당사자에게 10일 이상의 기간을 정하여 의견을 제출할 기회를 주어야 한다.

③ 과태료는 행정청의 과태료 부과처분이나 법원의 과태료 재판이 확정된 후 3년간 징수하지 아니하거나 집행하지 아니하면 시효로 인하여 소멸한다.

④ 자신의 행위가 위법하지 아니한 것으로 오인하고 행한 질서위반행위는 그 오인에 정당한 이유가 있는 때에 한하여 과태료를 부과하지 아니한다.

07

3회독 ☐ ☐ ☐

공법상 시효제도에 관한 설명으로 옳지 않은 것은? (다툼이 있는 경우 판례에 의함)

① 금전채권의 소멸시효에 관해서 국가재정법과 지방재정법은 다른 법률에 특별한 규정이 없는 한 5년으로 정하고 있다.

② 공법상 부당이득반환청구권은 원칙적으로 사권에 해당하므로 10년의 소멸시효가 적용된다.

③ 국유재산 무단점유자에 대하여 행한 변상금부과처분에 대해 변상금이 체납된 경우 변상금청구권 역시 5년의 소멸시효가 적용된다.

④ 국세징수권자의 납입고지에 의하여 발생한 시효중단의 효력은 그 납입고지에 의한 부과처분이 취소되더라도 소멸되는 것은 아니다.

08

3회독 ☐ ☐ ☐

적법한 건축물에 철거명령이 내려진 경우 원고가 취소소송을 제기하면서 취할 수 있는 가장 적절한 권리구제수단은 무엇인가?

① 철거명령 자체의 효력정지를 구해야 한다.

② 강제집행절차인 계고처분의 전부나 일부정지로 속행을 중지하여야 한다.

③ 효력정지와 집행정지 둘 다 가능하다.

④ 계고처분의 취소소송에서 철거명령의 하자를 주장하는 것으로 충분하다.

09

병역법의 내용 중 옳지 않은 것은?

① 병역의무에 대한 특례를 인정하지 않고 있다.
② 현역병이 징역·금고·구류의 형을 받은 경우에는 그 형의 집행일수는 현역 복무기간에 산입(算入)하지 아니한다.
③ 예비군, 민방위도 국방의 의무에 포함된다.
④ 군 복무 중 재해로 인하여 발생한 손실에 대해서는 관련 법률이 정하는 바에 의하여 보상금을 지급한다.

10

다음 중 상대방의 동의에 의한 특별권력관계의 성립 중 그 성질이 가장 다른 하나는?

① 공무원 채용관계의 설정
② 국공립대학교 입학
③ 국공립도서관 이용관계의 설정
④ 학령아동의 초등학교 취학

11

다음 중 수리를 요하는 신고가 아닌 것은?

① 골프장 회원 모집 계획 신고
② 납골당 설치 신고
③ 골프장 이용료 변경 신고
④ 양수인 양도인 지위승계 신고

12

다음 중 시보 임용 기간 중에 있는 공무원에 관한 설명으로 옳은 것은?

① 시보 임용 기간 중에는 공무원법상 신분보장을 받지 못함이 원칙이다.
② 5급 공무원을 신규 채용하는 경우에는 6개월, 6급 이하의 공무원을 신규 채용하는 경우에는 3개월간 각각 시보(試補)로 임용한다.
③ 성실의 의무는 명문규정은 없지만 당연히 지켜야 한다.
④ 시보 임용 당시 결격사유가 있었다면 정규 공무원 임용 당시 결격사유가 사라지더라도 그 임용행위는 당연무효이다.

13

다음 중 의무불이행의 방치가 심히 공익을 해칠 수 있어 대집행이 가능한 것은?

① 불법증축한 부분을 철거할 경우 헬기의 안전 이착륙에 지장이 있게 되는 경우
② 건축허가 면적보다 0.02평방미터 초과한 불법증축의 경우
③ 구조변경허가와 달리 증·개축된 건물이 공사 전보다 건물모양이 산뜻해지고 안정감이 증대한 반면, 법위반 부분을 철거하는 경우 건물의 외관만을 손상시키고 쓰임새가 줄어드는 경우
④ 개발제한구역 내 불법건축된 교회건물

14

다음 중 공공기관의 정보공개에 관한 법률상 정보공개에 대한 설명으로 옳은 것은?

① 단순히 공무원을 괴롭힐 목적으로 정보공개를 요청하는 경우에도 응하여야 한다.
② 전자적 형태로 보유·관리하는 정보에 대하여 청구인이 전자적 형태로 공개하여 줄 것을 요청하는 경우에는 그 정보의 성질상 현저히 곤란한 경우를 제외하고는 청구인의 요청에 따라야 한다.
③ 검찰보존사무규칙에서 불기소사건 기록 등의 열람·등사 등을 제한하는 것은 공공기관의 정보공개에 관한 법률에 따른 '다른 법률 또는 명령에 의하여 비공개사항으로 규정된 경우'에 해당되어 적법하다.
④ 공공기관은 비공개대상정보에 해당하는 부분과 공개가 가능한 부분이 혼합되어 있는 경우 정보공개를 거부하여야 한다.

15

행정행위의 부관에 관한 다음 설명 중 옳은 것은? (다툼이 있는 경우 판례에 의함)

① 부담이 무효인 경우 부담의 이행으로 한 사법상 법률행위의 효력은 당연무효이다.
② 통설·판례에 따르면 부담만을 대상으로 하여 독자적으로 취소소송을 제기할 수 없다.
③ 법률효과의 일부배제는 부관이 아니라는 것이 판례의 태도이다.
④ 행정행위의 부관은 행정행위의 조건, 기한 등을 법령이 직접 규정하고 있는 법정부관과 구별된다.

16

다음 <보기>에 해당되는 행정법의 일반원칙을 차례대로 나열한 것은?

━━━ <보기> ━━━

가. 행정청은 법령 등의 해석 또는 행정청의 관행이 일반적으로 국민들에게 받아들여졌을 때에는 공익 또는 제3자의 정당한 이익을 현저히 해칠 우려가 있는 경우를 제외하고는 새로운 해석 또는 관행에 따라 소급하여 불리하게 처리하여서는 아니 된다.

나. 경찰관의 직권은 그 직무 수행에 필요한 최소 한도에서 행사되어야 하며 남용되어서는 아니 된다.

① 비례원칙, 부당결부금지원칙
② 신뢰보호원칙, 평등원칙
③ 비례원칙, 평등원칙
④ 신뢰보호원칙, 비례원칙

17

3회독 ☐ ☐ ☐

다음 중 <보기>의 빈칸에 들어갈 내용으로 가장 옳은 것은?

─── <보기> ───

"행정처분취소청구를 기각하는 판결이 확정된 경우에 당해 처분이 위법하지 아니하다는 점이 판결에서 확정된 이상 원고가 다시 이를 무효라 하여 무효확인소송을 제기할 수 없다."는 법원의 판결에 부여되는 효력을 (　　)이라 한다.

---

① 구속력　　　　　　② 기판력
③ 불가쟁력　　　　　④ 형성력

18

3회독 ☐ ☐ ☐

다음 공무수탁사인에 대한 설명 중 옳지 않은 것은?

① 판례는 소득세의 원천징수의무자를 공무수탁사인으로 인정하고 있다.
② 공무수탁사인의 위법한 처분은 행정쟁송의 대상이 된다.
③ 교육법에 의하여 학위를 수여하는 사립대학총장은 공무수탁사인에 해당한다.
④ 공무수탁사인의 위법한 행위에 대한 손해는 행정상 손해배상청구가 가능하다.

19

3회독 ☐ ☐ ☐

다음 중 하자의 승계가 가능한 것은?

① 직위해제 – 직권면직
② 표준공시지가결정 – 수용재결
③ 보충역편입처분 – 사회복무요원소집처분
④ 상이등급결정 – 상이등급개정

20

3회독 ☐ ☐ ☐

국가배상법에 대한 설명으로 옳지 않은 것은? (다툼이 있는 경우 판례에 의함)

① 구청 공무원의 시영아파트 입주권 매매행위는 직무행위에 해당하므로 국가배상청구가 가능하다.
② 공무원의 허위 아파트 입주권 부여 대상 확인을 믿고 아파트입주권을 매입하여 매수인이 손해를 입은 경우라면 국가배상청구의 대상이 된다.
③ 피해자가 손해를 입은 동시에 이익을 얻은 경우에는 손해배상액에서 그 이익에 상당하는 금액을 빼야 한다.
④ 군인과 군무원의 경우 이중배상은 금지된다.

21

3회독 ☐ ☐ ☐

공공기관의 정보공개에 관한 법률에 대한 다음 <설명> 중 a~d에 들어갈 숫자로 옳은 것은?

─── <설명> ───

가. 공공기관은 정보공개 청구를 받으면 그 청구를 받은 날부터 (a)일 이내로 공개 여부를 결정하여야 한다.

나. 청구인이 정보공개와 관련한 공공기관의 비공개 결정 또는 부분 공개 결정에 불복이 있거나, 정보공개 청구 후 (b)일이 경과하도록 정보공개 결정이 없는 때에는, 공공기관으로부터 정보공개 여부의 결정 통지를 받은 날 또는 정보공개 청구 후 (c)일이 경과한 날부터 (d)일 이내에 해당 공공기관에 문서로 이의신청을 할 수 있다.

---

	a	b	c	d
①	10	20	20	30
②	10	10	10	30
③	20	10	20	30
④	10	20	10	20

22

다음 중 ㉢, ㉣에 들어갈 수 있는 내용으로 옳은 것은?

무효등확인소송 (행정소송법 제38조 제1항)	부작위위법확인소송 (행정소송법 제38조 제2항)
취소소송의 규정이 대부분 적용 되나, ① (㉠) ② (㉡) ③ 재량처분의 취소 ④ 사정판결 등에 관한 규정은 준용되지 않는다.	취소소송의 규정이 대부분 적용 되나, ① (㉢) ② (㉣) ③ 사정판결 ④ 사정판결 시 피고의 소송비 용부담 등에 관한 규정은 준 용되지 않는다.

① 예외적 행정심판전치주의, 처분변경으로 인한 소의 변경

② 제소기간의 제한, 집행정지결정·집행정지취소결정

③ 처분변경으로 인한 소의 변경, 집행정지결정·집행정지 취
소결정

④ 제소기한의 제한, 처분변경으로 인한 소의 변경

23

서울지방경찰청장이 서초구경찰서장에게 내부위임한 사무
를 서초구경찰서장이 적법한 절차와 형식에 따른 처분을 한
경우 이에 대한 취소소송의 피고는 누구인가?

① 서울지방경찰청

② 서울지방경찰청장

③ 서초구경찰서

④ 서초구경찰서장

24

다음 처분에 관한 설명 중 옳은 것은? (다툼이 있는 경우
판례에 의함)

① 행정절차법상 처분의 사전통지의 대상이 되는 '당사자에
게 의무를 부과하거나 권익을 제한하는 처분'에는 '신청에
대한 거부처분'이 포함되지 않는다.

② 법률에 따라 통고처분을 할 수 있으면 행정청은 통고처분
을 하여야 하며, 통고처분 이외의 조치를 할 재량은 없다.

③ 해당 처분의 성질상 의견청취가 현저히 곤란하거나 명백
히 불필요하다고 인정될 만한 상당한 이유가 있는 경우 사
전통지를 아니할 수 있으며, 이 경우 행정청은 처분 후에
당사자 등에게 통지를 하지 아니한 사유를 알려야 한다.

④ 도로법 제25조 제3항에 의한 도로구역변경고시의 경우는
행정절차법상 사전통지나 의견청취의 대상이 되는 처분에
해당한다.

25

행정절차법상 청문의 실시에 대한 설명으로 옳은 것은?

① 개별법에 청문을 하도록 규정해 놓은 경우에도 당사자의
신청이 있어야만 청문을 할 수 있다.

② 행정청은 청문을 하려면 청문이 시작되는 날부터 7일 전
까지 당사자 등에게 통지하여야 한다.

③ 행정청과 당사자 사이에 행정절차법상 규정된 청문절차를
배제하는 내용의 협약이 체결되었다고 하여, 그러한 협약
이 청문의 실시에 관한 행정절차법 규정의 적용이 배제된
다거나 청문을 실시하지 않아도 되는 예외적인 경우에 해
당한다고 할 수 없다.

④ 행정청은 처분 후 1개월 이내에 당사자 등이 요청하는 경
우에는 청문·공청회 또는 의견제출을 위하여 제출받은
서류나 그 밖의 물건을 반환하여야 한다.

09회

2016.07.02. 시행 9급 군무원
2016년 기출복원문제

Answer 162쪽

시작시간	
종료시간	
점수	

01

3회독 □□□

다음 중 통치행위에 관한 설명으로 옳지 않은 것은? (다툼이 있는 경우 판례에 의함)

① 남북정상회담의 개최는 고도의 정치적 성격을 지니고 있는 행위에 해당하므로 통치행위에 해당한다.

② 대통령의 긴급재정경제명령은 고도의 정치적 결단에 의하여 발동되는 통치행위에 속하지만 그것이 국민의 기본권 침해와 직접 관련되는 경우에는 헌법재판소의 심판대상이 된다.

③ 남북정상회담의 개최과정에서 법률이 정한 절차를 위반하여 이루어진 대북송금행위라도 통치행위에 해당하므로 사법심사의 대상이 되지 않는다.

④ 비상계엄의 선포와 그 확대행위가 국헌문란의 목적을 달성하기 위하여 행하여진 경우 법원은 그 자체가 범죄행위에 해당하는지 여부에 관하여 심사할 수 있다.

02

3회독 □□□

행정심판에 대한 설명으로 옳지 않은 것은?

① 행정심판의 청구는 서면으로 하여야 한다.

② 심판청구는 처분의 효력이나 그 집행 또는 절차의 속행에 영향을 주지 않는다.

③ 행정심판은 정당한 이익이 있는 자에 한하여 제기할 수 있다.

④ 청구인이 사망한 경우에는 상속인이나 그 밖에 법령에 따라 심판청구의 대상에 관계되는 권리나 이익을 승계한 자가 청구인의 지위를 승계한다.

03

3회독 □□□

<보기> 중 행정절차법상 명문규정이 있는 것으로 옳은 것은?

── <보기> ──
ㄱ. 철회 및 직권취소   ㄴ. 행정쟁송
ㄷ. 고지   ㄹ. 온라인공청회

① ㄱ, ㄴ　　② ㄱ, ㄷ
③ ㄴ, ㄹ　　④ ㄷ, ㄹ

04

3회독 □□□

공공기관의 정보공개에 관한 법률상의 내용으로 옳지 않은 것은?

① 국가안전보장에 관련되는 정보 및 보안 업무를 관장하는 기관에서 국가안전보장과 관련된 정보의 분석을 목적으로 수집하거나 작성한 정보에 대해서는 이 법을 적용하지 아니한다.

② 공공기관은 공개 청구된 공개 대상 정보의 전부 또는 일부가 제3자와 관련이 있다고 인정할 때에는 그 사실을 제3자에게 지체 없이 통지하여야 하며, 필요한 경우에는 그의 의견을 들을 수 있다.

③ 공개될 경우 부동산 투기, 매점매석 등으로 특정인에게 이익 또는 불이익을 줄 우려가 있다고 인정되는 정보는 비공개 대상 정보이다.

④ 학술·연구를 위해 일시 방문 중인 외국인은 정보공개를 청구할 수 없다.

05

다음 중 행정상 손실보상에 관한 설명으로 옳은 것은?

① 단순히 사회적인 제약이 가하여진 경우에도 원칙적으로 보상이 인정된다.

② 손실보상은 적법행위로 인한 손실뿐만 아니라 위법행위로 인한 손해도 그 보상의 대상으로 하고 있다.

③ 손실보상은 재산상 손실에 대한 보상뿐만 아니라 생명 · 신체의 침해에 대한 보상도 포함한다.

④ 민간사업시행자도 손실보상의 주체가 될 수 있다.

06

다음 중 소의 이익이 인정되지 않는 것은? (다툼이 있는 경우 판례에 의함)

① 현역입영대상자가 입영한 후에 현역병입영통지처분의 취소를 구하는 경우

② 공익근무요원의 소집해제신청이 거부되어 계속 근무하였고 복무기간 만료로 소집해제처분을 받은 후에 위 거부처분의 취소를 구하는 경우

③ 징계처분으로서 감봉처분이 있은 후 공무원의 신분이 상실된 경우에 위법한 감봉처분의 취소를 구하는 경우

④ 대학입학고사 불합격처분의 취소를 구하는 소송계속 중 당해 연도의 입학시기가 지나버린 경우

07

다음 설명 중 옳지 않은 것은? (다툼이 있는 경우 판례에 의함)

① 과세처분이 있은 후 당초 과세처분에 대한 증액경정처분이 있는 경우, 당초 처분은 증액경정처분에 흡수되어 당연히 소멸한다.

② 과세처분이 있은 후 증액경정처분이 있는 경우 그 증액경정처분만이 쟁송의 대상이 된다.

③ 감액경정처분의 경우 당초 처분은 불가쟁력이 발생하여 다툴 수 없다.

④ 감액경정처분의 경우 전심절차나 제소기간의 준수여부는 당초 처분을 기준으로 결정하여야 한다.

08

다음 중 변상금에 대한 설명으로 옳지 않은 것은? (다툼이 있는 경우 판례에 의함)

① 판례는 변상금 부과처분을 행정처분으로 보고 있다.

② 국유재산의 무단점유자에 대한 변상금의 징수는 기속행위이다.

③ 국유재산의 무단점유자에 대하여 변상금을 부과하면서 동시에 민사상 부당이득반환청구소송을 할 수는 없다.

④ 변상금 부과처분은 행정청이 공권력의 주체로서 상대방의 의사를 묻지 않고 일방적으로 행하는 공법행위이다.

09

3회독 □ □ □

다음 중 공물에 관한 설명으로 옳지 않은 것은? (다툼이 있는 경우 판례에 의함)

① 예산부족 등 설치·관리자의 재정사정은 배상책임 판단에 있어 참작사유는 될 수 있으나 안전성을 결정지을 절대적 요건은 아니다.

② 공공의 영조물이란 국가 또는 지방자치단체가 소유권, 임차권 그 밖의 권한에 기하여 관리하고 있는 경우뿐만 아니라 사실상의 관리를 하고 있는 경우도 포함한다.

③ 국가배상법상 영조물의 관리상 하자로 인한 책임은 무과실책임이고 민법상 면책규정이 적용되지 않는다.

④ 편도 2차선 도로의 1차선상에 교통사고의 원인이 될 수 있는 크기의 돌멩이가 방치되어 있는 경우, 도로의 점유·관리자가 그에 대한 관리 가능성이 없다는 입증을 하지 못하더라도 도로의 관리·보존상의 하자가 있다고 볼 수는 없다.

10

3회독 □ □ □

다음 중 질서위반행위규제법상 과태료에 대한 설명으로 옳지 않은 것은?

① 과태료의 부과에는 그 위반자의 고의·과실을 요하지 않는다.

② 과태료 부과처분은 행정소송의 대상이 되는 행정처분이 아니다.

③ 과태료 재판은 검사의 명령으로써 집행한다.

④ 행정청의 과태료 부과에 불복하는 당사자는 과태료 부과 통지를 받은 날부터 60일 이내에 해당 행정청에 서면으로 이의제기를 할 수 있다.

11

3회독 □ □ □

행정행위의 직권취소에 대한 설명으로 옳지 않은 것은?

① 위법·침익적인 행정행위에 대하여 불가쟁력이 발생한 이후에도 당해 행정행위의 위법을 이유로 직권취소할 수 있다.

② 행정행위의 위법이 치유된 경우에는 그 위법을 이유로 당해 행정행위를 직권취소할 수 없다.

③ 행정처분을 한 처분청은 그 행위에 하자가 있는 경우에는 원칙적으로 별도의 법적 근거가 없더라도 스스로 이를 직권으로 취소할 수 있다.

④ 직권취소는 행정절차법상 처분의 절차가 적용되지 않는다.

12

3회독 □ □ □

행정심판에 대한 설명으로 옳지 않은 것은?

① 행정심판의 재결은 재결 자체에 고유한 위법이 있는 경우에 한하여 다시 행정심판을 청구할 수 있다.

② 행정심판위원회는 당사자의 신청에 의한 경우는 물론 직권으로도 임시처분을 결정할 수 있다.

③ 행정청의 위법·부당한 거부처분이나 부작위에 대하여 일정한 처분을 하도록 하는 의무이행심판은 현행법상 인정된다.

④ 행정심판위원회는 심판청구의 대상이 되는 처분보다 청구인에게 불리한 재결을 하지 못한다.

13

기속행위와 재량행위에 대한 설명으로 옳지 않은 것은? (다툼이 있는 경우 판례에 의함)

① 재량행위의 경우 법원은 독자의 결론을 도출함이 없이 당해 행위에 재량권의 일탈·남용이 있는지 여부만을 심사한다.

② 대기환경보전법상 배출시설의 설치에 대한 주무관청의 허가는 기속행위이므로 공익상 문제가 있더라도 허가하여야 한다.

③ 법률에서 정한 귀화요건을 갖춘 귀화신청에 대하여 법무부장관이 귀화를 허가할 것인지 여부는 재량행위에 해당한다.

④ 행정청의 재량에 속하는 처분이라도 재량권의 한계를 넘거나 그 남용이 있는 때에는 법원은 이를 취소할 수 있다.

14

다음 설명 중 옳지 않은 것은? (다툼이 있는 경우 판례에 의함)

① 비과세관행이 성립되었다고 하려면 상당한 기간에 걸쳐 과세를 하지 않은 객관적 사실이 존재하여야 한다.

② 조세에 관한 사항은 행정조사기본법이 적용되지 않는다.

③ 세액의 산출근거가 기재되지 아니한 납세고지서에 의한 부과처분은 그 후 부과된 세금을 자진납부하면 치유된다.

④ 과세처분을 취소하는 판결이 확정되면 그 과세처분은 처분시에 소급하여 소멸하는 것이므로 과세처분을 취소하는 판결이 확정된 뒤에는 그 과세처분을 경정하는 이른바 경정처분을 할 수 없다.

15

행정소송에 대한 설명으로 옳지 않은 것은? (다툼이 있는 경우 판례에 의함)

① 판례는 행정처분의 적법 여부는 특별한 사정이 없는 한 그 처분 당시를 기준으로 판단하여야 한다는 입장이다.

② 사정판결에 관한 행정소송법 규정은 무효등확인소송에는 준용되지 않는다.

③ 취소소송에 대한 판결이 확정된 후 그 확정판결의 기속력에 반하는 행정청의 행위는 위법하며 무효원인에 해당한다는 것이 판례의 입장이다.

④ 무효등확인소송과 부작위위법확인소송에는 거부처분취소판결의 간접강제에 관한 규정이 준용된다.

16

다음 중 공무원의 징계에 대한 설명으로 옳지 않은 것은? (다툼이 있는 경우 판례에 의함)

① 공무원에 대한 의원면직의 경우, 수리 전까지는 철회가 가능하다.

② 소청심사위원회의 취소명령 또는 변경명령 결정은 그에 따른 징계나 그 밖의 처분이 있을 때까지는 종전에 행한 징계처분에 영향을 미치지 않는다.

③ 공무원이 징계에 불복하는 경우 소청심사위원회의 심사·결정을 거치지 아니하면 바로 행정소송을 제기할 수 없다.

④ 계약직 공무원의 보수를 감봉하거나 삭감할 때는 공무원법의 처분절차를 거치지 않고 할 수 있다.

17

행정절차법상 행정절차에 관한 사항으로 옳지 않은 것은?

① 송달은 다른 법령 등에 특별한 규정이 있는 경우를 제외하고는 해당 문서가 송달받을 자에게 도달됨으로써 그 효력이 발생한다.

② 행정절차법은 청문 주재자의 제척·기피·회피에 관하여 명문규정을 두고 있다.

③ 행정절차법상의 '의견제출'에는 공청회와 청문회가 포함된다.

④ 행정청은 법령상 청문실시의 사유가 있는 경우에도 당사자가 의견진술의 기회를 포기한다는 뜻을 명백히 표시한 경우에는 의견청취를 하지 않을 수 있다.

18

다음 중 포괄적 위임금지의 원칙에 대한 설명으로 옳지 않은 것은? (다툼이 있는 경우 판례에 의함)

① 조례에 대한 법률의 위임은 포괄적인 것으로 족하다.

② 공법적 단체 등의 정관에 대한 자치법적 사항의 위임이라도 국민의 권리·의무에 관한 본질적이고 기본적인 사항은 국회가 정하여야 한다.

③ 수권법률의 예측가능성 유무를 판단함에 있어서는 수권규정과 이와 관계된 조항, 수권법률 전체의 취지, 입법목적의 유기적·체계적 해석 등을 통하여 종합 판단하여야 한다.

④ 일반적인 급부행정법규는 처벌법규나 조세법규의 경우보다 그 위임의 요건과 범위가 더 엄격하게 제한적으로 규정되어야 한다.

19

공권에 대한 설명으로 옳지 않은 것은? (다툼이 있는 경우 판례에 의함)

① 국가유공자로 보호받을 권리는 일신전속적인 권리이므로 상속의 대상이 되지 않는다.

② 석유판매업자의 지위를 승계한 자에 대하여 종전의 석유판매업자가 유사석유제품을 판매하는 위법행위를 하였다는 이유로 사업정지 등 제재처분을 취할 수 없다.

③ 공중위생영업에 대하여 그 영업을 정지할 위법사유가 있다면, 관할 행정청은 그 영업이 양도·양수되었다 하더라도 그 업소의 양수인에 대하여 영업정지처분을 할 수 있다.

④ 공권이 침해된 경우 소송을 통해 구제가 가능하나, 반사적 이익이 침해된 경우 소송을 통한 구제가 가능하지 않다.

20

행정행위의 하자에 관한 설명으로 옳지 않은 것은? (다툼이 있는 경우 판례에 의함)

① 행정처분이 있은 후에 집행단계에서 그 처분의 근거된 법률이 위헌으로 결정되는 경우 그 처분의 집행이나 집행력을 유지하기 위한 행위는 위헌결정의 기속력에 위반되어 허용되지 않는다.

② 행정처분에 대하여 그 행정처분의 근거가 된 법률이 위헌이라는 이유로 무효확인청구의 소가 제기된 경우에는 다른 특별한 사정이 없는 한 법원으로서는 그 법률이 위헌인지 여부에 대하여는 판단할 필요 없이 그 무효확인청구를 각하하여야 한다.

③ 법률에 근거하여 행정청이 행정처분을 한 후에 헌법재판소가 그 법률을 위헌으로 결정하였다면 결과적으로 그 행정처분은 하자가 있는 것이 된다고 할 것이나, 특별한 사정이 없는 한 이러한 하자는 위 행정처분의 취소사유에 해당할 뿐 당연무효사유는 아니라고 봄이 상당하다.

④ 법률이 위헌으로 결정된 후 그 법률에 근거하여 발령되는 행정처분은 위헌결정의 기속력에 반하므로 그 하자가 중대하고 명백하여 당연무효가 된다.

21

3회독 ☐☐☐

다음 중 행정행위의 효력에 대한 설명으로 옳지 않은 것은? (다툼이 있는 경우 판례에 의함)

① 행정행위가 쟁송취소된 경우에는 내용적 구속력이 인정되며 이는 행정청 및 관계행정청 등을 구속한다.

② 삼청교육대 피해자들에게 피해보상을 하겠다는 대통령 담화와 국방부장관의 공고를 믿고 피해신청을 한 피해자들에게 보상하지 않는 것은 신뢰보호의 원칙에 위배된다.

③ 처분 등의 취소, 무효등확인, 부작위위법확인의 소의 확정판결은 제3자에게도 효력이 있다.

④ 불가쟁력이 발생한 행정행위이더라도 불가변력이 발생하지 않는 한 처분청은 직권으로 취소·변경할 수 있음이 원칙이다.

22

3회독 ☐☐☐

공법상 계약에 대한 설명으로 옳지 않은 것은?

① 공법상 계약은 복수 당사자의 동일한 방향의 의사표시가, 공법상 합동행위는 복수 당사자의 반대 방향의 의사표시가 요구된다.

② 공법상 계약은 원칙적으로 비권력적 행정작용이므로 법률상 근거 없이도 체결이 가능하다.

③ 공법상 계약의 해지는 행정처분이 아니므로 행정절차법을 따르지 않아도 된다.

④ 공법상 계약에는 공정력이 인정되지 않는다.

23

3회독 ☐☐☐

다음은 사업승인과 관련한 형량명령에 관한 설명이다. 옳지 않은 것은?

① 이익형량의 고려 대상에 당연히 포함시켜야 할 사항을 누락한 사업승인 결정은 형량의 하자로 인하여 위법하다.

② 이익형량을 하기는 하였으나 정당성과 객관성이 결여된 사업승인 결정은 형량의 하자로 인하여 위법하다.

③ 사업승인과 관련하여 결정을 할 때 이익형량을 전혀 하지 않은 경우라면 형량의 하자로 인하여 위법한 결정이 된다.

④ 사업승인과 관련하여 이익을 형량한 결과 공익에 해가 가지 않을 정도의 경미한 흠이 있다 하더라도 이러한 흠 있는 사업승인은 무조건 취소하여야 한다.

24

3회독 ☐☐☐

특별권력관계에 대한 설명으로 옳지 않은 것은?

① 특별권력관계에서는 법률유보의 원칙이 제한되지만 사법심사는 광범위하게 인정된다.

② 공무원의 파면은 권력주체의 일방적 배제에 의해 특별권력관계가 소멸되는 경우를 말한다.

③ 국고관계란 국가나 공공단체 등의 행정주체가 우월적인 지위에서가 아닌 재산권의 주체로서 사인과 맺는 법률관계를 말한다.

④ 특별권력관계를 기본관계와 경영수행관계로 나누는 견해에 따르면, 공무원에 대한 직무상 명령에 대해 사법심사가 가능하게 된다.

25

판단여지와 재량을 구별하는 입장에서 재량에 대한 설명으로 옳지 않은 것은?

① 재량은 법률효과에서 인정된다.

② 재량의 존재 여부가 법해석으로 도출되기도 한다.

③ 구 전염병예방법에 따른 예방접종으로 인한 질병, 장애 또는 사망의 인정 여부 결정은 보건복지부장관의 재량이 인정되지 않는다.

④ 재량행위와 기속행위의 구분은 법규의 규정 양식에 따라 개별적으로 판단된다.

10회

2015.07.04. 시행 9급 군무원
2015년 기출복원문제

Answer 171쪽

시작시간	시	분	초
종료시간	시	분	초
점수			점

01
3회독 ☐ ☐ ☐

다음 중 행정절차법의 내용으로 틀린 것은?

① 청문이란 행정청이 어떠한 처분을 하기 전에 당사자 등의 의견을 직접 듣고 증거를 조사하는 절차를 말한다.

② 행정절차법은 모든 침익적 처분에 대해 사전에 통지하여야 한다고 규정하고 있다.

③ 이유제시란 행정처분을 함에 있어서 그 근거가 되는 법적·사실적 근거를 명기하는 것을 말한다.

④ 이유제시를 할 때에는 단순히 처분의 근거가 되는 법령뿐만 아니라 구체적인 사실과 당해 처분과의 관계가 적시되어야 한다.

02
3회독 ☐ ☐ ☐

기속행위와 재량행위에 관한 설명으로 틀린 것은? (다툼이 있는 경우 판례에 의함)

① 재량행위에 대한 사법심사의 경우 법원은 행정청의 재량에 기한 공익 판단의 여지를 감안하여 독자의 결론을 도출함이 없이 당해 행위에 재량권의 일탈·남용이 있는지 여부만을 심사한다.

② 기속행위와 재량행위의 구분은 당해 행위의 근거가 된 법규의 체제·형식과 그 문언, 당해 행위가 속하는 행정분야의 주된 목적과 특성, 당해 행위 자체의 성질과 유형 등을 모두 고려하여 판단하여야 한다.

③ 주택재건축사업시행인가는 상대방에게 권리나 이익을 부여하는 효과를 가진 이른바 수익적 행정처분으로서 법령에 행정처분의 요건에 관하여 일의적으로 규정되어 있지 아니한 이상 재량행위에 속한다.

④ 행정법규 위반행위에 대해 행정질서벌을 과할 것인지 아니면 행정형벌을 과할 것인지는 입법재량사항이 아니다.

03
3회독 ☐ ☐ ☐

다음 중 지방자치단체에 관한 설명으로 틀린 것은?

① 판례는 주민의 권리·의무에 관한 사항에 관하여 구체적으로 아무런 범위도 정하지 아니한 채 조례로 정하도록 포괄적으로 위임할 수 없고, 개별적·구체적으로 범위를 정하여서만 위임이 가능하다고 본다.

② 지방자치단체의 장은 지방의회의 의결이 월권이거나 법령에 위반되거나 공익을 현저히 해친다고 인정되면 그 의결사항을 이송받은 날부터 20일 이내에 이유를 붙여 재의를 요구할 수 있다.

③ 지방자치단체장의 요구에 대하여 재의한 결과 재적의원 과반수의 출석과 출석의원 3분의 2 이상의 찬성으로 전과 같은 의결을 하면 그 의결사항은 확정된다.

④ 지방자치단체의 장은 재의결된 사항이 법령에 위반된다고 인정되면 대법원에 소를 제기할 수 있다.

04

통치행위에 대한 설명으로 틀린 것은? (다툼이 있는 경우 판례에 의함)

① 외국에의 국군의 파견결정은 고도의 정치적 결단이 요구되는 사안이므로 현행 헌법이 채택하고 있는 대의민주제 통치구조하에서 대의기관인 대통령과 국회의 그와 같은 고도의 정치적 결단은 가급적 존중되어야 한다.

② 헌법재판소는 통치행위일지라도 그것이 국민의 기본권침해와 직접 관련되는 경우에는 당연히 헌법재판의 대상이 된다고 본다.

③ 대법원은 남북정상회담의 개최는 물론 남북정상회담의 과정에서 관련 부서에 대한 신고 또는 승인 등의 법적 절차를 거치지 아니하고 북한으로 송금한 행위도 사법심사의 대상이라 보기 어렵다고 판시했다.

④ 비상계엄의 선포나 확대가 국헌문란의 목적을 달성하기 위하여 행하여진 경우에는 법원은 그 자체가 범죄행위에 해당하는지의 여부에 관하여 심사할 수 있다.

05

다음 중 판례에 따를 때 처분성이 인정되지 않는 것은?

① 원자로시설부지 사전승인

② 어업권면허에 선행하는 우선순위결정

③ 건축주명의변경신고 거부처분

④ 농지개량조합 임직원의 근무관계

06

다음 중 판례에 따를 때 공법관계가 아닌 것은?

① 국유일반재산(구 잡종재산) 대부행위의 법적 성질 및 그 대부료 납부고지

② 공공하수도의 이용관계

③ 국가나 지방자치단체에서 근무하는 청원경찰의 근무관계

④ 징발권자인 국가와 피징발자와의 관계

07

행정소송의 피고적격에 대한 설명으로 틀린 것은? (다툼이 있는 경우 판례에 의함)

① 성업공사가 체납압류된 재산을 공매하는 것은 세무서장의 공매권한 위임에 의한 것으로 보아야 할 것이므로, 성업공사가 한 그 공매처분에 대한 취소 등의 항고소송을 제기함에 있어서는 실제로 공매를 행한 성업공사를 피고로 하여야 한다.

② 세무서는 행정조직 내에서 사무분담기구일 뿐이고 대외적으로 의사를 결정·표시할 권한을 가진 행정청이 아니므로 피고는 행정청인 세무서장이 된다.

③ 무효등확인소송에 있어서의 피고는 효력 유무나 존재 여부의 확인대상이 되는 처분 등을 한 행정청이다.

④ 조례가 항고소송의 대상이 되는 경우 조례를 제정한 지방의회가 피고가 된다.

08

다음 중 판례가 당사자소송의 대상으로 본 것은?

① 공중보건의사의 채용계약 해지의 의사표시

② 공법상 부당이득반환청구소송

③ 공무원연금관리공단의 급여결정

④ 국유임야 대부시 대부료 부과처분

09

다음 중 부작위위법확인소송에 대한 설명으로 틀린 것은? (다툼이 있는 경우 판례에 의함)

① 부작위위법확인소송은 행정청의 부작위가 위법하다는 확인을 구하는 소송을 말하며 확인소송의 성질을 갖는다.

② 부작위위법확인소송에서 원고적격이 인정되기 위해서는 법규상 또는 조리상의 신청권이 있어야 한다.

③ 취소소송에 있어서의 소의 종류의 변경에 관한 행정소송법 제21조의 규정은 부작위위법확인소송에도 준용될 수 있다.

④ 부작위위법확인소송으로 구제가 가능하다고 하여도 손해배상이나 헌법소원을 청구할 수 있다.

10

다음 중 이행강제금에 대한 설명으로 틀린 것은?

① 비대체적 작위의무, 부작위의무, 수인의무의 강제를 위해 일정기한 내에 의무를 이행하지 않으면 이행강제금이라는 금전급부를 과한다는 뜻을 미리 계고하여 의무자에게 심리적인 압박을 가해 의무이행을 강제하는 수단을 말한다.

② 이행강제금은 처벌이 아니기 때문에 의무의 이행이 있을 때까지 반복 부과가 가능하며 행정벌인 과태료나 형벌과 병과할 수도 있다.

③ 이행강제금은 일신전속적인 행정처분이 아니므로 상속의 대상이 된다.

④ 대집행이나 직접강제와 달리 물리적 실력행사가 아닌 간접적·심리적 강제에 해당한다.

11

다음 중 행정행위의 부관에 대한 설명으로 틀린 것은? (다툼이 있는 경우 판례에 의함)

① 부관은 원칙적으로 주된 행정행위와 분리해서 부관만을 독립하여 행정쟁송이나 강제집행의 대상으로 삼을 수 없다.

② 행정행위의 효력의 상실을 장래의 불확실한 사실에 의존시키는 부관을 해제조건이라 한다.

③ 기속행위에만 부관을 붙일 수 있고 재량행위에는 부관을 붙일 수 없다.

④ 부담은 독립하여 행정소송의 대상이 될 수 있다는 것이 판례의 입장이다.

12

행정심판에 대한 다음 설명 중 옳지 않은 것은?

① 우리나라는 취소심판과 함께 의무이행심판, 무효등확인심판, 부작위위법확인심판이 인정되고 있다.

② 의무이행심판에서는 작위의무 존재가 소송물이 된다.

③ 무효등확인심판은 준형성적 쟁송으로의 성질을 가진다.

④ 취소심판은 행정청의 위법·부당한 처분을 취소하거나 변경하는 행정심판으로서 법률관계의 변동을 가져오는 형성적 쟁송이다.

13

다음 중 행정계획에 대한 설명으로 옳은 것은? (다툼이 있는 경우 판례에 의함)

① 정당하게 도시계획결정 등의 처분을 하였다면 이를 관보에 게재하지 아니하였다고 하여도 대외적인 효력은 발생한다.

② 행정계획에 관한 일반법은 없고 개별법에 규정되어 있다.

③ 행정계획은 그 절차적 통제가 중요한 의미를 가지기 때문에 우리 행정절차법에도 이에 관한 규정을 마련하고 있다.

④ 계획재량은 형성의 자유가 인정되는 법률로부터 자유로운 행위의 일종이다.

14

다음 중 법규명령에 관한 설명으로 틀린 것은? (다툼이 있는 경우 판례에 의함)

① 법률에 의해 구체적 범위를 정한 위임이 있어야만 제정이 가능하다.
② 처벌법규의 위임은 일반 법률사항보다 더욱 제한을 받는다.
③ 위임명령은 상위법령의 폐지에 의해 소멸된다.
④ 위임받은 사항에 관하여 대강을 정하고 그중 특정 사항의 범위를 정하여 하위의 법규명령에 다시 위임하는 경우에는 재위임도 허용된다.

16

다음 중 재량권의 일탈·남용에 대한 설명으로 틀린 것은? (다툼이 있는 경우 판례에 의함)

① 태국에서 수입하는 냉동새우에 유해화학물질인 말라카이트그린이 들어 있음에도 수입신고서에 그 사실을 기재하지 않았음을 이유로 행정청이 영업정지 1개월의 처분을 한 것은 재량권을 일탈·남용한 것이 아니다.
② 단원에게 지급될 급량비를 바로 지급하지 않고 모아두었다가 지급한 시립 무용단원에 대한 해촉 처분은 지나치게 가혹하여 징계권을 남용한 것이다.
③ 지방식품의약품안전청장이 수입 녹용 중 전지 3대를 절단 부위로부터 5cm까지의 부분을 절단하여 측정한 회분함량이 기준치를 0.5% 초과하였다는 이유로 수입 녹용 전부에 대하여 전량 폐기 또는 반송 처리를 지시한 경우 재량권을 일탈·남용한 경우에 해당된다.
④ 행정청이 정한 면허기준의 해석상 당해 신청이 면허발급의 우선순위에 해당함에도 불구하고 면허거부처분을 한 경우 재량권의 남용이 인정된다.

15

다음 특허와 인가에 대한 설명 중 옳지 않은 것은? (다툼이 있는 경우 판례에 의함)

① 우리 법원은 주택재개발정비사업조합의 설립인가신청에 대한 행정청의 조합설립인가처분은 단순히 사인들의 조합설립행위에 대한 보충행위로서의 성질을 가지는 것이라고 판시하였다.
② 특허는 법적 지위를 나타내는 것이고 그 자체가 환가 가능한 재산권은 아니다.
③ 공유수면매립면허는 특허로서 자유재량행위이고 실효된 공유수면매립면허의 효력을 회복시키는 처분도 자유재량행위이다.
④ 대인적 특허는 이전성이 인정되지 않지만, 대물적 특허는 이전성이 인정된다.

17

다음 중 판례에 따를 때 처분이 아닌 것은?

① 근로기준법상 평균임금결정
② 공무원연금법상 재직기간 합산처분
③ 구 도시계획법상 도시기본계획
④ 서울교육대학장의 학생에 대한 퇴학처분

18

다음 행정입법에 관한 내용 중 옳지 않은 것은? (다툼이 있는 경우 판례에 의함)

① 미국과 프랑스에선 일정한 경우 행정기관에 행정입법을 제정할 의무를 부과하고 있다.

② 치과전문의 시험실시를 위한 시행규칙 규정의 제정 미비가 있다 하더라도 보건복지부장관에게 행정입법의 작위의무가 발생하는 것은 아니다.

③ 추상적인 법령의 제정 여부 등은 부작위위법확인소송의 대상이 될 수 없다.

④ 행정입법부작위는 행정기관에 행정입법을 제정할 법적 의무가 있어야 성립할 수 있다.

20

다음 중 행정심판의 재결에 대한 설명으로 옳지 못한 것은? (다툼이 있는 경우 판례에 의함)

① 재결이란 행정심판의 청구에 대하여 행정심판위원회가 행하는 판단을 말한다.

② 행정심판위원회는 심판청구의 대상이 되는 처분 또는 부작위 외의 사항에 대하여는 재결하지 못한다.

③ 처분의 이행을 명하는 재결이 있는 경우 행정청이 재결의 내용과 다른 처분을 하였다면 행정심판위원회가 직접 처분을 할 수 있다.

④ 행정심판위원회는 심판청구의 대상이 되는 처분보다 청구인에게 불리한 재결을 하지 못한다.

19

다음 설명 중 옳지 못한 것은? (다툼이 있는 경우 판례에 의함)

① 대집행은 대체적 작위의무에 한정되며, 의사의 진료·치료의무, 예술가의 창작의무 등 비대체적 작위의무는 그 대상에서 제외된다.

② 일반재산을 포함한 모든 국유재산의 경우 공용재산 여부나 철거의무가 공법상의 의무인지 여부에 관계없이 대집행을 할 수 있다.

③ 대집행 요건의 충족에 관한 주장과 입증책임은 처분 행정청에 있다.

④ 제2차, 제3차 계고처분은 각각 그 처분성이 인정된다.

21

다음 중 행정개입청구권에 대한 설명으로 옳지 못한 것은? (다툼이 있는 경우 판례에 의함)

① 행정개입청구권은 기속행위의 경우에는 원칙적으로 인정되며, 재량행위의 경우 재량권이 '0'으로 수축되는 예외적인 경우에 한하여 인정된다.

② 인접토지 소유자의 장애물 철거요구를 거부한 행위는 항고소송의 대상이 되는 거부처분에 해당하지 않는다.

③ 행정개입청구권은 사전예방적 성격을 갖고 있지만, 사후구제적 성격은 갖고 있지 않다.

④ 대법원은 국민은 행정청에 대하여 제3자에 대한 건축허가와 준공검사의 취소 및 제3자 소유의 건축물에 대한 철거명령을 요구할 수 있는 법규상 또는 조리상 권리가 없다고 판시하였다.

22

다음 중 공물의 시효취득에 대한 내용으로 틀린 것은? (다툼이 있는 경우 판례에 의함)

① 공유수면에 매립공사를 시행하였으나 그중 일부가 원래의 수면형태로 남아있다면 그 부분은 주변이 매립지로 바뀌었다고 하여도 공유수면성을 상실하지 않는다.

② 보존재산인 문화재보호구역 내의 국유 토지는 시효취득의 대상으로 인정된다.

③ 수리조합이 자연상태에서 전·답에 불과한 토지 위에 저수지를 설치한 경우 이 시설은 시효취득의 대상이 된다.

④ 대법원은 사실상 공물로서의 용도에 사용되지 아니하고 있다는 사실이나 무효인 매도행위는 용도폐지의 의사표시가 아니라고 판시하였다.

23

다음 중 위임입법의 한계에 대한 내용으로 틀린 것은? (다툼이 있는 경우 판례에 의함)

① 시행규칙에서 시행령의 위임에 의한 것임을 명시하지 않은 경우에는 시행령과의 위임관계가 인정되지 않는다.

② 입법사항을 대통령령이 아닌 총리령이나 부령에 위임할 수 있다.

③ 대법원은 예시적 위임도 가능하다고 판시하였다.

④ 위임의 구체성·명확성의 요구 정도는 그 규제대상의 종류와 성격에 따라 달라진다.

24

다음 중 계획재량에 대한 내용으로 옳지 못한 것은? (다툼이 있는 경우 판례에 의함)

① 계획재량이란 행정주체가 행정계획을 입안·결정함에 있어서 가지는 비교적 광범위한 형성의 자유를 말한다.

② 계획재량에 대해서 절차적 통제 및 실체적 통제 모두 중요한 의미를 갖는다.

③ 계획재량은 불확정적인 개념 사용의 필요성이 행정재량보다 더 크다.

④ 계획재량은 장래에 이루고자 하는 목적사항을 그 대상으로 한다.

25

다음 중 공공기관의 정보공개에 관한 법률에 대한 설명으로 옳지 못한 것은? (다툼이 있는 경우 판례에 의함)

① 알 권리에는 일반적 정보공개청구권이 포함된다.

② 공개를 구하는 정보를 공공기관이 보유·관리하고 있을 상당한 개연성이 있다는 점에 대한 증명책임은 공개청구자가, 그 정보를 더 이상 보유·관리하고 있지 아니하다는 점에 대한 증명책임은 공공기관이 부담한다.

③ 특정정보에 대한 공개청구가 없었던 경우 일반적인 정보공개의무는 없다.

④ 지방자치단체는 공공기관의 정보공개에 관한 법률 제5조의 정보공개청구권자인 국민에 포함된다.

MEMO

PART

02

기타 공무원 기출문제

01회

2022.04.02. 시행 9급 국가직
2022년 기출문제

Answer 178쪽

시작시간	
종료시간	
점수	

01

3회독 ☐ ☐ ☐

신뢰보호의 원칙에 대한 설명으로 옳지 않은 것은? (다툼이 있는 경우 판례에 의함)

① 건축주와 그로부터 건축설계를 위임받은 건축사가 관계법령에서 정하고 있는 건축한계선의 제한이 있다는 사실을 간과한 채 건축설계를 하고 이를 토대로 건축물의 신축 및 증축허가를 받은 경우, 그 신축 및 증축허가가 정당하다고 신뢰한 데에는 귀책사유가 있다.

② 행정청이 상대방에게 장차 어떤 처분을 하겠다고 공적 견해표명을 하였더라도 그 후에 그 전제로 된 사실적·법률적상태가 변경되었다면, 그와 같은 공적 견해표명은 효력을 잃게 된다.

③ 수강신청 후에 징계요건을 완화하는 학칙개정이 이루어지고 이어 시험이 실시되어 그 개정학칙에 따라 대학이 성적불량을 이유로 학생에 대하여 징계처분을 한 경우라면 이는 이른바 부진정소급효에 관한 것으로서 특별한 사정이 없는 한 위법이라고 할 수 없다.

④ 병무청 담당부서의 담당공무원에게 공적 견해의 표명을 구하지 아니한 채 민원봉사 담당공무원이 상담에 응하여 안내한 것을 신뢰한 경우에도 신뢰보호의 원칙이 적용된다.

02

3회독 ☐ ☐ ☐

행정행위의 효력에 대한 설명으로 옳지 않은 것은? (다툼이 있는 경우 판례에 의함)

① 영업허가취소처분이 나중에 행정쟁송절차에 의하여 취소되었더라도, 그 영업허가취소처분 이후의 영업행위는 무허가영업이다.

② 연령미달 결격자가 다른 사람 이름으로 교부받은 운전면허는 당연무효가 아니고 취소되지 않는 한 유효하므로 그 연령미달 결격자의 운전행위는 무면허운전에 해당하지 아니한다.

③ 구 「도시계획법」상 원상회복 등의 조치명령을 받고도 이를 따르지 않은 자에 대해 형사처벌을 하기 위해서는 적법한 조치명령이 전제되어야 하며, 이때 형사법원은 그 적법 여부를 심사할 수 있다.

④ 조세부과처분을 취소하는 행정판결이 확정된 경우 부과처분의 효력은 처분 시에 소급하여 효력을 잃게 되므로 확정된 행정판결은 조세포탈에 대한 무죄를 인정할 명백한 증거에 해당한다.

03

3회독 ☐ ☐ ☐

다단계 행정결정에 대한 설명으로 옳지 않은 것은? (다툼이 있는 경우 판례에 의함)

① 「공유재산 및 물품 관리법」에 근거하여 공모제안을 받아 이루어지는 민간투자사업 '우선협상대상자 선정행위'나 '우선협상대상자 지위배제행위'에서 '우선협상대상자 지위배제행위'만이 항고소송의 대상인 처분에 해당한다.

② 구 「원자력법」상 원자로 및 관계시설의 부지사전승인처분 후 건설허가처분까지 내려진 경우, 선행처분은 후행처분에 흡수되어 건설허가처분만이 행정쟁송의 대상이 된다.

③ 공정거래위원회가 부당한 공동행위를 한 사업자에게 과징금부과처분을 한 뒤 다시 자진신고 등을 이유로 과징금감면처분을 한 경우, 선행처분은 후행처분에 흡수되어 소멸하므로 선행처분의 취소를 구하는 소는 부적법하다.

④ 자동차운송사업양도·양수인가신청에 대하여 행정청이 내인가를 한 후 그 본인가신청이 있음에도 내인가를 취소한 경우, 다시 본인가에 대하여 별도로 인가 여부의 처분을 한다는 사정이 보이지 않는다면 내인가 취소는 행정처분에 해당한다.

04

행정행위의 하자에 대한 설명으로 옳지 않은 것은? (다툼이 있는 경우 판례에 의함)

① 이미 불가쟁력이 발생한 보충역편입처분에 하자가 있다고 하더라도 그것이 당연무효의 사유가 아닌 한 공익근무요원소집처분에 승계되는 것은 아니다.

② 건물철거명령이 당연무효가 아니고 불가쟁력이 발생하였다면 건물철거명령의 하자를 이유로 후행 대집행계고처분의 효력을 다툴 수 없다.

③ 도시계획시설사업시행자지정처분이 처분요건을 충족하지 못하여 당연무효인 경우, 도시계획시설사업의 시행자가 작성한 실시계획을 인가하는 처분도 무효이다.

④ 선행처분인 공무원직위해제처분과 후행 직권면직처분 사이에는 하자의 승계가 인정된다.

05

다음 사례에 대한 설명으로 옳은 것은? (다툼이 있는 경우 판례에 의함)

> 민간시민단체 A는 관할 행정청 B에게 개발사업의 승인과 관련한 정보공개를 청구하였으나 B는 현재 재판진행 중인 사안이 포함되어 있다는 이유로 「공공기관의 정보공개에 관한 법률」 제9조 제1항 제4호의 사유를 들어 A의 정보공개청구를 거부하였다.

① A는 공개청구한 정보에 대해 개별·구체적 이익이 없는 경우에도 B의 정보공개 거부에 대해 취소소송으로 다툴 수 있다.

② A가 공개청구한 정보에 대해 직접적인 이해관계가 있는 경우에는 B의 정보공개 거부에 대해 정보공개의 이행을 구하는 당사자소송을 제기하여 다툴 수 있다.

③ A가 공개청구한 정보의 일부가 「공공기관의 정보공개에 관한 법률」상 비공개사유에 해당하는 때에는 그 나머지 정보만을 공개하는 것이 가능한 경우라 하더라도 법원은 공개 가능한 정보에 관한 부분만의 일부취소를 명할 수는 없다.

④ B의 비공개사유가 정당화되기 위해서는 A가 공개청구한 정보가 진행 중인 재판의 소송기록 자체에 포함된 내용이어야 한다.

06

항고소송에서 수소법원의 판결에 대한 설명으로 옳지 않은 것은? (다툼이 있는 경우 판례에 의함)

① 행정처분의 취소를 구하는 소에서, 비록 행정처분의 위법을 이유로 취소판결을 받더라도 처분에 의하여 발생한 위법상태를 원상회복시키는 것이 불가능한 경우에는 원칙적으로 취소를 구할 법률상 이익이 없으므로, 수소법원은 소를 각하하여야 한다.

② 해임처분취소소송 계속 중 임기가 만료되어 해임처분의 취소로 지위를 회복할 수는 없다고 할지라도, 그 취소로 해임처분일부터 임기만료일까지 기간에 대한 보수지급을 구할 수 있는 경우에는 해임처분의 취소를 구할 법률상 이익이 있으므로, 수소법원은 본안에 대하여 판단하여야 한다.

③ 관할청이 「농지법」상의 이행강제금부과처분을 하면서 재결청에 행정심판을 청구하거나 관할 행정법원에 행정소송을 할 수 있다고 잘못 안내한 경우 행정법원의 항고소송 재판관할이 생긴다.

④ 「행정소송법」 제19조에서 말하는 '재결 자체에 고유한 위법'이란 원처분에는 없고 재결에만 있는 재결청의 권한 또는 구성의 위법, 재결의 절차나 형식의 위법, 내용의 위법 등을 뜻한다.

07

3회독 □ □ □

행정법관계에 대한 설명으로 옳지 않은 것은? (다툼이 있는 경우 판례에 의함)

① 군인연금법령상 급여를 받으려고 하는 사람이 국방부장관에게 급여지급을 청구하였으나 거부된 경우, 곧바로 국가를 상대로 한 당사자소송으로 급여의 지급을 청구할 수 있다.

② 법무사가 사무원을 채용할 때 소속 지방법무사회로부터 승인을 받아야 할 의무는 공법상 의무이다.

③ 사무처리의 긴급성으로 인하여 해양경찰의 직접적인 지휘를 받아 보조로 방제작업을 한 경우, 사인은 그 사무를 처리하며 지출한 필요비 내지 유익비의 상환을 국가에 대하여 민사소송으로 청구할 수 있다.

④ 「공익사업을 위한 토지 등의 취득 및 보상에 관한 법률」상 환매권의 존부에 관한 확인을 구하는 소송 및 환매금액의 증감을 구하는 소송은 민사소송이다.

08

3회독 □ □ □

행정법규의 양벌규정에 대한 설명으로 옳지 않은 것은? (다툼이 있는 경우 판례에 의함)

① 양벌규정은 행위자에 대한 처벌규정임과 동시에 그 위반행위의 이익귀속 주체인 영업주에 대한 처벌규정이다.

② 종업원의 범죄성립이나 처벌이 영업주 처벌의 전제조건이 되는 것은 아니다.

③ 법인 대표자의 법규위반행위에 대한 법인의 책임은 법인 자신의 법규위반행위로 평가될 수 있는 행위에 대한 법인의 직접책임이다.

④ 양벌규정에 의한 법인의 처벌은 어디까지나 행정적 제재처분일 뿐 형벌과는 성격을 달리한다.

09

3회독 □ □ □

과징금부과처분에 대한 설명으로 옳지 않은 것은? (다툼이 있는 경우 판례에 의함)

① 「독점규제 및 공정거래에 관한 법률」상의 과징금은 법이 규정한 범위 내에서 그 부과처분 당시까지 부과관청이 확인한 사실을 기초로 일의적으로 확정되어야 할 것이지, 추후에 부과금 산정기준이 되는 새로운 자료가 나왔다고 하여 새로운 부과처분을 할 수 있는 것은 아니다.

② 영업정지에 갈음하여 부과되는 이른바 변형된 과징금의 부과 여부는 통상 행정청의 재량행위이다.

③ 과징금은 행정상 제재금이고 범죄에 대한 국가형벌권의 실행이 아니므로 행정법규 위반에 대해 벌금 이외에 과징금을 부과하는 것은 이중처벌금지의 원칙에 위반되지 않는다.

④ 「부동산 실권리자명의 등기에 관한 법률」상 명의신탁자에 대한 과징금의 부과 여부는 행정청의 재량행위이다.

10

3회독 □ □ □

행정상 손해배상에 대한 설명으로 옳지 않은 것은? (다툼이 있는 경우 판례에 의함)

① 국가배상청구권의 소멸시효기간은 지났으나 국가가 소멸시효 완성을 주장하는 것이 신의성실의 원칙에 반하는 권리남용으로 허용될 수 없어 배상책임을 이행한 경우, 국가는 원칙적으로 해당 공무원에 대해 구상권을 행사할 수 있다.

② 공무원이 관계법령의 해석이 확립되기 전에 어느 한 설을 취하여 업무를 처리한 것이 결과적으로 위법하더라도 처분 당시 그 이상의 업무처리를 성실한 평균적 공무원에게 기대하기 어려웠던 경우라면 원칙적으로 공무원의 과실을 인정할 수 없다.

③ 공무원이 직무를 수행하면서 그 근거가 되는 법령의 규정에 따라 구체적으로 의무를 부여받았어도 그것이 국민의 이익과 관계없이 순전히 행정기관 내부의 질서를 유지하기 위한 것이라면 그 의무에 위반하여 국민에게 손해를 가하여도 국가 등은 배상책임을 부담하지 않는다.

④ 행정처분이 후에 항고소송에서 취소되었다고 할지라도 그 기판력에 의하여 당해 행정처분이 곧바로 공무원의 고의 또는 과실로 인한 것으로서 불법행위를 구성한다고 단정할 수는 없다.

※ [11.~12.] 다음 사례에 대한 설명으로 옳지 않은 것을 고르시오. (다툼이 있는 경우 판례에 의함)

11

건축주 甲은 토지소유자 乙과 매매계약을 체결하고 乙로부터 토지사용승낙서를 받아 乙의 토지 위에 건축물을 건축하는 건축허가를 관할 행정청인 A시장으로부터 받았다. 매매계약서에 의하면 甲이 잔금을 기일 내에 지급하지 못하면 즉시 매매계약이 해제될 수 있고 이 경우 토지사용승낙서는 효력을 잃으며 甲은 건축허가를 포기·철회하기로 甲과 乙이 약정하였다. 乙은 甲이 잔금을 기일 내에 지급하지 않자 甲과의 매매계약을 해제하였다.

① 착공에 앞서 甲의 귀책사유로 해당 토지를 사용할 권리를 상실한 경우, 乙은 A시장에 대하여 건축허가의 철회를 신청할 수 있다.

② 건축허가는 대물적 성질을 갖는 것이어서 행정청으로서는 그 허가를 할 때에 건축주 또는 토지소유자가 누구인지 등 인적 요소에 관하여는 형식적 심사만 한다.

③ A시장은 건축허가 당시 별다른 하자가 없었고 철회의 법적 근거가 없으므로 건축허가를 철회할 수 없다.

④ 철회권의 행사는 기득권의 침해를 정당화할 만한 중대한 공익상의 필요 또는 제3자의 이익을 보호할 필요가 있고, 공익상의 필요 등이 상대방이 입을 불이익을 정당화할 만큼 강한 경우에 한해 허용될 수 있다.

12

A시 시장은 「학교용지 확보 등에 관한 특례법」 관계 조항에 따라 공동주택을 분양받은 甲, 乙, 丙, 丁 등에게 각각 다른 시기에 학교용지부담금을 부과하였다. 이후 해당 조항에 대하여 법원의 위헌법률심판제청에 따라 헌법재판소가 위헌결정을 하였다. (단, 甲, 乙, 丙, 丁은 모두 위헌법률심판제청신청을 하지 않은 것으로 가정함)

① 甲이 부담금을 납부하였고 부담금부과처분에 불가쟁력이 발생한 상태라면, 해당 조항이 위헌으로 결정되더라도 이미 납부한 부담금을 반환받을 수 없다.

② 乙은 부담금을 납부한 후 부담금부과처분에 대해 행정소송을 제기하였고 현재 소가 계속 중인 경우에도, 乙이 위헌법률심판제청신청을 하지 않았으므로 乙에게 위헌결정의 소급효는 미치지 않는다.

③ 丙이 부담금부과처분에 대한 행정심판청구를 하여 기각재결서를 송달받았으나, 재결서 송달일로부터 90일 이내에 취소소송을 제기하였다면 丙의 청구는 인용될 수 있다.

④ 부담금부과처분에 대한 제소기간이 경과하여 丁의 부담금 납부의무가 확정되었고 위헌결정 전에 丁의 재산에 대한 압류가 이루어진 상태라도, 丁에 대해 부담금 징수를 위한 체납처분을 속행할 수는 없다.

13

행정입법에 대한 설명으로 옳지 않은 것은? (다툼이 있는 경우 판례에 의함)

① 부령의 형식으로 정해진 제재적 행정처분의 기준은 그 규정의 성질과 내용이 행정청 내부의 사무처리준칙을 정한 것에 불과하므로 대외적으로 국민이나 법원을 구속하는 것은 아니다.

② 항정신병 치료제의 요양급여 인정기준에 관한 보건복지부 고시가 다른 집행행위의 매개 없이 그 자체로서 직접 국민의 구체적인 권리의무와 법률관계를 규율하는 성격을 가질 때에는 항고소송의 대상이 되는 행정처분에 해당한다.

③ 법률의 위임에 의하여 효력을 갖는 법규명령이 법개정으로 위임의 근거가 없어지게 되더라도 효력을 상실하지 않는다.

④ 한국수력원자력 주식회사가 조달하는 기자재, 용역 및 정비공사, 기기수리의 공급자에 대한 관리업무절차를 규정함을 목적으로 제정·운용하고 있는 '공급자관리지침' 중 등록취소 및 그에 따른 일정 기간의 거래제한조치에 관한 규정들은 상위법령의 구체적 위임 없이 정한 것이어서 대외적 구속력이 없는 행정규칙이다.

14

행정작용에 대한 설명으로 옳은 것은? (다툼이 있는 경우 판례에 의함)

① 구체적인 계획을 입안함에 있어 지침이 되거나 특정 사업의 기본방향을 제시하는 내용의 행정계획은 항고소송의 대상인 행정처분에 해당하지 않는다.

② 공법상 계약이 법령위반 등의 내용상 하자가 있는 경우에도 그 하자가 중대명백한 것이 아니면 취소할 수 있는 하자에 불과하고 이에 대한 다툼은 당사자소송에 의하여야 한다.

③ 지도, 권고, 조언 등의 행정지도는 법령의 근거를 요하고 항고소송의 대상이 된다.

④ 「국가를 당사자로 하는 계약에 관한 법률」에 따라 국가가 당사자가 되는 이른바 공공계약에 관한 법적 분쟁은 원칙적으로 행정법원의 관할사항이다.

15

「행정절차법」상 처분의 사전통지 및 의견제출절차에 대한 설명으로 옳지 않은 것은? (다툼이 있는 경우 판례에 의함)

① 법령등에서 요구된 자격이 없거나 없어지게 되면 반드시 일정한 처분을 하여야 하는 경우에 그 자격이 없거나 없어지게 된 사실이 법원의 재판에 의하여 객관적으로 증명된 경우에는 사전통지를 생략할 수 있다.

② 행정청의 처분으로 의무가 부과되거나 권익이 제한되는 경우라도 당사자가 의견진술의 기회를 포기한다는 뜻을 명백히 표시한 경우에는 의견청취를 생략할 수 있다.

③ 별정직 공무원인 대통령기록관장에 대한 직권면직처분에는 처분의 사전통지 및 의견청취 등에 관한 「행정절차법」 규정이 적용되지 않는다.

④ 대통령이 한국방송공사 사장을 해임하면서 사전통지절차를 거치지 않은 경우에는 그 해임처분은 위법하다.

16

「행정소송법」상 취소소송에 대한 설명으로 옳지 않은 것은? (다툼이 있는 경우 판례에 의함)

① 대한민국에서 출생하여 오랜 기간 대한민국 국적을 보유하면서 거주한 재외동포는 사증발급거부처분의 취소를 구할 법률상 이익이 있다.

② 국민권익위원회가 소방청장에게 일정한 의무를 부과하는 내용의 조치요구를 한 경우 소방청장은 조치요구의 취소를 구할 당사자능력 및 원고적격이 인정되지 않는다.

③ 임용지원자가 특별채용대상자로서 자격을 갖추고 있고 유사한 지위에 있는 자에 대하여 정규교사로 특별채용한 전례가 있다 하더라도, 교사로의 특별채용을 요구할 법규상 또는 조리상의 권리가 있다고 할 수 없다.

④ 피해자의 의사와 무관하게 주민등록번호가 유출된 경우, 조리상 주민등록번호의 변경을 요구할 신청권을 인정함이 타당하다.

17

행정상 즉시강제에 대한 설명으로 옳은 것만을 모두 고르면?

> ㄱ. 항고소송의 대상이 되는 처분의 성질을 갖는다.
> ㄴ. 과거의 의무위반에 대하여 가해지는 제재이다.
> ㄷ. 목전에 급박한 장해를 예방하기 위한 경우에는 예외적으로 법률의 근거가 없이도 발동될 수 있다는 것이 일반적인 견해이다.
> ㄹ. 강제 건강진단과 예방접종은 대인적 강제수단에 해당한다.
> ㅁ. 위법한 즉시강제작용으로 손해를 입은 자는 국가나 지방자치단체를 상대로 「국가배상법」이 정한 바에 따라 손해배상을 청구할 수 있다.

① ㄴ, ㄷ
② ㄱ, ㄴ, ㅁ
③ ㄱ, ㄹ, ㅁ
④ ㄷ, ㄹ, ㅁ

18

다음 중 「행정심판법」에 따른 행정심판을 제기할 수 없는 경우만을 모두 고르면? (다툼이 있는 경우 판례에 의함)

> ㄱ. 「공공기관의 정보공개에 관한 법률」상 정보공개와 관련한 공공기관의 비공개결정에 대하여 이의신청을 한 경우
> ㄴ. 「공익사업을 위한 토지 등의 취득 및 보상에 관한 법률」상 토지수용위원회의 수용재결에 이의가 있어 중앙토지수용위원회에 이의를 신청한 경우
> ㄷ. 「난민법」상 난민불인정결정에 대해 법무부장관에게 이의신청을 한 경우
> ㄹ. 「민원 처리에 관한 법률」상 법정민원에 대한 행정기관의 장의 거부처분에 대해 그 행정기관의 장에게 이의신청을 한 경우

① ㄱ, ㄴ
② ㄱ, ㄹ
③ ㄴ, ㄷ
④ ㄷ, ㄹ

※ [19.~20.] 다음 사례에 대한 설명으로 옳은 것을 고르시오. (다툼이 있는 경우 판례에 의함)

19

> 건설회사 A는 택지개발사업을 위해 관련법령에 따른 절차를 거쳐 甲 소유의 토지 등을 취득하고자 甲과 보상에 관한 협의를 하였으나 협의가 성립되지 않았다. 이에 관할 지방토지수용위원회에 재결을 신청하여 토지의 수용 및 보상금에 대한 수용재결을 받았다.

① 甲이 수용재결에 대하여 이의신청을 제기하면 사업의 진행 및 토지의 수용 또는 사용을 정지시키는 효력이 있다.
② 甲이 수용 자체를 다투는 경우 관할 지방토지수용위원회를 상대로 수용재결에 대하여 취소소송을 제기할 수 있다.
③ 甲은 보상금 증액을 위해 A를 상대로 손실보상을 구하는 민사소송을 제기할 수 있다.
④ 甲이 계속 거주하고 있는 건물과 토지의 인도를 거부할 경우 행정대집행의 대상이 될 수 있다.

A시 시장은 식품접객업주 甲에게 청소년고용금지업소에 청소년을 고용하였다는 사유로 식품위생법령에 근거하여 영업정지 2개월 처분에 갈음하는 과징금부과처분을 하였고, 甲은 부과된 과징금을 납부하였다. 그러나 甲은 이후 과징금부과처분에 하자가 있음을 알게 되었다.

① 甲은 납부한 과징금을 돌려받기 위해 관할 행정법원에 과징금 반환을 구하는 당사자소송을 제기할 수 있다.

② A시 시장이 과징금부과처분을 함에 있어 과징금부과통지서의 일부 기재가 누락되어 이를 이유로 甲이 관할 행정법원에 과징금부과처분의 취소를 구하는 소를 제기한 경우, A시 시장은 취소소송절차가 종결되기 전까지 보정된 과징금부과처분통지서를 송달하면 일부 기재누락의 하자는 치유된다.

③ 「식품위생법」이 청소년을 고용한 행위에 대하여 영업허가를 취소하거나 6개월 이내의 기간을 정하여 그 영업의 전부 또는 일부를 정지하거나 영업소 폐쇄를 명할 수 있다고 하면서 행정처분의 세부기준은 총리령으로 위임한다고 정하고 있는 경우에, 총리령에서 정하고 있는 행정처분의 기준은 재판규범이 되지 못한다.

④ 甲이 자신은 청소년을 고용한 적이 없다고 주장하면서 제기한 과징금부과처분의 취소소송 계속 중에 A시 시장은 甲이 유통기한이 경과한 식품을 판매한 사실을 처분사유로 추가·변경할 수 있다.

02회

2022.06.18. 시행 9급 지방직
2022년 기출문제

01
3회독 □ □ □

행정입법에 대한 설명으로 옳지 않은 것은? (다툼이 있는 경우 판례에 의함)

① 자치조례에 대한 법률의 위임은 반드시 구체적으로 범위를 정하여 할 필요가 없으며 포괄적인 것으로 족하다.

② 부령 형식으로 정해진 제재적 행정처분의 기준은 법규성이 있어서 대외적으로 국민이나 법원을 기속하는 효력이 있다.

③ 고시가 법령의 수권에 의하여 법령을 보충하는 사항을 정하는 경우 위임의 한계를 벗어나지 않는 한 그 근거법령과 결합하여 대외적으로 구속력이 있는 법규명령으로서의 효력을 가진다.

④ 법률의 시행령이 형사처벌에 관한 사항을 규정하면서 법률의 명시적인 위임범위를 벗어나 처벌의 대상을 확장하는 것은 위임입법의 한계를 벗어난 것으로 그 시행령은 무효이다.

02
3회독 □ □ □

행정행위의 부관에 대한 설명으로 옳은 것은? (다툼이 있는 경우 판례에 의함)

① 행정처분에 부가한 부담이 무효인 경우에는 그 부담의 이행으로 이루어진 사법상 법률행위도 무효가 된다.

② 부관의 사후변경은 종전의 부관을 변경하지 아니하면 해당 처분의 목적을 달성할 수 없는 경우가 아니라면 인정되지 않는다.

③ 행정처분과 실제적 관련성이 없어 부관을 붙일 수 없는 경우에도 사법상 계약의 형식으로 공법상 제한을 회피할 수 있다.

④ 행정재산에 대한 기한부 사용·수익허가를 받은 경우, 그 사용·수익허가의 기간에 대하여 독립하여 행정소송을 제기할 수 없다.

03
3회독 □ □ □

판례상 재량행위에 해당하는 것만을 모두 고르면?

> ㄱ. 「여객자동차 운수사업법」상 개인택시운송사업면허
>
> ㄴ. 구 「수도권대기환경특별법」상 대기오염물질총량관리사업장설치허가
>
> ㄷ. 「국가공무원법」상 휴직사유 소멸을 이유로 한 신청에 대한 복직명령
>
> ㄹ. 「출입국관리법」상 체류자격변경허가

① ㄱ, ㄹ   ② ㄴ, ㄷ

③ ㄱ, ㄴ, ㄹ   ④ ㄱ, ㄴ, ㄷ, ㄹ

04
3회독 □ □ □

행정절차에 대한 설명으로 옳지 않은 것은? (다툼이 있는 경우 판례에 의함)

① 계약직공무원 채용계약 해지의 의사표시는 「행정절차법」에 의하여 근거와 이유를 제시하여야 하는 것은 아니다.

② 교육부장관이 부적격사유가 없는 후보자들 사이에서 어떤 후보자를 상대적으로 더욱 적합하다고 판단하여 국립대학교의 총장으로 임용제청을 하였다면, 그러한 임용제청행위 자체로서 이유제시의무를 다한 것이다.

③ 「국가공무원법」상 직위해제처분에는 처분의 사전통지 및 의견청취 등에 관한 「행정절차법」의 규정이 적용된다.

④ 과세처분 시 납세고지서에 법으로 규정한 과세표준 등의 기재가 누락되면 그 과세처분 자체가 위법한 처분이 되어 취소의 대상이 된다.

05

행정법의 일반원칙에 대한 설명으로 옳은 것만을 모두 고르면? (다툼이 있는 경우 판례에 의함)

> ㄱ. 비례의 원칙은 법치국가원리에서 당연히 파생되는 헌법상의 기본원리이다.
>
> ㄴ. 평등의 원칙은 본질적으로 같은 것을 자의적으로 다르게 취급함을 금지하는 것이므로, 위법한 행정처분이 수차례에 걸쳐 반복적으로 행하여졌다면 행정청에 대하여 자기구속력을 갖게 된다.
>
> ㄷ. 국가가 임용결격사유가 있는 자에 대하여 결격사유가 있는 것을 알지 못하고 공무원으로 임용하였다가 나중에 결격사유가 있음을 발견하고 그 임용행위를 취소하는 경우 신의칙이 적용된다.
>
> ㄹ. 지방자치단체장이 사업자에게 주택사업계획승인을 하면서 그 주택사업과는 아무런 관련이 없는 토지를 기부채납하도록 하는 부관을 주택사업계획승인에 붙인 경우, 그 부관은 부당결부금지의 원칙에 위반되어 위법하다.

① ㄱ, ㄴ   ② ㄱ, ㄹ
③ ㄴ, ㄷ   ④ ㄷ, ㄹ

06

행정행위에 대한 설명으로 옳지 않은 것은? (다툼이 있는 경우 판례에 의함)

① 건축허가는 대물적 성질을 갖는 것이어서 행정청으로서는 허가를 할 때에 건축주 또는 토지소유자가 누구인지 등 인적 요소에 관하여는 형식적 심사만 한다.

② 시·도경찰청장이 횡단보도를 설치하여 보행자 통행방법 등을 규제하는 것은 국민의 권리·의무에 직접 관계가 있는 행위로서 행정처분이다.

③ 국유재산의 무단점유에 대한 변상금 징수의 요건은 「국유재산법」에 명백히 규정되어 있으므로 변상금을 징수할 것인가는 처분청의 재량을 허용하지 않는 기속행위이다.

④ 공유수면의 점용·사용허가는 특정인에게 공유수면이용권이라는 독점적 권리를 설정하여 주는 처분이 아니라 일반적인 상대적 금지를 해제하는 처분이다.

07

「공공기관의 정보공개에 관한 법률」상 정보공개에 대한 설명으로 옳지 않은 것은? (다툼이 있는 경우 판례에 의함)

① 정보공개청구권자의 권리구제 가능성은 정보의 공개 여부 결정에 아무런 영향을 미치지 못한다.

② 학교환경위생구역 내 금지행위해제결정에 관한 학교환경위생정화위원회의 회의록에 기재된 발언내용에 대한 해당 발언자의 인적사항 부분에 관한 정보는 비공개 대상에 해당하지 아니한다.

③ 공공기관이 정보공개를 거부하는 경우에는 어느 부분이 어떠한 법익 또는 기본권과 충돌되어 비공개사유에 해당하는지를 주장·증명하여야 하고, 그에 이르지 아니한 채 개괄적인 사유만을 들어 공개를 거부하는 것은 허용되지 아니한다.

④ 공개를 구하는 정보를 공공기관이 한때 보유·관리하였으나 후에 그 정보가 담긴 문서등이 폐기되어 존재하지 않게 된 것이라면 그 정보를 더 이상 보유·관리하고 있지 아니하다는 점에 대한 증명책임은 공공기관에게 있다.

08

행정처분의 위법성에 대한 설명으로 옳지 않은 것은? (다툼이 있는 경우 판례에 의함)

① 행정청이 행정처분을 하면서 상대방에게 불복절차에 관한 고지의무를 이행하지 않았다면 이는 절차적 하자로서 그 행정처분은 위법하게 된다.

② 행정처분이 나중에 항고소송에서 위법하다고 판단되어 취소되더라도 그러한 사실만으로 바로 행정처분이 공무원의 고의나 과실로 인한 불법행위를 구성한다고 할 수 없다.

③ 절차상의 하자를 이유로 행정처분을 취소하는 판결이 선고되어 확정된 경우, 그 확정판결의 기속력은 취소사유로 된 절차의 위법에 한하여 미치는 것이므로 행정청은 적법한 절차를 갖추어 동일한 내용의 처분을 다시 할 수 있다.

④ 권한 없는 행정청이 한 위법한 행정처분을 취소할 수 있는 권한은 그 행정처분을 한 처분청에게 속하는 것이고, 그 행정처분을 할 수 있는 적법한 권한을 가지는 행정청에게 그 취소권이 귀속되는 것은 아니다.

09

영업의 양도와 영업자지위승계에 대한 설명으로 옳지 않은 것은? (다툼이 있는 경우 판례에 의함)

① 「식품위생법」상 허가영업자의 지위승계신고수리처분을 하는 경우 「행정절차법」 규정 소정의 당사자에 해당하는 종전의 영업자에게 행정절차를 실시하여야 한다.

② 관할 행정청은 여객자동차운송사업의 양도·양수에 대한 인가를 한 후에도 그 양도·양수 이전에 있었던 양도인에 대한 운송사업면허취소사유를 들어 양수인의 사업면허를 취소할 수 있다.

③ 영업양도행위가 무효임에도 행정청이 승계신고를 수리하였다면 양도자는 민사쟁송이 아닌 행정소송으로 신고수리처분의 무효확인을 구할 수 있다.

④ 사실상 영업이 양도·양수되었지만 승계신고 및 수리처분이 있기 전에 양도인이 허락한 양수인의 영업 중 발생한 위반행위에 대한 행정적 책임은 양수인에게 귀속된다.

10

여객자동차운송사업을 하는 甲은 관련법규 위반을 이유로 사업정지처분에 갈음하는 과징금부과처분을 받았다. 이에 대한 설명으로 옳지 않은 것은? (다툼이 있는 경우 판례에 의함)

① 甲이 현실적인 위반행위자가 아닌 법령상 책임자인 경우에도 甲에게 과징금을 부과할 수 있다.

② 甲에게 고의·과실이 없는 경우에는 과징금을 부과할 수 없다.

③ 과징금부과처분에 대해 甲은 취소소송을 제기하여 다툴 수 있다.

④ 甲에게 부과된 과징금이 법이 정한 한도액을 초과하여 위법한 경우, 법원은 그 초과부분에 대하여 일부취소할 수 없고 그 전부를 취소하여야 한다.

11

국가배상제도에 대한 설명으로 옳은 것은? (다툼이 있는 경우 판례에 의함)

① 공무원에게 부과된 직무상 의무가 단순히 공공일반의 이익만을 위한 경우라면 그러한 직무상 의무위반에 대해서는 국가배상책임이 인정되지 않는다.

② 국가의 비권력적 작용은 국가배상청구의 요건인 직무에 포함되지 않는다.

③ 경과실로 불법행위를 한 공무원이 피해자에게 손해를 배상하였다면 이는 타인의 채무를 변제한 경우에 해당하므로 피해자는 공무원에게 이를 반환할 의무가 있다.

④ 지방자치단체가 권원 없이 사실상 관리하고 있는 도로는 국가배상책임의 대상이 되는 영조물에 해당하지 않는다.

12

행정벌에 대한 설명으로 옳은 것은? (다툼이 있는 경우 판례에 의함)

① 양벌규정에 의한 영업주의 처벌은 금지위반행위자인 종업원의 처벌에 종속되는 것이므로 영업주만 따로 처벌할 수는 없다.

② 통고처분은 법정기간 내에 납부하지 않는 것을 해제조건으로 하는 행정처분이므로 행정소송의 대상이 된다.

③ 행정청의 과태료 부과에 대해 서면으로 이의가 제기된 경우 과태료부과처분은 그 효력을 상실한다.

④ 법원이 하는 과태료재판에는 원칙적으로 행정소송에서와 같은 신뢰보호의 원칙이 적용된다.

13

행정상 강제집행에 대한 설명으로 옳은 것만을 모두 고르면? (다툼이 있는 경우 판례에 의함)

> ㄱ. 행정청은 퇴거를 명하는 집행권원이 없더라도 건물철거 대집행과정에서 부수적으로 철거의무자인 건물의 점유자들에 대해 퇴거조치를 할 수 있다.
>
> ㄴ. 권원 없이 국유재산에 설치한 시설물에 대하여 관리청이 행정대집행을 통해 철거를 하지 않는 경우 그 국유재산에 대하여 사용청구권을 가진 자는 국가를 대위하여 민사소송으로 그 시설물의 철거를 구할 수 있다.
>
> ㄷ. 공유 일반재산의 대부료 지급은 사법상 법률관계이므로 행정상 강제집행절차가 인정되더라도 따로 민사소송으로 대부료의 지급을 구하는 것이 허용된다.
>
> ㄹ. 관계법령에 위반하여 장례식장 영업을 하고 있는 자에게 부과된 장례식장사용중지의무는 공법상 의무로서 행정대집행의 대상이 된다.

① ㄱ, ㄴ   ② ㄱ, ㄹ

③ ㄴ, ㄷ   ④ ㄷ, ㄹ

14

선결문제에 대한 판례의 입장으로 옳지 않은 것은?

① 조세부과처분이 무효임을 이유로 이미 납부한 세금의 반환을 청구하는 민사소송에서 법원은 그 조세부과처분이 무효라는 판단과 함께 세금을 반환하라는 판결을 할 수 있다.

② 영업허가취소처분으로 손해를 입은 자가 제기한 국가배상청구소송에서 법원은 영업허가취소처분에 취소사유에 해당하는 하자가 있는 경우에는 영업허가취소처분의 위법을 이유로 배상청구를 인용할 수 없다.

③ 물품을 수입하고자 하는 자가 세관장에게 수입신고를 하여 그 면허를 받고 물품을 통관한 경우에는, 세관장의 수입면허가 중대하고도 명백한 하자가 있는 행정행위이어서 당연무효가 아닌 한 「관세법」 소정의 무면허수입죄가 성립될 수 없다.

④ 영업허가취소처분 이후에 영업을 한 행위에 대하여 무허가영업으로 기소되었으나 형사법원이 판결을 내리기 전에 영업허가취소처분이 행정소송에서 취소되면 형사법원은 무허가영업행위에 대해서 무죄를 선고하여야 한다.

15

공법상 계약에 대한 설명으로 옳은 것은? (다툼이 있는 경우 판례에 의함)

① 지방자치단체가 일방 당사자가 되는 이른바 '공공계약'이 사법상 계약에 해당하는 경우에도 법령에 특별한 규정이 없다면 사적 자치와 계약자유의 원칙 등 사법의 원리가 그대로 적용되지 않는다.

② 국립의료원 부설주차장 위탁관리용역운영계약은 공법상 계약에 해당한다.

③ 공법상 계약이더라도 한쪽 당사자가 다른 당사자를 상대로 계약의 이행을 청구하는 소송은 민사소송으로 제기하여야 한다.

④ 지방자치단체가 A 주식회사를 자원회수시설과 부대시설의 운영·유지관리 등을 위탁할 민간사업자로 선정하고 A 주식회사와 체결한 위 시설에 관한 위·수탁운영협약은 사법상 계약에 해당한다.

16

취소소송의 판결에 대한 설명으로 옳은 것은? (다툼이 있는 경우 판례에 의함)

① 원고의 청구가 이유 있다고 인정하는 경우에도 이를 인용하는 것이 현저히 공공복리에 적합하지 않다고 판단되면 법원은 피고 행정청의 주장이나 신청이 없더라도 사정판결을 할 수 있다.

② 영업정지처분에 대한 취소소송에서 취소판결이 확정되면 처분청은 영업정지처분의 효력을 소멸시키기 위하여 영업정지처분을 취소하는 처분을 하여야 할 의무를 진다.

③ 공사중지명령의 상대방이 제기한 공사중지명령취소소송에서 기각판결이 확정된 경우 특별한 사정변경이 없더라도 그 후 상대방이 제기한 공사중지명령해제신청거부처분취소소송에서는 그 공사중지명령의 적법성을 다시 다툴 수 있다.

④ 행정청은 취소판결에서 위법하다고 판단된 처분사유와 기본적 사실관계의 동일성이 없는 사유이더라도 처분 시에 존재한 사유를 들어 종전의 처분과 같은 처분을 다시 할 수 없다.

17

3회독 ☐ ☐ ☐

A 행정청이 甲에게 한 처분에 대하여 甲은 B 행정심판위원회에 행정심판을 청구하였다. 이에 대한 설명으로 옳은 것은? (다툼이 있는 경우 판례에 의함)

① B 행정심판위원회의 기각재결이 있은 후에는 A 행정청은 원처분을 직권으로 취소할 수 없다.

② 甲이 취소심판을 제기한 경우, B 행정심판위원회는 심판청구가 이유가 있다고 인정하면 처분변경명령재결을 할 수 있다.

③ 甲이 무효확인심판을 제기한 경우, B 행정심판위원회는 심판청구가 이유 있다고 인정하면서도 이를 인용하는 것이 공공복리에 크게 위배된다고 인정하면 甲의 심판청구를 기각할 수 있다.

④ B 행정심판위원회의 재결에 고유한 위법이 있는 경우에는 甲은 다시 행정심판을 청구할 수 있다.

18

3회독 ☐ ☐ ☐

다음 각 사례에 대한 설명으로 옳은 것은? (다툼이 있는 경우 판례에 의함)

- A시장으로부터 3월의 영업정지처분을 받은 숙박업자 甲은 이에 불복하여 행정쟁송을 제기하고자 한다.
- B시장으로부터 건축허가거부처분을 받은 乙은 이에 불복하여 행정쟁송을 제기하고자 한다.

① 甲이 취소소송을 제기하면서 집행정지신청을 한 경우 법원이 집행정지결정을 하는 데 있어 甲의 본안청구의 적법 여부는 집행정지의 요건에 포함되지 않는다.

② 甲이 2022.1.5. 영업정지처분을 통지받았고, 행정심판을 제기하여 2022.3.29. 1월의 영업정지처분으로 변경하는 재결이 있었고 그 재결서 정본을 2022.4.2. 송달받은 경우 취소소송의 기산점은 2022.1.5.이다.

③ 乙이 의무이행심판을 제기하여 처분명령재결이 있었음에도 B시장이 허가를 하지 않는 경우 행정심판위원회는 직권으로 시정을 명하고 이를 이행하지 아니하면 직접 건축허가처분을 할 수 있다.

④ 乙이 건축허가거부처분에 대해 제기한 취소소송에서 인용판결이 확정되었으나 B시장이 기속력에 위반하여 다시 거부처분을 한 경우 乙은 간접강제신청을 할 수 있다.

19

3회독 ☐ ☐ ☐

다음 사례에 대한 설명으로 옳은 것은? (다툼이 있는 경우 판례에 의함)

「도시 및 주거환경정비법」에 따라 설립된 A주택재건축정비사업조합은 관할 B구청장으로부터 ㉠ 조합설립인가를 받은 후, 조합총회에서 재건축 관련 ㉡ 관리처분계획에 대한 의결을 하였고, 관할 B구청장으로부터 위 ㉢ 관리처분계획에 대한 인가를 받았다. 이후 조합원 甲은 위 관리처분계획의 의결에는 조합원 전체의 4/5 이상의 결의가 있어야 함에도 불구하고, 이를 위반하여 위법한 것임을 이유로 ㉣ 관리처분계획의 무효를 주장하며 소송으로 다투려고 한다.

① ㉠과 ㉢의 인가의 강학상 법적 성격은 동일하다.

② 甲이 ㉡에 대해 소송으로 다투려면 A주택재건축정비사업조합을 상대로 민사소송을 제기하여야 한다.

③ 甲이 ㉣에 대해 소송으로 다투려면 항고소송을 제기하여야 한다.

④ 甲이 ㉣에 대해 소송으로 다투려면 B 구청장을 피고로 하여야 한다.

20

행정쟁송에 대한 설명으로 옳은 것은? (다툼이 있는 경우 판례에 의함)

① 행정심판의 재결에도 판결에서와 같은 기판력이 인정되는 것이어서 재결이 확정되면 처분의 기초가 된 사실관계나 법률적 판단이 확정되는 것이므로 당사자는 이와 모순되는 주장을 할 수 없게 된다.

② 무효인 처분에 대해 무효선언을 구하는 취소소송을 제기하는 경우에는 제소기간의 제한이 없다.

③ 거부행위가 항고소송의 대상인 처분이 되기 위해서는 그 거부행위가 신청인의 실체상의 권리관계에 직접적인 변동을 일으키는 것이어야 하며, 신청인이 실체상의 권리자로서 권리를 행사함에 중대한 지장을 초래하는 것만으로는 부족하다.

④ 처분 시에 행정청으로부터 행정심판제기기간에 관하여 법정심판청구기간보다 긴 기간으로 잘못 통지받은 경우에 보호할 신뢰이익은 그 통지받은 기간 내에 행정소송을 제기한 경우에까지 확대되지 않는다.

03회

2022.04.09. 시행 소방직
2022년 기출문제

01

3회독 □ □ □

「행정기본법」에 대한 설명으로 옳지 않은 것은?

① 행정작용은 법률에 위반되어서는 아니 되며, 국민의 권리를 제한하거나 의무를 부과하는 경우와 그 밖에 국민생활에 중요한 영향을 미치는 경우에는 법률에 근거하여야 한다.

② 행정청은 권한행사의 기회가 있음에도 불구하고 장기간 권한을 행사하지 아니하여 국민이 그 권한이 행사되지 아니할 것으로 믿을 만한 정당한 사유가 있는 경우에는 그 권한을 행사해서는 아니 된다. 다만, 공익 또는 제3자의 이익을 현저히 해칠 우려가 있는 경우는 예외로 한다.

③ 즉시강제는 다른 수단으로는 행정목적을 달성할 수 없는 경우에만 허용되며, 이 경우에도 최소한으로만 실시하여야 한다.

④ 행정청은 법률로 정하는 바에 따라 처분에 재량이 있는 경우에도 완전히 자동화된 시스템으로 처분을 할 수 있다.

02

3회독 □ □ □

행정행위의 하자로서 무효사유가 아닌 것은? (다툼이 있는 경우 판례에 의함)

① 국토계획법령이 정한 도시계획시설사업의 대상토지의 소유와 동의요건을 갖추지 못하였음에도 도시계획시설사업의 사업시행자지정처분을 한 경우

② 조세부과처분의 근거가 되었던 법률규정에 대하여 위헌결정이 내려진 후 체납처분을 한 경우

③ 학교환경위생정화위원회의 심의절차를 누락한 채 학교환경위생정화구역에서의 금지행위 및 시설해제 여부에 관한 행정처분을 한 경우

④ 납세자가 아닌 제3자의 재산을 대상으로 압류처분을 한 경우

03

3회독 □ □ □

행정행위의 취소와 철회에 대한 설명으로 옳지 않은 것은? (다툼이 있는 경우 판례에 의함)

① 과세관청은 과세처분의 취소를 다시 취소함으로써 이미 효력을 상실한 원부과처분을 소생시킬 수 없다.

② (구) 「영유아보육법」상 어린이집평가인증의 취소는 철회에 해당하므로, 평가인증의 효력을 과거로 소급하여 상실시키기 위해서는 특별한 사정이 없는 한 별도의 법적 근거가 필요하다.

③ 행정처분을 한 행정청은 처분의 성립에 하자가 있는 경우라도 별도의 법적 근거가 없으면 직권으로 이를 취소할 수 없다.

④ 세무조사가 과세자료의 수집 또는 신고내용의 정확성 검증이라는 본연의 목적이 아니라 부정한 목적을 위하여 행하여진 것이라면 이는 세무조사에 중대한 위법사유가 있는 경우에 해당하고, 이러한 세무조사에 의하여 수집된 과세자료를 기초로 한 과세처분 역시 위법하다.

신뢰보호의 원칙에 대한 설명으로 옳지 않은 것은? (다툼이 있는 경우 판례에 의함)

① 행정청이 공적인 견해에 반하는 행정처분을 함으로써 달성하려는 공익이 행정청의 공적 견해표명을 신뢰한 개인이 그 행정처분으로 인하여 입게 되는 이익의 침해를 정당화할 수 있을 정도로 강한 경우에는 그 행정처분은 위법하지 않다.

② 과세관청이 질의회신 등을 통하여 어떤 견해를 대외적으로 표명하였더라도 그것이 중요한 사실관계와 법적인 쟁점을 제대로 드러내지 아니한 채 질의한 데 따른 것이라면, 공적인 견해표명에 의하여 정당한 기대를 가지게 할 만한 신뢰가 부여된 경우로 볼 수 없다.

③ 폐기물처리업에 대하여 관할관청의 사전 적정통보를 받고 막대한 비용을 들여 요건을 갖춘 다음 허가신청을 한 경우, 행정청이 청소업자의 난립으로 효율적인 청소업무의 수행에 지장이 있다는 이유로 불허가처분을 하였다 할지라도 신뢰보호의 원칙에 반하지 아니한다.

④ 법원이 「질서위반행위규제법」에 따라서 하는 과태료재판은 원칙적으로 행정소송에서와 같은 신뢰보호의 원칙 위반 여부가 문제되지 아니한다.

법치행정의 원리에 대한 설명으로 옳지 않은 것은? (다툼이 있는 경우 판례에 의함)

① 국회가 형식적 법률로 직접 규율해야 할 필요성은 규율대상이 기본권 및 기본적 의무와 관련된 중요성을 가질수록, 그에 관한 공개적 토론의 필요성 또는 상충하는 이익 사이의 조정필요성이 클수록 더 증대된다.

② 국가계약의 본질적인 내용은 사인 간의 계약과 다를 바가 없어 법령에 특별한 규정이 있는 경우를 제외하고는 사법의 규정 내지 법원리가 그대로 적용되므로, 국가와 사인 간의 계약은 국가계약법령에 따른 요건과 절차를 거치지 않더라도 유효하다.

③ 지방의회의원에 대하여 유급보좌인력을 두기 위해서는 법률의 근거가 필요하다.

④ 납세의무자에게 조세의 납부의무뿐만 아니라 스스로 과세표준과 세액을 계산하여 신고하여야 하는 의무까지 부과하는 경우에는 신고의무 불이행에 따른 불이익의 내용을 법률로 정하여야 한다.

06

행정입법에 대한 설명으로 옳지 않은 것은? (다툼이 있는 경우 판례에 의함)

① 법률의 시행령이나 시행규칙은 법률의 위임이 없으면 개인의 권리·의무에 관한 내용을 변경·보충하거나 법률이 규정하지 아니한 새로운 내용을 정할 수는 없으므로, 모법에 이에 관하여 직접 위임하는 규정을 두지 아니하였다면 당연히 이를 무효라고 보아야 한다.

② 법률에서 군법무관의 보수의 구체적 내용을 시행령에 위임했음에도 불구하고 행정부가 정당한 이유 없이 시행령을 제정하지 않은 것은 불법행위이므로 이에 대하여 국가배상청구를 할 수 있다.

③ 일반적으로 법률의 위임에 따라 효력을 갖는 법규명령의 경우에 위임의 근거가 없어 무효였더라도 나중에 법개정으로 위임의 근거가 부여되면 그때부터는 유효한 법규명령으로 볼 수 있다.

④ 행정처분이 법규성이 없는 내부지침 등의 규정에 위배된다고 하더라도 그 이유만으로 처분이 위법하게 되는 것은 아니며, 내부지침 등에서 정한 요건에 부합한다고 하여 반드시 그 처분이 적법한 것이라고 할 수도 없다.

07

「개인정보보호법」상 개인정보보호제도에 대한 설명으로 옳은 것은?

① 살아 있는 개인에 관하여 알아볼 수 있는 정보라도 가명처리함으로써 원래의 상태로 복원하기 위한 추가정보의 사용·결합 없이는 특정 개인을 알아볼 수 없게 된 정보는 이 법에 따른 개인정보에 해당하지 아니한다.

② 개인정보보호위원회는 대통령 직속 기관으로 대통령이 직접 지휘·감독한다.

③ 정보주체가 자신의 개인정보에 대한 열람을 공공기관에 요구하고자 할 때에는 공공기관에 직접 열람을 요구하거나 대통령령으로 정하는 바에 따라 개인정보보호위원회를 통하여 열람을 요구할 수 있다.

④ 개인정보처리자는 당초 수집목적과 합리적으로 관련된 범위에서 정보주체에게 불이익이 발생하는지 여부, 암호화 등 안전성 확보에 필요한 조치를 하였는지 여부 등을 고려하더라도 정보주체의 동의 없이는 개인정보를 제3자에게 제공할 수 없다.

신문사 기자 갑(甲)은 A광역시가 보유·관리하고 있던 시의원 을(乙)과 관련이 있는 정보를 사본교부의 방법으로 공개하여 줄 것을 청구하였다. 이에 대한 설명으로 옳지 않은 것은? (다툼이 있는 경우 판례에 의함)

① 정보공개청구권자가 선택한 공개방법에 따라 정보를 공개하여야 하므로, 원칙적으로 A광역시는 사본교부가 아닌 열람의 방법으로는 공개할 수 없다.

② 을(乙)의 비공개요청이 있는 경우 A광역시는 공개를 하여서는 아니 되고, 만일 공개하였다면 을(乙)에 대하여 손해배상책임을 지게 된다.

③ 을(乙)의 의견을 듣고 A광역시가 공개를 거부하였다면, 갑(甲)과 을(乙) 사이에 아무런 법률상 이해관계가 없다고 할지라도 갑(甲)은 A광역시의 거부에 대하여 항고소송으로 다툴 수 있다.

④ A광역시가 「공공기관의 정보공개에 관한 법률」상 비공개대상정보임을 이유로 비공개결정을 한 경우, A광역시는 당초 처분의 근거로 삼은 사유와 기본적 사실관계가 동일성이 있다고 인정되는 한도 내에서만 항고소송에서 다른 공개거부사유를 추가하거나 변경할 수 있다.

행정입법의 사법적 통제에 대한 설명으로 옳지 않은 것은? (다툼이 있는 경우 판례에 의함)

① 조례가 집행행위의 개입 없이도 그 자체로서 직접 국민의 권리의무나 법적 이익에 영향을 미치는 등의 법률상 효과를 발생하는 경우 그 조례는 항고소송의 대상이 되는 행정처분에 해당한다.

② 행정청이 행정입법 등 추상적인 법령을 제정하지 아니하는 행위는 법률이 시행되지 못하게 됨으로써 행정입법을 통해 구체화되는 개인의 권리를 침해하는 것으로, 항고소송의 대상이 된다.

③ 어떠한 처분의 근거나 법적인 효과가 행정규칙에 규정되어 있다고 하더라도, 그 처분이 상대방의 권리의무에 직접 영향을 미치는 행위라면 항고소송의 대상이 되는 행정처분에 해당한다.

④ 법령의 규정이 특정 행정기관에게 법령내용의 구체적 사항을 정하도록 권한을 부여하여 특정 행정기관이 행정규칙을 정하였으나 그 행정규칙이 상위법령의 위임범위를 벗어났다면, 그러한 행정규칙은 대외적 구속력을 가지는 법규명령으로서의 효력이 인정되지 않는다.

10

3회독 □ □ □

사인의 공법행위에 대한 설명으로 옳지 않은 것은? (다툼이 있는 경우 판례에 의함)

① 주민등록신고는 행정청이 수리한 경우에 비로소 신고의 효력이 발생한다.

② 장기요양기관의 폐업신고와 노인의료복지시설의 폐지신고는 행정청이 그 신고를 수리한 경우, 신고서 위조등의 사유가 있더라도 그대로 유효하다.

③ 「의료법」에 따라 정신과의원을 개설하려는 자가 법령에 규정되어 있는 요건을 갖추어 개설신고를 한 경우 행정청은 원칙적으로 이를 수리하여 신고필증을 교부하여야 하고, 법령에서 정한 요건 이외의 사유를 들어 의원급의료기관개설신고의 수리를 거부할 수는 없다.

④ 가설건축물존치기간을 연장하려는 건축주 등이 법령에 규정되어 있는 제반 서류와 요건을 갖추어 행정청에 연장신고를 한 때에는 행정청은 원칙적으로 이를 수리하여 신고필증을 교부하여야 하고, 법령에서 정한 요건 이외의 사유를 들어 수리를 거부할 수는 없다.

11

3회독 □ □ □

행정계획에 대한 설명으로 옳지 않은 것은? (다툼이 있는 경우 판례에 의함)

① 행정청은 구체적인 행정계획의 입안·결정에 관하여 광범위한 형성의 재량을 가진다.

② 행정청이 행정계획을 입안·결정할 때 이익형량을 전혀 행하지 아니하였다면, 그 행정계획결정은 재량권을 일탈·남용한 것으로 위법하다.

③ (구) 「도시계획법」 및 지방자치단체의 도시계획조례상 규정된 도시기본계획은 장기적·종합적인 개발계획으로서 행정청에 대한 직접적 구속력을 가지지 않는다.

④ 개발제한구역으로 지정되어 있는 부지에 묘지공원과 화장장 시설들을 설치하기로 하는 도시계획시설결정은 위법하다.

12

3회독 □ □ □

행정벌에 대한 설명으로 옳지 않은 것은? (다툼이 있는 경우 판례에 의함)

① 지방자치단체 소속 공무원이 지방자치단체 고유의 자치사무를 처리하면서 위반행위를 한 경우 지방자치단체도 양벌규정에 따라 처벌대상이 되는 법인에 해당한다.

② 지방국세청장이 조세범칙행위에 대하여 고발을 한 후에 동일한 조세범칙행위에 대하여 통고처분을 하는 경우, 이러한 통고처분은 법적 권한 소멸 후 이루어진 것으로 특별한 사정이 없는 한 효력이 없고 조세범칙행위자가 이를 이행하였더라도 일사부재리의 원칙이 적용될 수 없다.

③ 경찰서장이 범칙행위에 대하여 통고처분을 하더라도 통고처분에서 정한 납부기간까지는 검사가 공소를 제기할 수 있다.

④ 하나의 행위가 둘 이상의 질서위반행위에 해당하는 경우에는 각 질서위반행위에 대하여 정한 과태료 중 가장 중한 과태료를 부과한다.

13

3회독 □ □ □

「행정심판법」에 대한 설명으로 옳지 않은 것은?

① 청구인이 피청구인을 잘못 지정한 경우에는 위원회는 직권으로 또는 당사자의 신청에 의하여 결정으로써 피청구인을 경정할 수 있다.

② 행정심판위원회는 심판청구의 대상이 되는 처분보다 청구인에게 불리한 재결을 할 수 있다.

③ 중앙행정심판위원회는 위법 또는 불합리한 명령 등의 시정조치를 관계 행정기관에 요청할 수 있다.

④ 법령의 규정에 따라 공고하거나 고시한 처분이 재결로써 취소되거나 변경되면 처분을 한 행정청은 지체 없이 그 처분이 취소 또는 변경되었다는 것을 공고하거나 고시하여야 한다.

14

행정행위에 대한 설명으로 옳지 않은 것은? (다툼이 있는 경우 판례에 의함)

① 재량에 의한 행정처분이 그 재량권의 한계를 벗어난 것이어서 위법하다는 점은 그 행정처분의 효력을 다투는 자가 이를 주장·입증하여야 하고, 처분청이 그 재량권의 행사가 정당한 것이었다는 점까지 주장·입증할 필요는 없다.

② 행정청이 제재처분 양정을 하면서 처분상대방에게 법령에서 정한 임의적 감경사유가 있는 경우, 그 감경사유까지 고려하고도 감경하지 않은 채 개별 처분기준에서 정한 상한으로 처분을 한 경우에는 재량권을 일탈·남용하였다고 보아야 한다.

③ 허가신청 후 허가기준이 변경된 경우에는 원칙적으로 처분시의 기준인 변경된 허가기준에 따라서 처분하여야 한다.

④ 학교법인의 임원이 교비회계자금을 법인회계로 부당전출하였고, 업무집행에 있어서 직무를 태만히 하여 학교법인이 이를 시정하기 위한 노력을 하였으나 결과적으로 대부분의 시정요구사항이 이행되지 아니하였던 점 등을 고려하면, 교육부장관의 임원승인취소처분은 재량권을 일탈·남용한 것으로 볼 수 없다.

15

행정행위에 대한 설명으로 옳은 것은? (다툼이 있는 경우 판례에 의함)

① 건축물의 건축이 「국토의 계획 및 이용에 관한 법률」상 개발행위에 해당할 경우 그 건축의 허가권자는 개발행위허가가 의제되는 건축허가신청이 국토계획법령이 정한 개발행위허가기준에 부합하지 아니하면 이를 거부할 수 있다.

② 주택건설사업계획승인처분에 따라 의제된 인·허가의 위법함을 다투고자 하는 이해관계인은 의제된 인·허가의 취소를 구할 것이 아니라, 주된 처분인 주택건설사업계획 승인처분의 취소를 구하여야 한다.

③ 「하천법」에 의한 하천의 점용허가는 강학상 허가에 해당한다.

④ 「출입국관리법」상 체류자격변경허가는 기속행위이므로 신청인이 관계법령에서 정한 요건을 충족하면 허가권자는 신청을 받아들여 허가해야 한다.

16

행정행위의 부관에 대한 설명으로 옳은 것은? (다툼이 있는 경우 판례에 의함)

① 수익적 행정처분에 있어서는 법령에 특별한 근거규정이 있는 경우에 한하여 부관을 붙일 수 있다.

② 행정처분에 붙인 부관인 부담이 무효가 되면 그 부담의 이행으로 한 사법상 법률행위도 당연히 무효가 된다.

③ 사정변경으로 인하여 당초에 부담을 부가한 목적을 달성할 수 없게 된 경우에도 부관의 사후변경은 허용되지 않는다.

④ 행정청이 종교단체에 대하여 기본재산전환인가를 하면서 인가조건을 부가하고 그 불이행 시 인가를 취소할 수 있도록 한 경우, 인가조건의 의미는 철회권을 유보한 것이다.

17

행정절차의 하자에 대한 설명으로 옳지 않은 것은? (다툼이 있는 경우 판례에 의함)

① 환경영향평가를 거쳐야 하는 대상사업에 대하여 환경영향평가를 거치지 아니하였음에도 불구하고 승인 등 처분이 행해진 경우, 그 행정처분은 당연무효이다.

② 행정청이 사전환경성검토협의를 거쳐야 할 대상사업에 관하여 법의 해석을 잘못한 나머지 세부용도지역이 지정되지 않은 개발사업부지에 대하여 사전환경성검토협의를 할지 여부를 결정하는 절차를 생략한 채 승인 등의 처분을 하였다면, 그 행정처분은 당연무효이다.

③ 환경영향평가를 거쳐야 할 대상사업에 대해 환경영향평가절차를 거쳤으나 그 내용이 다소 부실한 경우, 그 부실의 정도가 환경영향평가를 하지 아니한 것과 같은 정도가 아닌 한 당해 승인 등 처분이 위법하게 되는 것은 아니다.

④ 환경영향평가 대상지역 밖의 주민이라 할지라도 공유수면매립면허처분 등으로 인하여 그 처분 전과 비교하여 수인한도를 넘는 환경피해를 받거나 받을 우려가 있는 경우에는, 이를 입증함으로써 그 처분 등의 무효확인을 구할 원고적격을 인정받을 수 있다.

18

3회독 ☐ ☐ ☐

행정상 손해배상에 대한 설명으로 옳은 것은? (다툼이 있는 경우 판례에 의함)

① 국회의원은 원칙적으로 정치적 책임을 질 뿐이므로 헌법에 따른 구체적 입법의무를 부담하고 있음에도 그 입법에 필요한 상당한 기간이 경과하도록 고의 또는 과실로 그 입법의무를 이행하지 아니하는 경우 그 배상책임이 인정되기 어렵다.

② 주무부처인 중앙행정기관이 입법예고를 통해 법령안의 내용을 국민에게 예고한 적이 있다면, 그것이 법령으로 확정되지 아니하였다고 하더라도 국가는 위 법령안에 관련된 사항에 대해 이해관계자들에게 어떠한 신뢰를 부여한 것으로 볼 수 있다.

③ 공무원에게 부과된 직무상 의무의 내용이 전적으로 또는 부수적으로 사회구성원 개인의 안전과 이익을 보호하기 위하여 설정된 것이라면, 공무원이 그와 같은 직무상 의무를 위반함으로써 피해자가 입은 손해에 대해서는 상당인과관계가 인정되는 범위에서 국가가 배상책임을 진다.

④ 「금융위원회의 설치 등에 관한 법률」의 입법취지에 비추어 볼 때, 금융감독원에 금융기관에 대한 검사·감독의무를 부과한 법령의 목적이 금융상품에 투자한 투자자 개인의 이익을 직접 보호하기 위한 것이라고 할 수 있으므로, 피고 금융감독원 및 그 직원들의 위법한 직무집행과 해당 저축은행의 후순위사채에 투자한 원고들이 입은 손해 사이에 상당인과관계가 인정된다.

19

3회독 ☐ ☐ ☐

행정상 손실보상에 대한 설명으로 옳지 않은 것은? (다툼이 있는 경우 판례에 의함)

① 손실보상과 손해배상은 근거규정 및 요건·효과를 달리하지만 손실보상청구권에 '손해전보'라는 요소가 포함되어 있어 실질적으로 같은 내용의 손해에 관하여 양자의 청구권이 동시에 성립한다면 청구권자는 어느 하나만을 선택적으로 행사할 수 있을 뿐이다.

② 공공사업시행지구 밖에서 발생한 간접손실에 관하여 그 피해자와 사업시행자 사이에 협의가 이루어지지 아니하고, 그 보상에 관한 명문의 근거법령이 없는 경우라고 하더라도 공공사업의 시행으로 인하여 그러한 손실이 발생하리라는 것을 쉽게 예견할 수 있고, 그 손실의 범위도 구체적으로 특정할 수 있다면 그 손실보상에 관하여 관련 규정 등을 유추적용할 수 있다.

③ 수용재결에 불복하여 취소소송을 제기하는 때에는 이의신청을 거친 경우에도 이의신청에 대한 재결 자체에 고유한 위법이 없는 한 수용재결을 한 중앙토지수용위원회 또는 지방토지수용위원회를 피고로 하여 수용재결의 취소를 구하여야 한다.

④ 어떤 보상항목이 공익사업을 위한 토지 등의 취득 및 보상에 관한 법령상 손실보상 대상에 해당함에도 관할 토지수용위원회가 법리를 오해함으로써 손실보상 대상에 해당하지 않는다고 잘못된 내용의 재결을 한 경우에는, 피보상자는 관할 토지수용위원회를 상대로 그 재결에 대한 취소소송을 제기하여야 한다.

항고소송의 대상에 대한 설명으로 옳지 않은 것은? (다툼이 있는 경우 판례에 의함)

① 병무청장의 요청에 따른 법무부장관의 입국금지결정은 법무부장관의 의사가 공식적인 방법으로 외부에 표시되어 입국 자체를 금지하는 것으로서 그 입국금지결정은 항고소송의 대상이 될 수 있는 처분에 해당한다.

② 병무청장이 「병역법」에 따라 병역의무기피자의 인적사항 등을 인터넷 홈페이지에 게시하는 등의 방법으로 공개한 경우 병무청장의 공개결정을 항고소송의 대상이 되는 행정처분으로 보아야 한다.

③ 시장이 감사원으로부터 「감사원법」에 따라 징계의 종류를 정직으로 정한 징계요구를 받게 되자 감사원에 징계요구에 대한 재심의를 청구하였고, 감사원이 재심의청구를 기각한 경우, 감사원의 징계요구와 재심의결정은 항고소송의 대상이 되는 행정처분이라고 할 수 없다.

④ 「국방전력발전업무훈령」에 따른 연구개발확인서 발급은 개발업체가 전력지원체계 연구개발사업을 성공적으로 수행하여 군사용 적합판정을 받고 경우에 따라 사업관리기관이 개발업체에게 수의계약의 방식으로 국방조달계약을 체결할 수 있는 지위가 있음을 인정해 주는 확인적 행정행위로서 처분에 해당한다.

PART

03

정답 및 해설

군무원 기출(복원)문제

기타 공무원 기출문제

01	①	02	④	03	②	04	②	05	①
06	②	07	④	08	③	09	③	10	①
11	①	12	③	13	③	14	②	15	①
16	④	17	①	18	③	19	④	20	①
21	④	22	②	23	②	24	④	25	②

01 난도 ●   정답 ①

① [X]

> **공직선거법 제15조(선거권)** ① 18세 이상의 국민은 대통령 및 국회의원의 선거권이 있다. 다만, 지역구국회의원의 선거권은 18세 이상의 국민으로서 제37조 제1항에 따른 선거인명부작성기준일 현재 다음 각 호의 어느 하나에 해당하는 사람에 한하여 인정된다.
> 1. 「주민등록법」 제6조 제1항 제1호 또는 제2호에 해당하는 사람으로서 해당 국회의원지역선거구 안에 주민등록이 되어 있는 사람
> 2. 「주민등록법」 제6조 제1항 제3호에 해당하는 사람으로서 주민등록표에 3개월 이상 계속하여 올라 있고 해당 국회의원지역선거구 안에 주민등록이 되어 있는 사람
> ② 18세 이상으로서 제37조 제1항에 따른 선거인명부작성기준일 현재 다음 각 호의 어느 하나에 해당하는 사람은 그 구역에서 선거하는 지방자치단체의 의회의원 및 장의 선거권이 있다.

> **행정기본법 제7조(법령등 시행일의 기간 계산)** 법령등(훈령·예규·고시·지침 등을 포함한다)의 시행일을 정하거나 계산할 때에는 다음 각 호의 기준에 따른다.
> 1. 법령등을 공포한 날부터 시행하는 경우에는 공포한 날을 시행일로 한다.
> 2. 법령등을 공포한 날부터 일정 기간이 경과한 날부터 시행하는 경우 법령등을 공포한 날을 첫날에 산입하지 아니한다.
> 3. 법령등을 공포한 날부터 일정 기간이 경과한 날부터 시행하는 경우 그 기간의 말일이 토요일 또는 공휴일인 때에는 그 말일로 기간이 만료한다.

② [O] 법령의 소급적용, 특히 행정법규의 소급적용은 일반적으로는 법치주의의 원리에 반하고, 개인의 권리·자유에 부당한 침해를 가하며, 법률생활의 안정을 위협하는 것이어서, 이를 인정하지 않는 것이 원칙이고(법률불소급의 원칙 또는 행정법규불소급의 원칙), 다만 법령을 소급적용하더라도 일반 국민의 이해에 직접 관계가 없는 경우, 오히려 그 이익을 증진하는 경우, 불이익이나 고통을 제거하는 경우 등의 특별한 사정이 있는 경우에 한하여 예외적으로 법령의 소급적용이 허용된다.(대판 2005.5.13. 2004다8630)

③ [O]

> **행정기본법 제14조(법 적용의 기준)** ③ 법령등을 위반한 행위의 성립과 이에 대한 제재처분은 법령등에 특별한 규정이 있는 경우를 제외하고는 법령등을 위반한 행위 당시의 법령등에 따른다. 다만, 법령등을 위반한 행위 후 법령등의 변경에 의하여 그 행위가 법령등을 위반한 행위에 해당하지 아니하거나 제재처분 기준이

가벼워진 경우로서 해당 법령등에 특별한 규정이 없는 경우에는 변경된 법령등을 적용한다.

④ [O] 법령이 개정되어 처벌규정이 없어진 경우에 법령시행 당시 그 법을 위반한 행위를 처벌할 수 있는가를 추급효의 문제라고 하는데, 사안마다 처벌 여부가 다르다. 이 사건은 가벌성이 소멸되지 않은 경우이다.

> **판례**
> 종전에 허가를 받거나 신고를 하여야만 할 수 있던 행위의 일부를 허가나 신고 없이 할 수 있도록 법령이 개정되었다 하더라도 이는 법률 이념의 변천으로 과거에 범죄로서 처벌하던 일부 행위에 대한 처벌 자체가 부당하다는 반성적 고려에서 비롯된 것이라기보다는 사정의 변천에 따른 규제 범위의 합리적 조정의 필요에 따른 것이라고 보이므로, 위 개발제한구역의 지정 및 관리에 관한 특별조치법과 같은 법 시행규칙의 신설 조항들이 시행되기 전에 이미 범하여진 개발제한구역 내 비닐하우스 설치행위에 대한 가벌성이 소멸하는 것은 아니다.(대판 2007.9.6. 2007도4197)

02 난도 ●●   정답 ④

① [X] 행정청 내부의 사무처리준칙이 제정·공표된 것 자체만으로도 행정청은 자기구속을 받게 되지 않는다.

> **판례**
> 재량준칙은 일반적으로 행정조직 내부에서만 효력을 가질 뿐 대외적인 구속력을 갖는 것은 아니므로 행정처분이 이를 위반하였다고 하여 그러한 사정만으로 곧바로 위법하게 되는 것은 아니고, 다만 그 재량준칙이 정한 바에 따라 되풀이 시행되어 행정관행이 이루어지게 되면 평등의 원칙이나 신뢰보호의 원칙에 따라 행정기관은 상대방에 대한 관계에서 그 규칙에 따라야 할 자기구속을 받게 되므로, 이러한 경우에는 특별한 사정이 없는 한 그에 반하는 처분은 평등의 원칙이나 신뢰보호의 원칙에 어긋나 재량권을 일탈·남용한 위법한 처분이 된다.(대판 2013.11.14. 2011두28783)

② [X] 헌법재판소의 위헌결정은 행정청이 개인에 대하여 신뢰의 대상이 되는 공적인 견해를 표명한 것이라고 할 수 없으므로 그 결정에 관련한 개인의 행위에 대하여는 신뢰보호의 원칙이 적용되지 아니한다.(대판 2003.6.27. 2002두6965)

③ [X]

> **행정기본법 제13조(부당결부금지의 원칙)** 행정청은 행정작용을 할 때 상대방에게 해당 행정작용과 실질적인 관련이 없는 의무를 부과해서는 아니 된다.

④ [O] 헌법재판소의 판단이 먼저 있으면 이에 반하는 처분은 무효이다.

03 난도 ●●   정답 ②

① [O] 허가사업으로 누리는 이익은 반사적 이익이어서 경업자소송이 불가하다.

② [X] 건축은 원칙적으로 기속이지만 예외적으로 공익상 필요가 있으면 허가를 거부할 수 있다.(대판 1995.6.13. 94다56883)

③ [O] 허가등의 행정처분은 원칙적으로 처분시의 법령과 허가기준에 의하여 처리되어야 하고 허가신청 당시의 기준에 따라야 하는 것은 아니며, 비록 허가신청 후 허가기준이 변경되었다 하더라도 그 허가관청이 허가신청을 수리하고도 정당한 이유 없이 그 처리를 늦추어 그 사이에 허가기준이 변경된 것이 아닌 이상 변경된 허가기준에 따라서 처분을 하여야 한다.(대판 2006.8.25. 2004두2974)

④ [O]

04 난도 ●   정답 ②

① [O] 불특정 다수를 대상으로 하는 일반처분은 통지를 하는 것이 사실상 불가능하기 때문이다.

② [X] 거부처분은 사전통지의 대상이 아니다.(대판 2003.11.28. 2003두674)

③ [O] 모든 이해관계인이 아니라 신청 또는 직권으로 절차에 참여한 이해관계인은 당사자이다.

④ [O] 공무원 징계는 별도의 사전통지가 있으므로 행정절차법상의 사전통지를 하지 않지만, 임용취소는 징계가 아니므로 행정절차법상의 사전통지를 한다.

05 난도 ●●   정답 ①

① [X] 행정처분에 대한 무효확인과 취소청구는 서로 양립할 수 없는 청구로서 주위적·예비적 청구로서만 병합이 가능하고 선택적 청구로서의 병합이나 단순 병합은 허용되지 아니한다.(대판 1999.8.20. 97누6889)

② [O] 무효선언을 구하는 취소소송은 취소소송과 같으므로, 제소요건 등의 취소소송요건을 갖추어야 한다.

③ [O] 일반적으로 행정처분의 무효확인을 구하는 소에는 원고가 그 처분의 취소를 구하지 아니한다고 밝히지 아니한 이상 그 처분이 만약 당연무효가 아니라면 그 취소를 구하는 취지도 포함되어 있는 것으로 보아야 한다.(대판 1994.12.23. 94누477)

■ 취소사유에 대하여 무효소송을 제기한 경우

취소소송의 요건을 갖추지 못한 경우	기각판결을 해야 한다. 중대명백성이 인정되지 않기 때문이다.
취소소송의 요건을 갖춘 경우	무효가 아니라면 취소라도 구하는 취지인지를 석명하여 취소소송으로 변경하도록 한 후 취소판결을 해야 한다.

④ [O] 취소소송의 기각판결은 처분이 적법하다는 점에 기판력이 발생하므로, 후소로서 무효확인소송을 할 수 없다.

06 난도 ●●   정답 ②

① [O] 행정처분을 취소하는 확정판결이 제3자에 대하여도 효력이 있다고 하더라도 일반적으로 판결의 효력은 주문에 포함한 것에 한하여 미치는 것이니 그 취소판결 자체의 효력으로써 그

행정처분을 기초로 하여 새로 형성된 제3자의 권리까지 당연히 그 행정처분 전의 상태로 환원되는 것이라고는 할 수 없고, 단지 취소판결의 존재와 취소판결에 의하여 형성되는 법률관계를 소송당사자가 아니었던 제3자라 할지라도 이를 용인하지 않으면 아니된다는 것을 의미하는 것에 불과하다 할 것이며, 따라서 취소판결의 확정으로 인하여 당해 행정처분을 기초로 새로 형성된 제3자의 권리관계에 변동을 초래하는 경우가 있다 하더라도 이는 취소판결 자체의 형성력에 기한 것이 아니라 취소판결의 위와 같은 의미에서의 제3자에 대한 효력의 반사적 효과로서 그 취소판결이 제3자의 권리관계에 대하여 그 변동을 초래할 수 있는 새로운 법률요건이 되는 까닭이라 할 것이다.(대판 1986.8.19. 83다카2022)

② [X] 형성력과 기속력은 인용판결에만 발생하지만, 기판력은 인용기각판결 모두에 발생한다.

> **판례**
> 과세처분 취소청구를 기각하는 판결이 확정되면 그 처분이 적법하다는 점에 관하여 기판력이 생기고 그 후 원고가 이를 무효라 하여 무효확인을 소구할 수 없는 것이어서 과세처분의 취소소송에서 청구가 기각된 확정판결의 기판력은 그 과세처분의 무효확인을 구하는 소송에도 미친다.(대판 2003.5.16. 2002두3669)

③ [O] ④ [O] 기속력은 동일인에게 동일한 사유로 동일한 처분을 하는 것을 금지하는 것이다.

07 난도 ●●   정답 ④

① [O] 고지는 비권력적 사실행위이므로, 고지를 하지 않았다고 하더라도 행정처분 자체의 효과에는 아무런 영향도 미치지 않는다.

② [O] 피청구인은 심판청구가 이유 있다고 인정하면 직권으로 처분을 취소할 수 있고, 직권취소를 하지 않으면 10일 이내에 행정심판위원회로 송부해야 한다.

③ [O] 임시처분은 집행정지로 목적을 달성할 수 없는 경우에 하는 것인데, 그 경우가 거부처분이나 부작위의 경우이다.

④ [X] 지방자치단체는 직접 처분에 대해 행정심판위원회가 속한 국가기관을 상대로 권한쟁의심판을 청구할 수 있다.(헌재 1999.7.22. 98헌라4)

08 난도 ●●   정답 ③

① [O]

② [O] 안정성은 고도의 안전성이 아니라 통상의 안전성, 즉 그 물건의 본래 용도에 적합한 정도의 안전성을 말한다.

③ [X] 관리청이 하천법 등 관련 규정에 의해 책정한 하천정비기본계획 등에 따라 개수를 완료한 하천 또는 아직 개수 중이라 하더라도 개수를 완료한 부분에 있어서는, 위 하천정비 기본계획 등에서 정한 계획홍수량 및 계획홍수위를 충족하여 하천이 관리되고 있다면 당초부터 계획홍수량 및 계획홍수위를 잘못 책정하였다거나 그 후 이를 시급히 변경해야 할 사정이 생겼음

에도 불구하고 이를 해태하였다는 등의 특별한 사정이 없는 한, 그 하천은 용도에 따라 통상 갖추어야 할 안전성을 갖추고 있다고 봄이 상당하다.(대판 2007.9.21. 2005다65678)

④ [O] 소음 등 공해의 위험지역으로 이주하였을 때 위험의 존재를 인식하고 피해를 용인하면서 접근한 것으로 볼 수 있는 경우에는 가해자의 면책을 인정할 수 있다. 일반인에 비하여 항공기 소음 피해에 관하여 잘 인식하거나 인식할 수 있는 공군에 속한 군인이나 군무원의 경우, 가해자의 면책이나 손해배상액의 감액에 있어 달리 볼 수는 없다.(대판 2015.10.15. 2013다23914)

09 난도 ●●●　　　　　　　　　　　　　　(정답) ③

① [O] 외국에의 국군의 파견결정은 파견군인의 생명과 신체의 안전뿐만 아니라 국제사회에서의 우리나라의 지위와 역할, 동맹국과의 관계, 국가안보문제 등 궁극적으로 국민 내지 국익에 영향을 미치는 복잡하고도 중요한 문제로서 국내 및 국제정치관계 등 제반상황을 고려하여 미래를 예측하고 목표를 설정하는 등 고도의 정치적 결단이 요구되는 사안이다. 따라서 그와 같은 결정은 그 문제에 대해 정치적 책임을 질 수 있는 국민의 대의기관이 관계분야의 전문가들 과 광범위하고 심도 있는 논의를 거쳐 신중히 결정하는 것이 바람직하며 우리 헌법도 그 권한 을 국민으로부터 직접 선출되고 국민에게 직접 책임을 지는 대통령에게 부여하고 그 권한행사 에 신중을 기하도록 하기 위해 국회로 하여금 파병에 대한 동의여부를 결정할 수 있도록 하고 있는바, 현행 헌법이 채택하고 있는 대의민주제 통치구조하에서 대의기관인 대통령과 국회의 그와 같은 고도의 정치적 결단은 가급적 존중되어야 한다.(헌재 2004.4.29. 2003헌마814)

② [O]

③ [X] 남북정상회담의 개최는 고도의 정치적 성격을 지니고 있는 행위라 할 것이므로 특별한 사정이 없는 한 그 당부를 심판하는 것은 사법권의 내재적·본질적 한계를 넘어서는 것이 되어 적절하지 못하지만, 남북정상회담의 개최과정에서 재정경제부장관에게 신고하지 아니하거나 통일부장관의 협력사업 승인을 얻지 아니한 채 북한측에 사업권의 대가 명목으로 송금한 행위 자체는 헌법상 법치국가의 원리와 법 앞에 평등원칙 등에 비추어 볼 때 사법심사의 대상이 된다.(대판 2004.3.26. 2003도7878)

④ [O] 구 상훈법 제8조는 서훈취소의 요건을 구체적으로 명시하고 있고 절차에 관하여 상세하게 규정하고 있다. 그리고 서훈취소는 서훈수여의 경우와는 달리 이미 발생된 서훈대상자 등의 권리 등에 영향을 미치는 행위로서 관련 당사자에게 미치는 불이익의 내용과 정도 등을 고려하면 사법심사의 필요성이 크다. 따라서 기본권의 보장 및 법치주의의 이념에 비추어 보면, 비록 서훈취소가 대통령이 국가원수로서 행하는 행위라고 하더라도 법원이 사법심사를 자제하여야 할 고도의 정치성을 띤 행위라고 볼 수는 없다.(대판 2015.4.23. 2012두26920)

10 난도 ●●●　　　　　　　　　　　　　　(정답) ①

① [X] 지문은 기판력에 관한 내용인데, 행정심판의 재결에는 기판력이 발생하지 않는다.

> **판례**
> 행정처분이나 행정심판 재결이 불복기간의 경과로 인하여 확정될 경우 확정력은 처분으로 인하여 법률상 이익을 침해받은 자가 처분이나 재결의 효력을 더 이상 다툴 수 없다는 의미일 뿐 판결에 있어서와 같은 기판력이 인정되는 것은 아니어서 처분의 기초가 된 사실관계나 법률적 판단이 확정되고 당사자들이나 법원이 이에 기속되어 모순되는 주장이나 판단을 할 수 없게 되는 것은 아니다.(대판 1993.4.13. 92누17181)

② [O] 제소기간이 도과한 경우 행정청은 직권취소할 수 있다. 다만, 국민에게 처분의 변경을 요구할 신청권은 인정되지 않는 것이 원칙이지만, 법률에 규정이 있으면 가능하다.

> **판례**
> 제소기간이 이미 도과하여 불가쟁력이 생긴 행정처분에 대하여는 개별법규에서 그 변경을 요구할 신청권을 규정하고 있거나 관계 법령의 해석상 그러한 신청권이 인정될 수 있는 등 특별한 사정이 없는 한 국민에게 그 행정처분의 변경을 구할 신청권이 있다 할 수 없다.(대판 2007.4.26. 2005두11104)

③ [O] 처분에 대해 불가쟁력이 발생해도 손배배상은 별도로 청구할 수 있다.

④ [O] 불가변력의 개념이다. 불가쟁력은 형식적 존속력이라고 한다.

11 난도 ●●●　　　　　　　　　　　　　　(정답) ②

① [O] 재량행위는 법적 근거가 없어도 원칙적으로 부관을 붙일 수 있다.

② [X] 사인의 공법행위는 착오를 이유로 취소할 수 없다.

> **판례**
> 토지소유자가 토지형질변경행위허가에 붙은 기부채납의 부관에 따라 토지를 국가나 지방자치단체에 기부채납(증여)한 경우, 기부채납의 부관이 당연무효이거나 취소되지 아니한 이상 토지소유자는 위 부관으로 인하여 증여계약의 중요부분에 착오가 있음을 이유로 증여계약을 취소할 수 없다.(대판 1999.5.25. 98다53134)

③ [O] 일반적으로 행정처분에 효력기간이 정하여져 있는 경우에는 그 기간의 경과로 그 행정처분의 효력은 상실되며, 다만 허가에 붙은 기한이 그 허가된 사업의 성질상 부당하게 짧은 경우에는 이를 그 허가 자체의 존속기간이 아니라 그 허가조건의 존속기간으로 보아 그 기한이 도래함으로써 그 조건의 개정을 고려한다는 뜻으로 해석할 수 있지만, 이와 같이 당초에 붙은 기한을 허가자체의 존속기간이 아니라 허가조건의 존속기간으로 보더라도 그 후 당초의 기한이 상당 기간 연장되어 연장된 기간을 포함한 존속기간 전체를 기준으로 볼 경우 더 이상 허

가된 사업의 성질상 부당하게 짧은 경우에 해당하지 않게 된 때에는 관계 법령의 규정에 따라 허가 여부의 재량권을 가진 행정청으로서는 그 때에도 허가조건의 개정만을 고려하여야 하는 것은 아니고 재량권의 행사로서 더 이상의 기간연장을 불허가할 수도 있는 것이며, 이로써 허가의 효력은 상실된다.(대판 2004.3.25. 2003두12837)

④ [O] 허가기간의 성질

허가기간이 충분한 경우	허가의 존속기간(기간만료로 허가소멸)
허가기간이 짧은 경우	허가조건의 존속기간(기간만료 전 갱신가능)

12 난도 ●● (정답) ③

① [O] 행정계획에는 광범위한 형성의 자유가 인정된다.

② [O]

③ [X] 위법의 기준을 달리하는 것이 아니라, 동일한 기준을 적용한다.

> 판례
> 도시계획시설구역 내 토지 등을 소유하고 있는 주민이 장기간 집행되지 아니한 도시계획시설의 결정권자에게 도시계획시설의 변경을 신청하고, 결정권자가 이러한 신청을 받아들여 도시계획시설을 변경할 것인지를 결정하는 경우에도 형량하자이론은 동일하게 적용된다고 보아야 한다. 갑 등이 자신들의 토지를 도시계획시설인 완충녹지에서 해제하여 달라는 신청을 하였으나 관할 구청장이 이를 거부하는 처분을 한 사안에서, 위 토지를 완충녹지로 유지해야 할 공익상 필요성이 소멸되었다고 볼 수 있다는 이유로, 위 처분은 갑 등의 재산권 행사를 과도하게 제한한 것으로서 행정계획을 입안·결정하면서 이익형량을 전혀 하지 않았거나 이익형량의 정당성·객관성이 결여된 경우에 해당한다고 본 원심판단을 정당하다고 한 사례.(대판 2012.1.12. 2010두5806)

④ [O] 실시계획에 포함된 상세계획은 대외적 구속력 있는 계획이므로 이에 반하는 행위는 인정될 수 없다. 즉 이미 고시된 실시계획에 포함된 상세계획으로 관리되는 토지위의 건물의 용도를 상세계획 승인권자의 변경승인 없이 임의로 판매시설에서 상세계획에 반하는 일반목욕장으로 변경신고한 경우에 그 영업신고를 수리하지 않고 영업소를 폐쇄한 처분은 적법하다.(대판 2008.3.27. 2006두3742)

13 난도 ●○○ (정답) ③

ㄱ. 사법관계이다.

> 판례
> 한국마사회가 조교사 또는 기수의 면허를 부여하거나 취소하는 것은 경마를 독점적으로 개최할 수 있는 지위에서 우수한 능력을 갖추었다고 인정되는 사람에게 경마에서의 일정한 기능과 역할을 수행할 수 있는 자격을 부여하거나 이를 박탈하는 것에 지나지 아니하므로, 이는 국가 기타 행정기관으로부터 위탁받은 행정권한의 행사가

아니라 일반 사법상의 법률관계에서 이루어지는 단체 내부에서의 징계 내지 제재처분이다.(대판 2008.1.31. 2005두8269)

ㄴ. 두밀분교조례와 같이 집행행위를 매개하지 않고 직접 적용되는 경우, 법원도 심사가 가능하다.

> 판례
> 헌법재판소법 제68조 제1항이 규정하고 있는 헌법소원심판의 대상으로서의 '공권력'이란 입법·사법·행정 등 모든 공권력을 말하는 것이므로 입법부에서 제정한 법률, 행정부에서 제정한 시행령이나 시행규칙 및 사법부에서 제정한 규칙 등은 그것들이 별도의 집행행위를 기다리지 않고 직접 기본권을 침해하는 것일 때에는 모두 헌법소원심판의 대상이 될 수 있는 것이다.(헌재 1990.10.15. 89헌마178)

ㄷ. 관계 법령에 따라 일정한 행정처분을 구하는 신청을 할 수 있는 법률상 지위에 있는 자의 국토이용계획변경신청을 거부하는 것이 실질적으로 당해 행정처분 자체를 거부하는 결과가 되는 경우, 그 신청인에게 국토이용계획변경을 신청할 권리가 인정된다.(대판 2003.9.23. 2001두10936)

ㄹ. 관념의 통지이므로 처분이 아니다.

14 난도 ●● (정답) ③

① [O]

② [O] 삼권분립의 원칙, 법치행정의 원칙을 당연한 전제로 하고 있는 우리 헌법 하에서 행정권의 행정입법 등 법집행의무는 헌법적 의무라고 보아야 할 것이다. 그런데 이는 행정입법의 제정이 법률의 집행에 필수불가결한 경우로서 행정입법을 제정하지 아니하는 것이 곧 행정권에 의한 입법권 침해의 결과를 초래하는 경우를 말하는 것이므로, 만일 하위 행정입법의 제정 없이 상위 법령의 규정만으로도 집행이 이루어질 수 있는 경우라면 하위 행정입법을 하여야 할 헌법적 작위의무는 인정되지 아니한다.(헌재 2005.12.22. 2004헌마66)

③ [X] 행정입법의 부작위가 위헌·위법이라고 하기 위하여는 행정청에게 행정입법을 하여야 할 작위의무를 전제로 하는 것이고, 그 작위의무가 인정되기 위하여는 행정입법의 제정이 법률의 집행에 필수불가결한 것이어야 하는바, 만일 하위 행정입법의 제정 없이 상위 법령의 규정만으로도 집행이 이루어질 수 있는 경우라면 하위 행정입법을 제정하여야 할 작위의무는 인정되지 아니한다고 할 것이다.(대판 2007.1.11. 2004두10432)

④ [O] 부작위법확인소송은 항고소송의 대상이 아니라, 헌법소원과 국가배상의 대상이 된다.

15 난도 ●● (정답) ①

① [X] 조세부과처분이 당연무효임을 전제로 하여 이미 납부한 세금의 반환을 청구하는 것은 민사상의 부당이득반환청구로서 민사소송절차이다.(대판 1995.4.28. 94다55019) ― 다만, 부가가치세 환급은 당사자소송이다.

② [O] ③ [O] ④ [O] 당사자소송

16 난도 ●●● 　　　　　　　　　　　 정답 ④

① [O] ② [O] ③ [O] 소송참가의 요건이다.

④ [X] 소변경은 신청이 있어야 하고, 직권으로는 할 수 없다.

행정소송법 제21조(소의 변경) ① 법원은 취소소송을 당해 처분등에 관계되는 사무가 귀속하는 국가 또는 공공단체에 대한 당사자소송 또는 취소소송 외의 항고소송으로 변경하는 것이 상당하다고 인정할 때에는 청구의 기초에 변경이 없는 한 사실심의 변론종결시까지 원고의 신청에 의하여 결정으로써 소의 변경을 허가할 수 있다.

---

17 난도 ●● 　　　　　　　　　　　 정답 ①

① [O] 석유판매업허가신청에 대하여 "주유소 건축예정토지에 관하여 도시계획법 제4조 및 구 토지의형질변경등행위허가기준등에관한규칙에 의거하여 행위제한을 추진하고 있다."는 당초의 불허가처분사유와 항고소송에서 주장한 위 신청이 토지형질변경허가의 요건을 갖추지 못하였다는 사유 및 도심의 환경보전의 공익상 필요라는 사유는 기본적 사실관계의 동일성이 있다.(대판 1999.4.23. 97누14378)

② [X] 석유판매업 허가신청에 대하여 사업장소의 관할 군부대장의 동의를 얻지 못하였다는 당초 불허가사유와 군시설인 탄약창에 근접하여 공공의 안전에 미치는 영향이 지대하는 사유는 동일성이 인정되지 아니하는 별개의 사유이다.(대판 1991.11.8. 91누70)

③ [X] 행정청이 온천지구임을 간과하여 지하수개발·이용신고를 수리하였다가 행정절차법상의 사전통지를 하거나 의견제출의 기회를 주지 아니한 채 그 신고수리처분을 취소하고 원상복구명령의 처분을 한 경우, 행정지도방식에 의한 사전고지나 그에 따른 당사자의 자진 폐공의 약속 등의 사유만으로는 사전통지 등을 하지 않아도 되는 행정절차법 소정의 예외의 경우에 해당한다고 볼 수 없다.(대판 2000.11.14. 99두5870)

④ [X] 기본적 동일성이 인정되지 않는다.

18 난도 ● 　　　　　　　　　　　 정답 ③

① [O] 신뢰보호를 위한 경과적 내용이다.

② [O] 산림훼손은 국토 및 자연의 유지와 수질 등 환경의 보전에 직접적으로 영향을 미치는 행위이므로, 법령이 규정하는 산림훼손 금지 또는 제한 지역에 해당하는 경우는 물론 금지 또는 제한 지역에 해당하지 않더라도 허가관청은 산림훼손허가신청 대상토지의 현상과 위치 및 주위의 상황 등을 고려하여 국토 및 자연의 유지와 환경의 보전 등 중대한 공익상 필요가 있다고 인정될 때에는 허가를 거부할 수 있고, 그 경우 법규에 명문의 근거가 없더라도 거부처분을 할 수 있다.(대판 2002.10.25. 2002두6651)

③ [X] 어업에 관한 허가 또는 신고의 경우 그 유효기간이 경과하면 그 허가나 신고의 효력이 당연히 소멸하며, 재차 허가를 받거나 신고를 하더라도 허가나 신고의 기간만 갱신되어 종전의 어업허가나 신고의 효력 또는 성질이 계속된다고 볼 수 없고 새로운 허가 내지 신고로서의 효력이 발생한다고 할 것이다.(대판 2014.5.29. 2011다57692)

④ [O] 허가에 대한 규정은 단속규정이다.

19 난도 ●● 　　　　　　　　　　　 정답 ④

① [O] 부담은 불이행만으로 행정행위의 효력이 없어지는 것은 아니고, 별도의 철회가 가능하다.

② [O] 불가분처분은 일부취소가 안 되지만, 가분성이 있다면 일부취소가 가능하다.

③ [O] 철회의 개념이다.

④ [X] 산림법이나 같은법시행령 등에는 산림훼손 용도변경신청에 관하여 아무런 규정을 두지 않고 있고, 산림청훈령인 '산림의형질변경허가및복구요령'은 법규로서의 효력이 없는 행정청 내부의 사무처리준칙에 불과하며, 처분 후에 원래의 처분을 그대로 존속시킬 수 없게된 사정변경이 생겼다 하여 처분의 상대방에게 그 철회·변경을 요구할 권리가 생기는 것도 아니므로, 산림훼손허가를 얻은 자에게는 법규상 또는 조리상 산림훼손 용도변경신청권이 없고, 따라서 산림훼손 용도변경신청을 반려한 것은 항고소송의 대상이 되는 처분에 해당하지 아니한다.(대판 1998.10.13. 97누13764)

20 난도 ●●● 　　　　　　　　　　　 정답 ①

① [X] 이행강제금은 일신전속적이므로 승계가 안 된다. 부동산 실명법상의 과징금은 승계가 된다.

판례

구 건축법상의 이행강제금은 구 건축법의 위반행위에 대하여 시정명령을 받은 후 시정기간 내에 당해 시정명령을 이행하지 아니한 건축주 등에 대하여 부과되는 간접강제의 일종으로서 그 이행강제금 납부의무는 상속인 기타의 사람에게 승계될 수 없는 일신전속적인 성질의 것이므로 이미 사망한 사람에게 이행강제금을 부과하는 내용의 처분이나 결정은 당연무효이다.(대판 2006.12.8. 2006마470)

---

② [O] ③ [O] ④ [O] 이행강제금의 특성이다.

21 난도 ●● 　　　　　　　　　　　 정답 ④

① [O] 이주대책은 헌법 제23조 제3항에 규정된 정당한 보상에 포함되는 것이라기보다는 이에 부가하여 이주자들에게 종전의 생활상태를 회복시키기 위한 생활보상의 일환으로서 국가의 정책적인 배려에 의하여 마련된 제도라고 볼 것이다. 따라서 이주대책의 대상자에서 세입자를 제외하고 있는 것이 세입자의 재산권을 침해하는 것이라 볼 수 없다.(헌재 2006.2.23. 2004헌마19)

② [O] 수용재결과 별도로 보상금에 대한 재결을 거쳐야 한다.

③ [O] 생활대책대상자 선정기준에 해당하는 자는 사업시행자에게 생활대책대상자 선정 여부의 확인·결정을 신청할 수 있는

권리를 가지는 것이어서, 만일 <u>사업시행자가 그러한 자를 생활</u>
<u>대책대상자에서 제외하거나 선정을 거부하면, 이러한 생활대책</u>
<u>대상자 선정기준에 해당하는 자는 사업시행자를 상대로 항고</u>
<u>소송을 제기할 수 있다고 보는 것이 타당하다.</u>(대판 2011.10.13.
2008두17905)

④ [X] 재산권에 대한 침해는 손해의 발생이 중요하고, 그 원인행
위는 법적인 행위 또는 사실행위를 모두 포함한다.

22 난도 ●● (정답) ②

① [O] 양도소득세 및 방위세부과처분이 국세청장에 대한 불복심
사청구에 의하여 그 불복사유가 이유 있다고 인정되어 취소되
었음에도 처분청이 동일한 사실에 관하여 부과처분을 되풀이
한 것이라면 설령 그 부과처분이 감사원의 시정요구에 의한 것
이라 하더라도 위법하다.(대판 1986.5.27. 86누127)

② [X] 직접처분은 신청이 있어야 하고, 직권으로는 할 수 없다.

행정심판법 제50조(위원회의 직접 처분) ① 위원회는 피청구인이
제49조 제3항에도 불구하고 처분을 하지 아니하는 경우에는 당
사자가 신청하면 기간을 정하여 서면으로 시정을 명하고 그 기간
에 이행하지 아니하면 직접처분을 할 수 있다. 다만, 그 처분의 성
질이나 그 밖의 불가피한 사유로 위원회가 직접처분을 할 수 없는
경우에는 그러하지 아니하다.

③ [O] 재결에는 기판력이 인정되지 않는다.

④ [O] 새로운 사유로 처분을 하면 기속력에 위반되지 않는다.

23 난도 ●●● (정답) ②

① [O] ③ [O] ④ [O]

② [X] 손해배상은 공정력과 관계가 없으므로 민사법원이 판단할
수 있다.

판례
계고처분 행정처분이 위법임을 이유로 배상을 청구하는 취지 인정
될 수 있는 본건에 있어 미리 그 행정처분의 취소판결이 있어야만
그 행정처분의 위법임을 이유로 피고에게 배상을 청구할 수 있는 것
은 아니다.(대판 1972.4.28. 72다337)

24 난도 ●● (정답) ④

① [O] ② [O] ③ [O]

④ [X] 당사자가 동일하지 않아도 반복될 위험성이 인정된다.

판례
행정처분의 무효 확인 또는 취소를 구하는 소가 제소 당시에는 소의
이익이 있어 적법하였는데, 소송계속 중 해당 행정처분이 기간의 경
과 등으로 그 효과가 소멸한 때에 처분이 취소되어도 원상회복이 불
가능하다고 보이는 경우라도, 무효 확인 또는 취소로써 회복할 수
있는 다른 권리나 이익이 남아 있거나 또는 그 행정처분과 동일한
사유로 위법한 처분이 반복될 위험성이 있어 행정처분의 위법성 확

인 내지 불분명한 법률문제에 대한 해명이 필요한 경우에는 행정의
적법성 확보와 그에 대한 사법통제, 국민의 권리구제 확대 등의 측
면에서 예외적으로 그 처분의 취소를 구할 소의 이익을 인정할 수
있다. 여기에서 '그 행정처분과 동일한 사유로 위법한 처분이 반복
될 위험성이 있는 경우'란 불분명한 법률문제에 대한 해명이 필요한
상황에 대한 대표적인 예시일 뿐이며, 반드시 '해당 사건의 동일한
소송 당사자 사이에서' 반복될 위험이 있는 경우만을 의미하는 것은
아니다.(대판 2020.12.24. 2020두30450)

25 난도 ●● (정답) ②

① [O] ② [X]

행정소송법 제23조(집행정지) ② 취소소송이 제기된 경우에 처분
등이나 그 집행 또는 절차의 속행으로 인하여 생길 회복하기 어려
운 손해를 예방하기 위하여 긴급한 필요가 있다고 인정할 때에는
본안이 계속되고 있는 법원은 당사자의 신청 또는 직권에 의하여
처분등의 효력이나 그 집행 또는 절차의 속행의 전부 또는 일부의
정지를 결정할 수 있다. 다만, 처분의 효력정지는 처분등의 집행
또는 절차의 속행을 정지함으로써 목적을 달성할 수 있는 경우에
는 허용되지 아니한다.

③ [O] 금전은 회복하기 어려운 손해가 아닌 경우가 많지만, 지
문과 같은 예외가 있다.

④ [O] 집행정지의 기간에 대한 내용이다.

01	②	02	②	03	③	04	③	05	③
06	①	07	②	08	①	09	①	10	④
11	③	12	④	13	③	14	④	15	②
16	③	17	④	18	①	19	④	20	②
21	①	22	①	23	①	24	③	25	②

01 난도 ●○○   정답 ②

① [O] 외국에의 국군의 파견결정은 파견군인의 생명과 신체의 안전뿐만 아니라 국제사회에서의 우리나라의 지위와 역할, 동맹국과의 관계, 국가안보문제 등 궁극적으로 국민 내지 국익에 영향을 미치는 복잡하고도 중요한 문제로서 국내 및 국제정치 관계 등 제반상황을 고려하여 미래를 예측하고 목표를 설정하는 등 고도의 정치적 결단이 요구되는 사안이다. 따라서 그와 같은 결정은 그 문제에 대해 정치적 책임을 질 수 있는 국민의 대의기관이 관계분야의 전문가들 과 광범위하고 심도 있는 논의를 거쳐 신중히 결정하는 것이 바람직하며 우리 헌법도 그 권한 을 국민으로부터 직접 선출되고 국민에게 직접 책임을 지는 대통령에게 부여하고 그 권한행사 에 신중을 기하도록 하기 위해 국회로 하여금 파병에 대한 동의여부를 결정할 수 있도록 하고 있는바, 현행 헌법이 채택하고 있는 대의민주제 통치구조 하에서 대의기관인 대통령과 국회의 그와 같은 고도의 정치적 결단은 가급적 존중되어야 한다.(헌재 2004.4.29. 2003헌마814)

② [X] 남북정상회담의 개최는 고도의 정치적 성격을 지니고 있는 행위라 할 것이므로 특별한 사정이 없는 한 그 당부를 심판하는 것은 사법권의 내재적·본질적 한계를 넘어서는 것이 되어 적절하지 못하지만, 남북정상회담의 개최과정에서 재정경제부장관에게 신고하지 아니하거나 통일부장관의 협력사업 승인을 얻지 아니한 채 북한측에 사업권의 대가 명목으로 송금한 행위 자체는 헌법상 법치국가의 원리와 법 앞에 평등원칙 등에 비추어 볼 때 사법심사의 대상이 된다.(대판 2004.3.26. 2003도7878)

③ [O] 특별사면은 국가원수로서 대통령의 행위이고, 권력분립의 예외이다.

④ [O] 대통령의 긴급재정경제명령은 국가긴급권의 일종으로서 통치행위에 속한다고 할 수 있으나, 그것이 국민의 기본권 침해와 직접 관련되는 경우에는 당연히 헌법재판소의 심판대상이 된다.(헌재 1996.2.29. 93헌마186)

02 난도 ●○○   정답 ②

① [O]

> **행정기본법 제8조(법치행정의 원칙)** 행정작용은 법률에 위반되어서는 아니 되며, 국민의 권리를 제한하거나 의무를 부과하는 경우와 그 밖에 국민생활에 중요한 영향을 미치는 경우에는 법률에 근거하여야 한다.

② [X] 합리적 이유가 있는 차별은 가능하다.

> **행정기본법 제9조(평등의 원칙)** 행정청은 합리적 이유 없이 국민을 차별하여서는 아니 된다.

③ [O]

> **행정기본법 제11조(성실의무 및 권한남용금지의 원칙)** ① 행정청은 법령등에 따른 의무를 성실히 수행하여야 한다. ② 행정청은 행정권한을 남용하거나 그 권한의 범위를 넘어서는 아니 된다.

④ [O]

> **행정기본법 제12조(신뢰보호의 원칙)** ① 행정청은 공익 또는 제3자의 이익을 현저히 해칠 우려가 있는 경우를 제외하고는 행정에 대한 국민의 정당하고 합리적인 신뢰를 보호하여야 한다.

03 난도 ●○○   정답 ③

① [O]

> **질서위반행위규제법 제3조(법 적용의 시간적 범위)** ① 질서위반행위의 성립과 과태료 처분은 행위 시의 법률에 따른다.
> ② 질서위반행위 후 법률이 변경되어 그 행위가 질서위반행위에 해당하지 아니하게 되거나 과태료가 변경되기 전의 법률보다 가볍게 된 때에는 법률에 특별한 규정이 없는 한 변경된 법률을 적용한다.
> ③ 행정청의 과태료 처분이나 법원의 과태료 재판이 확정된 후 법률이 변경되어 그 행위가 질서위반행위에 해당하지 아니하게 된 때에는 변경된 법률에 특별한 규정이 없는 한 과태료의 징수 또는 집행을 면제한다.

② [O]

> **제6조(질서위반행위 법정주의)** 법률에 따르지 아니하고는 어떤 행위도 질서위반행위로 과태료를 부과하지 아니한다.

③ [X] ④ [O]

> **제12조(다수인의 질서위반행위 가담)** ① 2인 이상이 질서위반행위에 가담한 때에는 각자가 질서위반행위를 한 것으로 본다.
> ② 신분에 의하여 성립하는 질서위반행위에 신분이 없는 자가 가담한 때에는 신분이 없는 자에 대하여도 질서위반행위가 성립한다.
> ③ 신분에 의하여 과태료를 감경 또는 가중하거나 과태료를 부과하지 아니하는 때에는 그 신분의 효과는 신분이 없는 자에게는 미치지 아니한다.

04 난도 ●● 　　　　　　　　　　　　　　　 정답 ③

① [O] 동일한 목적을 추구하지 않지만, 선행행위의 후행행위에 대한 구속력을 인정할 수 없어 하자의 승계가 인정된 예외적 사례이다.

> **판례**
> 개별공시지가결정에 위법이 있는 경우에는 그 자체를 행정소송의 대상이 되는 행정처분으로 보아 그 위법 여부를 다툴 수 있음은 물론 이를 기초로 한 과세처분 등 행정처분의 취소를 구하는 행정소송에서도 선행처분인 개별공시지가결정의 위법을 독립된 위법사유로 주장할 수 있다고 해석함이 타당하다.(대판 1994.1.25. 93누8542)

② [O] 명백성을 판단하는 기준이다.

③ [X] 무효선언적 의미의 취소소송은 취소소송과 동일하므로, 제소기간 등 소송요건은 취소소송과 같다.

④ [O] 손해배상은 공정력이 없으므로 취소소송과 관계없이 가능하다.

05 난도 ●● 　　　　　　　　　　　　　　　 정답 ③

① [O] 취소와 철회는 법적 근거 없이 가능하다.

행정기본법 제19조(적법한 처분의 철회) ① 행정청은 적법한 처분이 다음 각 호의 어느 하나에 해당하는 경우에는 그 처분의 전부 또는 일부를 장래를 향하여 철회할 수 있다.
1. 법률에서 정한 철회 사유에 해당하게 된 경우
2. 법령등의 변경이나 사정변경으로 처분을 더 이상 존속시킬 필요가 없게 된 경우
3. 중대한 공익을 위하여 필요한 경우

---

② [O] 조례가 먼저 있고 대법원 판결이 나중에 있는 경우이다.

③ [X] 기판력은 확정판결에 발생하므로 재결에는 기판력이 발생하지 않는다.

④ [O] 부관이 무효인 경우 부관만 무효가 되는 것이 원칙이나, 부관이 행정행위의 본질적 요소인 경우에는 전체가 무효가 된다(도로점용에서의 점용기간이나 점용료는 본질적 요소이다).

06 난도 ●●● 　　　　　　　　　　　　　　 정답 ①

① [X] ② [O] ③ [O] ④ [O]

행정조사기본법 제4조(행정조사의 기본원칙) ① 행정조사는 조사목적을 달성하는 데 필요한 최소한의 범위 안에서 실시하여야 하며, 다른 목적 등을 위하여 조사권을 남용하여서는 아니 된다.
② 행정기관은 조사목적에 적합하도록 조사대상자를 선정하여 행정조사를 실시하여야 한다.
③ 행정기관은 유사하거나 동일한 사안에 대하여는 공동조사 등을 실시함으로써 행정조사가 중복되지 아니하도록 하여야 한다.
④ 행정조사는 법령등의 위반에 대한 처벌보다는 법령등을 준수하도록 유도하는 데 중점을 두어야 한다.
⑤ 다른 법률에 따르지 아니하고는 행정조사의 대상자 또는 행정조사의 내용을 공표하거나 직무상 알게 된 비밀을 누설하여서는 아니된다.
⑥ 행정기관은 행정조사를 통하여 알게 된 정보를 다른 법률에 따라 내부에서 이용하거나 다른 기관에 제공하는 경우를 제외하고는 원래의 조사목적 이외의 용도로 이용하거나 타인에게 제공하여서는 아니 된다.

---

07 난도 ●●● 　　　　　　　　　　　　　　 정답 ②

ㄱ. [X] 연탄공장건축허가처분에 대한 주거지역 내에 거주하는 거주자는 법률상 이익이 인정되지만, 주거지역 외에 거주하는 거주자는 그 이익이 인정되지 않는다.

ㄴ. [X] 행정청이 행한 공사중지명령의 상대방은 그 명령 이후에 그 원인사유가 소멸하였음을 들어 행정청에게 공사중지명령의 철회를 요구할 수 있는 조리상의 신청권이 있다 할 것이고, 상대방으로 부터 그 신청을 받은 행정청으로서는 상당한 기간 내에 그 신청을 인용하는 적극적 처분을 하거나 각하 또는 기각하는 등의 소극적 처분을 하여야 할 법률상의 응답의무가 있다고 할 것이며, 행정청이 상대방의 신청에 대하여 아무런 적극적 또는 소극적 처분을 하지 않고 있는 이상 행정청의 부작위는 그 자체로 위법하다고 할 것이고, 구체적으로 그 신청이 인용될 수 있는지 여부는 소극적 처분에 대한 항고소송의 본안에서 판단하여야 할 사항이라고 할 것이다.(대판 2005.4.14. 2003두7590)

ㄷ. [O] 경원자관계의 경우에는 원칙적으로 법률상 이익이 인정된다.

ㄹ. [O] 예탁금회원제 골프장의 회원을 모집하고자 하는 자의 회원모집계획서 제출은 수리를 요하는 신고에서의 신고에 해당하며, 이에 대한 시·도지사 등의 검토결과 통보는 수리행위로서 행정처분에 해당한다.(대판 2009.2.26. 2006두16243)

08 난도 ●● 　　　　　　　　　　　　　　　 정답 ①

① [X] 직권취소는 처분청이 하는 것을 말한다. 행정심판위원회의 취소는 쟁송취소에 해당한다.

② [O] 취소와 철회는 별도의 법적 근거 없이 가능하다.

③ [O] 무효소송에서 중대·명백은 원고가 입증해야 하지만, 직권취소의 경우에는 지문과 같다.

④ [O] 처분청이 하는 경우이므로 가능하다.

09 난도 ●●● 　　　　　　　　　　　　　　 정답 ①

① [X] 국가배상은 공정력과 관계없으므로, 취소판결이 없어도 국가배상소송에서 인용판결이 가능하다.

② [O] 취소사유는 취소판결 이전에 민사법원이 판단할 수 없지만, 무효사유는 공정력이 인정되지 않으므로 민사법원이 판단할 수 있다.

③ [O] 무효는 처음부터 아무런 효력이 인정되지 않으므로, 세금을 내지 않아도 체납이 아니다.

④ [O] 공정력은 효력의 문제이고 위법에는 발생하지 않으므로, 위법이 문제되는 경우에는 형사법원이 판단할 수 있다.

10 난도 ●●
정답) ④

① [X] ② [X] ③ [X] 동일한 목적이 아니므로 하자의 승계가 인정되지 않는다.

④ [O] 철거명령과 계고 사이에는 하자의 승계가 인정되지 않지만, 계통실비 사이에는 그 승계가 인정된다.

11 난도 ●●●
정답) ③

① [O]

> **공토법 제42조(재결의 실효)** ① 사업시행자가 수용 또는 사용의 개시일까지 관할 토지수용위원회가 재결한 보상금을 지급하거나 공탁하지 아니하였을 때에는 해당 토지수용위원회의 재결은 효력을 상실한다. ② 사업시행자는 제1항에 따라 재결의 효력이 상실됨으로 인하여 토지소유자 또는 관계인이 입은 손실을 보상하여야 한다.

② [O]

> **제40조(보상금의 지급 또는 공탁)** ② 사업시행자는 다음 각 호의 어느 하나에 해당할 때에는 수용 또는 사용의 개시일까지 수용하거나 사용하려는 토지등의 소재지의 공탁소에 보상금을 공탁(供託)할 수 있다.
> 1. 보상금을 받을 자가 그 수령을 거부하거나 보상금을 수령할 수 없을 때
> 2. 사업시행자의 과실 없이 보상금을 받을 자를 알 수 없을 때
> 3. 관할 토지수용위원회가 재결한 보상금에 대하여 사업시행자가 불복할 때
> 4. 압류나 가압류에 의하여 보상금의 지급이 금지되었을 때

③ [X] 손실보상은 사업시행자가 한다.

④ [O] 위험부담은 사업시행자가 진다. 즉, 소유자의 고의·과실 없이 목적물이 멸실되면 사업시행자는 보상금을 지급해야 한다.

12 난도 ●●
정답) ④

① [O] 종업원의 행위를 무조건 법인에 귀속시키는 것은 책임주의 위반이지만, 대표자의 행위를 법인의 행위로 보는 것은 가능하다.

② [O] 공정거래위원회가 부당지원행위에 대한 과징금을 부과함에 있어 여러 개의 위반행위에 대하여 하나의 과징금 납부명령을 하였으나 여러 개의 위반행위 중 일부의 위반행위만이 위법하고 소송상 그 일부의 위반행위를 기초로 한 과징금액을 산정할 수 있는 자료가 있는 경우에는, 하나의 과징금 납부명령일지라도 그 중 위법하여 그 처분을 취소하게 된 일부의 위반행위에 대한 과징금액에 해당하는 부분만을 취소할 수 있다.(대판 2006.12.22. 2004두1483)

③ [O] 관계 법령상 행정대집행의 절차가 인정되어 행정청이 행

정대집행의 방법으로 건물의 철거 등 대체적 작위의무의 이행을 실현할 수 있는 경우에는 따로 민사소송의 방법으로 그 의무의 이행을 구할 수 없다.(대판 2017.4.28. 2016다213916)

④ [X] 대체적 작위의무에 대해서는 원칙적으로 대집행을 해야 하지만, 대형건물의 경우에는 현실적으로 대집행이 어려우므로, 이행강제금을 부과할 수 있다.

> **판례**
> 양 제도는 각각의 장단점이 있으므로 행정청은 개별사건에 있어서 위반내용, 위반자의 시정의지 등을 감안하여 대집행과 이행강제금을 선택적으로 활용할 수 있으며, 이처럼 그 합리적인 재량에 의해 선택하여 활용하는 이상 중첩적인 제재에 해당한다고 볼 수 없다.(헌재 2004.2.26. 2001헌바80)

13 난도 ●
정답) ④

① [O]

> **행정기본법 제11조(성실의무 및 권한남용금지의 원칙)** ① 행정청은 법령등에 따른 의무를 성실히 수행하여야 한다.
> ② 행정청은 행정권한을 남용하거나 그 권한의 범위를 넘어서는 아니 된다.

② [O]

> **제12조(신뢰보호의 원칙)** ① 행정청은 공익 또는 제3자의 이익을 현저히 해칠 우려가 있는 경우를 제외하고는 행정에 대한 국민의 정당하고 합리적인 신뢰를 보호하여야 한다.
> ② 행정청은 권한 행사의 기회가 있음에도 불구하고 장기간 권한을 행사하지 아니하여 국민이 그 권한이 행사되지 아니할 것으로 믿을 만한 정당한 사유가 있는 경우에는 그 권한을 행사해서는 아니 된다. 다만, 공익 또는 제3자의 이익을 현저히 해칠 우려가 있는 경우는 예외로 한다.

③ [O]

> **제13조(부당결부금지의 원칙)** 행정청은 행정작용을 할 때 상대방에게 해당 행정작용과 실질적인 관련이 없는 의무를 부과해서는 아니 된다.

④ [X] 행정기본법에는 평등원칙에 관한 규정은 있지만, 자기구속에 관한 규정은 없다.

14 난도 ●●
정답) ④

① [O] 공정력의 개념이다.

② [O] 무효사유에는 공정력이 발생하지 않지만, 취소사유에는 공정력이 발생한다.

③ [O] 형성력에 의해 취소가 되면 취소처분 자체가 없어지기 때문이다.

④ [X] 과세관청이 법령 규정의 문언상 과세처분 요건의 의미가 분명한데도 합리적인 근거 없이 그 의미를 잘못 해석한 결과 과세처분 요건이 충족되지 아니한 상태에서 해당 처분을 한 경

우, 법리가 명백히 밝혀지지 않아 해석에 다툼의 여지가 있다고 할 수 없다.(대판 2019.4.23. 2018다287287)

15 난도 ●●● （정답）②

① [X] 광업권·어업권·양식업권 또는 물의 사용에 관한 권리도 보상의 대상이 된다.

제3조(적용 대상) 사업시행자가 다음 각 호에 해당하는 토지·물건 및 권리를 취득하거나 사용하는 경우에는 이 법을 적용한다.
1. 토지 및 이에 관한 소유권 외의 권리
2. 토지와 함께 공익사업을 위하여 필요한 입목(立木), 건물, 그 밖에 토지에 정착된 물건 및 이에 관한 소유권 외의 권리
3. 광업권·어업권·양식업권 또는 물의 사용에 관한 권리
4. 토지에 속한 흙·돌·모래 또는 자갈에 관한 권리

---

② [O] 일단 토지수용위원회가 수용재결을 하였더라도 사업시행자로서는 수용 또는 사용의 개시일까지 토지수용위원회가 재결한 보상금을 지급 또는 공탁하지 아니함으로써 재결의 효력을 상실시킬 수 있는 점, 토지소유자 등은 수용재결에 대하여 이의를 신청하거나 행정소송을 제기하여 보상금의 적정 여부를 다툴 수 있는데, 그 절차에서 사업시행자와 보상금액에 관하여 임의로 합의할 수 있는 점, 공익사업의 효율적인 수행을 통하여 공공복리를 증진시키고, 재산권을 적정하게 보호하려는 토지보상법의 입법 목적(제1조)에 비추어 보더라도 수용재결이 있은 후에 사법상 계약의 실질을 가지는 협의취득 절차를 금지해야 할 별다른 필요성을 찾기 어려운 점 등을 종합해 보면, 토지수용위원회의 수용재결이 있은 후라고 하더라도 토지소유자 등과 사업시행자가 다시 협의하여 토지 등의 취득이나 사용 및 그에 대한 보상에 관하여 임의로 계약을 체결할 수 있다고 보아야 한다.(대판 2017.4.13. 2016두64241)

③ [X]

공토법 제42조(재결의 실효) ① 사업시행자가 수용 또는 사용의 개시일까지 관할 토지수용위원회가 재결한 보상금을 지급하거나 공탁하지 아니하였을 때에는 해당 토지수용위원회의 재결은 효력을 상실한다.
② 사업시행자는 제1항에 따라 재결의 효력이 상실됨으로 인하여 토지소유자 또는 관계인이 입은 손실을 보상하여야 한다.

---

④ [X]

■ **잔여지수용정리**

수용되고 남은 토지의 가격이 하락한 경우	사업시행자는 동일한 소유자에게 속하는 일단의 토지의 일부가 취득되거나 사용됨으로 인하여 잔여지의 가격이 감소하거나 그 밖의 손실이 있을 때 또는 잔여지에 통로·도랑·담장 등의 신설이나 그 밖의 공사가 필요할 때에는 국토교통부령으로 정하는 바에 따라 그 손실이나 공사의 비용을 보상하여야 한다.
사업시행자가 수용을 청구하는 경우	잔여지의 가격감소분과 잔여지에 대한 공사의 비용을 합한 금액이 잔여지의 가격보다 큰 경우에는 사업시행자는 그 잔여지를 매수할 수 있다.
토지소유자가 수용을 청구하는 경우	동일한 소유자에게 속하는 일단의 토지의 일부가 협의에 의하여 매수되거나 수용됨으로 인하여 잔여지를 종래의 목적에 사용하는 것이 현저히 곤란할 때에는 해당 토지소유자는 사업시행자에게 잔여지를 매수하여 줄 것을 청구할 수 있으며, 사업인정 이후에는 관할 토지수용위원회에 수용을 청구할 수 있다. 이 경우 수용의 청구는 매수에 관한 협의가 성립되지 아니한 경우에만 할 수 있으며, 그 사업의 공사완료일까지 하여야 한다.

16 난도 ●● （정답）③

① [O] 공공기관의정보공개에관한법률 제6조 제1항은 "모든 국민은 정보의 공개를 청구할 권리를 가진다."고 규정하고 있는데, 여기에서 말하는 국민에는 자연인은 물론 법인, 권리능력 없는 사단·재단도 포함되고, 법인, 권리능력 없는 사단·재단 등의 경우에는 설립목적을 불문하며, 한편 정보공개청구권은 법률상 보호되는 구체적인 권리이므로 청구인이 공공기관에 대하여 정보공개를 청구하였다가 거부처분을 받은 것 자체가 법률상 이익의 침해에 해당한다.(대판 2003.12.12. 2003두8050)

② [O] 다만, 내국인과 동일한 정도로 보장되는 것은 아니다.

③ [X] 공개청구의 대상이 되는 정보가 이미 다른 사람에게 공개하여 널리 알려져 있다거나 인터넷이나 관보 등을 통하여 공개하여 인터넷검색이나 도서관에서의 열람 등을 통하여 쉽게 알 수 있다는 사정만으로는 소의 이익이 없다거나 비공개결정이 정당화될 수는 없다.(대판 2008.11.27. 2005두15694)

④ [O] 정보의 개념이다.

17 난도 ●● （정답）④

① [O] ② [O] ③ [O] ④ [X]

행정소송법 제28조(사정판결) ① 원고의 청구가 이유 있다고 인정하는 경우에도 처분등을 취소하는 것이 현저히 공공복리에 적합하지 아니하다고 인정하는 때에는 법원은 원고의 청구를 <u>기각</u>할 수 있다. 이 경우 법원은 그 판결의 <u>주문</u>에서 그 처분등이 <u>위법</u>함을 명시하여야 한다.
② 법원이 제1항의 규정에 의한 판결을 함에 있어서는 미리 원고가 그로 인하여 입게 될 <u>손해</u>의 정도와 배상방법 그 밖의 사정을 조사하여야 한다.
③ 원고는 피고인 행정청이 속하는 국가 또는 공공단체를 상대로 <u>손해배상, 제해시설의 설치</u> 그 밖에 적당한 구제방법의 청구를 당해 취소소송등이 계속된 법원에 병합하여 제기할 수 있다.

---

18 난도 ●○○   정답 ①

① [O]

> **형사절차법 제21조(처분의 사전 통지)** ③ 제1항 제6호에 따른 기한은 의견제출에 필요한 기간을 10일 이상으로 고려하여 정하여야 한다.

② [X] 거부처분은 사전통지의 대상이 아니다.

③ [X] 처분상대방이 이미 행정청에게 위반사실을 시인하였다거나 처분의 사전통지 이전에 의견을 진술할 기회가 있었다는 사정을 고려하여 판단할 것은 아니다.(대판 2000.11.14. 99두5870)

④ [X]

> **행정절차법 제21조(처분의 사전 통지)** ③ 제1항 제6호에 따른 기한은 의견제출에 필요한 기간을 10일 이상으로 고려하여 정하여야 한다.
> ④ 다음 각 호의 어느 하나에 해당하는 경우에는 제1항에 따른 통지를 하지 아니할 수 있다.
> 1. 공공의 안전 또는 복리를 위하여 긴급히 처분을 할 필요가 있는 경우
> 2. 법령등에서 요구된 자격이 없거나 없어지게 되면 반드시 일정한 처분을 하여야 하는 경우에 그 자격이 없거나 없어지게 된 사실이 법원의 재판 등에 의하여 객관적으로 증명된 경우
> 3. 해당 처분의 성질상 의견청취가 현저히 곤란하거나 명백히 불필요하다고 인정될 만한 상당한 이유가 있는 경우

19 난도 ●○○   정답 ④

① [O] ② [O]

> **정부조직법 제11조(대통령의 행정감독권)** ① 대통령은 정부의 수반으로서 법령에 따라 모든 중앙행정기관의 장을 지휘·감독한다.
> ② 대통령은 국무총리와 중앙행정기관의 장의 명령이나 처분이 위법 또는 부당하다고 인정하면 이를 중지 또는 취소할 수 있다.

③ [O] ④ [X]

> **제18조(국무총리의 행정감독권)** ① 국무총리는 대통령의 명을 받아 각 중앙행정기관의 장을 지휘·감독한다.
> ② 국무총리는 중앙행정기관의 장의 명령이나 처분이 위법 또는 부당하다고 인정될 경우에는 <u>대통령의 승인을 받아</u> 이를 중지 또는 취소할 수 있다.

20 난도 ●○○   정답 ②

① [O]

> **정부조직법 제3조(특별지방행정기관의 설치)** ① 중앙행정기관에는 소관사무를 수행하기 위하여 필요한 때에는 특히 법률로 정한 경우를 제외하고는 대통령령으로 정하는 바에 따라 지방행정기관을 둘 수 있다.
> ② 제1항의 지방행정기관은 업무의 관련성이나 지역적인 특수성에 따라 통합하여 수행함이 효율적이라고 인정되는 경우에는 대

통령령으로 정하는 바에 따라 관련되는 다른 중앙행정기관의 소관사무를 통합하여 수행할 수 있다.

② [X]

> **제5조(합의제행정기관의 설치)** 행정기관에는 그 소관사무의 일부를 독립하여 수행할 필요가 있는 때에는 법률로 정하는 바에 따라 행정위원회 등 합의제행정기관을 둘 수 있다.

③ [O]

> **제6조(권한의 위임 또는 위탁)** ① 행정기관은 법령으로 정하는 바에 따라 그 소관사무의 일부를 보조기관 또는 하급행정기관에 위임하거나 다른 행정기관·지방자치단체 또는 그 기관에 위탁 또는 위임할 수 있다. 이 경우 위임 또는 위탁을 받은 기관은 특히 필요한 경우에는 법령으로 정하는 바에 따라 위임 또는 위탁을 받은 사무의 일부를 보조기관 또는 하급행정기관에 재위임할 수 있다.

④ [O]

> **제6조(권한의 위임 또는 위탁)** ③ 행정기관은 법령으로 정하는 바에 따라 그 소관사무 중 조사·검사·검정·관리 업무 등 국민의 권리·의무와 직접 관계되지 아니하는 사무를 지방자치단체가 아닌 법인·단체 또는 그 기관이나 개인에게 위탁할 수 있다.

21 난도 ●●○   정답 ①

① [X]

> **국유재산법 제20조(직원의 행위 제한)** ① 국유재산에 관한 사무에 종사하는 직원은 그 처리하는 국유재산을 취득하거나 자기의 소유재산과 교환하지 못한다. 다만, 해당 총괄청이나 중앙관서의 장의 허가를 받은 경우에는 그러하지 아니하다.
> ② 제1항을 위반한 행위는 무효로 한다.

② [O]

> **제6조(국유재산의 구분과 종류)** ① 국유재산은 그 용도에 따라 행정재산과 일반재산으로 구분한다.
> ② 행정재산의 종류는 다음 각 호와 같다.
> 1. 공용재산: 국가가 직접 사무용·사업용 또는 공무원의 주거용(직무 수행을 위하여 필요한 경우로서 대통령령으로 정하는 경우로 한정한다)으로 사용하거나 대통령령으로 정하는 기한까지 사용하기로 결정한 재산
> 2. 공공용재산: 국가가 직접 공공용으로 사용하거나 대통령령으로 정하는 기한까지 사용하기로 결정한 재산
> 3. 기업용재산: 정부기업이 직접 사무용·사업용 또는 그 기업에 종사하는 직원의 주거용(직무 수행을 위하여 필요한 경우로서 대통령령으로 정하는 경우로 한정한다)으로 사용하거나 대통령령으로 정하는 기한까지 사용하기로 결정한 재산
> 4. 보존용재산: 법령이나 그 밖의 필요에 따라 국가가 보존하는 재산
> ③ "일반재산"이란 행정재산 외의 모든 국유재산을 말한다.

③ [O]

제18조(영구시설물의 축조 금지) ① 국가 외의 자는 국유재산에 건물, 교량 등 구조물과 그 밖의 영구시설물을 축조하지 못한다. 다만, 다음 각 호의 어느 하나에 해당하는 경우에는 그러하지 아니하다.

1. 기부를 조건으로 축조하는 경우
2. 다른 법률에 따라 국가에 소유권이 귀속되는 공공시설을 축조하는 경우
2의2. 제50조제2항에 따라 매각대금을 나누어 내고 있는 일반재산으로서 대통령령으로 정하는 경우
3. 지방자치단체나 「지방공기업법」에 따른 지방공기업(이하 "지방공기업"이라 한다)이 「사회기반시설에 대한 민간투자법」 제2조제1호의 사회기반시설 중 주민생활을 위한 문화시설, 생활체육시설 등 기획재정부령으로 정하는 사회기반시설을 해당 국유재산 소관 중앙관서의 장과 협의를 거쳐 총괄청의 승인을 받아 축조하는 경우
4. 제59조의2에 따라 개발하는 경우
5. 법률 제4347호 지방교육자치에관한법률 시행 전에 설립한 초등학교·중학교·고등학교 및 특수학교에 총괄청 및 관련 중앙관서의 장과 협의를 거쳐 교육부장관의 승인을 받아 「학교시설사업 촉진법」 제2조제1호에 따른 학교시설을 증축 또는 개축하는 경우
6. 그 밖에 국유재산의 사용 및 이용에 지장이 없고 국유재산의 활용가치를 높일 수 있는 경우로서 대부계약의 사용목적을 달성하기 위하여 중앙관서의 장등이 필요하다고 인정하는 경우

④ [O]

제11조(사권 설정의 제한) ① 사권(私權)이 설정된 재산은 그 사권이 소멸된 후가 아니면 국유재산으로 취득하지 못한다. 다만, 판결에 따라 취득하는 경우에는 그러하지 아니하다.

22 난도 ●○ 　　　　　　　　　　　　(정답) ①

① [X]

지방자치법 제2조(지방자치단체의 종류) ① 지방자치단체는 다음의 두 가지 종류로 구분한다.

1. 특별시, 광역시, 특별자치시, 도, 특별자치도
2. 시, 군, 구

② [O]

제18조(주민투표) ① 지방자치단체의 장은 주민에게 과도한 부담을 주거나 중대한 영향을 미치는 지방자치단체의 주요 결정사항 등에 대하여 주민투표에 부칠 수 있다.

③ [O]

제19조(조례의 제정과 개정·폐지 청구) ① 주민은 지방자치단체의 조례를 제정하거나 개정하거나 폐지할 것을 청구할 수 있다.

④ [O]

제25조(주민소환) ① 주민은 그 지방자치단체의 장 및 지방의회의원(비례대표 지방의회의원은 제외한다)을 소환할 권리를 가진다.

23 난도 ●● 　　　　　　　　　　　　(정답) ①

① [X] 사실상 공무원의 임용은 무효이므로 사실상 근무했다고 하더라도 하자가 치유되지 않고, 「공무원연금법」이나 「근로자퇴직급여보장법」에서 정한 퇴직급여를 청구할 수 없다.

② [O] 직위해제는 장래의 업무상 장애 등을 예방하기 위한 잠정적인 조치로, 징계와는 그 성질이 다르다. 징계는 근로자의 비위행위에 대하여 행하는 징벌적 제재이기 때문이다. 그러므로 직위해제 후 동일한 사유로 징계를 하더라도, 이는 이중징계금지원칙에 위반되지 않는다.

③ [O] 직위해제처분은 가행정행위로서 개략적 심사를 하게 되므로 사전통지의 대상이 아니다.

④ [O] 필요적 행정심판이다.

24 난도 ●●● 　　　　　　　　　　　　(정답) ③

① [X] ② [X] ③ [O] ④ [X] ㄱ, ㄴ, ㄹ은 임용이 가능하다.

국가공무원법 제33조(결격사유) 다음 각 호의 어느 하나에 해당하는 자는 공무원으로 임용될 수 없다.

1. 피성년후견인
2. 파산선고를 받고 복권되지 아니한 자
3. 금고 이상의 실형을 선고받고 그 집행이 종료되거나 집행을 받지 아니하기로 확정된 후 5년이 지나지 아니한 자
4. 금고 이상의 형을 선고받고 그 집행유예 기간이 끝난 날부터 2년이 지나지 아니한 자
5. 금고 이상의 형의 선고유예를 받은 경우에 그 선고유예 기간 중에 있는 자
6. 법원의 판결 또는 다른 법률에 따라 자격이 상실되거나 정지된 자
6의2. 공무원으로 재직기간 중 직무와 관련하여 「형법」 제355조 및 제356조에 규정된 죄를 범한 자로서 300만원 이상의 벌금형을 선고받고 그 형이 확정된 후 2년이 지나지 아니한 자
6의3. 「성폭력범죄의 처벌 등에 관한 특례법」 제2조에 규정된 죄를 범한 사람으로서 100만원 이상의 벌금형을 선고받고 그 형이 확정된 후 3년이 지나지 아니한 사람
6의4. 미성년자에 대한 다음 각 목의 어느 하나에 해당하는 죄를 저질러 파면·해임되거나 형 또는 치료감호를 선고받아 그 형 또는 치료감호가 확정된 사람(집행유예를 선고받은 후 그 집행유예기간이 경과한 사람을 포함한다)
　가. 「성폭력범죄의 처벌 등에 관한 특례법」 제2조에 따른 성폭력범죄
　나. 「아동·청소년의 성보호에 관한 법률」 제2조제2호에 따른 아동·청소년대상 성범죄
7. 징계로 파면처분을 받은 때부터 5년이 지나지 아니한 자
8. 징계로 해임처분을 받은 때부터 3년이 지나지 아니한 자

25 난도 ●●   정답 ②

① [O]

② [X] 국유재산 중 잡종재산은 시효취득의 대상이 된다. 행정재산 등은 공용폐지가 되면 시효취득이 가능하다.

③ [O] 국유재산이 용도폐지되기 전 종전 관리청이 부과·징수하지 않은 사용료가 있는 경우, 용도폐지된 국유재산을 종전 관리청으로부터 인계받은 기획재정부장관이 사용료를 부과·징수할 수 있는 권한을 가진다. / 기획재정부장관으로부터 용도폐지된 국유재산의 관리·처분사무를 위탁받은 수탁관리기관이 용도폐지 전의 사용기간에 대한 사용료를 부과할 수 있는지 여부(원칙적 적극)(대판 2014.11.13. 2011두30212)

④ [O]

국유재산법 제39조(관리 소홀에 대한 제재) 행정재산의 사용허가를 받은 자가 그 행정재산의 관리를 소홀히 하여 재산상의 손해를 발생하게 한 경우에는 사용료 외에 대통령령으로 정하는 바에 따라 그 사용료를 넘지 아니하는 범위에서 가산금을 징수할 수 있다.

01	④	02	②	03	①	04	①	05	④
06	③	07	②	08	①	09	④	10	①
11	③	12	②	13	①	14	④	15	④
16	③	17	③	18	③	19	②	20	②
21	④	22	③	23	③	24	②	25	④

01 난도 ●   정답 ④

① [O] 대판 2009.9.10. 2007두20638

② [O] 구 민원사무처리에관한법률상 행정기관은 민원서류에 흠이 있는 경우에는 보완에 필요한 상당한 기간을 정하여 지체없이 민원인에게 보완을 요구하고 … 보완의 대상이 되는 흠은 보완이 가능한 경우이어야 함은 물론이고, 그 내용 또한 형식적·절차적인 요건이거나, 실질적인 요건에 관한 흠이 있는 경우라도 그것이 민원인의 단순한 착오나 일시적인 사정 등에 기한 경우 등이라야 한다.(대판 2004.10.15. 2003두6573)

③ [O] 건축주 등은 신고제하에서도 건축신고가 반려될 경우 당해 건축물의 건축을 개시하면 시정명령, 이행강제금, 벌금의 대상이 되거나 당해 건축물을 사용하여 행할 행위의 허가가 거부될 우려가 있어 불안정한 지위에 놓이게 된다. 그러므로 건축신고 반려행위는 항고소송의 대상이 된다고 보는 것이 옳다.(대판 2010.11.18. 2008두167)

④ [X] 건축법에서 인·허가의제 제도를 둔 취지는, 인·허가의제 사항 관련 법률에 따른 각각의 인·허가 요건에 관한 일체의 심사를 배제하려는 것으로 보기는 어렵다. 따라서 인·허가의제 효과를 수반하는 건축신고는 일반적인 건축신고와는 달리, 특별한 사정이 없는 한 행정청이 그 실체적 요건에 관한 심사를 한 후 수리하여야 하는 이른바 '수리를 요하는 신고'로 보는 것이 옳다.(대판 2011.1.20. 2010두14954)

02 난도 ●   정답 ②

① [O] 국가유공자 등과 그 가족 누구나에게 국가기관 등의 채용시험에서 필기·실기·면접시험마다 만점의 10%의 가산점을 주도록 하고 있는 이 사건 조항의 경우 명시적인 헌법적 근거 없이 국가유공자의 가족들에게 만점의 10%라는 높은 가산점을 부여하고 있는바, 이 사건 조항의 차별로 인한 불평등 효과는 입법목적과 그 달성수단 간의 비례성을 현저히 초과하는 것이므로, 이 사건 조항은 청구인들과 같은 일반 공직시험 응시자들의 평등권을 침해한다. 이 사건 조항이 공무담임권의 행사에 있어서 일반 응시자들을 차별하는 것이 평등권을 침해하는 것이라면, 같은 이유에서 이 사건 조항은 그들의 공무담임권을 침해하는 것이다.(헌재 2006.2.23. 2004헌마675)

② [X] 평등원칙이란 행정작용을 함에 있어서 "같은 것을 같게, 다른 것은 다르게" 취급하는 것이다. 따라서 동일한 것을 다르게 대우하는 것도 평등원칙 위반이지만, 상이한 것을 같게 취급하는 것도 평등원칙 위반이 될 수 있다.

③ [O] 재량권 행사의 준칙인 행정규칙이 그 정한 바에 따라 되풀이 시행되어 행정관행이 이루어지게 되면 평등의 원칙이나 신뢰보호의 원칙에 따라 행정기관은 그 상대방에 대한 관계에서 그 규칙에 따라야 할 자기구속을 받게된다. 시장이 농림수산식품부에 의하여 공표된 '2008년도 농림사업시행지침서' … 위 지침이 되풀이 시행되어 행정관행이 이루어졌다거나 볼 수 없다. 그렇다면 처분이 행정의 자기구속의 원칙에 위배되거나 재량권을 일탈·남용한 위법이 없다.(대판 2009.12.24. 2009두7967)

④ [O] 대판 2009.12.24. 2009두7967

03 난도 ●   정답 ①

① [X] 특별한 규정이 없으면 합의제 행정청이 처분청인 경우에는 합의제 행정청이 피고가 된다. 행정심판위원회, 중앙토지수용위원회, 감사원 등의 합의제 행정청은 그 자신이 피고가 된다. 다만, 노동위원회법은 중앙노동위원회의 처분에 대한 피고를 중앙노동위원회위원장으로 규정하고 있다.

② [O] 행정소송법 제14조에 의한 피고경정은 사실심 변론종결에 이르기까지 허용되는 것으로 해석하여야 할 것이고, 군이 제1심 단계에서만 허용되는 것으로 해석할 근거는 없다.(대결 2006.2.23. 2005부4)

③ [O]

> **행정소송법 제21조(소의 변경)** ① 법원은 취소소송을 당해 처분등에 관계되는 사무가 귀속하는 국가 또는 공공단체에 대한 당사자소송 또는 취소소송외의 항고소송으로 변경하는 것이 상당하다고 인정할 때에는 청구의 기초에 변경이 없는 한 사실심의 변론종결시까지 원고의 신청에 의하여 결정으로써 소의 변경을 허가할 수 있다.

④ [O]

> **제14조(피고경정)** ① 원고가 피고를 잘못 지정한 때에는 법원은 원고의 신청에 의하여 결정으로써 피고의 경정을 허가할 수 있다.

04 난도 ●   정답 ①

> **행정기본법 제19조(적법한 처분의 철회)** ① 행정청은 적법한 처분이 다음 각 호의 어느 하나에 해당하는 경우에는 그 처분의 전부 또는 일부를 장래를 향하여 철회할 수 있다.
> 1. 법률에서 정한 철회 사유에 해당하게 된 경우
> 2. 법령등의 변경이나 사정변경으로 처분을 더 이상 존속시킬 필요가 없게 된 경우
> 3. 중대한 공익을 위하여 필요한 경우
> ② 행정청은 제1항에 따라 처분을 철회하려는 경우에는 철회로 인하여 당사자가 입게 될 불이익을 철회로 달성되는 공익과 비교·형량하여야 한다.

① [O] ③ [X] 수익적 행정행위를 취소 또는 철회하거나 중지시키는 경우에는 이미 부여된 국민의 기득권을 침해하는 것이 되

므로, 비록 취소 등의 사유가 있다고 하더라도 그 취소권 등의 행사는 기득권의 침해를 정당화할 만한 중대한 공익상의 필요 또는 제3자의 이익을 보호할 필요가 있고, 이를 상대방이 받는 불이익과 비교·교량하여 볼 때 공익상의 필요 등이 상대방이 입을 불이익을 정당화할 만큼 강한 경우에 한하여 허용될 수 있다.(대판 2017.3.15. 2014두41190)

② [X] ④ [X] 취소와 철회는 법적 근거 없이 가능하다.

05 난도 ●○○ 정답 ④

① [O]

> **지방자치법 제26조(조례와 규칙의 제정 절차 등)** ⑧ 조례와 규칙은 특별한 규정이 없으면 공포한 날부터 20일이 지나면 효력을 발생한다.

② [O]

③ [O] 법령의 소급적용, 특히 행정법규의 소급적용은 일반적으로는 법치주의의 원리에 반하고, 개인의 권리·자유에 부당한 침해를 가하며, 법률생활의 안정을 위협하는 것이어서, 이를 인정하지 않는 것이 원칙이고, 다만 법령을 소급적용하더라도 일반 국민의 이해에 직접 관계가 없는 경우, 오히려 그 이익을 증진하는 경우, 불이익이나 고통을 제거하는 경우 등의 특별한 사정이 있는 경우에 한하여 예외적으로 법령의 소급적용이 허용된다.(대판 2005. 5. 13. 2004다8630)

④ [X] 부진정소급은 원칙적으로 허용된다.

> **판례**
> 법령불소급의 원칙은 법령의 효력발생 전에 완성된 요건 사실에 대하여 당해 법령을 적용할 수 없다는 의미일 뿐, 계속 중인 사실이나 그 이후에 발생한 요건 사실에 대한 법령적용까지를 제한하는 것은 아니다.(대판 2014.4.24. 2013두26552)

> **행정기본법 제14조(법 적용의 기준)** ① 새로운 법령등은 법령등에 특별한 규정이 있는 경우를 제외하고는 그 법령등의 효력 발생 전에 완성되거나 종결된 사실관계 또는 법률관계에 대해서는 적용되지 아니한다.

06 난도 ●○○ 정답 ③

① [O]

> **행정절차법 제29조(청문 주재자의 제척·기피·회피)** ② 청문 주재자에게 공정한 청문 진행을 할 수 없는 사정이 있는 경우 당사자등은 행정청에 기피 신청을 할 수 있다. 이 경우 행정청은 청문을 정지하고 그 신청이 이유가 있다고 인정할 때에는 해당 청문 주재자를 지체 없이 교체하여야 한다.

② [O]

> **제31조(청문의 진행)** ① 청문 주재자가 청문을 시작할 때에는 먼저 예정된 처분의 내용, 그 원인이 되는 사실 및 법적근거 등을 설명하여야 한다.

③ [X]

> **제33조(증거조사)** ① 청문 주재자는 직권으로 또는 당사자의 신청에 따라 필요한 조사를 할 수 있으며, 당사자등이 주장하지 아니한 사실에 대하여도 조사할 수 있다.

④ [O]

> **제36조(청문의 재개)** 행정청은 청문을 마친 후 처분을 할 때까지 새로운 사정이 발견되어 청문을 재개(再開)할 필요가 있다고 인정할 때에는 제35조 제4항에 따라 받은 청문조서 등을 되돌려 보내고 청문의 재개를 명할 수 있다. 이 경우 제31조 제5항을 준용한다.

07 난도 ●●○ 정답 ②

① [O] 대판 2008.9.25. 2006다18228

② [X] 건축법의 규정에 비추어 보면, 행정청이 위법 건축물에 대한 시정명령을 하고 나서 위반자가 이를 이행하지 아니하여 전기·전화의 공급자에게 그 위법 건축물에 대한 전기·전화공급을 하지 말아 줄 것을 요청한 행위는 권고적 성격의 행위에 불과한 것으로서 전기·전화공급자나 특정인의 법률상 지위에 직접적인 변동을 가져오는 것은 아니므로 이를 항고소송의 대상이 되는 행정처분이라고 볼 수 없다.(대판 1996.3.22. 96누433)

③ [O]

> **행정절차법 제48조** ② 행정기관은 행정지도의 상대방이 행정지도에 따르지 아니하였다는 것을 이유로 불이익한 조치를 하여서는 아니 된다.

④ [O] 국가배상법이 정한 손해배상청구의 요건인 '공무원의 직무'에는 국가나 지방자치단체의 권력적 작용뿐만 아니라 비권력적 작용도 포함되지만, 단순한 사경제의 주체로서 하는 작용은 포함되지 아니한다.(대판 1999.11.26. 98다47245)

08 난도 ●●○ 정답 ①

① [X]

> **개인정보보호법 제39조의3(개인정보의 수집·이용 동의 등에 대한 특례)** ③ 정보통신서비스 제공자는 이용자가 필요한 최소한의 개인정보 이외의 개인정보를 제공하지 아니한다는 이유로 그 서비스의 제공을 거부해서는 아니 된다. 이 경우 필요한 최소한의 개인정보는 해당 서비스의 본질적 기능을 수행하기 위하여 반드시 필요한 정보를 말한다.

② [○]

제51조(단체소송의 대상 등) 다음 각 호의 어느 하나에 해당하는 단체는 개인정보처리자가 제49조에 따른 집단분쟁조정을 거부하거나 집단분쟁조정의 결과를 수락하지 아니한 경우에는 법원에 권리침해 행위의 금지·중지를 구하는 소송(이하 "단체소송"이라 한다)을 제기할 수 있다.

③ [○]

제39조의13(상호주의) 제39조의12에도 불구하고 개인정보의 국외 이전을 제한하는 국가의 정보통신서비스 제공자등에 대하여는 해당 국가의 수준에 상응하는 제한을 할 수 있다. 다만, 조약 또는 그 밖의 국제협정의 이행에 필요한 경우에는 그러하지 아니다.

④ [○] 개인정보자기결정권의 보호대상이 되는 개인정보는 개인의 신체, 신념, 사회적 지위, 신분 등과 같이 인격주체성을 특징짓는 사항으로서 개인의 동일성을 식별할 수 있게 하는 일체의 정보를 의미하며, 반드시 개인의 내밀한 영역에 속하는 정보에 국한되지 않고 공적 생활에서 형성되었거나 이미 공개된 개인정보까지도 포함한다.(대판 2016.3.10. 2012다105482)

---

09 난도 ●●　　　　　　　　　　　　　(정답) ④

① [○] 당사자소송의 개념이다.

② [○] 공법상 계약의 한쪽 당사자가 다른 당사자를 상대로 그 효력을 다투거나 그 이행을 청구하는 소송은 공법상의 법률관계에 관한 분쟁이므로 분쟁의 실질이 공법상 권리·의무의 존부·범위에 관한 다툼이 아니라 손해배상액의 구체적인 산정방법·금액에 국한되는 등의 특별한 사정이 없는 한 공법상 당사자소송으로 제기하여야 한다.(대판 2021.2.4. 2019다277133)

③ [○] 대판 2021.2.4. 2019다277133

④ [×]

행정소송법 제26조(직권심리) 법원은 필요하다고 인정할 때에는 직권으로 증거조사를 할 수 있고, 당사자가 주장하지 아니한 사실에 대하여도 판단할 수 있다.

---

10 난도 ●●　　　　　　　　　　　　　(정답) ①

① [×] 무허가행위라도 사법상 법적 효력은 부인되지 않는다. 허가를 받지 않은 행위도 사법상의 효력은 발생한다. 사법상의 효력을 부정하는 것은 인가의 효력이다.

② [○] ③ [○] 허가란 법령에 의한 자연적 자유에 대한 일반적인 상대적 금지를 일정한 요건을 갖춘 경우에 해제하여 적법하게 일정한 행위를 할 수 있게 해 주는 행정행위를 말한다.

④ [○] 실정법상 사용되는 허가라는 용어 중에는 학문상의 특허 또는 인가를 의미하는 경우도 있다.

---

11 난도 ●　　　　　　　　　　　　　(정답) ③

㉠ [○]

행정기본법 제4조(행정의 적극적추진) ① 행정은 공공의 이익을 위하여 적극적으로 추진되어야 한다.

㉡ [○]

제8조(법치행정의 원칙) 행정작용은 법률에 위반되어서는 아니 되며, 국민의 권리를 제한하거나 의무를 부과하는 경우와 그 밖에 국민생활에 중요한 영향을 미치는 경우에는 법률에 근거하여야 한다.

㉢ [○]

제9조(평등의 원칙) 행정청은 합리적 이유 없이 국민을 차별하여서는 아니 된다.

㉣ [○]

제13조(부당결부금지의 원칙) 행정청은 행정작용을 할 때 상대방에게 해당 행정작용과 실질적인 관련이 없는 의무를 부과해서는 아니 된다.

㉤ [○]

제17조(부관) ① 행정청은 처분에 재량이 있는 경우에는 부관(조건, 기한, 부담, 철회권의 유보 등을 말한다)을 붙일 수 있다.

---

12 난도 ●●　　　　　　　　　　　　　(정답) ②

① [○] 일반적으로 면허나 인허가 등의 수익적 행정처분의 근거가 되는 법률이 해당 업자들 사이의 과당경쟁으로 인한 경영의 불합리를 방지하는 것도 목적으로 하고 있는 경우, 다른 업자에 대한 면허나 인허가 등의 수익적 행정처분에 대하여 미리 같은 종류의 면허나 인허가 등의 수익적 행정처분을 받아 영업을 하고 있는 기존의 업자는 경업자에 대하여 이루어진 면허나 인허가 등 행정처분의 상대방이 아니라고 하더라도 당해 행정처분의 무효확인 또는 취소를 구할 이익이 있다. 그러나 경업자에 대한 행정처분이 경업자에게 불리한 내용이라면 그와 경쟁관계에 있는 기존의 업자에게는 특별한 사정이 없는 한 유리할 것이므로 기존의 업자가 그 행정처분의 무효확인 또는 취소를 구할 이익은 없다고 보아야 한다.(대판 2020.4.9. 2019두49953)

② [×] 광업권설정허가처분과 그에 따른 광산 개발로 인하여 재산상·환경상 이익의 침해를 받거나 받을 우려가 있는 토지나 건축물의 소유자와 점유자 또는 이해관계인 및 주민들은 그 처분 전과 비교하여 수인한도를 넘는 재산상·환경상 이익의 침해를 받거나 받을 우려가 있다는 것을 증명함으로써 그 처분의 취소를 구할 원고적격을 인정받을 수 있다.(대판 2008.9.11. 2006두7577)

③ [O] 대판 1994.4.12. 93누24247

④ [O] 일반적으로 법인의 주주는 당해 법인에 대한 행정처분에 관하여 사실상이나 간접적인 이해관계를 가질 뿐이어서 스스로 그 처분의 취소를 구할 원고적격이 없는 것이 원칙이라고 할 것이지만, 그 처분으로 인하여 궁극적으로 주식이 소각되거나 주주의 법인에 대한 권리가 소멸하는 등 주주의 지위에 중대한 영향을 초래하게 되는데도 그 처분의 성질상 당해 법인이 이를 다툴 것을 기대할 수 없고 달리 주주의 지위를 보전할 구제방법이 없는 경우에는 주주도 그 처분에 관하여 직접적이고 구체적인 법률상 이해관계를 가진다고 보이므로 그 취소를 구할 원고적격이 있다.(대판 2004.12.23. 2000두2648)

13 난도 ●○○   정답 ①

① [X] 손해배상은 가해행위와 상당인과관계가 있는 손해이다. 그러나 결과제거청구권은 손해배상과 달리, 고권적 작용으로 인해 발생된 상당인과관계 있는 모든 위법한 상태를 제거하는 것을 내용으로 하는 것이 아니라, 직접적으로 야기된 결과만을 제거하는 것을 내용으로 한다.

② [O] 결과제거청구는 권력작용, 관리작용, 법적행위 및 사실행위에 의한 침해의 경우에도 인정된다.

③ [O]

④ [O] 민법상 과실상계의 원칙에 따라 과실에 비례하여 결과제거청구권이 제한되거나 상실된다.

14 난도 ●●○   정답 ④

① [O] 기속력은 인용판결에만 인정되므로 기각재결의 경우 행정청이 직권으로 취소할 의무는 없지만, 국민의 권리구제를 위해 원처분청은 원처분을 직권으로 취소 또는 변경할 수 있다.

② [O] 재결의 기속력에는 재처분의무와 반복금지효, 원상회복의무가 포함된다.

③ [O]

행정심판법 제47조(재결의 범위) ① 위원회는 심판청구의 대상이 되는 처분 또는 부작위 외의 사항에 대하여는 재결하지 못한다.
② 위원회는 심판청구의 대상이 되는 처분보다 청구인에게 불리한 재결을 하지 못한다.

---

④ [X] 재결기간은 반드시 지켜야 하는 강행규정이 아닌 훈시규정이다.

제45조(재결 기간) ① 재결은 제23조에 따라 피청구인 또는 위원회가 심판청구서를 받은 날부터 60일 이내에 하여야 한다. 다만, 부득이한 사정이 있는 경우에는 위원장이 직권으로 30일을 연장할 수 있다.

---

15 난도 ●●○   정답 ④

① [O] ② [O] ③ [O] ④ [X]

판례(승준 사건)
[1] 일반적으로 처분이 주체·내용·절차와 형식의 요건을 모두 갖추고 외부에 표시된 경우에는 처분의 존재가 인정된다. 행정의사가 외부에 표시되어 행정청이 자유롭게 취소·철회할 수 없는 구속을 받게 되는 시점에 처분이 성립하고, 그 성립 여부는 행정청이 행정의사를 공식적인 방법으로 외부에 표시하였는지를 기준으로 판단해야 한다.

[2] 병무청장이 법무부장관에게 '가수 갑이 공연을 위하여 국외여행허가를 받고 출국한 후 미국 시민권을 취득함으로써 사실상 병역의무를 면탈하였으므로 재외동포 자격으로 재입국하고자 하는 경우 국내에서 취업, 가수활동 등 영리활동을 할 수 없도록 하고, 불가능할 경우 입국 자체를 금지해 달라'고 요청함에 따라 법무부장관이 갑의 입국을 금지하는 결정을 하고, 그 정보를 내부전산망인 '출입국관리정보시스템'에 입력하였으나, 갑에게는 통보하지 않은 사안에서, 행정청이 행정의사를 외부에 표시하여 행정청이 자유롭게 취소·철회할 수 없는 구속을 받기 전에는 '처분'이 성립하지 않으므로 법무부장관이 출입국관리법 제11조 제1항 제3호 또는 제4호, 출입국관리법 시행령 제14조 제1항, 제2항에 따라 위 입국금지결정을 했다고 해서 '처분'이 성립한다고 볼 수는 없고, 위 입국금지결정은 법무부장관의 의사가 공식적인 방법으로 외부에 표시된 것이 아니라 단지 그 정보를 내부전산망인 '출입국관리정보시스템'에 입력하여 관리한 것에 지나지 않으므로, 위 입국금지결정은 항고소송의 대상이 될 수 있는 '처분'에 해당하지 않는데도, 위 입국금지결정이 처분에 해당하여 공정력과 불가쟁력이 있다고 본 원심판단에 법리를 오해한 잘못이 있다고 한 사례.

[3] 상급행정기관의 지시는 일반적으로 행정조직 내부에서만 효력을 가질 뿐 대외적으로 국민이나 법원을 구속하는 효력이 없다. 대외적으로 처분 권한이 있는 처분청이 상급행정기관의 지시를 위반하는 처분을 하였다고 해서 그러한 사정만으로 처분이 곧바로 위법하게 되는 것은 아니고, 처분이 상급행정기관의 지시를 따른 것이라고 해서 적법성이 보장되는 것도 아니다. 처분이 적법한지는 상급행정기관의 지시를 따른 것인지 여부가 아니라, 헌법과 법률, 대외적으로 구속력 있는 법령의 규정과 입법 목적, 비례·평등원칙과 같은 법의 일반원칙에 적합한지 여부에 따라 판단해야 한다.

[4] 행정절차에 관한 일반법인 행정절차법은 제24조 제1항에서 "행정청이 처분을 할 때에는 다른 법령 등에 특별한 규정이 있는 경우를 제외하고는 문서로 하여야 하며, 전자문서로 하는 경우에는 당사자 등의 동의가 있어야 한다. 다만 신속히 처리할 필요가 있거나 사안이 경미한 경우에는 말 또는 그 밖의 방법으로 할 수 있다."라고 정하고 있다. 이 규정은 처분내용의 명확성을 확보하고 처분의 존부에 관한 다툼을 방지하여 처분상대방의 권익을 보호하기 위한 것이므로, 이를 위반한 처분은 하자가 중대·명백하여 무효이다.

[5] 행정절차법 제3조 제2항 제9호, 행정절차법 시행령 제2조 제2호 등 관련 규정들의 내용을 행정의 공정성, 투명성, 신뢰성을 확보하고 처분상대방의 권익보호를 목적으로 하는 행정절차법의 입법 목적에 비추어 보면, 행정절차법의 적용이 제외되는 '외국인의 출입국에 관한 사항'이란 해당 행정작용의 성질상 행정절차를 거치기 곤란하거나 거칠 필요가 없다고 인정되는 사항이

나 행정절차에 준하는 절차를 거친 사항으로서 행정절차법 시행령으로 정하는 사항만을 가리킨다. '외국인의 출입국에 관한 사항'이라고 하여 행정절차를 거칠 필요가 당연히 부정되는 것은 아니다.

외국인의 사증발급 신청에 대한 거부처분은 당사자에게 의무를 부과하거나 적극적으로 권익을 제한하는 처분이 아니므로, 행정절차법 제21조 제1항에서 정한 '처분의 사전통지'와 제22조 제3항에서 정한 '의견제출 기회 부여'의 대상은 아니다. 그러나 사증발급 신청에 대한 거부처분이 성질상 행정절차법 제24조에서 정한 '처분서 작성·교부'를 할 필요가 없거나 곤란하다고 일률적으로 단정하기 어렵다. 또한 출입국관리법령에 사증발급 거부처분서 작성에 관한 규정을 따로 두고 있지 않으므로, 외국인의 사증발급 신청에 대한 거부처분을 하면서 행정절차법 제24조에 정한 절차를 따르지 않고 '행정절차에 준하는 절차'로 대체할 수도 없다.

[6] 재외동포에 대한 사증발급은 행정청의 재량행위에 속하는 것으로서, 재외동포가 사증발급을 신청한 경우에 출입국관리법 시행령 [별표 1의2]에서 정한 재외동포체류자격의 요건을 갖추었다고 해서 무조건 사증을 발급해야 하는 것은 아니다. 재외동포에게 출입국관리법 제11조 제1항 각호에서 정한 입국금지사유 또는 재외동포법 제5조 제2항에서 정한 재외동포체류자격 부여 제외사유(예컨대 '대한민국 남자가 병역을 기피할 목적으로 외국국적을 취득하고 대한민국 국적을 상실하여 외국인이 된 경우')가 있어 그의 국내 체류를 허용하지 않음으로써 달성하고자 하는 공익이 그로 말미암아 발생하는 불이익보다 큰 경우에는 행정청이 재외동포체류자격의 사증을 발급하지 않을 재량을 가진다.

[7] 처분의 근거 법령이 행정청에 처분의 요건과 효과 판단에 일정한 재량을 부여하였는데도, 행정청이 자신에게 재량권이 없다고 오인한 나머지 처분으로 달성하려는 공익과 그로써 처분상 대방이 입게 되는 불이익의 내용과 정도를 전혀 비교형량 하지 않은 채 처분을 하였다면, 이는 재량권 불행사로서 그 자체로 재량권 일탈·남용으로 해당 처분을 취소하여야 할 위법사유가 된다.

[8] 비례의 원칙은 법치국가 원리에서 당연히 파생되는 헌법상의 기본원리로서, 모든 국가작용에 적용된다. 행정목적을 달성하기 위한 수단은 목적달성에 유효·적절하고, 가능한 한 최소침해를 가져오는 것이어야 하며, 아울러 그 수단의 도입에 따른 침해가 의도하는 공익을 능가하여서는 안 된다.

[9] 처분상대방의 의무위반을 이유로 한 제재처분의 경우 의무위반 내용과 제재처분의 양정(양정) 사이에 엄밀하게는 아니더라도 어느 정도는 비례 관계가 있어야 한다. 제재처분이 의무위반의 내용에 비하여 과중하여 사회통념상 현저하게 타당성을 잃은 경우에는 재량권 일탈·남용에 해당하여 위법하다고 보아야 한다.

[10] 병무청장이 법무부장관에게 '가수 갑이 공연을 위하여 국외여행허가를 받고 출국한 후 미국 시민권을 취득함으로써 사실상 병역의무를 면탈하였다'는 이유로 입국 금지를 요청함에 따라 법무부장관이 갑의 입국금지결정을 하였는데, 갑이 재외공관의 장에게 재외동포(F-4) 체류자격의 사증발급을 신청하자 재외공관장이 처분이유를 기재한 사증발급 거부처분서를 작성해 주지 않은 채 갑의 아버지에게 전화로 사증발급이 불허되었다고 통보한 사안에서, 갑의 재외동포(F-4) 체류자격 사증발급 신청에 대하여 재외공관장이 6일 만에 한 사증발급 거부처분이 문서에 의한 처분 방식의 예외로 행정절차법 제24조

제1항 단서에서 정한 '신속히 처리할 필요가 있거나 사안이 경미한 경우'에 해당한다고 볼 수도 없으므로 사증발급 거부처분에는 행정절차법 제24조 제1항을 위반한 하자가 있음에도, 외국인의 사증발급 신청에 대한 거부처분이 성질상 행정절차를 거치기 곤란하거나 불필요하다고 인정되는 처분에 해당하여 행정절차법의 적용이 배제된다고 판단하고, 재외공관장이 자신에게 주어진 재량권을 전혀 행사하지 않고 오로지 13년 7개월 전에 입국금지결정이 있었다는 이유만으로 그에 구속되어 사증발급 거부처분을 한 것이 비례의 원칙에 반하는 것인지 판단했어야 함에도, 입국금지결정에 따라 사증발급 거부처분을 한 것이 적법하다고 본 원심판단에 법리를 오해한 잘못이 있다고 한 사례(대판 2019.7.11. 2017두38874)

16 난도 ●●   정답 ③

① [O] ② [O] ③ [X] ④ [O] 행정주체는 구체적인 행정계획을 입안·결정함에 있어서 비교적 광범위한 형성의 자유를 가지는 것이지만, 행정주체가 가지는 이와 같은 형성의 자유는 무제한적인 것이 아니라 그 행정계획에 관련되는 자들의 이익을 공익과 사익 사이에서는 물론이고 공익 상호간과 사익 상호간에도 정당하게 비교교량하여야 한다는 제한이 있으므로, 행정주체가 행정계획을 입안·결정함에 있어서 이익형량을 전혀 행하지 아니하거나 이익형량의 고려 대상에 마땅히 포함시켜야 할 사항을 누락한 경우 또는 이익형량을 하였으나 정당성과 객관성이 결여된 경우에는 그 행정계획결정은 형량에 하자가 있어 위법하게 된다.(대판 2007.4.12. 2005두1893)

17 난도 ●●   정답 ③

① [O] ② [O] ③ [X] ④ [O]

행정조사기본법 제4조(행정조사의 기본원칙) ① 행정조사는 조사목적을 달성하는데 필요한 최소한의 범위 안에서 실시하여야 하며, 다른 목적등을 위하여 조사권을 남용하여서는 아니 된다.
③ 행정기관은 유사하거나 동일한 사안에 대하여는 공동조사 등을 실시함으로써 행정조사가 중복되지 아니하도록 하여야 한다.
④ 행정조사는 법령등의 위반에 대한 처벌보다는 법령등을 준수하도록 유도하는 데 중점을 두어야 한다.
⑥ 행정기관은 행정조사를 통하여 알게 된 정보를 다른 법률에 따라 내부에서 이용하거나 다른기관에 제공하는 경우를 제외하고는 원래의 조사목적 이외의 용도로 이용하거나 타인에게 제 공하여서는 아니 된다.

---

18 난도 ●   정답 ③

① [O] 법령보충적 행정규칙의 개념이다.

② [O] 행정규칙은 상급행정기관의 지휘·감독권에 근거하여 하급행정기관에 대해 발해지는 것이므로, 법규성이 없고 구속력이 인정되지 않는다.

③ [X] 국립대학인 서울대학교의 "94학년도 대학입학고사주요요강"은 사실상의 준비행위 내지 사전안내로서 행정쟁송의 대상

이 될 수 있는 행정처분이나 공권력의 행사는 될 수 없지만, 앞으로 법령의 뒷받침에 의하여 그대로 실시될 것이 틀림없을 것으로 예상되어 그로 인하여 직접적으로 기본권 침해를 받게 되는 사람에게는 사실상의 규범작용으로 인한 위험성이 이미 현실적으로 발생하였다고 보아야 할 것이므로 이는 헌법소원의 대상이 되는 헌법재판소법 제68조 제1항 소정의 공권력의 행사에 해당된다.(헌재 1992.10.1. 92헌마68·76)

④ [O] 일반적인 행정처분절차를 정하는 행정규칙은 대외적 구속력이 없다.

19 난도 ●●● (정답) ②

① [O]

> **공익사업을 위한 토지 등의 취득 및 보상에 관한 법률 제91조(환매권)** ① 토지의 협의취득일 또는 수용의 개시일(이하 이 조에서 "취득일"이라 한다)부터 10년 이내에 해당 사업의 폐지·변경 또는 그 밖의 사유로 취득한 토지의 전부 또는 일부가 필요 없게 된 경우 취득일 당시의 토지소유자 또는 그 포괄승계인(이하 "환매권자"라 한다)은 그 토지의 전부 또는 일부가 필요 없게 된 때부터 1년 또는 그 취득일부터 10년 이내에 그 토지에 대하여 받은 보상금에 상당하는 금액을 사업시행자에게 지급하고 그 토지를 환매할 수 있다.

② [X] 환매권의 발생기간을 제한하는 것은 공익사업을 수행하는 사업시행자의 지위나 토지를 둘러싼 이해관계인들의 토지이용 등에 관한 법률관계 안정, 토지의 사회경제적 이용의 효율성 제고, 사회일반의 이익이 되어야 할 개발이익이 원소유자 개인에게 귀속되는 불합리 방지 등을 위한 것으로 그 입법목적은 정당하고, 이를 위하여 토지취득일로부터 일정기간이 지나면 환매권 자체가 발생하지 않도록 기간을 제한하는 것은 입법목적을 달성하기에 유효적절한 방법이라 할 수 있다.(헌재 2020. 11.26. 2019헌바131)

③ [O] ④ [O] 환매권의 발생기간을 제한하고 있는 '공익사업을 위한 토지 등의 취득 및 보상에 관한 법률' 제91조 제1항 중 '토지의 협의취득일 또는 수용의 개시일부터 10년 이내에' 부분은 재산권을 침해한다.(헌재 2020.11.26. 2019헌바131) ─ 헌법불합치결정을 선고하면서 적용중지를 명한 사례.

[1] 토지수용 등 절차를 종료하였다고 하더라도 공익사업에 해당 토지가 필요 없게 된 경우에는 토지수용 등의 헌법상 정당성이 장래를 향하여 소멸한 것이므로, 이러한 경우 종전 토지소유자가 소유권을 회복할 수 있는 권리인 환매권은 헌법이 보장하는 재산권의 내용에 포함되는 권리이다. 환매권의 발생기간을 제한한 것은 사업시행자의 지위나 이해관계인들의 토지이용에 관한 법률관계 안정, 토지의 사회경제적 이용 효율 제고, 사회일반에 돌아가야 할 개발이익이 원소유자에게 귀속되는 불합리 방지 등을 위한 것인데, 그 입법목적은 정당하고 이와 같은 제한은 입법목적 달성을 위한 유효적절한 방법이라 할 수 있다. … 다른 나라의 입법례에 비추어 보아도 발생기간을 제한하지 않거나 더 길게 규정하면서 행사기간 제한 또는 토지에 현저한 변경이 있을 때 환매거절권을 부여하는 등 보다 덜 침해적인 방법으로 입법목적을 달성하고 있다. 이 사건 법률조항은 침해의 최소성 원칙에 어긋난다.

[2] 이 사건의 쟁점은 이 사건 법률조항이 환매권 발생기간을 '취득일로부터 10년 이내'로 제한하여 청구인들의 헌법상 재산권을 침해하는지 여부이다. 청구인들은 평등권 침해 주장도 하고 있으나 이는 청구인들의 재산권이 다른 경우에 비하여 과도하게 제한된다는 것이어서 재산권 침해 여부를 심사하는 과정에서 함께 판단되므로 별도로 판단하지 않는다.

20 난도 ●● (정답) ②

① [O] ③ [O] ④ [O]

> **국가배상법 제2조(배상책임)** ① 국가나 지방자치단체는 공무원 또는 공무를 위탁받은 사인(이하 "공무원"이라 한다)이 직무를 집행하면서 고의 또는 과실로 법령을 위반하여 타인에게 손해를 입히거나, 「자동차손해배상보장법」에 따라 손해배상의 책임이 있을 때에는 이 법에 따라 그 손해를 배상하여야 한다. 다만, 군인·군무원·경찰공무원 또는 예비군대원이 전투·훈련 등 직무 집행과 관련하여 전사(戰死)·순직(殉職)하거나 공상(公傷)을 입은 경우에 본인이나 그 유족이 다른 법령에 따라 재해보상금·유족연금·상이연금 등의 보상을 지급받을 수 있을 때에는 이 법 및 「민법」에 따른 손해배상을 청구할 수 없다.
> ② 제1항 본문의 경우에 공무원에게 고의 또는 중대한 과실이 있으면 국가나 지방자치단체는 그 공무원에게 구상(求償)할 수 있다.

② [X]

> **제5조(공공시설 등의 하자로 인한 책임)** ① 도로·하천, 그 밖의 공공의 영조물(營造物)의 설치나 관리에 하자(瑕疵)가 있기 때문에 타인에게 손해를 발생하게 하였을 때에는 국가나 지방자치단체는 그 손해를 배상하여야 한다. 이 경우 제2조제1항 단서, 제3조 및 제3조의2를 준용한다.

21 난도 ●●● (정답) ④

① [O]

> **정보공개법 제3조(정보공개의 원칙)** 공공기관이 보유·관리하는 정보는 국민의 알권리 보장 등을 위하여 이 법에서 정하는 바에 따라 적극적으로 공개하여야 한다.

② [O]

> **제5조(정보공개 청구권자)** ① 모든 국민은 정보의 공개를 청구할 권리를 가진다. ② 외국인의 정보공개 청구에 관하여는 대통령령으로 정한다.

③ [O]

> **제6조의2(정보공개 담당자의 의무)** 공공기관의 정보공개 담당자(정보공개 청구 대상 정보와 관련된 업무 담당자를 포함한다)는 정보공개 업무를 성실하게 수행하여야 하며, 공개 여부의 자의적인 결정, 고의적인 처리 지연 또는 위법한 공개 거부 및 회피 등 부당한 행위를 하여서는 아니 된다.

④ [X]

> **제7조(정보의 사전적 공개 등)** ① 공공기관은 다음 각 호의 어느 하나에 해당하는 정보에 대해서는 공개의 구체적 범위, 주기, 시기 및 방법 등을 미리 정하여 정보통신망 등을 통하여 알리고, 이에 따라 정기적으로 공개하여야 한다. 다만, 제9조제1항 각 호의 어느 하나에 해당하는 정보에 대해서는 그러하지 아니하다.
> 1. 국민생활에 매우 큰 영향을 미치는 정책에 관한 정보
> 2. 국가의 시책으로 시행하는 공사(工事) 등 대규모 예산이 투입되는 사업에 관한 정보
> 3. 예산집행의 내용과 사업평가 결과 등 행정감시를 위하여 필요한 정보
> 4. 그 밖에 공공기관의 장이 정하는 정보
> ② 공공기관은 제1항에 규정된 사항 외에도 국민이 알아야 할 필요가 있는 정보를 국민에게 공개하도록 적극적으로 노력하여야 한다.

22 난도 ●● (정답) ③

① [O] 철거명령과 계고는 원칙적으로 별개로 해야 하지만, 급박한 경우에는 지문과 같이 1장의 문서로 하는 것이 가능하다.
② [O] 이행강제금의 특성이다.
③ [X] 세무조사결정은 납세의무자의 권리·의무에 직접 영향을 미치는 공권력의 행사로서 항고소송의 대상이다.
④ [O] 부동산의 인도·명도·퇴거는 대집행의 대상이 아니다.

23 난도 ●● (정답) ③

① [O] 한의사들이 가지는 한약조제권은 반사적 이익으로, 한약조제시험을 통해 약사에게도 인정함으로써 감소하게 되는 한의사들의 영업상 이익은 법률에 의해 보호되는 이익이라 볼 수 없다.
② [O] 손해배상공동기금의 추가적립과 관련한 공법상의 관계는 감사인의 감사보수총액과 위반행위의 태양 및 내용 등과 같은 객관적 사정에 기초하여 이루어지는 것으로서 합병으로 존속회계법인에게 승계된다.(대판 2004.7.8. 2002두1946)
③ [X] 부제소합의의 부관은 무효이다.
④ [O]

24 난도 ●● (정답) ②

① [O] 재량행위에는 원칙적으로 부관이 가능하지만, 지문과 같은 한계를 지켜야 한다.
② [X] 부담은 행정청이 행정처분을 하면서 일방적으로 부가하는

것이 일반적이지만, 상대방과 협의하여 협약의 형식으로써 미리 정한 다음, 행정처분을 하면서 이를 부가하는 것도 가능하다.
③ [O] 부관의 사후변경에 대한 대법원 판례의 내용이다. 다만, 행정기본법에 의하면 위 4가지 중에서 변경이 유보되어 있는 경우는 규정이 없고, 나머지 3가지의 규정만 있다.
④ [O] 기속행위에는 원칙적으로 부관을 붙일 수 없고, 가사 부관을 붙였다 하더라도 무효이다.

25 난도 ● (정답) ④

① [O] ② [O] 행정입법의무는 권력분립원칙상 헌법상 의무이다. 따라서 그 제정을 거부하는 것은 위헌이 되므로 법치행정에 반한다.
③ [O] 시행명령을 제정 또는 개정하였지만 그것이 불충분 또는 불완전하게 된 경우에는, 행정입법부작위가 아닌 일종의 부진정입법부작위가 된다.
④ [X] 행정입법부작위에 대해서는 부작위위법확인소송을 할 수 없지만, 헌법소원과 국가배상은 가능하다.

01	②	02	전항	03	④	04	②	05	④
06	④	07	③	08	①	09	①	10	③
11	②	12	①	13	④	14	③	15	④
16	②	17	①	18	②	19	③	20	①
21	①	22	④	23	②	24	③	25	전항

01 난도 ●●

정답 ②

① [O] 공정력의 개념이다.

행정기본법 제15조(처분의 효력) 처분은 권한이 있는 기관이 취소 또는 철회하거나 기간의 경과 등으로 소멸되기 전까지는 유효한 것으로 통용된다. 다만, 무효인 처분은 처음부터 그 효력이 발생하지 아니한다.

---

② [X] 공정력은 행위의 적법성을 추정시키는 효력이 아니라 유효성을 추정하는 것에 불과하다. 따라서 공정력과 입증책임은 관계가 없다.

③ [O] 민사소송에 있어서 어느 행정처분의 당연무효 여부가 선결문제로 되는 때에는 이를 판단하여 당연무효임을 전제로 판결할 수 있고 반드시 행정소송 등의 절차에 의하여 그 취소나 무효확인을 받아야 하는 것은 아니다.(대판 2010.4.8. 2009다90092)

④ [O] 구 주택법 제91조에 의하여 행정청으로부터 시정명령을 받은 자가 이에 위반한 경우 이로 인하여 법 제98조 제11호에 정한 처벌을 하기 위해서는 그 시정명령이 적법한 것이라야 하고, 그 시정명령이 위법한 것으로 인정되는 한 법 제98조 제11호 위반죄가 성립될 수 없다.(대판 2009.6.28. 2006도824)

02 난도 ●●

정답 모두 정답

① [X] 사관생도는 군 장교를 배출하기 위하여 국가가 모든 재정을 부담하는 특수교육기관인 육군3사관학교의 구성원으로서, 학교에 입학한 날에 육군 사관생도의 병적에 편입하고 준사관에 준하는 대우를 받는 특수한 신분관계에 있다. 따라서 그 존립 목적을 달성하기 위하여 필요한 한도 내에서 일반 국민보다 상대적으로 기본권이 더 제한될 수 있으나, 그러한 경우에도 법률유보원칙, 과잉금지원칙 등 기본권 제한의 헌법상 원칙들을 지켜야 한다.(대판 2018.8.30. 2016두60591)

② [X] 사법인인 학교법인과 학생의 재학관계는 사법상 계약에 따른 법률관계에 해당한다. 지방자치단체가 학교법인이 설립한 사립중학교에 의무교육대상자에 대한 교육을 위탁한 때에 그 학교법인과 해당 사립중학교에 재학 중인 학생의 재학관계도 기본적으로 마찬가지이다.(대판 2018.12.28. 2016다33196)

③ [X] 불이익처분의 상대방은 원칙적으로 원고적격이 인정되고, 수익적 처분의 상대방은 원칙적으로 원고적격이 인정되지 않는다.

④ [X] 헌법재판소 판례에 의하면 맞는 지문이지만, 대법원 판례에 의하면 틀린 지문이 된다. 따라서 모두 정답으로 처리되었다.

03 난도 ●●

정답 ④

① [O] 구 국유재산법 제51조 제1항, 제4항, 제5항에 의한 변상금 부과·징수권은 민사상 부당이득반환청구권과 법적 성질을 달리하므로, 국가는 무단점유자를 상대로 변상금 부과·징수권의 행사와 별도로 국유재산의 소유자로서 민사상 부당이득반환청구의 소를 제기할 수 있다.(대판 2014.7.16. 2011다76402)

② [O] 국유재산의 관리청이 그 무단점유자에 대하여 하는 변상금부과처분은 순전히 사경제 주체로서 행하는 사법상의 법률행위라 할 수 없고 이는 관리청이 공권력을 가진 우월적 지위에서 행한 것으로서 행정소송의 대상이 되는 행정처분이라고 보아야 한다.(대판 1988.2.23. 87누1046·1047)

③ [O] 국유재산 등의 관리청이 하는 행정재산의 사용·수익에 대한 허가는 순전히 사경제주체로서 행하는 사법상의 행위가 아니라 관리청이 공권력을 가진 우월적 지위에서 행하는 행정처분으로서 특정인에게 행정재산을 사용할 수 있는 권리를 설정하여 주는 강학상 특허에 해당한다.(대판 2006.3.9. 2004다31074)

④ [X]

국유재산법 제35조(사용허가기간) ① 행정재산의 사용허가기간은 5년 이내로 한다. 다만, 제34조 제1항 제1호의 경우에는 사용료의 총액이 기부를 받은 재산의 가액에 이르는 기간 이내로 한다.

---

04 난도 ●●

정답 ②

① [O] 소송에서 다투어지고 있는 권리 또는 법률관계의 존부가 동일한 당사자 사이의 전소에서 이미 다투어져 이에 관한 확정판결이 있는 경우에 당사자는 이에 저촉되는 주장을 할 수 없고, 법원도 이에 저촉되는 판단을 할 수 없음은 물론, 위와 같은 확정판결의 존부는 당사자의 주장이 없더라도 법원이 이를 직권으로 조사하여 판단하지 않으면 안되고, 더 나아가 당사자가 확정판결의 존재를 사실심 변론종결 시까지 주장하지 아니하였더라도 상고심에서 새로이 이를 주장, 입증할 수 있는 것이다.(대판 1989.10.10. 89누1308)

② [X] 과세처분을 취소하는 판결이 확정되면 (형성력에 의하여 - 저자주) 그 과세처분은 처분시에 소급하여 소멸하므로 그 뒤에 과세관청에서 그 과세처분을 경정하는 경정처분을 하였다면 이는 존재하지 않는 과세처분을 경정한 것으로서 그 하자가 중대하고 명백한 당연무효의 처분이다.(대판 1989.5.9. 88다카16096)

③ [O] 무효판결도 형성력이 인정되기 때문이다.

판례

행정처분의 무효확인판결은 비록 형식상은 확인판결이라 하여도 그 확인판결의 효력은 그 취소판결의 경우와 같이 소송의 당사자는 물론 제3자에게도 미친다.(대판 1982.7.27. 82다173)

---

④ [O] 재처분의무를 말한다.

05 난도 ● (정답) ④

① [O]

> **행정기본법 제14조(법 적용의 기준)** ① 새로운 법령등은 법령등에 특별한 규정이 있는 경우를 제외하고는 그 법령등의 효력 발생전에 완성되거나 종결된 사실관계 또는 법률관계에 대해서는 적용되지 아니한다.

② [O]

> **제14조(법 적용의 기준)** ② 당사자의 신청에 따른 처분은 법령등에 특별한 규정이 있거나 처분 당시의 법령등을 적용하기 곤란한 특별한 사정이 있는 경우를 제외하고는 처분 당시의 법령등에 따른다.

③ [O] ④ [X]

> **제14조(법 적용의 기준)** ③ 법령등을 위반한 행위의 성립과 이에 대한 제재처분은 법령등에 특별한 규정이 있는 경우를 제외하고는 법령등을 위반한 행위 당시의 법령등에 따른다. 다만, 법령등을 위반한 행위 후 법령등의 변경에 의하여 그 행위가 법령등을 위반한 행위에 해당하지 아니하거나 제재처분 기준이 가벼워진 경우로서 해당 법령등에 특별한 규정이 없는 경우에는 변경된 법령등을 적용한다.

06 난도 ●● (정답) ④

① [O] 대판 2020.6.25. 2019두52980
② [O] 재량권 일탈·남용에 관하여는 그 행정행위의 효력을 다투는 사람이 주장·증명책임을 부담한다.(대판 2017.10.12. 2017두48956)
③ [O] 「공유수면관리법」에 따른 공유수면의 점용·사용허가는 특정인에게 공유수면이용권이라는 독점적 권리를 설정하여 주는 처분으로서, 그 처분의 여부 및 내용의 결정은 원칙적으로 행정청의 재량에 속한다. 따라서 허가의 요건이 충족된 경우라 하더라도 공익상의 필요에 따라 공유수면의 점용·사용허가신청을 불허가할 수 있다.(대판 2004.5.28. 2002두5016)
④ [X] 주택건설사업계획의 승인은 기본적으로 재량이다. 다만, 법령에 행정처분의 요건에 관해 일의적으로 규정되어 있지 않다면 재량행위이지만, 일의적으로 규정되어 있다면 재량행위가 아니다.

07 난도 ●● (정답) ③

① [X] 의무를 명하는 법적 근거와 강제집행을 위한 법적 근거는 별도로 규정이 있어야 한다.

> **판례**
> 학원의 설립·운영에 관한 법률 제2조 제1호와 제6조 및 제19조 등의 관련 규정에 의하면, 같은 법상의 학원을 설립·운영하고자 하는 자는 소정의 시설과 설비를 갖추어 등록을 하여야 하고, 그와 같은 등록절차를 거치지 아니한 경우에는 관할 행정청이 직접 그 무등록 학원의 폐쇄를 위하여 출입제한 시설물의 설치와 같은 조치를 취할 수 있게 되어 있으나, 달리 무등록 학원의 설립·운영자에 대하여 그 폐쇄를 명할 수 있는 것으로는 규정하고 있지 아니하고, 위와 같은 폐쇄조치에 관한 규정이 그와 같은 폐쇄명령의 근거 규정이 된다고 할 수도 없다.(대판 2001.2.23. 99두6002)

② [X] 행정입법부작위에 대해서는 부작위위법확인소송을 할 수 없지만, 헌법소원과 국가배상은 가능하다.
③ [O]
④ [X] 공매는 처분이지만 공매결정과 통지는 처분이 아니다.

> **판례**
> 한국자산공사가 당해 부동산을 인터넷을 통하여 재공매(입찰)하기로 한 결정 자체는 내부적인 의사결정에 불과하여 항고소송의 대상이 되는 행정처분이라고 볼 수 없고, 또한 한국자산공사가 공매통지는 … 공매사실 자체를 체납자에게 알려주는 데 불과한 것으로서, 통지의 상대방의 법적 지위나 권리·의무에 직접 영향을 주는 것이 아니라고 할 것이므로 이것 역시 행정처분에 해당한다고 할 수 없다.(대판 2007.7.27. 2006두8464)

08 난도 ●●● (정답) ①

① [X] 경찰청예규로 정해진 채증규칙은 법률의 구체적인 위임 없이 제정된 경찰청 내부의 행정규칙에 불과하고, 청구인들은 구체적인 촬영행위에 의해 비로소 기본권을 제한받게 되므로, 이 사건 채증규칙이 직접 기본권을 침해한다고 볼 수 없다.(헌재 2018.8.30. 2014헌마843)
② [O] 법규명령은 공포가 있어야 하지만, 행정규칙은 적당한 방법으로 통보되고 도달하면 효력이 발생하고, 반드시 국민에게 공포되어야만 하는 것은 아니다.
③ [O] 법규명령, 행정규칙, 조례 및 공법상 계약은 하자가 있으면 유효 아니면 무효이지 취소사유는 아니다. 왜냐하면 취소는 공정력을 전제로 하는데, 공정력은 행정행위에만 인정되기 때문이다.
④ [O] 대판 2002.7.26. 2001두3532

09 난도 ●● (정답) ①

① [X] 구 도시계획법 제7조가 도시계획결정등 처분의 고시를 도시계획구역, 도시계획결정등의 효력발생요건으로 규정하였다고 볼 것이어서 건설부장관 또는 그의 권한의 일부를 위임받은 서울특별시장, 도지사등 지방장관이 기안, 결재등의 과정을 거쳐 정당하게 도시계획결정등의 처분을 하였다고 하더라도 이를 관보에 게재하여 고시하지 아니한 이상 대외적으로는 아무런 효력도 발생하지 아니한다.(대판 1985.12.10. 85누186)
② [O] 도시계획의 입안에 있어 해당 도시계획안의 내용을 공고 및 공람하게 한 것은 다수 이해관계자의 이익을 합리적으로 조정하여 국민의 권리자유에 대한 부당한 침해를 방지하고 행정

의 민주화와 신뢰를 확보하기 위하여 국민의 의사를 그 과정에 반영시키는데 있는 것이므로 이러한 공고 및 공람 절차에 하자가 있는 도시계획결정은 위법하다.(대판 2000.3.23. 98두2768)

③ [O] 구 폐기물관리법상 폐기물처리사업계획의 적정통보를 받은 자는 장래 일정한 기간 내에 관계 법령이 규정하는 시설 등을 갖추어 폐기물처리업허가신청을 할 수 있는 법률상 지위에 있다고 할 것인바, 피고(진안군수)로부터 폐기물처리사업계획의 적정통보를 받은 원고가 폐기물처리업허가를 받기 위하여는 이 사건 부동산에 대한 용도지역을 '농림지역 또는 준농림지역'에서 '준도시지역(시설용지지구)'으로 변경하는 국토이용계획변경이 선행되어야 하고, 원고의 위 계획변경신청을 피고가 거부한다면 이는 실질적으로 원고에 대한 폐기물처리업허가신청을 불허하는 결과가 되므로 원고는 위 국토이용계획변경의 입안 및 결정권자인 피고에 대하여 그 계획변경을 신청할 법규상 또는 조리상 권리를 가진다고 할 것이다.(대판 2003.9.23. 2001두10936)

④ [O] 국민적 구속력을 갖는 행정계획은 공권력의 행사로 볼 수 있지만, 구속력을 갖지 않고 사실상의 준비행위나 사전안내 또는 행정기관 내부의 지침에 지나지 않는 행정계획은 원칙적으로 헌법소원의 대상이 되는 공권력의 행사라 할 수 없다. 하지만, 비구속적 행정계획안이나 행정지침이라도 국민의 기본권에 직접적으로 영향을 끼치고, 앞으로 법령의 뒷받침에 의하여 그대로 실시될 것이 틀림없을 것으로 예상될 수 있을 때에는, 공권력행위로서 예외적으로 헌법소원의 대상이 된다고 할 것이다.(헌재 2011.12.29. 2009헌마330)

10 난도 ●●   (정답) ③

① [O] 산림청장이나 그로부터 권한을 위임받은 행정청이 산림법 등이 정하는 바에 따라 국유임야를 대부하거나 매각하는 행위는 사경제적 주체로서 상대방과 대등한 입장에서 하는 사법상 계약이지 행정청이 공권력의 주체로서 상대방의 의사 여하에 불구하고 일방적으로 행하는 행정처분이라고 볼 수 없으며 이 대부계약에 의한 대부료부과 조치 역시 사법상 채무이행을 구하는 것으로 보아야지 이를 행정처분이라고 할 수 없다.(대판 1993.12.7. 91누11612)

② [O] 허가권자인 지방자치단체의 장이 한 건축협의 거부행위는 비록 그 상대방이 국가 등 행정주체라 하더라도, 행정청이 행하는 구체적 사실에 관한 법집행으로서의 공권력 행사의 거부 내지 이에 준하는 행정작용으로서 행정소송법 제2조 제1항 제1호에서 정한 처분에 해당한다고 볼 수 있고, 이에 대한 법적 분쟁을 해결할 실효적인 다른 법적 수단이 없는 이상 국가 등은 허가권자를 상대로 항고소송을 통해 그 거부처분의 취소를 구할 수 있다고 해석된다.(대판 2014.3.13. 2013두15934)

③ [X] 지방자치단체가 일반재산을 입찰이나 수의계약을 통해 매각하는 것은 기본적으로 사경제주체의 지위에서 하는 행위이므로 원칙적으로 사적 자치와 계약자유의 원칙이 적용된다.(대

판 2017.11.14. 2016다201395)

④ [O] 국가가 당사자가 되는 공사도급계약에서 부정당업자에 대한 입찰참가자격제한조치는 처분성을 인정하는 것이 보통이다. 다만, 공사의 입찰참가 제한에 대해서는 처분성을 인정하는 판례와 부정하는 판례가 엇갈린다.

11 난도 ●●   (정답) ②

① [사법계약] 갑 지방자치단체가 을 주식회사 등 4개 회사로 구성된 공동수급체를 자원회수시설과 부대시설의 운영·유지관리 등을 위탁할 민간사업자로 선정하고 을 회사 등의 공동수급체와 위 시설에 관한 위·수탁 운영 협약을 체결하였는데, … 위 협약은 갑 지방자치단체가 사인인 을 회사 등에 위 시설의 운영을 위탁하고 그 위탁운영비용을 지급하는 것을 내용으로 하는 용역계약으로서 상호대등한 입장에서 당사자의 합의에 따라 체결한 사법상 계약에 해당한다.(대판 2019.10.17.2018두60588)

② [공법상 계약] 중소기업 정보화지원사업에 따른 지원금 출연을 위하여 중소기업청장이 체결하는 협약은 공법상 대등한 당사자 사이의 의사표시의 합치로 성립하는 공법상 계약에 해당하는 점, … 협약의 해지 및 그에 따른 환수통보는 공법상 계약에 따라 행정청이 대등한 당사자의 지위에서 하는 의사표시로 보아야 하고, 이를 행정청이 우월한 지위에서 행하는 공권력의 행사로서 행정처분에 해당한다고 볼 수는 없다.(대판 2015.8.27. 2015두41449)

③ [사법계약] 구 공공용지의취득및손실보상에관한특례법은 사업시행자가 토지 등의 소유자로부터 토지 등의 협의취득 및 그 손실보상의 기준과 방법을 정한 법으로서, 이에 의한 협의취득 또는 보상합의는 공공기관이 사경제주체로서 행하는 사법상 매매 내지 사법상 계약의 실질을 가진다.(대판 2004.9.24. 2002다68713)

④ [사법계약] 지방자치단체의 관할구역 내에 있는 각급 학교에서 학교회계직원으로 근무하는 것을 내용으로 하는 근로계약은 사법상 계약이다.(대판 2018.5.11. 2015다237748)

12 난도 ●●○   (정답) ①

① [O] 검사가 공소외 2 주식회사로부터 임의제출 받은 28,765,148건에 달하는 대량의 트위터 정보에는 개인정보와 이에 해당하지 않는 정보가 혼재되어 있을 수 있는데, 국민의 사생활의 비밀을 보호하고 개인정보에 관한 권리를 보장하고자 하는 개인정보보호법의 입법 취지에 비추어 그 정보의 제공에는 개인정보 보호법의 개인정보에 관한 규정이 적용되어야 하므로, 개인정보 보호법 제18조 제2항 제7호, 제2조 제6호에 따라 공공기관에 해당하지 아니하는 공소외 2 주식회사가 수사기관에 그러한 트위터 정보를 임의로 제출한 것은 위법하여 그 증거능력이 없으나, 이를 기초로 취득한 증거는 제반 사정에 비추어 증거능력이 있다고 판단하였다.(대판 2015.7.16. 2015도2625)

② [X] 개인정보자기결정권은 헌법에 명시적으로 규정되어 있지는 않지만, 기본권으로 인정된다.

> **판례**
> 개인정보자기결정권의 헌법상 근거로는 헌법 제17조의 사생활의 비밀과 자유, 헌법 제10조 제1문의 인간의 존엄과 가치 및 행복추구권에 근거를 둔 일반적 인격권 또는 위 조문들과 동시에 우리 헌법의 자유민주적 기본질서 규정 또는 국민주권원리와 민주주의원리 등을 고려할 수 있으나, 개인정보자기결정권으로 보호하려는 내용을 위 각 기본권들 및 헌법원리들 중 일부에 완전히 포섭시키는 것은 불가능하다고 할 것이므로, 그 헌법적 근거를 굳이 어느 한 두개에 국한시키는 것은 바람직하지 않은 것으로 보이고, 오히려 개인정보자기결정권은 이들을 이념적 기초로 하는 독자적 기본권으로서 헌법에 명시되지 아니한 기본권이라고 보아야 할 것이다.(헌재 2005. 5.26. 99헌마513)

③ [X]

> **개인정보 보호법 제2조(정의)** 이 법에서 사용하는 용어의 뜻은 다음과 같다.
> 1. "개인정보"란 살아 있는 개인에 관한 정보로서 다음 각 목의 어느 하나에 해당하는 정보를 말한다.
>   가. 성명, 주민등록번호 및 영상 등을 통하여 개인을 알아볼 수 있는 정보

④ [X] 현행 「개인정보보호법」은 공공기관에 의해 처리되는 정보뿐만 아니라, 사인(민간)에 의해 처리되는 정보까지 그 보호대상으로 하고 있다.

13 난도 ● 　　　　　　　　　　　　　　　　정답 ④

① [X]

> **행정소송법 제20조(제소기간)** ① 취소소송은 처분등이 있음을 안 날부터 90일 이내에 제기하여야 한다. 다만, 제18조(행정심판과의 관계)제1항 단서에 규정한 경우와 그 밖에 행정심판청구를 할 수 있는 경우 또는 행정청이 행정심판청구를 할 수 있다고 잘못 알린 경우에 행정심판청구가 있은 때의 기간은 재결서의 정본을 송달받은 날부터 기산한다.

② [X] 직접처분은 의무이행재결을 전제로 하는 개념으로, 의무이행재결에는 처분재결과 처분명령재결이 있다. 행정심판위원회는 직접 신청에 따른 처분을 할 수도 있고, 피청구인에게 처분을 할 것을 명하는 재결을 할 수도 있다.

> **행정심판법 제43조(재결의 구분)** ⑤ 위원회는 의무이행심판의 청구가 이유가 있다고 인정하면 지체 없이 신청에 따른 처분을 하거나 처분을 할 것을 피청구인에게 명한다.

③ [X] 사정재결은 취소심판·의무이행심판에는 인정되고, 무효등확인심판에는 인정되지 않는다.

④ [O] 소송에서는 명령이 불가능하지만, 행정심판에서는 명령재결이 가능하다.

> **제43조(재결의 구분)** ③ 위원회는 취소심판의 청구가 이유가 있다고 인정하면 처분을 취소 또는 다른 처분으로 변경하거나 처분을 다른 처분으로 변경할 것을 피청구인에게 명한다.

14 난도 ●● 　　　　　　　　　　　　　　　　정답 ③

① [X] 지방공무원법 제67조의2에서 규정하고 있는 고충심사제도는 공무원으로서의 권익을 보장하고 적정한 근무환경을 조성하여 주기 위하여 근무조건 또는 인사관리 기타 신상문제에 대하여 법률적인 쟁송의 절차에 의하여서가 아니라 사실상의 절차에 의하여 그 시정과 개선책을 청구하여 줄 것을 임용권자에게 청구할 수 있도록 한 제도로서, 고충심사결정 자체에 의하여는 어떠한 법률관계의 변동이나 이익의 침해가 직접적으로 생기는 것은 아니므로 고충심사의 결정은 행정상 쟁송의 대상이 되는 행정처분이라고 할 수 없다.(대판 1987.12.8. 87누657·658)

② [X] 공무원이 그에 대한 불리한 처분을 다투는 경우에는 행정심판전치(소청전치주의)가 적용된다.

> **국가공무원법 제16조(행정소송과의 관계)** ① 제75조에 따른 처분, 그 밖에 본인의 의사에 반한 불리한 처분이나 부작위(不作爲)에 관한 행정소송은 소청심사위원회의 심사·결정을 거치지 아니하면 제기할 수 없다.

③ [O] 공무원이 국가를 상대로 실질이 보수에 해당하는 금원의 지급을 구하려면 공무원의 '근무조건 법정주의'에 따라 국가공무원법령 등 공무원의 보수에 관한 법률에 그 지급근거가 되는 명시적 규정이 존재하여야 하고, 나아가 해당 보수 항목이 국가예산에도 계상되어 있어야만 한다.(대판 2018.2.28. 2017두64606)

④ [X] 사실상 공무원의 경우 퇴직금지급청구권이 인정되지 않는다.

> **판례**
> 공무원연금법에 의한 퇴직급여 등은 적법한 공무원으로서의 신분을 취득하여 근무하다가 퇴직하는 경우에 지급되는 것이고, 임용 당시 공무원임용결격사유가 있었다면 그 임용행위는 당연무효이며, 당연무효인 임용행위에 의하여 공무원의 신분을 취득할 수는 없으므로 임용결격자가 공무원으로 임용되어 사실상 근무하여 왔다고 하더라도 적법한 공무원으로서의 신분을 취득하지 못한 자로서는 공무원연금법 소정의 퇴직급여 등을 청구할 수 없고, 또 당연퇴직사유에 해당되어 공무원으로서의 신분을 상실한 자가 그 이후 사실상 공무원으로 계속 근무하여 왔다고 하더라도 당연퇴직 후의 사실상의 근무기간은 공무원연금법상의 재직기간에 합산될 수 없다.(대판 2003. 5.16. 2001다61012)

15 난도 ●●● 　　　　　　　　　　　　　　　　정답 ④

① [O] 증액결정처분은 당초 처분을 그대로 둔 채 당초 처분에서의 과세표준과 세액을 초과하는 부분만을 추가로 확정하는 처분이 아니고, 재조사에 의하여 판명된 결과에 따라서 당초 처

분에서의 과세표준과 세액을 포함시켜 전체로서의 과세표준과 세액을 결정하는 것이어서 증액경정처분이 되면 당초 처분은 증액경정처분에 흡수되어 소멸하므로, 그 증액경정처분만이 존재한다.(대판 1999.5.11. 97누13139)

② [O] 체납취득세에 대한 압류처분권한은 도지사로부터 시장에게 권한위임된 것이고 시장으로부터 압류처분권한을 내부위임받은 데 불과한 구청장으로서는 시장 명의로 압류처분을 대행 처리할 수 있을 뿐이고 자신의 명의로 이를 할 수 없다 할 것이므로 구청장이 자신의 명의로 한 압류처분은 권한 없는 자에 의하여 행하여진 위법무효의 처분이다.(대판 1993.5.27. 93누6621)

③ [O] 망인에게 수여된 서훈을 취소하는 경우, 유족이 서훈취소 처분의 상대방이 되는 것이 아니다.
망인에 대한 서훈취소 결정의 효력이 발생하기 위한 요건 – 망인에 대한 서훈취소는 유족에 대한 것이 아니므로 유족에 대한 통지에 의해서만 성립하여 효력이 발생한다고 볼 수 없고, 그 결정이 처분권자의 의사에 따라 상당한 방법으로 대외적으로 표시됨으로써 행정행위로서 성립하여 효력이 발생한다고 봄이 타당하다. 국무회의에서 건국훈장 독립장이 수여된 망인에 대한 서훈취소를 의결하고 대통령이 결재함으로써 서훈취소가 결정된 후 국가보훈처장이 망인의 유족 갑에게 '독립유공자 서훈취소결정통보'를 하자 갑이 국가보훈처장을 상대로 서훈취소결정의 무효 확인 등의 소를 제기한 사안에서, 갑이 서훈취소 처분을 행한 행정청(대통령)이 아니라 국가보훈처장을 상대로 제기한 위 소는 피고를 잘못 지정한 경우에 해당한다.(대판 2014. 9.26. 2013두2518) – 이때 법원은 각하할 것이 아니라, 피고경정을 석명한 후에 재판을 진행하여야 한다.

④ [X] 위헌결정 이전의 처분은 취소사유이지만, 위헌결정 이후의 집행은 무효사유이다.

16 난도 ●● 　　　　　　　　　　　　　　　(정답) ②

① [O] ③ [O] ④ [O] 행정청이 구 식품위생법 규정에 의하여 영업자지위승계신고를 수리하는 처분은 종전의 영업자의 권익을 제한하는 처분이라 할 것이고 따라서 종전의 영업자는 그 처분에 대하여 직접 그 상대가 되는 자에 해당한다고 봄이 상당하므로, 행정청으로서는 위 신고를 수리하는 처분을 함에 있어 행정절차법 규정 소정의 당사자에 해당하는 종전의 영업자에 대하여 위 규정소정의 행정절차를 실시하고 처분을 하여야 한다.(대판 2003.2.14. 2001두7015)

② [X] 행정청이 당사자에게 의무를 부과하거나 권익을 제한하는 처분을 하는 경우에는 원칙적으로 행정절차법 제21조 제1항에 따른 사전통지를 하고, 제22조 제3항에 따른 의견제출 기회를 주는 것으로 족하며, 다른 법령 등에서 반드시 청문을 실시하도록 규정한 경우이거나 행정청이 필요하다고 인정하는 경우 등에 한하여 청문을 실시할 의무가 있다.(대판 2020.4.29. 2017두31064)

17 난도 ● 　　　　　　　　　　　　　　　(정답) ①

① [X] 개발이익은 보상금에 포함되지 않는다.

② [O] 헌법상 보상은 정당보상이고, 판례는 정당보상, 즉 완전보상을 원칙으로 하면서도 공시지가보상도 가능하다고 본다.

③ [O] 민간기업을 수용의 주체로 규정한 자체를 두고 위헌이라고 할 수 없으며, 나아가 이 사건 수용조항을 통해 민간기업에게 사업시행에 필요한 토지를 수용할 수 있도록 규정할 필요가 있다는 입법자의 인식에도 합리적인 이유가 있다 할 것이다.(헌재 2009.9.24. 2007헌바114)

④ [O] 어민에 대한 보상을 유추해서 보상한다.

> ### 판례
> 수산업협동조합이 상실하게 된 위탁판매수수료 수입은 사업시행자의 매립사업으로 인한 직접적인 영업손실이 아니고 간접적인 영업손실이라고 하더라도 피침해자인 수산업협동조합이 공공의 이익을 위하여 당연히 수인하여야 할 재산권에 대한 제한의 범위를 넘어 수산업협동조합의 위탁판매사업으로 얻고 있는 영업상의 재산이익을 본질적으로 침해하는 특별한 희생에 해당하고, 사업시행자는 공유수면매립면허 고시 당시 그 매립사업으로 인하여 위와 같은 영업손실이 발생한다는 것을 상당히 확실하게 예측할 수 있었고 그 손실의 범위도 구체적으로 확정할 수 있으므로, 위 위탁판매수수료 수입손실은 헌법 제23조 제3항에 규정한 손실보상의 대상이 되고, 그 손실에 관하여 구 공유수면매립법 또는 그 밖의 법령에 직접적인 보상 규정이 없더라도 공공용지의취득및손실보상에관한특례법시행규칙상의 각 규정을 유추적용하여 그에 관한 보상을 인정하는 것이 타당하다.(대판 1999.10.8. 99다27231)

18 난도 ●● 　　　　　　　　　　　　　　　(정답) ②

① [X] 환지처분은 사업시행자가 환지계획구역의 전부에 대하여 공사를 완료한 후 환지계획에 따라 환지교부 등을 하는 처분으로서 일단 공고되어 효력을 발생하게 된 이후에는 환지 전체의 절차를 처음부터 다시 밟지 않는 한 그 일부만을 따로 떼어 환지처분을 변경할 길이 없으며 다만 그 환지처분에 위법이 있다면 그 위법을 이유로 하여 민사상의 절차에 따라 권리관계의 존부를 확정하거나 손해의 배상을 구하는 등의 길이 있을 뿐이므로 그 환지확정처분의 일부에 대하여 취소를 구할 법률상 이익은 없다고 할 것이다.(대판 1990.9.25. 88누2557)

② [O] 제재적 행정처분의 가중사유나 전제요건에 관한 규정이 법령이 아니라 규칙의 형식으로 되어 있다고 하더라도, 그러한 규칙이 법령에 근거를 두고 있는 이상 그 법적 성질이 대외적·일반적 구속력을 갖는 법규명령인지 여부와는 상관없이, … 선행처분을 가중사유 또는 전제요건으로 하는 후행처분을 받을 우려가 현실적으로 존재하는 경우에는, 선행처분을 받은 상대방은 비록 그 처분에서 정한 제재기간이 경과하였다 하더라도 그 처분의 취소소송을 통하여 그러한 불이익을 제거할 권리보호의 필요성이 충분히 인정된다고 할 것이므로, 선행처분의 취소를 구할 법률상 이익이 있다고 보아야 한다.(대판 2006.6.22. 2003두1684)

③ [X] 건축허가가 건축법 소정의 이격거리를 두지 아니하고 건
　축물을 건축하도록 되어 있어 위법하다 하더라도 그 건축허가
　에 기하여 건축공사가 완료되었다면 그 건축허가를 받은 대지
　와 접한 대지의 소유자인 원고가 위 건축허가처분의 취소를 받
　아 이격거리를 확보할 단계는 지났으며 민사소송으로 위 건축
　물 등의 철거를 구하는 데 있어서도 위 처분의 취소가 필요한
　것이 아니므로 원고로서는 위 처분의 취소를 구할 법률상의 이
　익이 없다.(대판 1992.4.24. 91누11131)

④ [X] 교원소청심사위원회의 파면처분 취소결정에 대한 취소소
　송 계속 중 학교법인이 교원에 대한 징계처분을 파면에서 해임
　으로 변경한 경우, 종전의 파면처분은 소급하여 실효되고 해임
　만 효력을 발생하므로, 소급하여 효력을 잃은 파면처분을 취소
　한다는 내용의 교원소청심사결정의 취소를 구하는 것은 법률
　상 이익이 없다.(대판 2010.2.25. 2008두20765)

19 난도 ●○○　　　　　　　　　　　　정답 ③

① [O] 집행정지의 적극적 요건은 신청인이 입증하고, 소극적 요
　건은 행정청이 입증한다.

② [O] 행정처분의 집행정지는 행정처분집행 부정지의 원칙에 대
　한 예외로서 인정되는 일시적인 응급처분이라 할 것이므로 집
　행정지결정을 하려면 이에 대한 본안소송이 법원에 제기되어
　계속중임을 요건으로 하는 것이므로 집행정지결정을 한 후에
　라도 본안소송이 취하되어 소송이 계속하지 아니한 것으로 되
　면 집행정지결정은 당연히 그 효력이 소멸되는 것이고 별도의
　취소조치를 필요로 하는 것이 아니다.(대판 1975.11.11. 75누97)

③ [X] 부작위위법확인소송과 당사자소송에서는 집행정지가 인
　정되지 않지만, 취소소송과 무효확인소송에서는 집행정지가
　인정된다.

④ [O] 증명이 아닌 소명이 필요하다.

20 난도 ●○○　　　　　　　　　　　　정답 ①

① [X]

> **행정조사기본법 제5조(행정조사의 근거)** 행정기관은 법령등에서
> 행정조사를 규정하고 있는 경우에 한하여 행정조사를 실시할 수
> 있다. 다만, 조사대상자의 자발적인 협조를 얻어 실시하는 행정조
> 사의 경우에는 그러하지 아니하다.

② [O]

> **제10조(보고요구와 자료제출의 요구)** ② 행정기관의 장은 조사대
> 상자에게 장부·서류나 그 밖의 자료를 제출하도록 요구하는 때
> 에는 다음 각 호의 사항이 기재된 자료제출요구서를 발송하여야
> 한다.

③ [O]

> **제4조(행정조사의 기본원칙)** ① 행정조사는 조사목적을 달성하는
> 데 필요한 최소한의 범위 안에서 실시하여야 하며, 다른 목적 등
> 을 위하여 조사권을 남용하여서는 아니 된다.

④ [O]

> **제24조(조사결과의 통지)** 행정기관의 장은 법령등에 특별한 규정
> 이 있는 경우를 제외하고는 행정조사의 결과를 확정한 날부터 7
> 일 이내에 그 결과를 조사대상자에게 통지하여야 한다.

21 난도 ●●○　　　　　　　　　　　　정답 ①

① [X] 감염병환자의 격리조치는 즉시 국민의 신체에 실력을 가
　하는 대인적 강제수단으로서 즉시강제의 한 종류이다. 예방접
　종은 직접강제이다.

② [O]

> **행정기본법 제30조(행정상 강제)** ① 행정청은 행정목적을 달성하
> 기 위하여 필요한 경우에는 법률로 정하는 바에 따라 필요한 최소
> 한의 범위에서 다음 각 호의 어느 하나에 해당하는 조치를 할 수
> 있다.
> 　5. 즉시강제: 현재의 급박한 행정상의 장해를 제거하기 위한 경우
> 　　로서 다음 각 목의 어느 하나에 해당하는 경우에 행정청이 곧바로
> 　　국민의 신체 또는 재산에 실력을 행사하여 행정목적을 달성하는 것
> 　　가. 행정청이 미리 행정상 의무 이행을 명할 시간적 여유가 없
> 　　　는 경우
> 　　나. 그 성질상 행정상 의무의 이행을 명하는 것만으로는 행정
> 　　　목적 달성이 곤란한 경우

③ [O]

> **제33조(즉시강제)** ① 즉시강제는 다른 수단으로는 행정목적을 달
> 성할 수 없는 경우에만 허용되며, 이 경우에도 최소한으로만 실시
> 하여야 한다.

④ [O]

> **제33조(즉시강제)** ② 즉시강제를 실시하기 위하여 현장에 파견되
> 는 집행책임자는 그가 집행책임자임을 표시하는 증표를 보여 주
> 어야 하며, 즉시강제의 이유와 내용을 고지하여야 한다.

22 난도 ●●○　　　　　　　　　　　　정답 ④

① [X] 식품위생법 제75조는 "6개월 이내에 영업정지처분을 할
　수 있다"고 규정하고 있으므로, 원칙적으로 재량행위에 해당
　한다.

② [X] 부령의 형식(시행규칙)으로 정해진 제재적 처분기준은 행
　정규칙의 성질을 가지는데, 대외적으로 국민이나 법원을 구속
　하는 것은 아니다.

판례

구 식품위생법시행규칙 제53조에서 [별표 15]로 식품위생법 제58조에 따른 행정처분의 기준을 정하였다고 하더라도 이는 형식만 부령으로 되어 있을 뿐, 그 성질은 행정기관 내부의 사무처리준칙을 정한 것으로서 행정명령의 성질을 가지는 것이고, 대외적으로 국민이나 법원을 기속하는 힘이 있는 것은 아니므로 같은 법 제58조 제1항에 의한 처분의 적법 여부는 같은 법 시행규칙에 적합한 것인가의 여부에 따라 판단할 것이 아니라 같은 법의 규정 및 그 취지에 적합한 것인가의 여부에 따라 판단하여야 한다.(대판 1995.3.28. 94누6925)

③ [X] 식품위생법 시행규칙 제89조 및 별표 23의 행정처분의 기준은 부령의 형식으로 되어 있으나, 그 규정의 성질과 내용이 행정청 내부의 사무처리준칙을 규정한 것에 지나지 않으므로, 대외적으로 국민이나 법원을 기속하는 효력이 없다. 따라서 2개월의 영업정지처분을 함에 있어서 재량을 행사하여 가중감경할 수 있다.

④ [O]

23 난도 ● 정답 ②

① [O] 체납취득세에 대한 압류처분권한은 도지사로부터 시장에게 권한위임된 것이고 시장으로부터 압류처분권한을 내부위임받은데 불과한 구청장으로서는 시장 명의로 압류처분을 대행처리할 수 있을 뿐이고 자신의 명의로 이를 할 수 없다 할 것이므로 구청장이 자신의 명의로 한 압류처분은 권한 없는 자에 의하여 행하여진 위법무효의 처분이다.(대판 1993.5.27. 93누6621)

② [X] 대리나 내부위임에서 대리관계나 위임관계를 밝히지 않으면 대리청이나 수임청이 피고가 된다. 대리관계를 밝히면 피대리청이나 위임청이 피고가 된다.

③ [O] 행정권한의 위임은 행정관청이 법률에 따라 특정한 권한을 다른 행정관청에 이전하여 수임관청의 권한으로 행사하도록 하는 것이어서 권한의 법적인 귀속을 변경하는 것이므로 법률이 위임을 허용하고 있는 경우에 한하여 인정된다 할 것이고, 이에 반하여 행정권한의 내부위임은 법률이 위임을 허용하고 있지 아니한 경우에도 행정관청의 내부적인 사무처리의 편의를 도모하기 위하여 그의 보조기관 또는 하급행정관청으로 하여금 그의 권한을 사실상 행사하게 하는 것이므로, 권한위임의 경우에는 수임관청이 자기의 이름으로 그 권한행사를 할 수 있지만 내부위임의 경우에는 수임관청은 위임관청의 이름으로만 그 권한을 행사할 수 있을 뿐 자기의 이름으로는 그 권한을 행사할 수 없다.(대판 1995.11.28. 94누6475)

④ [O] 구 건설업법 제57조 제1항, 같은법시행령 제53조 제1항 제1호에 의하면 건설부장관의 권한에 속하는 같은 법 제50조 제2항 제3호 소정의 영업정지 등 처분권한은 서울특별시장·직할시장 또는 도지사에게 위임되었을 뿐 시·도지사가 이를 구청장·시장·군수에게 재위임할 수 있는 근거규정은 없으나, 정부조직법 제5조 제1항과 이에 기한 행정권한의위임및위탁에

관한규정 제4조에 재위임에 관한 일반적인 근거규정이 있으므로 시·도지사는 그 재위임에 관한 일반적인 규정에 따라 위임받은 위 처분권한을 구청장등에게 재위임할 수 있다.(대판 1995. 7.11. 94누4615)

24 난도 ●● 정답 ③

① [O] 부랑인선도시설 및 정신질환자요양시설의 지도·감독사무에 관한 법규의 규정 형식과 취지가 보건사회부장관 또는 보건복지부장관이 위 각 시설에 대한 지도·감독권한을 시장·군수·구청장에게 위임 또는 재위임하고 있는 것으로 보이는 점, 위 각 시설에 대한 지도·감독사무가 성질상 전국적으로 통일적인 처리가 요구되는 것인 점, 위 각 시설에 대한 대부분의 시설운영비 등의 보조금을 국가가 부담하고 있는 점, 장관이 정기적인 보고를 받는 방법으로 최종적인 책임을 지고 있는 것으로 보이는 점 등을 종합하여, 부랑인선도시설 및 정신질환자요양시설에 대한 지방자치단체장의 지도·감독사무는 보건복지부장관 등으로부터 기관위임된 국가사무이다.(대판 2006.7.28. 2004다759)

② [O] 인천광역시의회가 의결한 '인천광역시 공항고속도로 통행료지원 조례안'이 규정하고 있는 인천국제공항고속도로를 이용하는 지역주민에게 통행료를 지원하는 내용의 사무는, 구 지방자치법 제9조 제2항 제2호 (가)목에 정한 주민복지에 관한 사업으로서 지방자치사무이다.(대판 2008.6.12. 2007추42)

③ [X] 법령상 지방자치단체의 장이 처리하도록 하고 있는 사무가 자치사무인지, 기관위임사무에 해당하는지 여부를 판단함에 있어서는 그에 관한 법령의 규정 형식과 취지를 우선 고려하여야 할 것이지만 그 외에도 그 사무의 성질이 전국적으로 통일적인 처리가 요구되는 사무인지 여부나 그에 관한 경비부담과 최종적인 책임귀속의 주체 등도 아울러 고려하여 판단하여야 한다.(대판 2009.6.11. 2008도6530)

④ [O]

지방자치법 제169조(위법·부당한 명령·처분의 시정) ① 지방자치단체의 사무에 관한 그 장의 명령이나 처분이 법령에 위반되거나 현저히 부당하여 공익을 해친다고 인정되면 시·도에 대하여는 주무부장관이, 시·군 및 자치구에 대하여는 시·도지사가 기간을 정하여 서면으로 시정할 것을 명하고, 그 기간에 이행하지 아니하면 이를 취소하거나 정지할 수 있다. 이 경우 자치사무에 관한 명령이나 처분에 대하여는 법령을 위반하는 것에 한한다.

---

25 난도 ●● 정답 모두 정답

출제오류로 모두 정답 처리되었다. 아래 조문 외에 헌법재판소가 권한쟁의심판에서 직접 관할구역을 결정한 사례도 있다.

지방자치법 제4조(지방자치단체의 명칭과 구역) ③ 제1항에도 불구하고 다음 각 호의 지역이 속할 지방자치단체는 제4항부터 제7항까지의 규정에 따라 행정안전부장관이 결정한다.
  1. 「공유수면 관리 및 매립에 관한 법률」에 따른 매립지

⑥ 행정안전부장관은 제5항에 따른 기간이 끝난 후 제149조(지방자치단체중앙분쟁조정위원회 등의 설치와 구성 등)에 따른 지방자치단체 중앙분쟁조정위원회(이하 이 조에서 "위원회"라 한다)의 심의·의결에 따라 제3항 각 호의 지역이 속할 지방자치단체를 결정하고, 그 결과를 면허관청이나 지적소관청, 관계 지방자치단체의 장 등에게 통보하고 공고하여야 한다.

⑧ 관계 지방자치단체의 장은 제3항부터 제7항까지의 규정에 따른 행정안전부장관의 결정에 이의가 있으면 그 결과를 통보받은 날부터 15일 이내에 대법원에 소송을 제기할 수 있다. 공유수면 매립지의 경우에는 면허관청 또는 관련 지방자치단체의 장이 준공검사전에 행정안전부장관에게 해당 지역이 속할 지방자치단체의 결정을 신청하여야 한다. 신청을 받은 행정안전부장관은 지방자치단체중앙분쟁조정위원회의 심의·의결에 따라 해당 지역이 속할지방자치단체를 결정한다. 관계 지방자치단체의 장은 행정안전부장관의 결정에 이의가 있으면 그 결과를 통보받은 날부터 15일 이내에 대법원에 소송을 제기할 수 있다.

01	④	02	③	03	②	04	②	05	①
06	②	07	③	08	③	09	①	10	④
11	①	12	④	13	④	14	②	15	①
16	①	17	①	18	①	19	②	20	③
21	③	22	③	23	②	24	③	25	③

01 난도 ●○○　　　　　　　　　　　　　　　정답 ④

① [O] 행정법규는 시행일에 관한 규정이 있으면 시행일부터 그 효력을 발생하는 것이 원칙이다. 시행일에 관하여 특별한 규정이 없는 경우 공포한 날로부터 20일을 경과함으로써 효력을 발생한다. 다만 국민의 권리제한, 의무부과와 직접 관련되는 경우는 공포일로부터 적어도 30일이 경과한 날로부터 시행되도록 하여야 한다.

② [O] 법령이 변경된 경우 신 법령이 피적용자에게 유리하여 이를 적용하도록 하는 경과규정을 두는 등의 특별한 규정이 없는 한 헌법 제13조 등의 규정에 비추어 볼 때 그 변경 전에 발생한 사항에 대하여는 변경 후의 신 법령이 아니라 변경 전의 구 법령이 적용되어야 한다.(대판 2002.12.10. 2001두3228)

③ [O] 계속 중인 사실이나 그 이후에 발생한 요건 사실에 대한 소급은 부진정소급으로서 원칙적으로 허용된다.

④ [X] 부진정소급은 원칙적으로 허용되지만 상대방의 신뢰이익을 침해하지 못한다는 한계가 있다.

02 난도 ●●○　　　　　　　　　　　　　　　정답 ③

① [O] ② [O]

> **판례**
> 오늘날 의회의 입법독점주의에서 입법중심주의로 전환하여 일정한 범위 내에서 행정입법을 허용하게 된 동기가 사회적 변화에 대응한 입법수요의 급증과 종래의 형식적 권력분립주의로는 현대사회에 대응할 수 없다는 기능적 권력분립론에 있다는 점 등을 감안하여 헌법 제40조와 헌법 제75조, 제95조의 의미를 살펴보면, 국회입법에 의한 수권이 입법기관이 아닌 행정기관에게 법률 등으로 구체적인 범위를 정하여 위임한 사항에 관하여는 당해 행정기관에게 법정립의 권한을 갖게 되고, 입법자가 규율의 형식도 선택할 수도 있다 할 것이므로, 헌법이 인정하고 있는 위임입법의 형식은 예시적인 것으로 보아야 할 것이고, 그것은 법률이 행정규칙에 위임하더라도 그 행정규칙은 위임된 사항만을 규율할 수 있으므로, 국회입법의 원칙과 상치되지도 않는다. 다만, 형식의 선택에 있어서 규율의 밀도와 규율영역의 특성이 개별적으로 고찰되어야 할 것이고, 그에 따라 입법자에게 상세한 규율이 불가능한 것으로 보이는 영역이라면 행정부에게 필요한 보충을 할 책임이 인정되고 극히 전문적인 식견에 좌우되는 영역에서는 행정기관에 의한 구체화의 우위가 불가피하게 있을 수 있다. 그러한 영역에서 행정규칙에 대한 위임입법이 제한적으로 인정될 수 있다.(헌재 2004.10.28. 99헌바91)

③ [X] 위임입법은 원칙적으로 포괄위임금지원칙이 적용된다. 다만 조례나 정관에 대해서는 포괄위임이 가능하다.

④ [O] 법령보충적 행정규칙의 개념이다.

03 난도 ●●●　　　　　　　　　　　　　　　정답 ②

① [O]

④ [O] 기본행위와 인가는 효력면에서는 운명공동체로서 어느 하나가 무효가 되면 나머지도 무효가 된다. 소송의 측면에서는 기본행위와 인가가 완전히 분리되어 기본행위에 하자가 있으면 기본행위를 다투고, 인가에 하자가 있으면 인가를 다투어야 한다.

> **판례**
> 인가는 기본행위인 재단법인의 정관변경에 대한 법률상의 효력을 완성시키는 보충행위로서, 그 기본이 되는 정관변경 결의에 하자가 있을 때에는 그에 대한 인가가 있었다 하여도 기본행위인 정관변경 결의가 유효한 것으로 될 수 없으므로 기본행위인 정관변경 결의가 적법 유효하고 보충행위인 인가처분 자체에만 하자가 있다면 그 인가처분의 무효나 취소를 주장할 수 있지만, 인가처분에 하자가 없다면 기본행위에 하자가 있다 하더라도 따로 그 기본행위의 하자를 다투는 것은 별론으로 하고 기본행위의 무효를 내세워 바로 그에 대한 행정청의 인가처분의 취소 또는 무효확인을 소구할 법률상의 이익이 없다.(대판 1996.5.16. 95누4810전원합의체)

② [X] 인가는 기본행위를 보충하여 그 법률상 효력을 완성시키는 보충적 행정행위에 해당하므로 기본행위가 취소되거나 실효되면 보충행위인 인가는 별도의 처분 없이 당연히 효력이 상실된다.

> **판례**
> 외자도입법 제19조에 따른 기술도입계약에 대한 인가는 기본행위인 기술도입계약을 보충하여 그 법률상 효력을 완성시키는 보충적 행정행위에 지나지 아니하므로 기본행위인 기술도입계약이 해지로 인하여 소멸되었다면 위 인가처분은 무효선언이나 그 취소처분이 없어도 당연히 실효된다.(대판 1983.12.27. 82누491)

③ [O] 공유수면매립법 제20조 제1항 및 같은법 시행령 제29조 제1항 등 관계법령의 규정내용과 공유수면매립의 성질 등에 비추어 볼 때, 공유수면매립의 면허로 인한 권리의무의 양도·양수에 있어서의 면허관청의 인가는 효력요건으로서, 위 각 규정은 강행규정이라고 할 것인바, 위 면허의 공동명의자 사이의 면허로 인한 권리의무양도약정은 면허관청의 인가를 받지 않은 이상 법률상 아무런 효력도 발생할 수 없다.(대판 1991.6.25. 90누5184)

04 난도 ●●○　　　　　　　　　　　　　　　정답 ②

① [O] 행정지도는 원칙적으로 헌법소원의 대상이 아니지만 예외도 있다.

> **판례**
> 교육인적자원부장관의 대학총장들에 대한 이 사건 학칙시정요구는 고등교육법 제6조 제2항, 동법 시행령 제4조 제3항에 따른 것으로서 그 법적 성격은 대학총장의 임의적인 협력을 통하여 사실상의 효과를 발생시키는 행정지도의 일종이지만, 그에 따르지 않을 경우 일정한 불이익조치를 예정하고 있어 사실상 상대방에게 그에 따를 의무를 부과하는 것과 다를 바 없으므로 단순한 행정지도로서의 한계를 넘어 규제적·구속적 성격을 상당히 강하게 갖는 것으로서 헌법

소원의 대상이 되는 공권력의 행사라고 볼 수 있다.(헌재 2003.6.26. 2002헌마337)

② [X] 행정관청이 토지거래계약신고에 관하여 공시된 기준지가를 기준으로 매매가격을 신고하도록 행정지도하여 왔고 그 기준가격 이상으로 매매가격을 신고한 경우에는 거래신고서를 접수하지 않고 반려하는 것이 관행화되어 있다 하더라도 이는 법에 어긋나는 관행이라 할 것이므로 그와 같은 위법한 관행에 따라 허위신고행위에 이르렀다고 하여 그 범법행위가 사회상규에 위배되지 않는 정당한 행위라고는 볼 수 없다.(대판 1992. 4.24. 91도1609)

③ [O] 국가인권위원회의 성희롱결정 및 시정조치권고는 행정소송의 대상이 되는 행정처분에 해당한다.

> **판례**
> 국가인권위원회의 성희롱결정과 이에 따른 시정조치의 권고는 불가분의 일체로 행하여지는 것인데 국가인권위원회의 이러한 결정과 시정조치의 권고는 성희롱 행위자로 결정된 자의 인격권에 영향을 미침과 동시에 공공기관의 장 또는 사용자에게 일정한 법률상의 의무를 부담시키는 것이므로 국가인권위원회의 성희롱결정 및 시정조치권고는 행정소송의 대상이 되는 행정처분에 해당한다고 보지 않을 수 없다.(대판 2005.7.8. 2005두487)

④ [O] 적법한 행정지도로 인정되기 위해서는 우선 그 목적이 적법한 것으로 인정될 수 있어야 할 것이므로, 주식매각의 종용이 정당한 법률적 근거 없이 자의적으로 주주에게 제재를 가하는 것이라면 이 점에서 벌써 행정지도의 영역을 벗어난 것이라고 보아야 할 것이고 만일 이러한 행위도 행정지도에 해당된다고 한다면 이는 행정지도라는 미명하에 법치주의의 원칙을 파괴하는 것이라고 하지 않을 수 없으며, 더구나 그 주주가 주식매각의 종용을 거부한다는 의사를 명백하게 표시하였음에도 불구하고, 집요하게 위협적인 언동을 함으로써 그 매각을 강요하였다면 이는 위법한 강박행위에 해당한다고 하지 않을 수 없다. (대판 1994.12.13. 93다49482)

05 난도 ●●● 정답 ①

① [X] 군인과 군무원은 모두 국군을 구성하며 국토수호라는 목적을 위해 국가와 국민에게 봉사하는 특정직 공무원이기는 하지만 각각의 책임·직무·신분 및 근무조건에는 상당한 차이가 존재한다. 이 사건 법률조항이 현역군인에게만 국방부 등의 보조기관 등에 보해질 수 있는 특례를 인정한 것은 국방부 등이 담당하고 있는 지상·해상·상륙 및 항공작전임무와 그 임무를 수행하기 위한 교육훈련업무에는 평소 그 업무에 종사해 온 현역군인들의 작전 및 교육경험을 활용할 필요성이 인정되는 반면, 군무원들이 주로 담당해 온 정비·보급·수송 등의 군수지원 분야의 업무, 행정 업무 그리고 일부 전투지원 분야의 업무는 국방부 등에 근무하는 일반직공무원·별정직공무원 및 계약직공무원으로서도 충분히 감당할 수 있다는 입법자의 합리적

인 재량 판단에 의한 것이다. 따라서 이와 같은 차별이 입법재량의 범위를 벗어나 현저하게 불합리한 것이라 볼 수는 없으므로 이 사건 법률조항은 청구인들의 평등권을 침해하지 않는다.(헌재 2008.6.26. 2005헌바1275)

② [O] 처분청이 처분권한을 가지고 있는가 하는 점은 직권조사 사항이 아니다.(대판 1996.6.25. 96누570)

③ [O] 위임이 있게 되면 권한이 수임청으로 이전되므로 위임청은 권한을 잃게 되어 항고소송의 피고는 수임청이 된다. 다만 국가배상에서의 최종책임자는 위임청이 된다.

> **판례**
> 유원지에 대한 도시계획시설의 설치, 정비, 개량에 관한 계획의 결정 및 변경결정에 관한 권한은 건설부장관으로부터 시, 도지사에게 위임된 것이고, 이와 같이 권한의 위임이 행하여진 때에는 위임관청은 그 사무를 처리할 권한을 잃는다 할 것이므로, 피고인 건설부장관은 이 사건 도시계획시설결정 당시 기존의 도시계획시설(유원지)결정을 취소, 폐지 또는 변경할 권한이 없었다 할 것이다.(대판 1992.9.22. 91누11292)

④ [O] 국가사무가 위임된 경우 피해자는 위임자이든 수인자이든 선택해서 배상청구를 할 수 있다. 다만 최종적 책임자는 사무의 귀속주체, 즉 위임자이다.

> **판례**
> 자동차운전면허시험 관리업무는 국가행정사무이고 지방자치단체의 장인 서울특별시장은 국가로부터 그 관리업무를 기관위임 받아 국가행정기관의 지위에서 그 업무를 집행하므로, 국가는 면허시험장의 설치 및 보존의 하자로 인한 손해배상책임을 부담한다.(대판 1991.12.24. 91다34097)

06 난도 ●● 정답 ②

① [O]

> **개인정보 보호법 시행령 제19조(고유식별정보의 범위)** 법 제24조 제1항 각 호 외의 부분에서 "대통령령으로 정하는 정보"란 다음 각 호의 어느 하나에 해당하는 정보를 말한다. 다만, 공공기관이 법 제18조 제2항 제5호부터 제9호까지의 규정에 따라 다음 각 호의 어느 하나에 해당하는 정보를 처리하는 경우의 해당 정보는 제외한다.
> 1. 「주민등록법」 제7조의2 제1항에 따른 주민등록번호
> 2. 「여권법」 제7조 제1항 제1호에 따른 여권번호
> 3. 「도로교통법」 제80조에 따른 운전면허의 면허번호
> 4. 「출입국관리법」 제31조 제5항에 따른 외국인등록번호

② [X]

> **개인정보 보호법 제24조(고유식별정보의 처리 제한)** ① 개인정보 처리자는 다음 각 호의 경우를 제외하고는 법령에 따라 개인을 고유하게 구별하기 위하여 부여된 식별정보로서 대통령령으로 정하는 정보(이하 "고유식별정보"라 한다)를 처리할 수 없다.

1. 정보주체에게 제15조 제2항 각 호 또는 제17조 제2항 각 호의 사항을 알리고 다른 개인정보의 처리에 대한 동의와 별도로 동의를 받은 경우
2. 법령에서 구체적으로 고유식별정보의 처리를 요구하거나 허용하는 경우

③ [O]

제24조(고유식별정보의 처리 제한) ③ 개인정보처리자가 제1항 각 호에 따라 고유식별정보를 처리하는 경우에는 그 고유식별정보가 분실·도난·유출·위조·변조 또는 훼손되지 아니하도록 대통령령으로 정하는 바에 따라 암호화 등 안전성 확보에 필요한 조치를 하여야 한다.

④ [O]

제24조의2(주민등록번호 처리의 제한) ① 제24조 제1항에도 불구하고 개인정보처리자는 다음 각 호의 어느 하나에 해당하는 경우를 제외하고는 주민등록번호를 처리할 수 없다.
1. 법률·대통령령·국회규칙·대법원규칙·헌법재판소규칙·중앙선거관리위원회규칙 및 감사원규칙에서 구체적으로 주민등록번호의 처리를 요구하거나 허용한 경우
2. 정보주체 또는 제3자의 급박한 생명, 신체, 재산의 이익을 위하여 명백히 필요하다고 인정되는 경우
3. 제1호 및 제2호에 준하여 주민등록번호 처리가 불가피한 경우로서 보호위원회가 고시로 정하는 경우

07 난도 ●○○　　　　　　　　　　　　　　　정답 ③

① [O] 이 외에도 사회국가원리도 신뢰보호의 근거이다. 다만 판례는 법적 안정성설에서 근거를 찾고 있다.

② [O]

행정절차법 제4조(신의성실 및 신뢰보호) ② 행정청은 법령 등의 해석 또는 행정청의 관행이 일반적으로 국민들에게 받아들여졌을 때에는 공익 또는 제3자의 정당한 이익을 현저히 해칠 우려가 있는 경우를 제외하고는 새로운 해석 또는 관행에 따라 소급하여 불리하게 처리하여서는 아니 된다.

국세기본법 제18조(세법 해석의 기준 및 소급과세의 금지) ③ 세법의 해석이나 국세행정의 관행이 일반적으로 납세자에게 받아들여진 후에는 그 해석이나 관행에 의한 행위 또는 계산은 정당한 것으로 보며, 새로운 해석이나 관행에 의하여 소급하여 과세되지 아니한다.

③ [X] 판례는 실권의 법리를 신뢰보호가 아니라 신의성실 원칙에 바탕을 둔 파생원리로 보고 있다.

판례
실권 또는 실효의 법리는 신의성실의 원칙에 바탕을 둔 파생적인 원리로서 이는 본래 권리행사의 기회가 있음에도 불구하고 권리자가 장기간에 걸쳐 그 권리를 행사하지 아니하였기 때문에 의무자인 상대방은 이미 그의 권리를 행사하지 아니할 것으로 믿을 만한 정당한 사유가 있게

되거나 행사하지 아니할 것으로 추인케 할 경우에 새삼스럽게 그 권리를 행사하는 것이 신의성실의 원칙에 반하는 결과가 될 때 그 권리행사를 허용하지 않는 것을 의미한다.(대판 1994.6.28. 93다26212)

④ [O] 공적 견해는 행정청의 의사표현이어야 한다.

08 난도 ●●○　　　　　　　　　　　　　　　정답 ③

① [O]

공공기관의 정보공개에 관한 법률 제10조(정보공개의 청구방법)
① 정보의 공개를 청구하는 자(이하 "청구인"이라 한다)는 해당 정보를 보유하거나 관리하고 있는 공공기관에 다음 각 호의 사항을 적은 정보공개 청구서를 제출하거나 말로써 정보의 공개를 청구할 수 있다.
1. 청구인의 성명·생년월일·주소 및 연락처(전화번호·전자우편주소 등을 말한다). 다만, 청구인이 법인 또는 단체인 경우에는 그 명칭, 대표자의 성명, 사업자등록번호 또는 이에 준하는 번호, 주된 사무소의 소재지 및 연락처를 말한다.
2. 청구인의 주민등록번호(본인임을 확인하고 공개 여부를 결정할 필요가 있는 정보를 청구하는 경우로 한정한다)
3. 공개를 청구하는 정보의 내용 및 공개방법

② [O] 공공기관의 정보공개에 관한 법률 제11조(정보공개 여부의 결정) 제3항의 내용이다.

③ [X]

제21조(제3자의 비공개 요청 등) ① 제11조 제3항에 따라 공개 청구된 사실을 통지받은 제3자는 그 통지를 받은 날부터 3일 이내에 해당 공공기관에 대하여 자신과 관련된 정보를 공개하지 아니할 것을 요청할 수 있다.

④ [O]

제21조(제3자의 비공개 요청 등) ② 제1항에 따른 비공개 요청에도 불구하고 공공기관이 공개 결정을 할 때에는 공개 결정 이유와 공개 실시일을 분명히 밝혀 지체 없이 문서로 통지하여야 하며, 제3자는 해당 공공기관에 문서로 이의신청을 하거나 행정심판 또는 행정소송을 제기할 수 있다. 이 경우 이의신청은 통지를 받은 날부터 7일 이내에 하여야 한다.

09 난도 ●●●　　　　　　　　　　　　　　　정답 ①

① [X] 지방국세청장 또는 세무서장이 조세범칙행위에 대하여 고발을 한 후에 동일한 조세범칙행위에 대하여 통고처분을 하였더라도, 이는 법적 권한 소멸 후에 이루어진 것으로서 특별한 사정이 없는 한 효력이 없고, 조세범칙행위자가 이러한 통고처분을 이행하였다 하더라도 조세범 처벌절차법 제15조 제3항에서 정한 일사부재리의 원칙이 적용될 수 없다.(대판 2016.9.28. 2014도10748)

② [O] 통고처분은 별도의 구제절차가 있기 때문에 처분성이 부정된다.

③ [O] 통고처분은 상대방의 임의의 승복을 그 발효요건으로 하기 때문에 그 자체만으로는 통고이행을 강제하거나 상대방에게 아무런 권리의무를 형성하지 않으므로 행정심판이나 행정소송의 대상으로서의 처분성을 부여할 수 없고, 통고처분에 대하여 이의가 있으면 통고내용을 이행하지 않음으로써 고발되어 형사재판절차에서 통고처분의 위법·부당함을 얼마든지 다툴 수 있기 때문에 관세법 제38조 제3항 제2호가 법관에 의한 재판을 받을 권리를 침해한다든가 적법절차의 원칙에 저촉된다고 볼 수 없다.(헌재 1998.5.28. 96헌바4)

④ [O] 통고처분을 할지 검찰에 고발을 할지는 재량이다.

10 난도 ●●○   정답 ④

① [O] ② [O] ③ [O]

④ [X] 대통령의 긴급재정경제명령은 국가긴급권의 일종으로서 통치행위에 속한다고 할 수 있으나, 그것이 국민의 기본권 침해와 직접 관련되는 경우에는 당연히 헌법재판소의 심판대상이 된다.(헌재 1996.2.29. 93헌마186)

11 난도 ●●○   정답 ①

① [X] 일정한 자격을 갖추고 소정의 절차에 따라 대학의 장에 의하여 임용된 조교는 법정된 근무기간 동안 신분이 보장되는 교육공무원법상의 교육공무원 내지 국가공무원법상의 특정직공무원 지위가 부여되고, 근무관계는 사법상의 근로계약관계가 아닌 공법상 근무관계에 해당한다.(대판 2019.11.14. 2015두52531)

② [O] 다소 애매한 지문이다. 상위법령에 위반된다고 당연무효이고 내부적 효력도 인정되지 않는다고 단정할 수는 없다. 대체로 상위법에 위반되는 행정규칙은 대외적 효력은 인정되지 않지만 내부적 효력은 단정하기 어렵기 때문이다. 객관식의 특성상 상대적으로 판단해야 하는 지문이다.

③ [O] 계약직공무원의 위촉·해촉에 대한 소송은 당사자소송의 대상이다.

④ [O] 당연퇴직의 인사발령은 법률상 당연히 발생하는 퇴직사유를 공적으로 확인하여 알려주는 이른바 관념의 통지에 불과하고 공무원의 신분을 상실시키는 새로운 형성적 행위가 아니므로 행정소송의 대상이 되는 독립한 행정처분이라고 할 수 없다.(대판 1995.11.14. 95누2036)

12 난도 ●●○   정답 ④

① [O] 현역병입영대상자인 피고인이 지방병무청장 명의의 입영통지서를 받고도 정당한 사유 없이 입영일로부터 3일이 지나도록 입영하지 않았다고 하여 병역법 위반으로 기소된 사안에서, 제반 사정을 종합할 때 피고인은 처음부터 입영할 의사가 없어 병무청 담당직원으로부터 지연입영이 가능하다는 안내를 받았더라도 지연입영도 하지 않았을 것이라고 볼 여지가 있고, 그 같은 경우에는 병무청 담당직원이 입영기일 연기 등의 구제조치를 취하지 않았다는 사정만으로는 병역의무의 불이행을 정당화할 만한 사유가 있다고 할 수 없는데도, 피고인에게 지연입영할 의사가 있었는지 구체적으로 가려보지도 아니한 채 무죄를 인정한 원심판결에 병역법 제88조 제1항에 관한 법리를 오해하고 필요한 심리를 다하지 아니한 잘못이 있다.(대판 2013.4.25.2012도13318)

② [O] 병역의무부과통지서인 현역입영통지서는 그 병역의무자에게 이를 송달함이 원칙이고(병역법 제6조 제1항 참조), 이러한 송달은 병역의무자의 현실적인 수령행위를 전제로 하고 있다고 보아야 하므로, 병역의무자가 현역입영통지의 내용을 이

미 알고 있는 경우에도 여전히 현역입영통지서의 송달은 필요하고, 다른 법령상의 사유가 없는 한 병역의무자로부터 근거리에 있는 책상 등에 일시 현역입영통지서를 둔 것만으로는 병역의무자의 현실적인 수령행위가 있었다고 단정할 수 없다.(대판 2009.6.25. 2009도3387)

③ [O] 입영으로 그 처분의 목적이 달성되어 실효되었다는 이유로 다툴 수 없도록 한다면, 병역법상 현역입영대상자로서는 현역병입영통지처분이 위법하다 하더라도 법원에 의하여 그 처분의 집행이 정지되지 아니하는 이상 현실적으로 입영을 할 수밖에 없으므로 현역병입영통지처분에 대하여는 불복을 사실상 원천적으로 봉쇄하는 것이 되고, 또한 현역입영대상자가 입영하여 현역으로 복무하는 과정에서 현역병입영통지처분 외에는 별도의 다른 처분이 없으므로 입영한 이후에는 불복할 아무런 처분마저 없게 되는 결과가 되며, 나아가 입영하여 현역으로 복무하는 자에 대한 병적을 당해 군 참모총장이 관리한다는 것은 입영 및 복무의 근거가 된 현역병입영통지처분이 적법함을 전제로 하는 것으로서 그 처분이 위법한 경우까지를 포함하는 의미는 아니라고 할 것이므로, 현역입영대상자로서는 현실적으로 입영을 하였다고 하더라도, 입영 이후의 법률관계에 영향을 미치고 있는 현역병입영통지처분 등을 한 관할 지방병무청장을 상대로 위법을 주장하여 그 취소를 구할 소송상의 이익이 있다.(대판 2003.12.26. 2003두1875)

④ [X] 하자의 승계가 인정되지 않는 경우이다.

> **판례**
> 보충역편입처분 등의 병역처분은 구체적인 병역의무부과를 위한 전제로서 징병검사 결과 신체등위와 학력·연령 등 자질을 감안하여 역종을 부과하는 처분임에 반하여, 공익근무요원소집처분은 보충역편입처분을 받은 공익근무요원소집대상자에게 기초적 군사훈련과 구체적인 복무기관 및 복무분야를 정한 공익근무요원으로서의 복무를 명하는 구체적인 행정처분이므로, 위 두 처분은 후자의 처분이 전자의 처분을 전제로 하는 것이기는 하나 각각 단계적으로 별개의 법률효과를 발생하는 독립된 행정처분이라고 할 것이므로, 따라서 보충역편입처분의 기초가 되는 신체등위 판정에 잘못이 있다는 이유로 이를 다투기 위하여는 신체등위 판정을 기초로 한 보충역편입처분에 대하여 쟁송을 제기하여야 할 것이며, 그 처분을 다투지 아니하여 이미 불가쟁력이 생겨 그 효력을 다툴 수 없게 된 경우에는, 병역처분변경신청에 의하는 경우는 별론으로 하고, 보충역편입처분에 하자가 있다고 할지라도 그것이 당연무효라고 볼만한 특단의 사정이 없는 한 그 위법을 이유로 공익근무요원소집처분의 효력을 다툴 수 없다.(대판 2002.12.10. 2001두5422)

13 난도 ●●

① [O] ② [O] ③ [O] ④ [X]

행정절차법 제11조(대표자) ① 다수의 당사자등이 공동으로 행정절차에 관한 행위를 할 때에는 대표자를 선정할 수 있다.
② 행정청은 제1항에 따라 당사자등이 대표자를 선정하지 아니하거나 대표자가 지나치게 많아 행정절차가 지연될 우려가 있는 경

우에는 그 이유를 들어 상당한 기간 내에 3인 이내의 대표자를 선정할 것을 요청할 수 있다. 이 경우 당사자등이 그 요청에 따르지 아니하였을 때에는 행정청이 직접 대표자를 선정할 수 있다.
③ 당사자등은 대표자를 변경하거나 해임할 수 있다.
④ 대표자는 각자 그를 대표자로 선정한 당사자등을 위하여 행정절차에 관한 모든 행위를 할 수 있다. 다만, 행정절차를 끝맺는 행위에 대하여는 당사자등의 동의를 받아야 한다.
⑤ 대표자가 있는 경우에는 당사자등은 그 대표자를 통하여서만 행정절차에 관한 행위를 할 수 있다.
⑥ 다수의 대표자가 있는 경우 그 중 1인에 대한 행정청의 행위는 모든 당사자등에게 효력이 있다. 다만, 행정청의 통지는 대표자 모두에게 하여야 그 효력이 있다.

---

14 난도 ●●● 　　　　　 정답 ②

① [O] 교도소장이 수형자 甲을 '접견내용 녹음·녹화 및 접견 시 교도관 참여대상자'로 지정한 사안에서, 위 지정행위는 수형자의 구체적 권리의무에 직접적 변동을 가져오는 행정청의 공법상 행위로서 항고소송의 대상이 되는 '처분'에 해당한다고 본 원심판단은 정당하다.(대판 2014.2.13. 2013두20899)

② [X] 사회복지법인으로서는 보고명령 및 관련서류 제출명령을 이행하기 위하여 위 시정지시에 따른 시정조치의 이행이 사실상 강제되어 있다고 할 것이고, 만일 피고의 위 명령을 이행하지 않는 경우 시정명령을 받거나 법인설립허가가 취소될 수 있고, 자신이 운영하는 사회복지시설에 대한 개선 또는 사업정지명령을 받거나 그 시설의 장의 교체 또는 시설의 폐쇄와 같은 불이익을 받을 위험이 있으므로 위 시정지시는 단순한 권고적 효력만을 가지는 비권력적 사실행위에 불과하다고 볼 수는 없고, 사회복지법인에 대하여 의무의 부담을 명하거나 기타 법률상 효과를 발생하게 하는 것으로서 항고소송의 대상이 되는 행정처분에 해당한다고 해석함이 상당하다고 할 것이다.(대판 2008.4.24. 2008두3500)

③ [O] 교도소 수형자에게 소변을 받아 제출하게 한 것은, 형을 집행하는 우월적인 지위에서 외부와 격리된 채 형의 집행에 관한 지시, 명령을 복종하여야 할 관계에 있는 자에게 행해진 것으로서 그 목적 또한 교도소 내의 안전과 질서유지를 위하여 실시하였고, 일방적으로 강제하는 측면이 존재하며, 응하지 않을 경우 직접적인 징벌 등의 제재는 없다고 하여도 불리한 처우를 받을 수 있다는 심리적 압박이 존재하리라는 것을 충분히 예상할 수 있는 점에 비추어, 권력적 사실행위로서 헌법재판소법 제68조 제1항의 공권력의 행사에 해당한다.(헌재 2006.7.27. 2005헌마277)

④ [O] 압류는 권력적 사실행위로서 항고소송의 대상이 된다.

15 난도 ●●● 　　　　　 정답 ①

① [X] 방사능에 오염된 고철은 원자력안전법 등의 법령에 따라 처리되어야 하고 유통되어서는 안 된다. 사업활동 등을 하던 중 고철을 방사능에 오염시킨 자는 원인자로서 관련 법령에 따라 고철을 처리함으로써 오염된 환경을 회복·복원할 책임을 진다. 이러한 조치를 취하지 않고 방사능에 오염된 고철을 타

인에게 매도하는 등으로 유통시킴으로써 거래 상대방이나 전전 취득한 자가 방사능 오염으로 피해를 입게 되면 그 원인자는 방사능오염 사실을 모르고 유통시켰더라도 환경정책기본법 제44조 제1항에 따라 피해자에게 피해를 배상할 의무가 있다. (대판 2018.9.13. 2016다35802)

② [O] 건설폐기물의 재활용촉진에 관한 법률과 그 시행령 및 토양환경보전법의 각 규정을 종합하면, 토양은 폐기물 기타 오염물질에 의하여 오염될 수 있는 대상일 뿐 오염토양이라 하여 동산으로서 '물질'인 폐기물에 해당한다고 할 수 없고, 나아가 오염토양은 법령상 절차에 따른 정화 대상이 될 뿐 법령상 금지되거나 그와 배치되는 개념인 투기나 폐기 대상이 된다고 할 수 없다. 따라서 오염토양 자체의 규율에 관하여는 '사람의 생활이나 사업 활동에 필요하지 아니하게 된 물질'의 처리를 목적으로 하는 구 폐기물관리법에서 처리를 위한 별도의 근거 규정을 두고 있지 아니한 이상 구 폐기물관리법의 규정은 성질상 적용될 수 없고, 이는 오염토양이 구 폐기물관리법상의 폐기물이나 구성요소인 오염물질과 섞인 상태로 되어 있다거나 그 부분 오염토양이 정화작업 등의 목적으로 해당 부지에서 반출되어 동산인 '물질'의 상태를 일시 갖추게 되었더라도 마찬가지이다.(대판 2011.5.26. 2008도2907)

③ [O] 대판 2019.12.24. 2019두45579

④ [O] 불법행위로 영업을 중단한 자가 영업 중단에 따른 손해배상을 구하는 경우 영업을 중단하지 않았으면 얻었을 순이익과 이와 별도로 영업 중단과 상관없이 불가피하게 지출해야 하는 비용도 특별한 사정이 없는 한 손해배상의 범위에 포함될 수 있다. 위와 같은 순이익과 비용의 배상을 인정하는 것은 이중배상에 해당하지 않는다. 이러한 법리는 환경정책기본법 제44조 제1항에 따라 그 피해의 배상을 인정하는 경우에도 적용된다. (대판 2018.9.13. 2016다35802)

16 난도 ●●　　　　　　　　　　　　　　정답 ①

① [X] 행정법규 위반에 대한 제재조치는 행정목적의 달성을 위하여 행정법규 위반이라는 객관적 사실에 착안하여 가하는 제재이므로, 반드시 현실적인 행위자가 아니라도 법령상 책임자로 규정된 자에게 부과되고, 특별한 사정이 없는 한 위반자에게 고의나 과실이 없더라도 부과할 수 있다.(대판 2017.5.11. 2014두8773)

② [O] 행정처분과 형벌은 각각 그 권력적 기초, 대상, 목적이 다르다. 일정한 법규 위반사실이 행정처분의 전제사실이자 형사법규의 위반사실이 되는 경우에 동일한 행위에 관하여 독립적으로 행정처분이나 형벌을 부과하거나 이를 병과할 수 있다. 법규가 예외적으로 형사소추 선행 원칙을 규정하고 있지 않은 이상 형사판결 확정에 앞서 일정한 위반사실을 들어 행정처분을 하였다고 하여 절차적 위반이 있다고 할 수 없다. (대판 2017.6.19. 2015두59808)

③ [O] 제재적 행정처분에 대한 옳은 설명이다.

④ [O] 국세징수법 제7조(관허사업의 제한) 제1항의 내용이다.

17 난도 ●●　　　　　　　　　　　　　　정답 ①

① [X]

> **행정심판법 제4조(특별행정심판 등)** ③ 관계 행정기관의 장이 특별행정심판 또는 이 법에 따른 행정심판 절차에 대한 특례를 신설하거나 변경하는 법령을 제정·개정할 때에는 미리 중앙행정심판위원회와 협의하여야 한다.

② [O]

> **제3조(행정심판의 대상)** ① 행정청의 처분 또는 부작위에 대하여는 다른 법률에 특별한 규정이 있는 경우 외에는 이 법에 따라 행정심판을 청구할 수 있다.

③ [O]

> **제3조(행정심판의 대상)** ② 대통령의 처분 또는 부작위에 대하여는 다른 법률에서 행정심판을 청구할 수 있도록 정한 경우 외에는 행정심판을 청구할 수 없다.

④ [O] 행정청의 개념이다.

> **제2조(정의)** 이 법에서 사용하는 용어의 뜻은 다음과 같다.
> 4. "행정청"이란 행정에 관한 의사를 결정하여 표시하는 국가 또는 지방자치단체의 기관, 그 밖에 법령 또는 자치규규에 따라 행정권한을 가지고 있거나 위탁을 받은 공공단체나 그 기관 또는 사인(私人)을 말한다.

18 난도 ●●　　　　　　　　　　　　　　정답 ①

① [X] 노동위원회법 제19조의2 제1항의 규정은 행정처분의 성질을 가지는 지방노동위원회의 처분에 대하여 중앙노동위원장을 상대로 행정소송을 제기할 경우의 전치요건에 관한 규정이라 할 것이므로 당사자가 지방노동위원회의 처분에 대하여 불복하기 위하여는 처분 송달일로부터 10일 이내에 중앙노동위원회에 재심을 신청하고 중앙노동위원회의 재심판정서 송달일로부터 15일 이내에 중앙노동위원장을 피고로 하여 재심판정취소의 소를 제기하여야 할 것이다.(대판 1995.9.15. 95누6724) - 재결주의이다.

② [O] 이때 피고는 지방의회가 된다.

③ [O] 대판 1996.9.20. 95누8003 - 처분적 조례의 경우에는 헌법소원의 대상이 될 수도 있다.

④ [O] 대판 2003.10.9. 자 2003무23

19 난도 ●●　　　　　　　　　　　　　　정답 ②

① [O] 소음·진동배출시설에 대한 설치허가가 취소된 후 그 배출시설이 어떠한 경위로든 철거되어 다시 복구 등을 통하여 배출시설을 가동할 수 없는 상태라면 이는 배출시설 설치허가의 대상이 되지 아니하므로 외형상 설치허가 취소행위가 잔존하고 있다고 하여도 특단의 사정이 없는 한 이제 와서 굳이 위 처분의 취소를

구할 법률상의 이익이 없다.(대판 2002.1.11. 2000두2457)

② [X] 원자로 및 관계시설의 부지사전승인처분은 그 자체로서 건설부지를 확정하고 사전공사를 허용하는 법률효과를 지닌 독립한 행정처분이기는 하지만, 건설허가 전에 신청자의 편의를 위하여 미리 그 건설허가의 일부 요건을 심사하여 행하는 사전적 부분 건설허가처분의 성격을 갖고 있는 것이어서 나중에 건설허가처분이 있게 되면 그 건설허가처분에 흡수되어 독립된 존재가치를 상실함으로써 그 건설허가처분만이 쟁송의 대상이 되는 것이므로, 부지사전승인처분의 취소를 구하는 소는 소의 이익을 잃게 되고, 따라서 부지사전승인처분의 위법성은 나중에 내려진 건설허가처분의 취소를 구하는 소송에서 이를 다투면 된다.(대판 1998.9.4. 97누19588)

③ [O] 법인이 법인세의 과세표준을 신고하면서 배당, 상여 또는 기타소득으로 소득처분한 금액은 당해 법인이 신고기일에 소득처분의 상대방에게 지급한 것으로 의제되어 그때 원천징수하는 소득세의 납세의무가 성립·확정되며, 그 후 과세관청이 직권으로 상대방에 대한 소득처분을 경정하면서 일부 항목에 대한 증액과 다른 항목에 대한 감액을 동시에 한 결과 전체로서 소득처분금액이 감소된 경우에는 그에 따른 소득금액 변동통지가 납세자인 당해 법인에 불이익을 미치는 처분이 아니므로 당해 법인은 그 소득금액변동통지의 취소를 구할 이익이 없다. (대판 2012.4.13. 2009두5510)

④ [O] 대판 1995.7.28. 95누2623

20 난도 ●●●   정답 ③

① [O] 지문은 주체에 하자가 있는 경우이다.

구 분	예
주체에 관한 위법	행정심판위원회가 아닌 자가 한 재결, 행정심판위원회의 구성에 위법이 있는 경우, 행정심판위원회에 권한이 없는 경우
내용상의 위법	행정심판청구가 부적법한 것임에도 인용된 재결, 행정심판의 대상이 되지 않는 사항에 대하여 한 재결, 행정심판에 있어 원처분보다 불리하게 행한 재결
형식에 관한 위법	문서에 의하지 않고 구두로 한 재결, 재결에 주문만 있고 이유가 전혀 기재되어 있지 않거나 불충분한 경우, 재결서에 기명날인이 없는 경우
절차에 관한 위법	행정심판법상의 절차를 준수하지 않은 경우, 행정심판위원회의 의결이 없는 경우

② [O]

구 분	원처분주의	재결주의
소송의 대상	원칙적으로 원처분만 소송의 대상이 되지만, 재결 자체의 위법을 주장하는 경우에는 재결도 소송의 대상이 된다.	재결만 소송의 대상이 된다.
위법 사유	원처분에 대한 소에서는 원처분의 하자만, 재결에 대한 소에서는 재결 자체의 위법성만 주장할 수 있다.	재결 자체의 하자 뿐만 아니라 원처분의 하자도 주장할 수 있다.

③ [X] 이른바 복효적 행정행위, 특히 제3자효를 수반하는 행정행위에 대한 행정심판청구에 있어서 그 청구를 인용하는 내용의 재결로 인하여 비로소 권리이익을 침해받게 되는 자는 그 인용재결에 대하여 다툴 필요가 있고, 그 인용재결은 원처분과 내용을 달리하는 것이므로 그 인용재결의 취소를 구하는 것은 원처분에는 없는 재결에 고유한 하자를 주장하는 셈이어서 당연히 항고소송의 대상이 된다.(대판 1997.12.23. 96누10911)

④ [O] 행정처분에 대한 행정심판의 재결에 이유모순의 위법이 있다는 사유는 재결처분 자체에 고유한 하자로서 재결처분의 취소를 구하는 소송에서는 그 위법사유로서 주장할 수 있으나, 원처분의 취소를 구하는 소송에서는 그 취소를 구할 위법사유로서 주장할 수 없다.(대판 1996.2.13. 95누8027)

21 난도 ●●   정답 ③

① [O] 법원 이외의 공공기관이 정보공개법 제9조 제1항 제4호에서 정한 '진행 중인 재판에 관련된 정보'에 해당한다는 사유로 정보공개를 거부하기 위하여는 반드시 그 정보가 진행 중인 재판의 소송기록 자체에 포함된 내용일 필요는 없다. 그러나 재판에 관련된 일체의 정보가 그에 해당하는 것은 아니고 진행 중인 재판의 심리 또는 재판결과에 구체적으로 영향을 미칠 위험이 있는 정보에 한정된다고 보는 것이 타당하다.(대판 2011. 11.24. 2009두19021)

② [O] 대판 1987.12.8. 87누632

③ [X] 학교환경위생구역 내 금지행위(숙박시설) 해제결정에 관한 학교환경위생정화위원회의 회의록에 기재된 발언내용에 대한 해당 발언자의 인적사항 부분에 관한 정보는 공공기관의 정보공개에 관한 법률 제7조 제1항 제5호 소정의 비공개대상에 해당한다.(대판 2003.8.22. 2002두12946)

④ [O] 공공기관의 정보공개에 관한 법률상 비공개대상정보의 입법 취지에 비추어 살펴보면, 같은 법 제7조 제1항 제5호에서의 '감사·감독·검사·시험·규제·입찰계약·기술개발·인사관리·의사결정과정 또는 내부검토과정에 있는 사항'은 비공개대상정보를 예시적으로 열거한 것이라고 할 것이므로 의사결정과정에 제공된 회의관련자료나 의사결정과정이 기록된 회의록 등은 의사가 결정되거나 의사가 집행된 경우에는 더 이상 의사결정과정에 있는 사항 그 자체라고는 할 수 없으나, 의사결정과정에 있는 사항에 준하는 사항으로서 비공개대상정보에 포함될 수 있다.(대판 2003.8.22. 2002두12946)

22 난도 ●●●   정답 ③

① [O] 국·공립대학 교원에 대한 재임용거부처분이 재량권을 일탈·남용한 것으로 평가되어 그것이 불법행위가 됨을 이유로 국·공립대학 교원 임용권자에게 손해배상책임을 묻기 위해서는 당해 재임용거부가 국·공립대학 교원 임용권자의 고의 또는 과실로 인한 것이라는 점이 인정되어야 한다. 그리고 위와 같은 고의·과실이 인정되려면 국·공립대학 교원 임용권자가

객관적 주의의무를 결하여 그 재임용거부처분이 객관적 정당성을 상실하였다고 인정될 정도에 이르러야 한다.(대판 2011.1.27. 2009다30946)

② [O] 입법부가 법률로써 행정부에게 특정한 사항을 위임했음에도 불구하고 행정부가 정당한 이유 없이 이를 이행하지 않는다면 권력분립의 원칙과 법치국가 내지 법치행정의 원칙에 위배되는 것으로서 위법함과 동시에 위헌적인 것이 되는바, 구 군법무관임용법 제5조 제3항과 군법무관임용 등에 관한 법률 제6조가 군법무관의 보수를 법관 및 검사의 예에 준하도록 규정하면서 그 구체적 내용을 시행령에 위임하고 있는 이상, 위 법률의 규정들은 군법무관의 보수의 내용을 법률로써 일차적으로 형성한 것이고, 위 법률들에 의해 상당한 수준의 보수청구권이 인정되는 것이므로, 위 보수청구권은 단순한 기대이익을 넘어서는 것으로서 법률의 규정에 의해 인정된 재산권의 한 내용이 되는 것으로 봄이 상당하고, 따라서 행정부가 정당한 이유 없이 시행령을 제정하지 않은 것은 위 보수청구권을 침해하는 불법행위에 해당한다.(대판 2007.11.29. 2006다3561)

③ [X] 유흥주점에 감금된 채 윤락을 강요받으며 생활하던 여종업원들이 유흥주점에 화재가 났을 때 미처 피신하지 못하고 유독가스에 질식해 사망한 사안에서, 지방자치단체의 담당 공무원이 식품위생법상 취하여야 할 조치를 게을리 한 직무상 의무위반행위와 위 사망의 결과 사이의 상당인과관계를 인정하지 않은 사례(대판 2008.4.10. 2005다48994)

④ [O] 대판 2015.8.27. 2012다204587

23 난도 ●● 정답 ②

① [O] 사정판결은 취소소송에만 인정되고 사정재결은 취소심판과 의무이행심판에 적용된다. 의무이행심판의 대상은 거부처분이나 부작위이므로 위법의 정도는 취소사유에 해당한다.

② [X] ③ [O]

④ [O] 무효선언을 구하는 취소소송은 제소기간, 행정심판 전치주의, 간접강제 등이 적용되는 반면, 무효등확인소송은 제소기간, 행정심판 전치주의, 간접강제 등이 적용되지 않는다.

24 난도 ●● 정답 ③

① [O]

② [O] 대체적 작위의무에도 이행강제금이 부과될 수 있고, 형사처벌과 병과해도 이중처벌이 아니다.

> **판례**
> 전통적으로 행정대집행은 대체적 작위의무에 대한 강제집행수단으로, 이행강제금은 부작위의무나 비대체적 작위의무에 대한 강제집행수단으로 이해되어 왔으나, 이는 이행강제금제도의 본질에서 오는 제약은 아니며, 이행강제금은 대체적 작위의무의 위반에 대하여도 부과될 수 있다. … 건축법 제78조에 의한 무허가 건축행위에 대한 형사처벌과 건축법 제83조 제1항에 의한 시정명령 위반에 대한 이

행강제금의 부과는 그 처벌 내지 제재대상이 되는 기본적 사실관계로서의 행위를 달리하며, 또한 그 보호법익과 목적에서도 차이가 있으므로 헌법 제13조 제1항이 금지하는 이중처벌에 해당한다고 할 수 없다.(헌재 2004.2.26. 2001헌바80)

③ [X] 구 건축법에 의하면 문언상 최초의 시정명령이 있었던 날을 기준으로 1년 단위별로 2회에 한하여 이행강제금을 부과할 수 있고, 이 경우에도 매 1회 부과시마다 구 건축법 제80조 제1항 단서에서 정한 1회분 상당액의 이행강제금을 부과한 다음 다시 시정명령의 이행에 필요한 상당한 이행기한을 정하여 그 기한까지 시정명령을 이행할 수 있는 기회를 준 후 비로소 다음 1회분 이행강제금을 부과할 수 있다고 할 것이다. 따라서 비록 건축주 등이 장기간 시정명령을 이행하지 아니하였더라도, 그 기간 중에는 시정명령의 이행기회가 제공되지 아니하였다가 뒤늦게 시정명령의 이행기회가 제공된 경우라면, 시정명령의 이행기회 제공을 전제로 한 1회분의 이행강제금만을 부과할 수 있고, 시정명령의 이행기회가 제공되지 아니한 과거의 기간에 대한 이행강제금까지 한꺼번에 부과할 수는 없다. 그리고 이를 위반하여 이루어진 이행강제금 부과처분은 과거의 위반행위에 대한 제재가 아니라 행정상의 간접강제 수단이라는 이행강제금의 본질에 반하여 구 건축법 제80조 제1항, 제4항 등 법규의 중요한 부분을 위반한 것으로서, 그러한 하자는 중대할 뿐만 아니라 객관적으로도 명백하다.(대판 2016.7.14. 2015두46598)

④ [O] 부동산의 소유권이전을 내용으로 하는 계약을 체결하고 반대급부의 이행을 완료한 날로부터 3년 이내에 소유권이전등기를 신청하지 아니한 등기권리자 등(이하 '장기미등기자'라 한다)에 대하여 부과되는 이행강제금은 소유권이전등기신청의무 불이행이라는 과거의 사실에 대한 제재인 과징금과 달리, 장기미등기자에게 등기신청의무를 이행하지 아니하면 이행강제금이 부과된다는 심리적 압박을 주어 의무의 이행을 간접적으로 강제하는 행정상의 간접강제 수단에 해당한다. 따라서 장기미등기자가 이행강제금 부과 전에 등기신청의무를 이행하였다면 이행강제금의 부과로써 이행을 확보하고자 하는 목적은 이미 실현된 것이므로 부동산실명법 제6조 제2항에 규정된 기간이 지나서 등기신청의무를 이행한 경우라 하더라도 이행강제금을 부과할 수 없다.(대판 2016.6.23. 2015두36454)

25 난도 ●● 정답 ③

① [O]

> **행정절차법 제17조(처분의 신청)** ① 행정청에 처분을 구하는 신청은 문서로 하여야 한다. 다만, 다른 법령등에 특별한 규정이 있는 경우와 행정청이 미리 다른 방법을 정하여 공시한 경우에는 그러하지 아니하다.

② [O]

> **제17조(처분의 신청)** ③ 행정청은 신청에 필요한 구비서류, 접수기관, 처리기간, 그 밖에 필요한 사항을 게시(인터넷 등을 통한 게시를 포함한다)하거나 이에 대한 편람을 갖추어 두고 누구나 열람할 수 있도록 하여야 한다.

③ [X]

> **제17조(처분의 신청)** ⑤ 행정청은 신청에 구비서류의 미비 등 흠이 있는 경우에는 보완에 필요한 상당한 기간을 정하여 지체 없이 신청인에게 보완을 요구하여야 한다.

④ [O]

> **제17조(처분의 신청)** ⑦ 행정청은 신청인의 편의를 위하여 다른 행정청에 신청을 접수하게 할 수 있다. 이 경우 행정청은 다른 행정청에 접수할 수 있는 신청의 종류를 미리 정하여 공시하여야 한다.

01	②	02	②	03	④	04	③	05	②
06	④	07	③	08	②	09	②	10	③
11	②	12	③	13	④	14	①	15	②
16	④	17	②	18	③	19	④	20	②
21	④	22	③	23	③	24	②	25	③

01 난도 ●
정답 ②

① [O]

> **질서위반행위규제법 제16조(사전통지 및 의견 제출 등)** ① 행정청이 질서위반행위에 대하여 과태료를 부과하고자 하는 때에는 미리 당사자(제11조 제2항에 따른 고용주 등을 포함한다. 이하 같다)에게 대통령령으로 정하는 사항을 통지하고, 10일 이상의 기간을 정하여 의견을 제출할 기회를 주어야 한다. 이 경우 지정된 기일까지 의견 제출이 없는 경우에는 의견이 없는 것으로 본다.

② [X] 질서위반행위규제법은 과태료의 부과대상인 질서위반행위에 대하여도 책임주의 원칙을 채택하여 제7조에서 "고의 또는 과실이 없는 질서위반행위는 과태료를 부과하지 아니한다."고 규정하고 있으므로, 질서위반행위를 한 자가 자신의 책임 없는 사유로 위반행위에 이르렀다고 주장하는 경우 법원으로서는 그 내용을 살펴 행위자에게 고의나 과실이 있는지를 따져보아야 한다.(대판 2011.7.14. 2011마364)

③ [O]

> **제20조(이의제기)** ① 행정청의 과태료 부과에 불복하는 당사자는 제17조 제1항에 따른 과태료 부과 통지를 받은 날부터 60일 이내에 해당 행정청에 서면으로 이의제기를 할 수 있다.
> ② 제1항에 따른 이의제기가 있는 경우에는 행정청의 과태료 부과처분은 그 효력을 상실한다.

④ [O]

> **제3조(법 적용의 시간적 범위)** ③ 행정청의 과태료 처분이나 법원의 과태료 재판이 확정된 후 법률이 변경되어 그 행위가 질서위반행위에 해당하지 아니하게 된 때에는 변경된 법률에 특별한 규정이 없는 한 과태료의 징수 또는 집행을 면제한다.

02 난도 ●●
정답 ②

① [O] 부당이득의 개념이다.

② [X] 개발부담금 부과처분이 취소된 이상 그 후의 부당이득으로서의 과오납금 반환에 관한 법률관계는 단순한 민사 관계에 불과한 것이고, 행정소송절차에 따라야 하는 관계로 볼 수 없다. (대판 1995.12.22. 94다51253)

③ [O] 대판 2002.11.8. 2001두8780

④ [O] 대판 1995.4.28. 94다55019

03 난도 ●●○
정답 ④

① [O] 서울대학교의 "94학년도 대학입학고사 주요 요강"은 헌법소원의 대상이다.

> **판례**
> 국립대학인 서울대학교의 "94학년도 대학입학고사 주요 요강"은 사실상의 준비행위 내지 사전안내로서 행정쟁송의 대상이 될 수 있는 행정처분이나 공권력의 행사는 될 수 없지만 그 내용이 국민의 기본권에 직접 영향을 끼치는 내용이고 앞으로 법령의 뒷받침에 의하여 그대로 실시될 것이 틀림없을 것으로 예상되어 그로 인하여 직접적으로 기본권 침해를 받게 되는 사람에게는 사실상의 규범작용으로 인한 위험성이 이미 현실적으로 발생하였다고 보아야 할 것이므로 이는 헌법소원의 대상이 되는 헌법재판소법 제68조 제1항 소정의 공권력의 행사에 해당된다고 할 것이며, 이 경우 헌법소원 외에 달리 구제방법이 없다.(헌재 1992.10.1. 92헌마68 등)

② [O] 행정계획의 경우에도 국가배상의 요건을 갖추면 국가배상이 가능하다.

③ [O] 택지개발 예정지구 지정처분은 건설교통부장관이 법령의 범위 내에서 도시지역의 시급한 주택난 해소를 위한 택지를 개발·공급할 목적으로 주택정책상의 전문적·기술적 판단에 기초하여 행하는 일종의 행정계획으로서 재량행위라고 할 것이므로 그 재량권의 일탈·남용이 없는 이상 그 처분을 위법하다고 할 수 없다.(대판 1997.9.26. 96누10096)

④ [X] 대법원은 행정계획의 개념을 구체적으로 정의하고 있다.

> **판례**
> 행정계획이라 함은 행정에 관한 전문적·기술적 판단을 기초로 하여 도시의 건설·정비·개량 등과 같은 특정한 행정목표를 달성하기 위하여 서로 관련되는 행정수단을 종합·조정함으로써 장래의 일정한 시점에 있어서 일정한 질서를 실현하기 위한 활동기준으로 설정된 것이다.(대판 1996.11.29. 96누8567)

04 난도 ●●
정답 ③

① [O] 토지거래는 개인 간의 사법상 행위이다. 토지거래허가에서 허가는 강학상 인가이고, 인가의 대상에는 법률행위만이 해당하고 사실행위는 제외된다. 법률행위에는 공법상 법률행위와 사법상 법률행위가 모두 포함된다.

② [O] 인가는 개인 간의 법률행위를 완성시켜주는 보충행위이다.

③ [X] 애매한 지문이다. 무효인 토지거래계약에 대하여 토지거래허가가 있었다 하더라도 기본행위인 토지거래계약이 무효이므로 그에 대한 토지거래허가도 무효가 된다. 무효도 위법의 일종이므로 틀린 지문이라고 보기 어렵지만 객관식의 특성상 상대적으로 봐야 한다.

④ [O] 건축허가는 명령적 행위의 일종인 허가이지만 토지거래허가는 형성적 행위의 일종인 인가이다.

① [O]

> **행정절차법 제3조(적용 범위)** ② 이 법은 다음 각 호의 어느 하나에 해당하는 사항에 대하여는 적용하지 아니한다.
> 1. 국회 또는 지방의회의 의결을 거치거나 동의 또는 승인을 받아 행하는 사항
> 2. 법원 또는 군사법원의 재판에 의하거나 그 집행으로 행하는 사항
> 3. 헌법재판소의 심판을 거쳐 행하는 사항
> 4. 각급 선거관리위원회의 의결을 거쳐 행하는 사항
> 5. 감사원이 감사위원회의의 결정을 거쳐 행하는 사항
> 6. 형사(刑事), 행형(行刑) 및 보안처분 관계 법령에 따라 행하는 사항
> 7. 국가안전보장·국방·외교 또는 통일에 관한 사항 중 행정절차를 거칠 경우 국가의 중대한 이익을 현저히 해칠 우려가 있는 사항
> 8. 심사청구, 해양안전심판, 조세심판, 특허심판, 행정심판, 그 밖의 불복절차에 따른 사항
> 9. 「병역법」에 따른 징집·소집, 외국인의 출입국·난민인정·귀화, 공무원 인사 관계 법령에 따른 징계와 그 밖의 처분, 이해 조정을 목적으로 하는 법령에 따른 알선·조정·중재(仲裁)·재정(裁定) 또는 그 밖의 처분 등 해당 행정작용의 성질상 행정절차를 거치기 곤란하거나 거칠 필요가 없다고 인정되는 사항과 행정절차에 준하는 절차를 거친 사항으로서 대통령령으로 정하는 사항

② [X] 입법예고 시 상임위원회에 제출하는 것은 대통령령만 해당된다.

> **제42조(예고방법)** ② 행정청은 대통령령을 입법예고하는 경우 국회 소관 상임위원회에 이를 제출하여야 한다.

③ [O] 행정절차법상 신고는 자기완결적 신고이다.

> **제40조(신고)** ② 제1항에 따른 신고가 다음 각 호의 요건을 갖춘 경우에는 신고서가 접수기관에 도달된 때에 신고 의무가 이행된 것으로 본다.
> 1. 신고서의 기재사항에 흠이 없을 것
> 2. 필요한 구비서류가 첨부되어 있을 것
> 3. 그 밖에 법령 등에 규정된 형식상의 요건에 적합할 것

④ [O]

> **제40조(신고)** ③ 행정청은 제2항 각 호의 요건을 갖추지 못한 신고서가 제출된 경우에는 지체 없이 상당한 기간을 정하여 신고인에게 보완을 요구하여야 한다.
> ④ 행정청은 신고인이 제3항에 따른 기간 내에 보완을 하지 아니하였을 때에는 그 이유를 구체적으로 밝혀 해당 신고서를 되돌려 보내야 한다.

① [O] 공공기관의 정보공개에 관한 법률 제6조 제1항은 "모든 국민은 정보의 공개를 청구할 권리를 가진다."고 규정하고 있는데, 여기에서 말하는 국민에는 자연인은 물론 법인, 권리능력 없는 사단·재단도 포함되고, 법인, 권리능력 없는 사단·재단 등의 경우에는 설립목적을 불문한다.(대판 2003.12.12. 2003두8050)

② [O] 공공기관의 정보공개에 관한 법률 제2조 제1호

③ [O]

> **공공기관의 정보공개에 관한 법률 제18조(이의신청)** ① 청구인이 정보공개와 관련한 공공기관의 비공개 결정 또는 부분 공개 결정에 대하여 불복이 있거나 정보공개 청구 후 20일이 경과하도록 정보공개 결정이 없는 때에는 공공기관으로부터 정보공개 여부의 결정 통지를 받은 날 또는 정보공개 청구 후 20일이 경과한 날부터 30일 이내에 해당 공공기관에 문서로 이의신청을 할 수 있다.

④ [X] 정보공개청구권은 법률상 보호되는 구체적인 권리이므로 청구인이 공공기관에 대하여 정보공개를 청구하였다가 거부처분을 받은 것 자체가 법률상 이익의 침해에 해당한다고 할 것이고, 거부처분을 받은 것 이외에 추가로 어떤 법률상의 이익을 가질 것을 요구하는 것은 아니다.(대판 2004.9.23. 2003두1370)

① [O] 행정소송의 소송요건에는 원고적격, 피고적격, 대상적격(처분성), 제소기간, 소의 이익, 관할법원, 예외적으로 행정심판을 거칠 것 등이 있다.

② [O] 소송요건이 흠결되면 부적법 각하판결을 한다.

③ [X] 다소 애매한 지문이다. 소송요건의 존부 여부는 법원의 직권조사사항이므로 당사자가 먼저 입증할 필요는 없지만, 각하의 가능성이 있는 경우 원고가 주장·입증해야 한다. 지문은 당사자라고 되어 있는데 당사자는 원·피고를 포함하는 개념이다.

④ [O] 소송요건의 구비 여부를 심리하는 것을 요건심리라고 하며, 요건을 모두 갖추면 본안심리로 들어간다.

① [O] 어업권면허에 선행하는 우선순위결정은 행정청이 우선권자로 결정된 자의 신청이 있으면 어업권면허처분을 하겠다는 것을 약속하는 행위로서 강학상 확약에 불과하고 행정처분은 아니므로, 우선순위결정에 공정력이나 불가쟁력과 같은 효력은 인정되지 아니하며, 따라서 우선순위결정이 잘못되었다는 이유로 종전의 어업권면허처분이 취소되면 행정청은 종전의 우선순위결정을 무시하고 다시 우선순위를 결정한 다음 새로운 우선순위결정에 기하여 새로운 어업권면허를 할 수 있다.(대판 1995.1.20. 94누6529)

② [X] 계약직공무원 채용계약해지의 의사표시는 처분이 아니므로 행정절차법이 적용되지 않으므로 행정절차법상의 근거와 이유를 제시하여야 하는 것은 아니다.

판례

계약직공무원 채용계약해지의 의사표시는 일반 공무원에 대한 징계처분과는 달라서 항고소송의 대상이 되는 처분 등의 성격을 가진 것으로 인정되지 아니하고, 일정한 사유가 있을 때에 국가 또는 지방자치단체가 채용계약 관계의 한쪽 당사자로서 대등한 지위에서 행하는 의사표시로 취급되는 것으로 이해되므로, 이를 징계해고 등에서와 같이 그 징계사유에 한하여 효력 유무를 판단하여야 하거나, 행정처분과 같이 행정절차법에 의하여 근거와 이유를 제시하여야 하는 것은 아니다.(대판 2002.11.26. 2002두5948)

③ [O] 행정관청이 토지거래계약신고에 관하여 공시된 기준지가를 기준으로 매매가격을 신고하도록 행정지도하여 왔고 그 기준가격 이상으로 매매가격을 신고한 경우에는 거래신고서를 접수하지 않고 반려하는 것이 관행화되어 있다 하더라도 이는 법에 어긋나는 관행이라 할 것이므로, 그와 같은 위법한 관행에 따라 허위신고행위에 이르렀다고 하여 그 범법행위가 사회상규에 위배되지 않는 정당한 행위라고는 볼 수 없다.(대판 1992.4.24. 91도1609)

④ [O] 구 국가를 당사자로 하는 계약에 관한 법률 제11조 규정 내용과 국가가 일방당사자가 되어 체결하는 계약의 내용을 명확히 하고 국가가 사인과 계약을 체결할 때 적법한 절차에 따를 것을 담보하려는 규정의 취지 등에 비추어 보면, 국가가 사인과 계약을 체결할 때에는 국가계약법령에 따른 계약서를 따로 작성하는 등 요건과 절차를 이행하여야 할 것이고, 설령 국가와 사인 사이에 계약이 체결되었더라도 이러한 법령상 요건과 절차를 거치지 아니한 계약은 효력이 없다.(대판 2015.1.15. 2013다215133)

09 난도 ●● (정답) ②

① [O] 사자(死者)나 법인의 정보는 개인정보 보호법의 적용대상이 되지 않는다.

개인정보 보호법 제2조(정의) 이 법에서 사용하는 용어의 뜻은 다음과 같다.
1. "개인정보"란 살아 있는 개인에 관한 정보로서 다음 각 목의 어느 하나에 해당하는 정보를 말한다.
   가. 성명, 주민등록번호 및 영상 등을 통하여 개인을 알아볼 수 있는 정보
   나. 해당 정보만으로는 특정 개인을 알아볼 수 없더라도 다른 정보와 쉽게 결합하여 알아볼 수 있는 정보. 이 경우 쉽게 결합할 수 있는지 여부는 다른 정보의 입수 가능성 등 개인을 알아보는 데 소요되는 시간, 비용, 기술 등을 합리적으로 고려하여야 한다.
   다. 가목 또는 나목을 제1호의2에 따라 가명처리함으로써 원래의 상태로 복원하기 위한 추가 정보의 사용·결합 없이는 특정 개인을 알아볼 수 없는 정보(이하 "가명정보"라 한다)

② [X] 민간에 의하여 처리되는 정보도 개인정보 보호대상이 된다.

개인정보 보호법 제2조(정의) 5. "개인정보처리자"란 업무를 목적으로 개인정보파일을 운용하기 위하여 스스로 또는 다른 사람을 통하여 개인정보를 처리하는 공공기관, 법인, 단체 및 개인 등을 말한다.

③ [O]

행정절차법 제37조(문서의 열람 및 비밀유지) ⑥ 누구든지 의견제출 또는 청문을 통하여 알게 된 사생활이나 경영상 또는 거래상의 비밀을 정당한 이유 없이 누설하거나 다른 목적으로 사용하여서는 아니 된다.

④ [O]

개인정보 보호법 제39조(손해배상책임) ① 정보주체는 개인정보처리자가 이 법을 위반한 행위로 손해를 입으면 개인정보처리자에게 손해배상을 청구할 수 있다. 이 경우 그 개인정보처리자는 고의 또는 과실이 없음을 입증하지 아니하면 책임을 면할 수 없다.

10 난도 ●● (정답) ③

① [O]
② [O]

부담	• 행정행위+작위·부작위·수인·급부를 명령하는 것(예 도로점용허가에 점용료 부과) • 독립성이 강하다. → 부담만에 대한 강제집행과 부담만에 대한 독립쟁송이 가능하다. 부담을 이행하지 않아도 그것만으로 행정행위의 효력이 없어지는 것이 아니다. → 별도로 행정행위를 철회하거나 강제집행, 후속허가의 거부, 행정벌이 가능하다.
조건 (장래의 불확실한 일과 연계)	• 정지조건: 장래의 불확실한 일이 성취되면 행정행위의 효력 발생 • 해제조건: 일단 효력이 발생한 행정행위가 장래의 불확실한 일의 성취로 효력 소멸
기한 (장래의 확실한 일과 연계)	• 시기: … 부터 • 종기: … 까지 • 확정기한: 10년간 • 불확정기한: A가 죽을 때까지
철회권 유보	예 청소년에게 술을 팔면 영업철회 • 법적 근거 없이 가능하다. • 철회사유의 발생만으로 철회되는 것이 아니라 별도의 철회가 필요하다.
법률효과의 일부배제	예 영업허가를 하면서 10시 이후의 영업금지 • 법적 근거가 필요하다.

③ [X] 운행시간과 구역을 제한하여 행한 택시영업의 허가는 법률효과의 일부배제에 해당한다.

④ [O]

11 난도 ●●● (정답) ②

① [O] 부패방지 및 국민권익위원회의 설치와 운영에 관한 법률 제28조 제1항 제2호

② [X]

③ [O] 행정소송법 제6조 제1항, 제2항

구 분	대 상	재판의 전제성	심판기관	효 력
법원의 통제	• 법규명령 • 재량준칙 • 법령보충적 행정규칙 • 조례 • 행정규칙은 심사 불가	• 재판의 전제성 有: 판단 가능 • 재판의 전제성 無: 판단 가능 (무밀분교 조례)	모든 법원이 심사 가능하나, 최종판단은 대법원이 한다.	개별적 효력 → 대법원이 행정안전부장관에 통보 → 관보에 게재
헌재의 통제	상 동	• 재판의 전제성 有: 판단 불가 • 재판의 전제성 無: 판단 가능	헌법재판소	일반적 효력

④ [O] 행정규칙이 법령의 규정에 의하여 행정관청에 법령의 구체적 내용을 보충할 권한을 부여한 경우나 재량권 행사의 준칙인 규칙이 그 정한 바에 따라 되풀이 시행되어 행정관행이 이룩되게 되면, 평등의 원칙이나 신뢰보호의 원칙에 따라 행정기관은 그 상대방에 대한 관계에서 그 규칙에 따라야 할 자기구속을 당하게 되는 경우에는 대외적인 구속력을 가지게 되는 바, 이러한 경우에는 헌법소원의 대상이 될 수도 있다.(헌재 2001.5.31. 99헌마413)

12 난도 ●●●   (정답) ③

① [O] 자유권적 기본권은 헌법만으로 공권이 인정되는 경우가 있으나(알권리, 피의자·피고인의 접견권), 사회권적 기본권은 헌법 규정만으로 실현될 수 없고, 이를 구체화하는 법률이 있어야만 구체적인 권리로서의 개인적 공권으로 인정될 수 있다.

판례
공무원연금법상의 각종 급여는 헌법 규정만으로는 이를 실현할 수 없고 법률에 의하여 구체적으로 형성할 것을 필요로 하는바, 연금수급권의 구체적 내용, 즉 수급요건, 수급권자의 범위, 급여금액 등은 법률에 의하여 비로소 확정될 것이므로 연금수급권을 형성함에 있어 입법자는 광범위한 형성의 자유를 가진다.(헌재 2011.12.29. 2011헌바41)

② [O] 대판 1995.8.22. 94누8129 – 다만, 수익적 처분의 상대방은 원고적격이 인정될 수 없다는 단정적 지문은 틀린 지문이다.

③ [X] 건축법 제79조는 시정명령에 대하여 규정하고 있으나, 동법이나 동법 시행령 어디에서도 일반국민에게 그러한 시정명령을 신청할 권리를 부여하고 있지 않을 뿐만 아니라, 피청구인에게 건축법 위반이라고 인정되는 건축물의 건축주 등에 대하여 시정명령을 할 것인지와, 구체적인 시정명령의 내용을 무엇으로 할 것인지에 대하여 결정할 재량권을 주고 있으며, 달리 이 사건에서 시정명령을 해야 할 법적 의무가 인정된다고 볼 수 없다.(헌재 2010.4.20. 2010헌마189)

④ [O] 재량이 0으로 수축되는 경우를 말한다.

판례
경찰권의 행사는 일반적으로 경찰관의 전문적 판단에 기한 합리적인 재량에 위임되어 있으나, 경찰관에게 권한을 부여한 취지와 목적

에 비추어 볼 때 구체적인 사정에 따라 경찰관이 권한을 행사하여 필요한 조치를 하지 아니하는 것이 현저하게 불합리하다고 인정되는 경우에는 권한의 불행사는 직무상 의무를 위반한 것이 되어 위법하게 된다.(대판 2016.4.15. 2013다20427)

13 난도 ●●○   (정답) ④

① [O] 행정의 자동결정의 예이다.

② [O] 행정의 자동결정도 행정행위로 인정되는 이상 법률적합성 및 행정법 일반원칙에 의한 법적 한계 등을 준수하여야 한다.

③ [O] 지방자치단체장이 교통신호기를 설치하여 그 관리권한이 도로교통법 제71조의2 제1항의 규정에 의하여 관할 지방경찰청장에게 위임되어 지방자치단체 소속 공무원과 지방경찰청 소속 공무원이 합동근무하는 교통종합관제센터에서 그 관리업무를 담당하던 중 위 신호기가 고장난 채 방치되어 교통사고가 발생한 경우, 국가배상법 제2조 또는 제5조에 의한 배상책임을 부담하는 것은 지방경찰청장이 소속된 국가가 아니라, 그 권한을 위임한 지방자치단체장이 소속된 지방자치단체라고 할 것이나, 한편 국가배상법 제6조 제1항은 같은 법 제2조, 제3조 및 제5조의 규정에 의하여 국가 또는 지방자치단체가 손해를 배상할 책임이 있는 경우에 공무원의 선임·감독 또는 영조물의 설치·관리를 맡은 자와 공무원의 봉급·급여 기타의 비용 또는 영조물의 설치·관리의 비용을 부담하는 자가 동일하지 아니한 경우에는 그 비용을 부담하는 자도 손해를 배상하여야 한다고 규정하고 있으므로 교통신호기를 관리하는 지방경찰청장 산하 경찰관들에 대한 봉급을 부담하는 국가도 국가배상법 제6조 제1항에 의한 배상책임을 부담한다.(대판 1999.6.25. 99다11120)

④ [X] 행정의 자동결정도 처분의 요건을 갖추면 처분성이 인정된다.

14 난도 ●●○   (정답) ①

① [X] 당사자소송의 대상이다.

판례
공무원연금관리공단의 인정에 의하여 퇴직연금을 지급받아 오던 중 구 공무원연금법령의 개정 등으로 퇴직연금 중 일부 금액의 지급이 정지된 경우에는 당연히 개정된 법령에 따라 퇴직연금이 확정되는 것이지 같은 법 제26조 제1항에 정해진 공무원연금관리공단의 퇴직연금 결정과 통지에 의하여 비로소 그 금액이 확정되는 것이 아니므로, 공무원연금관리공단이 퇴직연금 중 일부 금액에 대하여 지급거부의 의사표시를 하였다고 하더라도 그 의사표시는 퇴직연금 청구권을 형성·확정하는 행정처분이 아니라 공법상의 법률관계의 한쪽 당사자로서 그 지급의무의 존부 및 범위에 관하여 나름대로의 사실상·법률상 의견을 밝힌 것일 뿐이어서, 이를 행정처분이라고 볼 수는 없고, 이 경우 미지급퇴직연금에 대한 지급청구권은 공법상 권리로서 그의 지급을 구하는 소송은 공법상의 법률관계에 관한 소송인 공법상 당사자소송에 해당한다.(대판 2004.7.8. 2004두244)

② [O] 고용보험 및 산업재해보상보험의 보험료징수 등에 관한 법률 제4조, 제16조의2, 제17조, 제19조, 제23조의 각 규정에 의하면, 사업주가 당연가입자가 되는 고용보험 및 산재보험에서 보험료 납부의무 부존재확인의 소는 공법상의 법률관계 자체를 다투는 소송으로서 공법상 당사자소송이다.(대판 2016.10.13. 2016다221658)

③ [O] 대판 2016.5.24. 2013두14863

④ [O] 지방자치단체가 보조금 지급결정을 하면서 일정 기한 내에 보조금을 반환하도록 하는 교부조건을 부가한 사안에서, 보조사업자의 지방자치단체에 대한 보조금 반환의무는 행정처분인 위 보조금 지급결정에 부가된 부관상 의무이고, 이러한 부관상 의무는 보조사업자가 지방자치단체에 부담하는 공법상 의무이므로, 보조사업자에 대한 지방자치단체의 보조금반환청구는 공법상 권리관계의 일방 당사자를 상대로 하여 공법상 의무이행을 구하는 청구로서 행정소송법 제3조 제2호에 규정한 당사자소송의 대상이다.(대판 2011.6.9. 2011다2951)

15 난도 ●●   정답 ②

① [O]

④ [O] 국가배상법 제5조 제1항에 정하여진 '영조물 설치·관리상의 하자'라 함은 공공의 목적에 공여된 영조물이 그 용도에 따라 통상 갖추어야 할 안전성을 갖추지 못한 상태에 있음을 말하는바, 영조물의 설치 및 관리에 있어서 항상 완전무결한 상태를 유지할 정도의 고도의 안전성을 갖추지 아니하였다고 하여 영조물의 설치 또는 관리에 하자가 있다고 단정할 수 없는 것이고, 영조물의 설치자 또는 관리자에게 부과되는 방호조치의무는 영조물의 위험성에 비례하여 사회통념상 일반적으로 요구되는 정도의 것을 의미하므로 영조물인 도로의 경우도 다른 생활필수시설과의 관계나 그것을 설치하고 관리하는 주체의 재정적, 인적, 물적 제약 등을 고려하여 그것을 이용하는 자의 상식적이고 질서 있는 이용방법을 기대한 상대적인 안전성을 갖추는 것으로 족하다.(대판 2002.8.23. 2002다9158)

② [X] 국가배상법 제5조 소정의 공공의 영조물이란 공유나 사유임을 불문하고 행정주체에 의하여 특정 공공의 목적에 공여된 유체물 또는 물적 설비를 의미하므로 사실상 군민의 통행에 제공되고 있던 도로 옆의 암벽으로부터 떨어진 낙석에 맞아 소외인이 사망하는 사고가 발생하였다고 하여도 동 사고지점 도로가 피고 군에 의하여 노선인정 기타 공용개시가 없었으면 이를 영조물이라 할 수 없다.(대판 1981.7.7. 80다2478)

③ [O] 가변차로에 설치된 신호등의 용도와 오작동 시에 발생하는 사고의 위험성과 심각성을 감안할 때, 만일 가변차로에 설치된 두 개의 신호기에서 서로 모순되는 신호가 들어오는 고장을 예방할 방법이 없음에도 그와 같은 신호기를 설치하여 그와 같은 고장을 발생하게 한 것이라면, 그 고장이 자연재해 등 외부요인에 의한 불가항력에 기인한 것이 아닌 한 그 자체로 설치·관리자의 방호조치의무를 다하지 못한 것으로서 신호등이 그 용도에 따라

통상 갖추어야 할 안전성을 갖추지 못한 상태에 있었다고 할 것이고, 따라서 설령 적정전압보다 낮은 저전압이 원인이 되어 위와 같은 오작동이 발생하였고 그 고장은 현재의 기술수준상 부득이한 것이라고 가정하더라도 그와 같은 사정만으로 손해발생의 예견가능성이나 회피가능성이 없어 영조물의 하자를 인정할 수 없는 경우라고 단정할 수 없다.(대판 2001.7.27. 2000다56822)

16 난도 ●●●   정답 ④

① [O] 근대국가는 국가무책임 사상에 기초하여 국가배상책임을 부담하지 않았다.

② [O] 국가배상청구는 위법한 행정작용을 대상으로 하므로 위법이 아닌 부당의 경우에는 국가배상이 인정되지 않는다.

③ [O]

■ 국가배상에 관한 헌법과 국가배상법의 규정 차이

구 분	헌 법	국가배상법
배상의 유형	공무원의 직무상 불법행위로 인한 배상만 규정, 영조물 책임에 대한 규정이 없다.	공무원의 직무상 불법행위로 인한 배상과 영조물 책임에 대한 규정이 둘 다 있다.
배상책임의 주체	국가 또는 공공단체(지자체, 사단, 재단, 영조물법인)	국가 또는 지자체 소속의 최광의의 공무원
공공단체의 불법행위	헌법과 국가배상법의 규정 차이 때문에 공공단체의 불법행위에 대해서는 민법이 적용되고 민사소송으로 처리된다. 즉 한국토지공사는 국가배상법상의 공무원이 아니다.	

④ [X] 국가배상법 제2조 제1항의 "직무를 집행함에 당하여"라 함은 직접 공무원의 직무집행행위이거나 그와 밀접한 관계에 있는 행위를 포함하고, 이를 판단함에 있어서는 행위 자체의 외관을 객관적으로 관찰하여 공무원의 직무행위로 보여질 때에는 비록 그것이 실질적으로 직무행위가 아니거나 또는 행위자로서는 주관적으로 공무집행의 의사가 없었다고 하더라도 그 행위는 공무원이 "직무를 집행함에 당하여" 한 것으로 보아야 한다.(대판 1995.4.21. 93다14240)

17 난도 ●●●   정답 ②

① [O] 강제집행은 침익적 행위이므로 법적 근거가 있어야 한다.

② [X] 지문은 이행강제금(집행벌)의 개념이다.

③ [O] 대집행은 계고, 통지, 실행, 비용징수의 절차로 진행된다.

④ [O] 대집행의 계고나 강제징수의 독촉은 준법률행위적 행정행위로서 통지에 해당하며 모두 처분성이 인정된다.

18 난도 ●●●   정답 ③

① [O] 복수면허의 경우에 관련면허는 취소가 가능하다.

판례

한 사람이 여러 종류의 자동차운전면허를 취득하는 경우뿐 아니라 이를 취소 또는 정지하는 경우에 있어서도 서로 별개의 것으로 취급하는 것이 원칙이나 자동차운전면허는 그 성질이 대인적 면허일 뿐만 아니라 도로교통법 시행규칙 제26조 별표 14에 의하면, 제1종

대형면허 소지자는 제1종 보통면허로 운전할 수 있는 자동차와 원동기장치자전거를, 제1종 보통면허 소지자는 원동기장치자전거까지 운전할 수 있도록 규정하고 있어서 제1종 보통면허로 운전할 수 있는 차량의 음주운전은 당해 운전면허뿐만 아니라 제1종 대형면허로도 가능하고, 또한 제1종 대형면허나 제1종 보통면허의 취소에는 당연히 원동기장치자전거의 운전까지 금지하는 취지가 포함된 것이어서 이들 세 종류의 운전면허는 서로 관련된 것이라고 할 것이므로 제1종 보통면허로 운전할 수 있는 차량을 음주운전한 경우에 이와 관련된 면허인 제1종 대형면허와 원동기장치자전거면허까지 취소할 수 있는 것으로 보아야 한다.(대판 1994.11.25. 94누9672)

② [O] 대판 2009.12.24. 2009두7967
③ [X] 위법한 처분의 경우에는 평등원칙이나 자기구속이 인정되지 않는다.
④ [O] 지방자치단체장이 사업자에게 주택사업계획승인을 하면서 그 주택사업과는 아무런 관련이 없는 토지를 기부채납하도록 하는 부관을 주택사업계획승인에 붙인 경우, 그 부관은 부당결부금지의 원칙에 위반되어 위법하다.(대판 1997.3.11. 96다49650)

19 난도 ●● (정답) ④

① [X] 조문상 법령상 의무가 아니라 법률상 의무로 규정되어 있다.

행정심판법 제2조(정의) 2. "부작위"란 행정청이 당사자의 신청에 대하여 상당한 기간 내에 일정한 처분을 하여야 할 법률상 의무가 있는데도 처분을 하지 아니하는 것을 말한다.

② [X]

제15조(선정대표자) ① 여러 명의 청구인이 공동으로 심판청구를 할 때에는 청구인들 중에서 3명 이하의 선정대표자를 선정할 수 있다.

③ [X]

제45조(재결 기간) ① 재결은 제23조에 따라 피청구인 또는 위원회가 심판청구서를 받은 날부터 60일 이내에 하여야 한다. 다만, 부득이한 사정이 있는 경우에는 위원장이 직권으로 30일을 연장할 수 있다.

④ [O] 심판청구, 청구변경, 재결 모두 서면으로 해야 한다.

20 난도 ●● (정답) ②

① [O] 취소소송, 부작위위법확인소송, 무효등확인소송은 모두 법률상 이익이 있는 자가 제기할 수 있다.
② [X] 부작위위법확인소송의 전제로서 신청은 행정청에게 권력적인 처분을 할 것을 요구하는 것이어야 한다. 따라서 사경제적 계약 체결의 요구 또는 비권력적 사실행위의 요구에 대한 부작위는 부작위위법확인소송의 대상이 아니다.
③ [O] 행정처분의 직접 상대방이 아닌 제3자라 하더라도 당해 행정처분으로 인하여 법률상 보호되는 이익을 침해당한 경우

에는 그 처분의 무효확인을 구하는 행정소송을 제기하여 그 당부의 판단을 받을 자격이 있다 할 것이며, 여기에서 말하는 법률상 보호되는 이익이라 함은 당해 처분의 근거 법규 및 관련 법규에 의하여 보호되는 개별적·직접적·구체적 이익이 있는 경우를 말하고, 공익보호의 결과로 국민 일반이 공통적으로 가지는 일반적·간접적·추상적 이익이 생기는 경우에는 법률상 보호되는 이익이 있다고 할 수 없다.(대판 2006.3.16. 2006두330)
④ [O] 부작위법확인의 소는 부작위상태가 계속되는 한 그 위법의 확인을 구할 이익이 있다고 보아야 하므로 원칙적으로 제소기간의 제한을 받지 않는다. 그러나 행정소송법 제38조 제2항이 제소기간을 규정한 같은 법 제20조를 부작위위법확인소송에 준용하고 있는 점에 비추어 보면, 행정심판 등 전심절차를 거친 경우에는 행정소송법 제20조가 정한 제소기간 내에 부작위법확인의 소를 제기하여야 한다.(대판 2009.7.23. 2008두10560)

21 난도 ●● (정답) ④

① [O] 하자의 승계를 인정하면 불가쟁력이 발생하여 다툴 수 없는 행위를 소의 대상으로 함으로써 권리구제에 도움이 된다.
② [O] 애매한 지문이다. 하자의 승계는 선행행위에 취소사유가 있는 경우에 문제되고 무효인 경우에는 당연히 승계되므로 하자의 승계를 논의하지 않는다. 지문은 당연히 승계된다는 의미로 사용된 것이다.
③ [O] 조세부과와 독촉 사이에는 하자의 승계가 인정되지 않고, 독촉, 압류, 매각, 청산 사이에는 하자의 승계가 인정된다.
④ [X] 하자의 승계는 선행행위의 제소기간이 경과하여 선행행위에 불가쟁력이 발생한 경우에 비로소 문제된다.

22 난도 ●●● (정답) ③

① [O] 대집행의 요건이다.
② [O] 계고서라는 명칭의 1장의 문서로서 일정기간 내에 위법건축물의 자진철거를 명함과 동시에 그 소정기한 내에 자진철거를 하지 아니할 때에는 대집행할 뜻을 미리 계고한 경우라도 건축법에 의한 철거명령과 행정대집행법에 의한 계고처분은 독립하여 있는 것으로서 각 그 요건이 충족되었다고 볼 것이다.(대판 1992.6.12. 91누13564)
③ [X] 제2차, 제3차의 계고처분은 새로운 철거의무를 부과한 것이 아니고 다만 대집행기한의 연기통지에 불과하므로 행정처분이 아니다.(대판 1994.10.28. 94누5144)
④ [O] 토지에 관한 도로구역 결정이 고시된 후 구 토지수용법 제18조의2 제2항에 위반하여 공작물을 축조하고 물건을 부가한 자에 대하여 관리청은 이러한 위반행위에 의하여 생긴 유형적 결과의 시정을 명하는 행정처분을 하여 이에 따르지 않는 경우에는 행정대집행의 방법으로 그 의무 내용을 실현할 수 있는 것이고, 이러한 행정대집행의 절차가 인정되는 경우에는 따로 민사소송의 방법으로 공작물의 철거, 수거 등을 구할 수는 없다.(대판 2000.5.12. 99다18909)

23 난도 ●●   정답 ③

가. [사법관계] 국유잡종재산을 대부하는 행위는 국가가 사경제 주체로서 상대방과 대등한 위치에서 행하는 사법상의 계약이고, 행정청이 공권력의 주체로서 상대방의 의사 여하에 불구하고 일방적으로 행하는 행정처분이라고 볼 수 없으며, 국유잡종재산에 관한 대부료의 납부고지 역시 사법상의 이행청구에 해당하고, 이를 행정처분이라고 할 수 없다.(대판 2000.2.11. 99다61675)

나. [사법관계] 예산회계법에 따라 체결되는 계약은 사법상의 계약이라고 할 것이고 동법 제70조의5의 입찰보증금은 낙찰자의 계약체결의무이행의 확보를 목적으로 하여 그 불이행시에 이를 국고에 귀속시켜 국가의 손해를 전보하는 사법상의 손해배상 예정으로서의 성질을 갖는 것이라고 할 것이므로 입찰보증금의 국고귀속조치는 국가가 사법상의 재산권의 주체로서 행위하는 것이지 공권력을 행사하는 것이거나 공권력작용과 일체성을 가진 것이 아니라 할 것이므로 이에 관한 분쟁은 행정소송이 아닌 민사소송의 대상이 될 수밖에 없다고 할 것이다. (대판 1983.12.27. 81누366)

다. [사법관계] 창덕궁 비원 안내원의 채용계약은 공법상 계약이 아니라 사법상 계약에 해당한다는 것이 판례의 입장이다.

라. [공법관계] 국가나 지방자치단체에 근무하는 청원경찰은 국가공무원법이나 지방공무원법상의 공무원은 아니지만, 다른 청원경찰과는 달리 그 임용권자가 행정기관의 장이고, 국가나 지방자치단체로부터 보수를 받으며, 산업재해보상보험법이나 근로기준법이 아닌 공무원연금법에 따른 재해보상과 퇴직급여를 지급받고, 직무상의 불법행위에 대하여도 민법이 아닌 국가배상법이 적용되는 등의 특질이 있으며 그 외 임용자격, 직무, 복무의무 내용 등을 종합하여 볼 때, 그 근무관계를 사법상의 고용계약관계로 보기는 어려우므로 그에 대한 징계처분의 시정을 구하는 소는 행정소송의 대상이지 민사소송의 대상이 아니다.(대판 1993.7.13. 92다47564)

마. [공법관계] 국유재산법 제51조 제1항에 의한 국유재산의 무단점유자에 대한 변상금 부과는 대부나 사용, 수익 허가 등을 받은 경우에 납부하여야 할 대부료 또는 사용료 상당액 외에도 그 징벌적 의미에서 국가측이 일방적으로 그 2할 상당액을 추가하여 변상금을 징수토록 하고 있으며 그 체납 시에는 국세징수법에 의하여 강제징수토록 하고 있는 점 등에 비추어 보면 그 부과처분은 관리청이 공권력을 가진 우월적 지위에서 행하는 것으로서 행정처분이라고 보아야 하고, 그 부과처분에 의한 변상금징수권은 공법상의 권리로서 사법상의 채권과는 그 성질을 달리하므로 국유재산의 무단점유자에 대하여 국가가 민법상의 부당이득금반환청구를 하는 경우 국유재산법 제51조 제1항이 적용되지 않는다.(대판 1992.4.14. 91다42197)

24 난도 ●●   정답 ②

① [O] 법원 이외의 공공기관이 정보공개법 제9조 제1항 제4호에서 정한 '진행 중인 재판에 관련된 정보'에 해당한다는 사유로 정보공개를 거부하기 위하여는 반드시 그 정보가 진행 중인 재판의 소송기록 자체에 포함된 내용일 필요는 없다. 그러나 재판에 관련된 일체의 정보가 그에 해당하는 것은 아니고 진행 중인 재판의 심리 또는 재판 결과에 구체적으로 영향을 미칠 위험이 있는 정보에 한정된다고 보는 것이 타당하다.(대판 2011.11.24. 2009두19021)

② [X] 녹음물을 폐기한 행위는 조서작성의 편의와 조서기재 내용의 정확성을 보장하기 위하여 속기·녹음을 실시한 후 형사 공판조서 등의 작성에 관한 예규 제13조 제3항에 따른 단순한 사무집행으로서 법원행정상의 구체적인 사실행위에 불과할 뿐이고, 청구인이 처한 현재의 사실관계나 법률관계를 적극적으로 변경시키거나 특별한 부담이나 의무를 부여하는 것이 아니어서 청구인에 대한 구체적이고 직접적인 법적 불이익을 내포한다고 할 수 없으므로, 행정청이 우월적 지위에서 일방적으로 강제하는 권력적 사실행위로서 헌법소원의 대상이 되는 공권력의 행사에 해당한다고 볼 수 없다.(헌재 2013.12.10. 2013헌마721)

③ [O] 방송법이라는 특별법에 의하여 한국방송공사(KBS)는 공공기관의 정보공개에 관한 법률 시행령 제2조 제4호의 '특별법에 의하여 설립된 특수법인'으로서 정보공개의무가 있는 공공기관의 정보공개에 관한 법률 제2조 제3호의 '공공기관'에 해당한다.(대판 2010.12.23. 2008두13101)

④ [O] 국민의 정보공개 청구는 정보공개법 제9조에 정한 비공개 대상 정보에 해당하지 아니하는 한 원칙적으로 폭넓게 허용되어야 하지만, 실제로는 해당 정보를 취득 또는 활용할 의사가 전혀 없이 정보공개 제도를 이용하여 사회통념상 용인될 수 없는 부당한 이득을 얻으려 하거나, 오로지 공공기관의 담당공무원을 괴롭힐 목적으로 정보공개 청구를 하는 경우처럼 권리의 남용에 해당하는 것이 명백한 경우에는 정보공개청구권의 행사를 허용하지 아니하는 것이 옳다.(대판 2014.12.24. 2014두9349)

25 난도 ●●   정답 ③

① [O] 행정청이 수익적 행정처분을 하면서 사전에 상대방과 체결한 협약상의 의무를 부담으로 부가하였는데 부담의 전제가 된 주된 행정처분의 근거 법령이 개정되어 부관을 붙일 수 없게 된 경우, 위 협약의 효력이 소멸하지 않는다.

> **판례**
> 도로법 시행규칙의 개정으로 도로경계선으로부터 15m를 넘지 않는 접도구역에서 송유관을 설치하는 행위가 관리청의 허가를 얻지 않아도 되는 행위로 변경되어 더 이상 그 행위에 부관을 붙일 수 없게 되었다 하더라도, 종전 시행규칙에 의하여 적법하게 행해진 허가와 접도구역 내 송유시설 이설비용 지급의무에 관한 부담이 개정 시행규칙의 시행으로 그 효력을 상실하게 되는 것은 아니다.(대판 2009.2.12. 2008다56262)

② [O] 일반적으로 법률의 위임에 의하여 효력을 갖는 법규명령의
경우, 구법에 위임의 근거가 없어 무효였더라도 사후에 법개정
으로 위임의 근거가 부여되면 그때부터는 유효한 법규명령이
되나, 반대로 구법의 위임에 의한 유효한 법규명령이 법개정으
로 위임의 근거가 없어지게 되면 그때부터 무효인 법규명령이
되므로, 어떤 법령의 위임 근거 유무에 따른 유효 여부를 심사하
려면 법 개정의 전·후에 걸쳐 모두 심사하여야만 그 법규명령의
시기에 따른 유효·무효를 판단할 수 있다.(대판 1995.6.30. 93추83)

③ [X] 지하철공사의 근로자가 지하철 연장운행 방해행위로 유죄
판결을 받았으나, 그 후 공사와 노조가 위 연장운행과 관련하
여 조합간부 및 조합원의 징계를 최소화하며 해고자가 없도록
한다는 내용의 합의를 한 경우, 이는 적어도 해고의 면에서는
그 행위자를 면책하기로 한다는 합의로 풀이되므로, 공사가 취
업규칙에 근거하여 위 근로자에 대하여 한 당연퇴직조치는 위
면책합의에 배치된다.(대판 2007.10.25. 2007두2067)

④ [O] 의무이행소송이나 예방적 부작위청구소송은 허용되지 않
는다.

01	④	02	①	03	②	04	①	05	②
06	④	07	④	08	②	09	②	10	③
11	②	12	②	13	①	14	③	15	③
16	①	17	②	18	④	19	④	20	③
21	③	22	④	23	①	24	①	25	①

01 난도 ●●　　　　　　　　　　　　　　　　　정답 ④

① [O] 행정벌이 과거의 의무위반에 대한 제재인 반면, 이행강제금은 장래의 의무이행을 확보하기 위하여 심리적 압박을 가하는 간접적인 행정강제라는 점에서 차이가 있다.

② [O] 현행 건축법상 위법건축물에 대한 이행강제수단으로 대집행과 이행강제금이 인정되고 있는데, 양 제도는 각각의 장·단점이 있으므로 행정청은 개별사건에 있어서 위반내용, 위반자의 시정의지 등을 감안하여 대집행과 이행강제금을 선택적으로 활용할 수 있으며, 이처럼 그 합리적인 재량에 의해 선택하여 활용하는 이상 중첩적인 제재에 해당한다고 볼 수 없다. (헌재 2004.2.26. 2001헌바80)

③ [O] 구 건축법상의 이행강제금은 구 건축법의 위반행위에 대하여 시정명령을 받은 후 시정기간 내에 당해 시정명령을 이행하지 아니한 건축주 등에 대하여 부과되는 간접강제의 일종으로서 그 이행강제금 납부의무는 상속인 기타의 사람에게 승계될 수 없는 일신전속적인 성질의 것이므로 이미 사망한 사람에게 이행강제금을 부과하는 내용의 처분이나 결정은 당연무효이다.(대판 2006.12.8. 2006마470) — 부동산실명법의 과징금은 승계가 된다.

④ [X] 이행강제금 부과처분에 대해 비송사건절차법에 의한 특별한 불복절차가 마련되어 있는 경우에는 이행강제금 부과처분은 항고소송의 대상이 되는 행정처분이 아니라고 한다. 건축법상의 이행강제금은 특별절차를 규정하고 있지 않으므로 항고쟁송의 대상이 된다.

02 난도 ●　　　　　　　　　　　　　　　　　정답 ①

① [X] 조례가 집행행위의 개입 없이도 그 자체로서 직접 국민의 구체적인 권리·의무나 법적 이익에 영향을 미치는 등의 법률상 효과를 발생하는 경우 그 조례는 항고소송의 대상이 되는 행정처분에 해당한다.(대판1996.9.20. 95누8003)

② [O] 입법부가 법률로써 행정부에게 특정한 사항을 위임했음에도 불구하고 행정부가 정당한 이유 없이 이를 이행하지 않는다면 권력분립의 원칙과 법치국가 내지 법치행정의 원칙에 위배되는 것으로서 위법함과 동시에 위헌적인 것이 되는바, 구 군법무관임용법과 군법무관임용 등에 관한 법률이 명문으로 군법무관의 보수의 구체적 내용을 시행령에 위임하고 있는 이상, 행정부가 정당한 이유 없이 시행령을 제정하지 않은 것은 위 보수청구권을 침해하는 불법행위에 해당한다.(대판 2007.11.29. 2006다3561)

비교판례

공익법무관에게는 법관 및 검사의 예에 준하는 보수의 청구권이 없으므로, 군법무관의 보수에 관한 행정입법 부작위로 인하여 공익법무관의 보수청구권이 침해당하였다고 볼 수 없다. 공익법무관은 군법무관이 지급받는 정액급식비 등 상당액을 보수로 청구할 권리를 가지지 않는다.(대판 2009.4.9. 2006다45206)

③ [O] 법령보충적 행정규칙에 대한 설명이다.

판례

법령의 규정이 특정행정기관에게 그 법령내용의 구체적 사항을 정할 수 있는 권한을 부여하면서 그 권한행사의 절차나 방법을 특정하고 있지 아니한 관계로 수임행정기관이 행정규칙의 형식으로 그 법령의 내용이 될 사항을 구체적으로 정하고 있다면 그와 같은 행정규칙, 규정은 행정규칙이 갖는 일반적 효력으로서가 아니라, 행정기관에 법령의 구체적 내용을 보충할 권한을 부여한 법령규정의 효력에 의하여 그 내용을 보충하는 기능을 갖게 된다 할 것이므로 이와 같은 행정규칙, 규정은 당해 법령의 위임한계를 벗어나지 아니하는 한 그것들과 결합하여 대외적인 구속력이 있는 법규명령으로서의 효력을 갖게 된다.(대판 1987.9.29. 86누484)

④ [O] 조례와 정관에는 포괄위임금지원칙이 적용되지 않는다.

03 난도 ●●●　　　　　　　　　　　　　　　　정답 ②

ㄱ. [통치행위 X] 남북정상회담의 개최는 사법심사의 대상이 아니지만, 대북송금행위는 심사의 대상이다.

판례

남북정상회담의 개최는 고도의 정치적 성격을 지니고 있는 행위라 할 것이므로 특별한 사정이 없는 한 그 당부를 심판하는 것은 사법권의 내재적·본질적 한계를 넘어서는 것이 되어 적절하지 못하지만, 남북정상회담의 개최과정에서 재정경제부장관에게 신고하지 아니하거나 통일부장관의 협력사업 승인을 얻지 아니한 채 북한 측에 사업권의 대가 명목으로 송금한 행위 자체는 헌법상 법치국가의 원리와 법 앞에 평등원칙 등에 비추어 볼 때 사법심사의 대상이 된다.(대판 2004.3.26. 2003도7878)

ㄴ. [통치행위 O] 외국에의 국군의 파견결정에 대하여 헌법재판소가 사법적 기준만으로 이를 심판하는 것은 자제되어야 한다.

판례

외국에의 국군의 파견결정은 고도의 정치적 결단이 요구되는 사안이다. 현행 헌법이 채택하고 있는 대의민주제 통치구조하에서 대의기관인 대통령과 국회의 그와 같은 고도의 정치적 결단은 가급적 존중되어야 한다. 이 사건 파병결정은 … 국무회의의 심의·의결을 거쳐 국회의 동의를 얻음으로써 헌법과 법률에 따른 절차적 정당성을 확보했음을 알 수 있다. 그렇다면 이 사건 파견결정은 그 성격상 국방 및 외교에 관련된 고도의 정치적 결단을 요하는 문제로서, 헌법과 법률이 정한 절차를 지켜 이루어진 것임이 명백하므로, 대통령과 국회의 판단은 존중되어야 하고 헌법재판소가 사법적 기준만으로 이를 심판하는 것은 자제되어야 한다.(헌재 2004.4.29. 2003헌마 814)

ㄷ. [통치행위 X] 구 상훈법 제8조는 서훈취소의 요건을 구체적으로 명시하고 있고 절차에 관하여 상세하게 규정하고 있다. 그리고 서훈취소는 서훈수여의 경우와는 달리 이미 발생된 서훈대상자 등의 권리 등에 영향을 미치는 행위로서 관련 당사자에게 미치는 불이익의 내용과 정도 등을 고려하면 사법심사의 필요성이 크다. 따라서 기본권의 보장 및 법치주의의 이념에 비추어 보면, 비록 서훈취소가 대통령이 국가원수로서 행하는 행위라고 하더라도 법원이 사법심사를 자제하여야 할 고도의 정치성을 띤 행위라고 볼 수는 없다.(대판 2015.4.23. 2012두26920)

04 난도 ●● 정답 ①

① [X] 개발부담금을 정산하게 되면 당초의 부과처분은 그 정산에 의하여 증액 또는 감액되게 되는바, 그 변경된 개발부담금을 부과받은 사업시행자가 부과종료시점지가의 산정에 위법이 있음을 이유로 당해 증액 또는 감액된 개발부담금 부과처분의 취소를 구하는 경우에도 부과종료시점지가 산정의 기초가 된 개별공시지가결정에 위법사유가 있음을 독립된 불복사유로 주장할 수 있다.(대판 1997.4.11. 96누9096)

② [O] 과세처분과 체납처분 사이에는 하자승계가 인정되지 않는다.

판례
조세의 부과처분과 압류 등의 체납처분은 별개의 행정처분으로서 독립성을 가지므로 부과처분에 하자가 있더라도 그 부과처분이 취소되지 아니하는 한 그 부과처분에 의한 체납처분은 위법이라고 할 수는 없지만, 체납처분은 부과처분의 집행을 위한 절차에 불과하므로 그 부과처분에 중대하고도 명백한 하자가 있어 무효인 경우에는 그 부과처분의 집행을 위한 체납처분도 무효라 할 것이나, 그 부과처분의 무효확인청구를 기각하는 판결이 확정된 경우에는 사실심 변론종결 이전의 사유를 들어 그 부과처분의 무효를 주장하고 이로써 압류처분의 무효를 다툴 수는 없다.(대판 1988.6.28. 87누1009)

③ [O] 도시계획의 수립에 있어서 도시계획법 제16조의2 소정의 공청회를 열지 아니하고 공공용지의 취득 및 손실보상에 관한 특례법 제8조 소정의 이주대책을 수립하지 아니하였더라도 이는 절차상의 위법으로서 취소사유에 불과하고 그 하자가 도시계획결정 또는 도시계획사업시행인가를 무효라고 할 수 있을 정도로 중대하고 명백하다고는 할 수 없으므로 이러한 위법을 선행처분인 도시계획결정이나 사업시행인가단계에서 다투지 아니하였다면 그 쟁송기간이 이미 도과한 후인 수용재결단계에 있어서는 도시계획수립행위의 위와 같은 위법을 들어 재결처분의 취소를 구할 수는 없다고 할 것이다.(대판 1990.1.23. 87누947)

④ [O] 직위해제 이후에 반드시 징계절차로 나가는 것은 아니므로 하자의 승계가 인정되지 않는다.

판례
구 경찰공무원법 제50조 제1항에 의한 직위해제처분과 같은 제3항에 의한 면직처분은 후자가 전자의 처분을 전제로 한 것이기는 하나 각각 단계적으로 별개의 법률효과를 발생하는 행정처분이어서 선행 직위해제처분의 위법사유가 면직처분에는 승계되지 아니한다 할 것이므로 선행된 직위해제처분의 위법사유를 들어 면직처분의 효력을 다툴 수는 없다.(대판 1984.9.11. 84누191)

05 난도 ●● 정답 ②

① [O] 일정한 행정처분으로 국민이 일정한 이익과 권리를 취득하였을 경우에 종전 행정처분을 취소하는 행정처분은 이미 취득한 국민의 기존 이익과 권리를 박탈하는 별개의 행정처분으로 취소될 행정처분에 하자 또는 취소해야 할 공공의 필요가 있어야 하고, 나아가 행정처분에 하자 등이 있다고 하더라도 취소해야 할 공익상 필요와 취소로 당사자가 입게 될 기득권과 신뢰보호 및 법률생활 안정의 침해 등 불이익을 비교·교량한 후 공익상 필요가 당사자가 입을 불이익을 정당화할 만큼 강한 경우에 한하여 취소할 수 있는 것이다.(대판 2012.3.29. 2011두23375)

② [X] 각 설명이 반대로 되어 있다. 하자 없이 성립한 행정행위의 효력을 장래에 향하여 소멸시키는 것을 행정행위의 철회라고 하고, 일단 유효하게 성립한 행정행위를 그 행위에 위법 또는 부당한 하자가 있음을 이유로 소급하여 그 효력을 소멸시키는 별도의 행정행위를 행정행위의 취소라고 한다.

③ [O] ④ [O]

■ 직권취소와 철회의 공통점과 차이점

구 분	직권취소	철 회
주 체	처분청과 감독청(견해 대립)	처분청만 가능. 감독청은 불가
사 유	원시적 하자 (성립 당시의 하자)	후발적인 새로운 사정 (하자가 아님)
절 차	특별한 절차 없음	특별한 절차 없음
법적 근거	법적 근거 불요	법적 근거 불요
대 상	주로 수익적 행정행위	주로 수익적 행정행위
효 과	• 수익적 행정행위는 장래효 • 부담적 행정행위는 소급효	장래효

06 난도 ●●● 정답 ④

① [O] 이익형량을 전혀 행하지 아니하거나 이익형량의 고려대상에 마땅히 포함시켜야 할 사항을 누락한 경우 또는 이익형량을 하였으나 정당성과 객관성이 결여된 경우에는 그 행정계획결정은 형량에 하자가 있어 위법하게 된다.

판례
행정주체는 구체적인 행정계획을 입안 · 결정함에 있어서 비교적 광범위한 형성의 자유를 가지는 것이지만, 행정주체가 가지는 이와 같은 형성의 자유는 무제한적인 것이 아니라 그 행정계획에 관련되는 자들의 이익을 공익과 사익 사이에서는 물론이고 공익 상호 간과 사익 상호 간에도 정당하게 비교교량하여야 한다는 제한이 있으므로, 행정주체가 행정계획을 입안 · 결정함에 있어서 이익형량을 전혀 행하지 아니하거나 이익형량의 고려 대상에 마땅히 포함시켜야 할 사항을 누락한 경우 또는 이익형량을 하였으나 정당성과 객관성이 결여된 경우에는 그 행정계획결정은 형량에 하자가 있어 위법하게 된다.(대판 2007.4.12. 2005두1893)

형량의 해태	관계 이익을 형량함에 있어서 형량을 전혀 하지 않은 경우
형량의 흠결	형량을 함에 있어서 반드시 고려하여야 할 이익을 누락시킨 경우
오형량	형량에 있어 특정 사실이나 특정 이익에 대한 평가가 정당성과 객관성을 결한 경우
형량조사의 하자	조사의무를 이행하지 않은 하자
평가의 과오	관련된 공익 또는 사익의 가치를 잘못 평가하는 경우

② [O] 헌재 2000.6.1. 99헌마538
③ [O] 일정한 행정처분을 구하는 신청을 할 수 있는 법률상 지위에 있는 자의 국토이용계획변경신청을 거부하는 것이 실질적으로 당해 행정처분 자체를 거부하는 결과가 되는 경우에는 예외적으로 그 신청인에게 국토이용계획변경을 신청할 권리가 인정된다.

> **판례**
> 폐기물처리사업계획의 적정통보를 받은 자는 장래 일정한 기간 내에 관계 법령이 규정하는 시설 등을 갖추어 폐기물처리업허가신청을 할 수 있는 법률상 지위에 있다고 할 것인바, 피고로부터 폐기물처리사업계획의 적정통보를 받은 원고가 폐기물처리업허가를 받기 위하여는 이 사건 부동산에 대한 용도지역을 '농림지역 또는 준농림지역'에서 '준도시지역(시설용지지구)'으로 변경하는 국토이용계획변경이 선행되어야 하고, 원고의 위 계획변경신청을 피고가 거부한다면 이는 실질적으로 원고에 대한 폐기물처리업허가신청을 불허하는 결과가 되므로, 원고는 위 국토이용계획변경의 입안 및 결정권자인 피고에 대하여 그 계획변경을 신청할 법규상 또는 조리상 권리를 가진다고 할 것이다.(대판 2003.9.23. 2001두10936)

④ [X] 도시계획과 같이 장기성, 종합성이 요구되는 행정계획에 있어서 그 계획이 일단 확정된 후 어떤 사정의 변동이 있다 하여 지역주민에게 일일이 그 계획의 변경을 청구할 권리를 인정해 줄 수도 없는 것이므로 그 변경 거부행위를 항고소송의 대상이 되는 행정처분에 해당한다고 볼 수 없다.(대판 1994.1.28. 93누22029)

① [O] ② [O]
③ [O] 행정심판법이 명문으로 규정하고 있는 재결의 효력은 기속력이지만 그 외에도 형성력, 불가변력이 인정된다. 다만 기판력은 인정되지 않는다.
④ [X] 사정재결은 재결의 효력이 아니라 재결의 한 종류로서 기각재결에 해당한다. 사정재결은 위원회가 심리의 결과 그 심판청구가 이유 있다고 인정하는 경우에도 이를 인용하는 것이 공공복리에 크게 위배된다고 인정하면 그 심판청구를 기각하는 재결을 말한다.

① [O] 대판 1994.1.11. 93누10057
② [X] 사인의 공법행위에는 민법상 비진의 의사표시는 적용되지 않는다. 즉 내심의 의사와 관계없이 표시된 대로 효력이 발생한다.

> **판례**
> 전역지원의 의사표시가 진의 아닌 의사표시라 하더라도 그 무효에 관한 법리를 선언한 민법 제107조 제1항 단서의 규정은 그 성질상 사인의 공법행위에는 적용되지 않는다 할 것이므로 그 표시된 대로 유효한 것으로 보아야 한다.(대판 1994.1.11. 93누10057)

③ [O] 공무원의 사직서 제출이 상급관청 등의 강박에 의한 경우에는 그 정도에 따라 무효 또는 취소가 된다.

> **판례**
> 사직서의 제출이 감사기관이나 상급관청 등의 강박에 의한 경우에는 그 정도가 의사결정의 자유를 박탈할 정도에 이른 것이라면 그 의사표시가 무효로 될 것이고 그렇지 않고 의사결정의 자유를 제한하는 정도에 그친 경우라면 그 성질에 반하지 아니하는 한 의사표시에 관한 민법 제110조의 규정을 준용하여 그 효력을 따져보아야 할 것이나, 감사담당 직원이 당해 공무원에 대한 비리를 조사하는 과정에서 사직하지 아니하면 징계파면이 될 것이고 또한 그렇게 되면 퇴직금 지급상의 불이익을 당하게 될 것이라는 등의 강경한 태도를 취하였다고 할지라도 그 취지가 단지 비리에 따른 객관적 상황을 고지하면서 사직을 권고·종용한 것에 지나지 않고 위 공무원이 그 비리로 인하여 징계파면이 될 경우 퇴직금 지급상의 불이익을 당하게 될 것 등 여러 사정을 고려하여 사직서를 제출한 경우라면 그 의사결정이 의원면직처분의 효력에 영향을 미칠 하자가 있었다고는 볼 수 없다.(대판 1997. 12.12. 97누13962)

④ [O] 공무원이 사직의 의사표시를 하여 의원면직처분을 하는 경우 그 사직의 의사표시는 외부적, 객관적으로 표시된 바에 따라 효력이 발생하는 것이고, 공무원이 범법행위를 저질러 수사기관에서 조사를 받는 과정에서 사직을 조건으로 내사종결하기로 하고 수사기관과 소속행정청의 직원 등이 당해 공무원에게 사직을 권고, 종용함에 있어 가사 이에 불응하는 경우 형사입건하여 구속하겠다고 하고 또한 형사처벌을 받은 결과 징계파면을 당하면 퇴직금조차 지급받지 못하게 될 것이라고 하는 등 강경한 태도를 취하였더라도 이는 범법행위에 따른 객관적 상황을 고지한 것에 불과하고, 공무원 자신이 그 범법행위로 인하여 징계파면이 될 경우 퇴직금조차 받지 못하게 될 것을 우려하여 사직서를 작성, 제출한 것이라면 특단의 사정이 없는 한 위와 같은 사직종용 사실만으로는 사직의사결정이 강요에 의한 것으로 볼 수 없다.(대판 1990.11.27. 90누257)

① [O] 공익사업을 위한 토지 등의 취득 및 보상에 관한 법령에 의한 협의취득은 사법상의 법률행위이므로 당사자 사이의 자유로운 의사에 따라 채무불이행책임이나 매매대금 과부족금에 대한 지급의무를 약정할 수 있다.(대판 2012.2.23. 2010다91206)

② [X] 행정절차법은 처분, 신고, 행정상 입법예고, 행정예고 및 행정지도에 관하여 규정하고 있다.

③ [O] 서울특별시립무용단 단원의 위촉은 공법상의 계약이라고 할 것이고, 따라서 그 단원의 해촉에 대하여는 공법상의 당사자소송으로 그 무효확인을 청구할 수 있다.(대판 1995.12.22. 95누4636)

④ [O] 국유재산 등의 관리청이 하는 행정재산의 사용·수익에 대한 허가는 순전히 사경제주체로서 행하는 사법상의 행위가 아니라 관리청이 공권력을 가진 우월적 지위에서 행하는 행정처분으로서 특정인에게 행정재산을 사용할 수 있는 권리를 설정하여 주는 강학상 특허에 해당한다.(대판 2006.3.9. 2004다31074)

10 난도 ●● 　　　　　　　　　　　　　　　정답 ③

① [O] 행정절차법 제48조 제1항

② [O] 행정절차법 제48조 제2항

③ [X] 위법한 행정지도에 따라 행한 사인의 위법행위는 법령에 정함이 없는 한 위법성이 조각될 수 없다.

④ [O] 원칙적으로 위법한 행정지도로 인한 손해배상책임은 없다.

> **판례**
> 행정지도가 강제성을 띠지 않은 비권력적 작용으로서 행정지도의 한계를 일탈하지 아니하였다면, 그로 인하여 상대방에게 어떤 손해가 발생하였다 하더라도 행정기관은 그에 대한 손해배상책임이 없다.(대판 2008.9.25. 2006다18228)

11 난도 ●●● 　　　　　　　　　　　　　　　정답 ②

① [처분성 부정] 민원사무처리에 관한 법률 제18조 제1항에서 정한 '거부처분에 대한 이의신청'을 받아들이지 않는 취지의 기각결정 또는 그 취지의 통지는 항고소송의 대상이 아니다.

> **판례**
> 민원사무처리에 관한 법률 제18조 제1항에서 정한 거부처분에 대한 이의신청은 행정청의 위법 또는 부당한 처분이나 부작위로 침해된 국민의 권리 또는 이익을 구제함을 목적으로 하여 행정청과 별도의 행정심판기관에 대하여 불복할 수 있도록 한 절차인 행정심판과는 달리, 민원사무처리법에 의하여 민원사무처리를 거부한 처분청이 민원인의 신청 사항을 다시 심사하여 잘못이 있는 경우 스스로 시정하도록 한 절차이다. … 따라서 이의신청을 받아들이지 않는 취지의 기각 결정 내지는 그 취지의 통지는, 종전의 거부처분을 유지함을 전제로 한 것에 불과하고 또한 거부처분에 대한 행정심판이나 행정소송의 제기에도 영향을 주지 못하므로, 결국 민원 이의신청인의 권리·의무에 새로운 변동을 가져오는 공권력의 행사나 이에 준하는 행정작용이라고 할 수 없어, 독자적인 항고소송의 대상이 된다고 볼 수 없다고 봄이 타당하다.(대판 2012.11.15. 2010두8676)

② [처분성 인정] 토지에 관한 소유권보존등기 또는 소유권이전등기를 신청하려면 토지대장을 등기소에 제출해야 하는 점 등을 종합해 보면, 토지대장은 토지의 소유권을 제대로 행사하기 위

한 전제요건으로서 토지소유자의 실체적 권리관계에 밀접하게 관련되어 있으므로, 이러한 토지대장을 직권으로 말소한 행위는 국민의 권리관계에 영향을 미치는 것으로서 항고소송의 대상이 되는 행정처분에 해당한다.(대판 2013.10.24. 2011두13286)

③ [처분성 부정] 수도권매립지관리공사가 甲에게 입찰참가자격을 제한하는 내용의 부정당업자제재처분을 하자, 甲이 제재처분의 무효확인 또는 취소를 구하는 행정소송을 제기하면서 제재처분의 효력정지신청을 한 사안에서, 수도권매립지관리공사는 행정소송법에서 정한 행정청 또는 그 소속기관이거나 그로부터 제재처분의 권한을 위임받은 공공기관에 해당하지 않으므로, 수도권매립지관리공사가 한 위 제재처분은 행정소송의 대상이 되는 행정처분이 아니라 단지 특정 사업자를 자신이 시행하는 입찰에 참가시키지 않겠다는 뜻의 사법상의 효력을 가지는 통지에 불과하다.(대판 2010.11.26. 2010무137) - 국방부장관(대판 1996.2.27. 95누4360), 관악구청장(대판 1999.3.9. 98두18565), 서울특별시장(대판 1994.8.23. 94누3568)의 입찰참가제한에 대해서는 행정처분이라고 판시한다.

④ [처분성 부정] 중소기업 정보화지원사업에 따른 지원금 출연을 위하여 중소기업청장이 체결하는 협약은 공법상 대등한 당사자 사이의 의사표시의 합치로 성립하는 공법상 계약에 해당하는 점, 구 중소기업 기술혁신 촉진법 제32조 제1항은 제10조가 정한 기술혁신사업과 제11조가 정한 산학협력 지원 사업에 관하여 출연한 사업비의 환수에 적용될 수 있을 뿐 이와 근거 규정을 달리하는 중소기업 정보화지원사업에 관하여 출연한 지원금에 대하여는 적용될 수 없고 달리 지원금 환수에 관한 구체적인 법령상 근거가 없는 점 등을 종합하면, 협약의 해지 및 그에 따른 환수통보는 공법상 계약에 따라 행정청이 대등한 당사자의 지위에서 하는 의사표시로 보아야 하고, 이를 행정청이 우월한 지위에서 행하는 공권력의 행사로서 행정처분에 해당한다고 볼 수는 없다.(대판 2015.8.27. 2015두41449)

12 난도 ●● 　　　　　　　　　　　　　　　정답 ②

① [O] 행정요건적 신고이든 자기완결적 신고이든 수리행위에 신고필증의 교부가 반드시 필요한 것은 아니다.

② [X] 행정청의 건축신고 반려행위 또는 수리거부행위는 항고소송의 대상이 된다.

> **판례**
> 구 건축법 관련 규정의 내용 및 취지에 의하면, 행정청은 건축신고로써 건축허가가 의제되는 건축물의 경우에도 그 신고 없이 건축이 개시될 경우 건축주 등에 대하여 공사 중지·철거·사용금지 등의 시정명령을 할 수 있고, 그 시정명령을 받고 이행하지 아니한 건축물에 대하여는 당해 건축물을 사용하여 행할 다른 법령에 의한 영업 기타 행위의 허가를 하지 아니하도록 요청할 수 있으며, 그 요청을 받은 자는 특별한 이유 없는 한 이에 응하여야 하고, 나아가 행정청은 그 시정명령의 이행을 하지 아니한 건축주 등에 대하여는 이행강제금을 부과할 수 있으며, 또한 건축신고를 하지 아니한 자는 200만 원 이하의 벌금에 처해

질 수 있다. 이와 같이 건축주 등으로서는 신고제하에서도 건축신고
가 반려될 경우 당해 건축물의 건축을 개시하면 시정명령, 이행강제
금, 벌금의 대상이 되거나 당해 건축물을 사용하여 행할 행위의 허
가가 거부될 우려가 있어 불안정한 지위에 놓이게 된다. 따라서 건
축신고 반려행위가 이루어진 단계에서 당사자로 하여금 반려행위의
적법성을 다투어 그 법적 불안을 해소한 다음 건축행위에 나아가도
록 함으로써 장차 있을지도 모르는 위험에서 미리 벗어날 수 있도록
길을 열어 주고, 위법한 건축물의 양산과 그 철거를 둘러싼 분쟁을
조기에 근본적으로 해결할 수 있게 하는 것이 법치행정의 원리에 부
합한다. 그러므로 이 사건 건축신고 반려행위는 항고소송의 대상이
된다고 보는 것이 옳다.(대판 2010.11.18. 2008두167전원합의체)

③ [O]
④ [O] 식품위생법 제25조 제3항에 의한 영업양도에 따른 지위
승계신고를 수리하는 허가관청의 행위는 단순히 양도·양수인
사이에 이미 발생한 사법상의 사업양도의 법률효과에 의하여
양수인이 그 영업을 승계하였다는 사실의 신고를 접수하는 행
위에 그치는 것이 아니라, 영업허가자의 변경이라는 법률효과
를 발생시키는 행위라고 할 것이다.(대판 1995.2.24. 94누9146)

13 난도 ●●   정답 ①

① [X] 거부처분은 사전통지의 대상이 아니다.

> **판례**
> 신청에 따른 처분이 이루어지지 아니한 경우에는 아직 당사자에게
> 권익이 부과되지 아니하였으므로 특별한 사정이 없는 한 신청에 대
> 한 거부처분이라고 하더라도 직접 당사자의 권익을 제한하는 것은
> 아니어서 신청에 대한 거부처분을 여기에서 말하는 '당사자의 권익
> 을 제한하는 처분'에 해당한다고 할 수 없는 것이어서 처분의 사전
> 통지대상이 된다고 할 수 없다.(대판 2003.11.28. 2003두674)

② [O] 행정청이 당사자에게 의무를 과하거나 권익을 제한하는
처분을 함에 있어서는 당사자 등에게 처분의 사전통지를 하고
의견 제출의 기회를 주어야 하며, 여기서 당사자라 함은 행정
청의 처분에 대하여 직접 그 상대가 되는 자를 의미한다 할 것
이고, 한편 구 식품위생법 제25조 제2항, 제3항의 각 규정에
의하면, 지방세법에 의한 압류재산 매각절차에 따라 영업시설
의 전부를 인수함으로써 그 영업자의 지위를 승계한 자가 관계
행정청에 이를 신고하여 행정청이 이를 수리하는 경우에는 종
전의 영업자에 대한 영업허가 등은 그 효력을 잃는다 할 것인
데, 위 규정들을 종합하면 위 행정청이 구 식품위생법 규정에
의하여 영업자지위승계신고를 수리하는 처분은 종전의 영업자
의 권익을 제한하는 처분이라 할 것이고 따라서 종전의 영업자
는 그 처분에 대하여 직접 그 상대가 되는 자에 해당한다고 봄
이 상당하므로, 행정청으로서는 위 신고를 수리하는 처분을 함
에 있어서 행정절차법 규정 소정의 당사자에 해당하는 종전의
영업자에 대하여 위 규정 소정의 행정절차를 실시하고 처분을
하여야 한다.(대판 2003.2.14. 2001두7015)

③ [O] 직위해제는 가행정행위로서 개략적 심사를 한다.

> **판례**
> 국가공무원법상 직위해제처분은 구 행정절차법 제3조 제2항 제9호,
> 구 행정절차법 시행령 제2조 제3호에 의하여 당해 행정작용의 성질
> 상 행정절차를 거치기 곤란하거나 불필요하다고 인정되는 사항 또
> 는 행정절차에 준하는 절차를 거친 사항에 해당하므로, 처분의 사전
> 통지 및 의견청취 등에 관한 행정절차법의 규정이 별도로 적용되지 않
> 는다.(대판 2014.5.16. 2012두26180)

④ [O] 건축법의 공사중지명령에 대한 사전통지를 하고 의견 제
출의 기회를 준다면 많은 액수의 손실보상금을 기대하여 공사
를 강행할 우려가 있다는 사정은 사전통지 및 의견 제출절차의
예외사유에 해당하지 아니한다.(대판 2004.5.28. 2004두1254)

14 난도 ●●   정답 ③

① [O] 권한의 위임은 법령상의 권한 자체의 귀속의 변경을 초래
하므로 반드시 법적 근거가 있어야 하고 법령의 근거가 없는
권한의 위임은 무효로 보는 것이 일반적이다.

② [O] 임의대리의 경우에도 권한의 일부만 대리가 가능하다. 다
만 법정대리는 권한의 전부에 대해 가능하다.

③ [X] 위임에 관한 개별적 규정이 없어도 일반적 규정에 의해
위임이 가능하다.

> **판례**
> 정부조직법 제6조 제1항은 법문상 권한의 위임 및 재위임의 근거규
> 정임이 명백하고, 정부조직법이 국가행정기관의 설치, 조직, 직무범
> 위의 대강을 정하는 데 그 목적이 있다 하여 그 이유만으로 같은 법
> 의 권한 위임, 재위임에 관한 규정마저 권한 위임 등에 관한 대강을
> 정한 것에 불과할 뿐 권한 위임의 근거규정이 아니라 할 수는 없
> 다.(대판 1990.2.27. 89누5287)

④ [O]

15 난도 ●●●   정답 ③

① [O] ② [O] ③ [X] ④ [O]

행정절차법 제22조(의견청취) ① 행정청이 처분을 할 때 다음 각
호의 어느 하나에 해당하는 경우에는 청문을 한다.
1. 다른 법령 등에서 청문을 하도록 규정하고 있는 경우
2. 행정청이 필요하다고 인정하는 경우
3. 다음 각 목의 처분을 하는 경우
   가. 인허가 등의 취소
   나. 신분·자격의 박탈
   다. 법인이나 조합 등의 설립허가의 취소

---

16 난도 ●●   정답 ①

① [X] 공무원이 소속 장관으로부터 받은 "직상급자와 다투고 폭언
하는 행위 등에 대하여 엄중 경고하니 차후 이러한 사례가 없도
록 각별히 유념하기 바람"이라는 내용의 서면에 의한 경고가 공
무원의 신분에 영향을 미치는 국가공무원법상의 징계의 종류에

해당하지 아니하고, 근무충실에 관한 권고행위 내지 지도행위로서 그 때문에 공무원으로서의 신분에 불이익을 초래하는 법률상의 효과가 발생하는 것도 아니므로, 경고가 국가공무원법상의 징계처분이나 행정소송의 대상이 되는 행정처분이라고 할 수 없어 그 취소를 구할 법률상의 이익이 없다.(대판 1991.11.12. 91누2700)

② [O] 경찰공무원이 그 단속의 대상이 되는 신호위반자에게 먼저 적극적으로 돈을 요구하고, 다른 사람이 볼 수 없도록 돈을 접어 건네주도록 전달방법을 구체적으로 알려주었으며, 동승자에게 신고시 범칙금 처분을 받게 된다는 등 비위신고를 막기 위한 말까지 하고 금품을 수수한 경우, 비록 그 받은 돈이 1만 원에 불과하더라도 위 금품수수행위를 징계사유로 하여 당해 경찰공무원을 해임처분한 것은 징계재량권의 일탈·남용이라 할 수 없다.(대판 2006.12.21. 2006두16274)

③ [O] 국가공무원법 제63조에 규정된 품위유지의무란 공무원이 직무의 내외를 불문하고, 국민의 수임자로서의 직책을 맡아 수행해 나가기에 손색이 없는 인품에 걸맞게 본인은 물론 공직사회에 대한 국민의 신뢰를 실추시킬 우려가 있는 행위를 하지 않아야 할 의무라고 해석할 수 있고, 이러한 품위유지의무 위반에 대하여 징계권자는 재량권의 남용에 해당하지 않는 범위에서 징계권을 행사할 수 있다.(대판 2017.11.9. 2017두47472)

④ [O] 당해 공무원의 동의 없는 지방공무원법 제29조의3의 규정에 의한 전출명령은 위법하여 취소되어야 하므로, 그 전출명령이 적법함을 전제로 내린 징계처분은, 그 전출명령이 공정력에 의하여 취소되기 전까지는 유효하다고 하더라도, 징계양정에 있어 재량권을 일탈하여 위법하다.(대판 2001.12.11. 99두1823)

17 난도 ●●
정답 ②

ㄱ. [X] 일반적으로 기속행위나 기속적 재량행위에는 부관을 붙일 수 없고, 가사 부관을 붙였다 하더라도 무효이다. 다만, 기속행위의 경우에도 법적 근거가 있거나 예외적으로 부관을 붙일 수 있는 경우가 있다.

판례
건축허가를 하면서 일정 토지를 기부채납하도록 하는 내용의 허가조건은 부관을 붙일 수 없는 기속행위 내지 기속적 재량행위인 건축허가에 붙인 부담이거나 또는 법령상 아무런 근거가 없는 부관이어서 무효이다.(대판 1995.6.13. 94다56883)

ㄴ. [O]

부관의 독립쟁송가능성	부관의 독립취소가능성
• 소송요건, 대상적격의 문제: 행정행위는 그대로 두고 부관만 취소소송의 대상이 되는가의 문제 → 진정일부취소소송 • 판례는 부담에 대해서만 인정 → 부담 이외의 부관에 대해 소를 제기하면 각하	• 본안의 문제: 행정행위와 부관 모두를 소의 대상으로 한 후, 소송에서 부관만의 취소를 구하는 일부승소가능성의 문제 → 부진정일부취소소송 • 판례는 인정하지 않는다.

ㄷ. [X] 행정처분에 이미 부담이 부가되어 있는 상태에서 그 의무의 범위 또는 내용을 변경하는 부관의 사후변경은 법률에 명문의 규정이 있거나 그 변경이 미리 유보되어 있는 경우 또는 상대방의 동의가 있는 경우에 한하여 허용되는 것이 원칙이지만, 사정변경으로 인하여 당초에 부담을 부가한 목적을 달성할 수 없게 된 경우에도 그 목적달성에 필요한 범위 내에서 예외적으로 허용된다.(대판 1997.5.30. 97누2627)

ㄹ. [X] 수익적 행정처분에 있어서는 법령에 특별한 근거규정이 없다고 하더라도 그 부관으로서 부담을 붙일 수 있고, 그와 같은 부담은 행정청이 행정처분을 하면서 일방적으로 부가할 수도 있지만 부담을 부가하기 이전에 상대방과 협의하여 부담의 내용을 협약의 형식으로 미리 정한 다음 행정처분을 하면서 이를 부가할 수도 있다.(대판 2009.2.12. 2005다65500)

ㅁ. [O] 조건과 부담의 구분이 명확하지 않은 때에는 조건보다 부담이 유리하므로 부담으로 추정한다는 것이 판례의 입장이다.

18 난도 ●●
정답 ④

① [O]

③ [O] 공공기관의 정보공개에 관한 법률 제6조 제1항은 "모든 국민은 정보의 공개를 청구할 권리를 가진다."고 규정하고 있는데, 여기에서 말하는 국민에는 자연인은 물론 법인, 권리능력 없는 사단·재단도 포함되고, 법인, 권리능력 없는 사단·재단 등의 경우에는 설립목적을 불문하며, 한편 정보공개청구권은 법률상 보호되는 구체적인 권리이므로 청구인이 공공기관에 대하여 정보공개를 청구하였다가 거부처분을 받은 것 자체가 법률상 이익의 침해에 해당한다.(대판 2003.12.12. 2003두8050)

② [O] 청구인이 공개방법을 선택하여 청구한 경우에 공공기관은 공개방법을 선택할 재량권이 없다.

판례
정보공개를 청구하는 자가 공공기관에 대해 정보의 사본 또는 출력물의 교부의 방법으로 공개방법을 선택하여 정보공개청구를 한 경우에 공개청구를 받은 공공기관으로서는 같은 법 제8조 제2항에서 규정한 정보의 사본 또는 복제물의 교부를 제한할 수 있는 사유에 해당하지 않는 한 정보공개청구자가 선택한 공개방법에 따라 정보를 공개하여야 하므로 그 공개방법을 선택할 재량권이 없다고 해석함이 상당하다.(대판 2003.12.12. 2003두8050)

④ [X] 판결에 의하여 취소되는 처분이 당사자의 신청을 거부하는 것을 내용으로 하는 경우에는 그 처분을 행한 행정청은 판결의 취지에 따라 다시 이전의 신청에 대한 처분을 하여야 한다. 행정청이 제30조 제2항의 규정에 의한 처분을 하지 아니하는 때에는 제1심 수소법원은 당사자의 신청에 의하여 결정으로써 상당한 기간을 정하고 행정청이 그 기간 내에 이행하지 아니하는 때에는 그 지연기간에 따라 일정한 배상을 할 것을 명하거나 즉시 손해배상을 할 것을 명할 수 있다(행정소송법 제30조 제2항, 행정소송법 제34조 제1항).

19 난도 ●

정답 ④

① [O]

② [O] 고시 또는 공고의 법적 성질은 일률적으로 판단될 것이 아니라 고시에 담겨진 내용에 따라 구체적인 경우마다 달리 결정된다고 보아야 한다. 즉, 고시가 일반·추상적 성격을 가질 때는 법규명령 또는 행정규칙에 해당하지만, 고시가 구체적인 규율의 성격을 갖는다면 행정처분에 해당한다.(헌재 1998.4.30. 97헌마141)

③ [O] 통상 고시 또는 공고에 의하여 행정처분을 하는 경우에는 그 처분의 상대방이 불특정 다수인이고, 그 처분의 효력이 불특정 다수인에게 일률적으로 적용되는 것이므로, 그 행정처분에 이해관계를 갖는 자는 고시 또는 공고가 있었다는 사실을 현실적으로 알았는지 여부에 관계없이 고시가 효력을 발생하는 날에 행정처분이 있음을 알았다고 보아야 하고, 따라서 그에 대한 취소소송은 그날로부터 90일 이내에 제기하여야 한다. (대판 2006.4.14. 2004두3847)

④ [X] 헌법이 인정하고 있는 위임입법의 형식은 예시적인 것이다.

> **판례**
> 오늘날 의회의 입법독점주의에서 입법중심주의로 전환하여 일정한 범위 내에서 행정입법을 허용하게 된 동기가 사회적 변화에 대응한 입법수요의 급증과 종래의 형식적 권력분립주의로는 현대사회에 대응할 수 없다는 기능적 권력분립론에 있다는 점 등을 감안하여 헌법 제40조와 헌법 제75조, 제95조의 의미를 살펴보면, 국회입법에 의한 수권이 입법기관이 아닌 행정기관에게 법률 등으로 구체적인 범위를 정하여 위임한 사항에 관하여는 당해 행정기관에게 법정립의 권한을 갖게 되고, 입법자가 규율의 형식도 선택할 수도 있다 할 것이므로, 헌법이 인정하고 있는 위임입법의 형식은 예시적인 것으로 보아야 할 것이고, 그것은 법률이 행정규칙에 위임하더라도 그 행정규칙은 위임된 사항만을 규율할 수 있으므로, 국회입법의 원칙과 상치되지도 않는다. 다만, 형식의 선택에 있어서 규율의 밀도와 규율영역의 특성이 개별적으로 고찰되어야 할 것이고, 그에 따라 입법자에게 상세한 규율이 불가능한 것으로 보이는 영역이라면 행정부에게 필요한 보충을 할 책임이 인정되고 극히 전문적인 식견에 좌우되는 영역에서는 행정기관에 의한 구체화의 우위가 불가피하게 있을 수 있다. 그러한 영역에서 행정규칙에 대한 위임입법이 제한적으로 인정될 수 있다.(헌재 2004.10.28. 99헌바91)

20 난도 ●●

정답 ③

① [O] 행정재산은 공유물로서 이른바 사법상의 거래의 대상이 되지 아니하는 불융통물이므로 이러한 행정재산을 관재당국이 모르고 매각처분하였다 할지라도 그 매각처분은 무효이다.(대판 1967.6.27. 67다806)

② [O] 행정재산에 대한 공용폐지의 의사표시는 명시적이든 묵시적이든 상관이 없으나 적법한 의사표시가 있어야 하고, 행정재산이 사실상 본래의 용도에 사용되지 않고 있다는 사실만으로 용도폐지의 의사표시가 있었다고 볼 수는 없다.(대판 1997.3.14. 96다43508)

③ [X] 도로의 특별사용은 반드시 독점적, 배타적인 것이 아니라 그 사용목적에 따라서는 도로의 일반사용과 병존이 가능한 경우도 있고 이러한 경우에는 도로점용부분이 동시에 일반공중의 교통에 공용되고 있다고 하여 도로점용이 아니라고 말할 수 없다. (대판 1991.4.9. 90누8855) — 주유소 진입도로의 경우를 생각하라.

④ [O] 국유재산법 제51조 제1항에 의한 국유재산의 무단점유자에 대한 변상금부과는 대부나 사용, 수익허가 등을 받은 경우에 납부하여야 할 대부료 또는 사용료 상당액 외에도 그 징벌적 의미에서 국가 측이 일방적으로 그 2할 상당액을 추가하여 변상금을 징수토록 하고 있으며 그 체납시에는 국세징수법에 의하여 강제징수토록 하고 있는 점 등에 비추어 보면 그 부과처분은 관리청이 공권력을 가진 우월적 지위에서 행하는 것으로서 행정처분이라고 보아야 하고, 그 부과처분에 의한 변상금 징수권은 공법상의 권리로서 사법상의 채권과는 그 성질을 달리하므로 국유재산의 무단점유자에 대하여 국가가 민법상의 부당이득금반환청구를 하는 경우 국유재산법 제51조 제1항이 적용되지 않는다.(대판 1992.4.14. 91다42197)

21 난도 ●●

정답 ③

① [O] 이주대책은 헌법 제23조 제3항에 규정된 정당한 보상에 포함되는 것이라기보다는 이에 부가하여 이주자들에게 종전의 생활상태를 회복시키기 위한 생활보상의 일환으로서 국가의 정책적인 배려에 의하여 마련된 제도라고 볼 것이다. 따라서 이주대책의 실시 여부는 입법자의 입법정책적 재량의 영역에 속한다.(헌재 2006.2.23. 2004헌마19)

② [O] 이주대책의 실시 여부는 입법자의 입법정책적 재량의 영역에 속하므로 공익사업을 위한 토지 등의 취득 및 보상에 관한 법률 시행령 제40조 제3항 제3호가 이주대책의 대상자에서 세입자를 제외하고 있는 것이 세입자의 재산권을 침해하는 것이라 볼 수 없다.(헌재 2006.2.23. 2004헌마19)

③ [X] 공익사업을 위한 토지 등의 취득 및 보상에 관한 법률이 사업시행자에게 이주대책의 수립·실시의무를 부과하고 있다고 하여 그 규정 자체만에 의하여 이주자에게 사업시행자가 수립한 이주대책상의 아파트 입주권 등을 받을 수 있는 구체적인 권리(수분양권)가 직접 발생하는 것이라고는 도저히 볼 수 없으며, 사업시행자가 이주대책에 관한 구체적인 계획을 수립하여 이를 해당자에게 통지 내지 공고한 후, 이주자가 수분양권을 취득하기를 희망하여 이주대책에 정한 절차에 따라 사업시행자에게 이주대책대상자 선정신청을 하고 사업시행자가 이를 받아들여 이주대책대상자로 확인·결정하여야만 비로소 구체적인 수분양권이 발생하게 된다.(대판 1994.5.24. 92다35783전원합의체)

④ [O] 특정한 공익사업의 사업시행자가 보상하여야 하는 손실은, 동일한 소유자에게 속하는 일단의 토지 중 일부를 사업시행자가 그 공익사업을 위하여 취득하거나 사용함으로 인하여 잔여지에 발생하는 것임을 전제로 한다. 따라서 이러한 잔여지에 대하여 현실적 이용상황 변경 또는 사용가치 및 교환가치의 하락 등이 발생하였더라도, 그 손실이 토지의 일부가 공익사업

에 취득되거나 사용됨으로 인하여 발생하는 것이 아니라면 특별한 사정이 없는 한 토지보상법 제73조 제1항 본문에 따른 잔여지 손실보상 대상에 해당한다고 볼 수 없다.(대판 2017.7.11. 2017두40860)

22 난도 ●● 〔정답〕④

① [O] ② [O]

③ [O] 상급행정기관이 하급행정기관에 대하여 업무처리지침이나 법령의 해석적용에 관한 기준을 정하여 발하는 이른바 '행정규칙이나 내부지침'은 일반적으로 행정조직 내부에서만 효력을 가질 뿐 대외적인 구속력을 갖는 것은 아니므로 행정처분이 그에 위반하였다고 하여 그러한 사정만으로 곧바로 위법하게 되는 것은 아니다. 다만, 재량권 행사의 준칙인 행정규칙이 그 정한 바에 따라 되풀이 시행되어 행정관행이 이루어지게 되면 평등의 원칙이나 신뢰보호의 원칙에 따라 행정기관은 그 상대방에 대한 관계에서 그 규칙에 따라야 할 자기구속을 받게 되므로, 이러한 경우에는 특별한 사정이 없는 한 그를 위반하는 처분은 평등의 원칙이나 신뢰보호의 원칙에 위배되어 재량권을 일탈·남용한 위법한 처분이 된다.(대판 2009.12.24. 2009두7967)

④ [X] 65세대의 공동주택을 건설하려는 사업주체에게 주택건설촉진법 제33조에 의한 주택건설사업계획의 승인처분을 함에 있어 그 주택단지의 진입도로 부지의 소유권을 확보하여 진입도로 등 간선시설을 설치하고 그 부지 소유권 등을 기부채납하며 그 주택건설사업 시행에 따라 폐쇄되는 인근 주민들의 기존 통행로를 대체하는 통행로를 설치하고 그 부지 일부를 기부채납하도록 조건을 붙인 경우, 주택건설촉진법과 같은 법 시행령 및 주택건설기준 등에 관한 규정 등 관련 법령의 관계 규정에 의하면 그와 같은 조건을 붙였다 하여도 다른 특별한 사정이 없는 한 필요한 범위를 넘어 과중한 부담을 지우는 것으로서 형평의 원칙 등에 위배되는 위법한 부관이라 할 수 없다.(대판 1997.3.14. 96누16698)

23 난도 ● 〔정답〕①

> **행정소송법 제28조(사정판결)** ① 원고의 청구가 이유 있다고 인정하는 경우에도 처분 등을 취소하는 것이 현저히 공공복리에 적합하지 아니하다고 인정하는 때에는 법원은 원고의 청구를 기각할 수 있다. 이 경우 법원은 그 판결의 주문에서 그 처분 등이 위법함을 명시하여야 한다.

24 난도 ●● 〔정답〕①

① [X] 과세관청의 공적 견해표명이 있었는지의 여부를 판단하는 데 있어 반드시 행정조직상의 형식적인 권한분장에 구애될 것은 아니고 담당자의 조직상의 지위와 임무, 당해 언동을 하게 된 구체적인 경위 및 그에 대한 납세자의 신뢰가능성에 비추어

실질에 의하여 판단하여야 한다.(대판 1996.1.23. 95누13746)

② [O] 신뢰보호원칙에서 행정청의 공적인 견해표명인 선행조치는 법령, 행정행위, 행정상 확약, 행정지도 등 사실행위 등 국민이 신뢰를 형성하게 될 모든 조치가 포함되며, 명시적, 묵시적, 적극적, 소극적 표시를 불문하고, 표시의 형식이 반드시 문서일 필요도 없으며 구두로도 가능하다.

③ [O] 귀책사유라 함은 행정청의 견해표명의 하자가 상대방 등 관계자의 사실은폐나 기타 사위의 방법에 의한 신청행위 등 부정행위에 기인한 것이거나 그러한 부정행위가 없다고 하더라도 하자가 있음을 알았거나 중대한 과실로 알지 못한 경우 등을 의미한다고 해석함이 상당하고, 귀책사유의 유무는 상대방과 그로부터 신청행위를 위임받은 수임인 등 관계자 모두를 기준으로 판단하여야 한다.(대판 2002.11.8. 2001두1512)

④ [O] 대판 1996.8.20. 95누10877

25 난도 ●● 〔정답〕①

① [X] 국가배상법에는 영조물점유자의 면책규정이 없다. 반면 민법에는 공작물점유자의 면책규정을 두고 있다.

> **민법 제758조(공작물등의 점유자, 소유자의 책임)** ① 공작물의 설치 또는 보존의 하자로 인하여 타인에게 손해를 가한 때에는 공작물점유자가 손해를 배상할 책임이 있다. 그러나 점유자가 손해의 방지에 필요한 주의를 해태하지 아니한 때에는 그 소유자가 손해를 배상할 책임이 있다.

② [O] 국가배상법 제5조 제1항 소정의 '공공의 영조물'이라 함은 국가 또는 지방자치단체에 의하여 특정 공공의 목적에 공여된 유체물 내지 물적 설비를 말하며, 국가 또는 지방자치단체가 소유권, 임차권 그 밖의 권한에 기하여 관리하고 있는 경우뿐만 아니라 사실상의 관리를 하고 있는 경우도 포함된다.(대판 1998.10.23. 98다17381)

③ [O] 영조물의 설치·보존의 하자라 함은 영조물이 그 용도에 따라 통상 갖추어야 할 안전성을 갖추지 못한 상태에 있음을 말하는 것이고, 영조물의 설치 및 보존에 있어서 항상 완전무결한 상태를 유지할 정도의 고도의 안전성을 갖추지 아니하였다고 하여 영조물의 설치 또는 관리에 하자가 있는 것으로는 할 수 없는 것이다.(대판 1997.5.16. 96다54102)

④ [O] 고등학교 3학년 학생이 교사의 단속을 피해 담배를 피우기 위하여 3층 건물 화장실 밖의 난간을 지나다가 실족하여 사망한 경우, 학교 관리자에게 그와 같은 이례적인 사고가 있을 것을 예상하여 복도나 화장실 창문에 난간으로의 출입을 막기 위하여 출입금지장치나 추락위험을 알리는 경고표지판을 설치할 의무가 있다고 볼 수는 없으므로 학교시설의 설치·관리상의 하자가 없다.(대판 1997.5.16. 96다54102)

2017년 9급 군무원 기출복원문제							pp. 56 - 61		
01	④	02	②	03	④	04	③	05	①
06	③	07	②	08	②	09	①	10	④
11	③	12	①	13	④	14	②	15	④
16	④	17	②	18	①	19	②	20	①
21	①	22	③	23	②	24	①	25	③

01 난도 ●● (정답) ④

① [O] 법규명령은 일반적·추상적 규율이므로 그 자체로는 구체적으로 국민의 권리·의무에 직접 변동을 가져오지 않으므로 항고소송의 대상이 될 수 없는 것이 원칙이지만, 법규명령이 집행행위를 매개하지 않고 그 자체로 직접 국민의 권리·의무의 변동을 야기하는 '처분적 법규'일 때에는 예외적으로 항고소송의 대상이 될 수도 있다.

② [O] 입법부·행정부·사법부에서 제정한 규칙이 별도의 집행행위를 기다리지 않고 직접 기본권을 침해하는 것인 때에는 헌법소원심판의 대상이 될 수 있다.(헌재 1990.1.15. 89헌마178) - 한편, 명령·규칙 등이 별도의 집행행위를 기다리지 않고 그 자체에 의하여 직접 기본권을 침해하는 것인 때에는, 항고소송의 대상이 될 수도 있다.

③ [O] 헌법 제107조 제2항

④ [X] 법령보충적 행정규칙은 상위법령과 결합되어 일체가 되는 한도 내에서 상위법령의 일부가 됨으로써 대외적 구속력이 발생되는 것일 뿐, 그 행정규칙 자체는 대외적 구속력을 갖는 것이 아니라 할 것이다.(헌재 2004.10.28. 99헌바91)

02 난도 ●● (정답) ②

① [X] 행정심판위원회의 재결은 기판력이 인정되지 않는다는 점에서 판결과 다르다.

② [O] 애매한 지문이다. 소송요건은 사실심 변론종결 시뿐만 아니라 대법원의 상고심에서도 있어야 한다. 상고심에서도 원고적격이 소멸되면 각하된다.

③ [X] 통고처분은 별도의 구제절차가 있으므로 처분이 아니다.

> **판례**
> 도로교통법 제118조에서 규정하는 경찰서장의 통고처분은 행정소송의 대상이 되는 행정처분이 아니므로 그 처분의 취소를 구하는 소송은 부적법하다.(대판 1995.6.29. 95누4674)

④ [X] 전심절차를 밟지 아니한 채 증여세부과처분 취소소송을 제기하였다면 제소 당시로 보면 전치요건을 구비하지 못한 위법이 있다 할 것이지만, 소송계속 중 심사청구 및 심판청구를 하여 각 기각결정을 받았다면 원심 변론종결일 당시에는 위와 같은 전치요건 흠결의 하자는 치유되었다고 볼 것이다.(대판 1987.4.28. 86누29)

03 난도 ●● (정답) ④

ㄱ. [O] 우리나라의 군은 국군만 인정되고 지방군이 인정되지 않는다(미국은 주방위군이 인정된다). 따라서 병역징집의 주체는 국가이다.

ㄴ. [O] 강제징집은 법률에 의한 특별권력관계이고 지원병제도는 본인의 동의에 의한 특별권력관계이다.

ㄷ. [O] 신체검사만으로 입대가 되는 것이 아니라는 점에서 신체검사는 처분이 아니고 병무청장의 병역처분은 처분성이 인정된다.

ㄹ. [X]

ㅁ. [O] 부령은 행정각부의 장만 발동할 수 있다. 병무청은 국방부 소속의 외청이므로 병무청장은 부령을 발할 수 없고 병무청장의 관련 업무에 대해서는 국방부장관이 부령을 발할 수 있다.

04 난도 ●● (정답) ③

① [X] 외국에의 국군의 파병결정은 그 성격상 국방 및 외교에 관련된 고도의 정치적 결단을 요하는 문제로서, 헌법과 법률이 정한 절차를 지켜 이루어진 것임이 명백하므로, 대통령과 국회의 판단은 존중되어야 하고 우리 재판소가 사법적 기준만으로 이를 심판하는 것은 자제되어야 한다.(헌재 2004.4.29. 2003헌마814)

② [X] 애매한 지문이다. 일반적으로 통치행위의 주체는 대통령으로 보고 있다. 국회가 통치행위의 주체가 되기는 어렵다. 헌법 제64조에서 "국회는 의원의 자격을 심사하며, 의원을 징계할 수 있다. 의원을 제명하려면 국회재적의원 3분의 2 이상의 찬성이 있어야 하며 이들 처분에 대하여는 법원에 제소할 수 없다."고 규정하여 국회의원의 자격과 관련된 '법률상 쟁송'에 대해서는 사법심사를 부정하고 있는데 이는 통치행위라기보다는 국회의 자율권으로 보는 것이 일반적이다. 객관식의 특성상 상대적으로 봐야 하는 문제이다.

③ [O] 비상계엄의 선포나 확대가 국헌문란의 목적을 달성하기 위하여 행하여진 경우에 그 자체가 범죄행위(내란죄)에 해당하는지에 대하여는 심사할 수 있다.

> **판례**
> 대통령의 비상계엄의 선포나 확대 행위는 고도의 정치적·군사적 성격을 지니고 있는 행위라 할 것이므로, 그것이 누구에게도 일견하여 헌법이나 법률에 위반되는 것으로서 명백하게 인정될 수 있는 등 특별한 사정이 있는 경우라면 몰라도, 그러하지 아니한 이상 그 계엄선포의 요건 구비 여부나 선포의 당·부당을 판단할 권한이 사법부에는 없다고 할 것이나, 비상계엄의 선포나 확대가 국헌문란의 목적을 달성하기 위하여 행하여진 경우에는 법원은 그 자체가 범죄행위에 해당하는지의 여부에 관하여 심사할 수 있다.(대판 1997.4.17. 96도3376 전원합의체)

④ [X] 대통령의 긴급재정경제명령은 통치행위에 해당하지만 사법심사의 대상이 된다.

> **판례**
> 대통령의 긴급재정경제명령은 국가긴급권의 일종으로서 고도의 정치적 결단에 의하여 발동되는 행위이고 그 결단을 존중하여야 할 필요성이 있는 행위라는 의미에서 이른바 통치행위에 속한다고 할 수 있으나, 통치행위를 포함하여 모든 국가작용은 국민의 기본권적 가치를 실현하기 위한 수단이라는 한계를 반드시 지켜야 하는 것이고, 헌법재판소는 헌법의 수호와 국민의 기본권 보장을 사명으로 하는 국가기관이므로 비록 고도의 정치적 결단에 의하여 행해지는 국가작용이라고 할지라도 그것이 국민의 기본권 침해와 직접 관련되는 경우에는 당연히 헌법재판소의 심판대상이 된다.(헌재 1996.2.29. 93헌마186)

05 난도 ●● 　　　　　　　　　　　　　　　(정답) ①

① [X] 생명·신체 등의 비재산적 법익침해에 대한 보상을 독일에서는 희생보상청구권이라고 한다. 우리나라에서는 감염병의 예방 및 관리에 관한 법률과 같은 개별 법률에서 인정하고 있는 경우는 있지만, 명시적 규정이 없는 경우에 희생보상청구권이 인정될 수 있는지에 대하여는 학설 대립이 있다. 즉, 일반적으로 인정되고 있지는 않다.

② [O]

③ [O] 애매한 지문이다. 손실보상에 대한 소송의 형태에 대해서 과거 대법원은 전통적으로 민사소송으로 손실보상청구소송을 하여야 한다고 보았다. 최근에는 공법상의 행정소송으로 보는 경향도 있다.

④ [O] 징발물이 국유재산 또는 공유재산인 경우에는 보상을 하지 아니한다(징발법 제20조).

06 난도 ● 　　　　　　　　　　　　　　　(정답) ③

① [O]

> **질서위반행위규제법 제12조(다수인의 질서위반행위 가담)** ② 신분에 의하여 성립하는 질서위반행위에 신분이 없는 자가 가담한 때에는 신분이 없는 자에 대하여도 질서위반행위가 성립한다.

② [O]

> **제16조(사전통지 및 의견제출 등)** ① 행정청이 질서위반행위에 대하여 과태료를 부과하고자 하는 때에는 미리 당사자(제11조 제2항에 따른 고용주 등을 포함한다)에게 대통령령으로 정하는 사항을 통지하고, 10일 이상의 기간을 정하여 의견을 제출할 기회를 주어야 한다. 이 경우 지정된 기일까지 의견 제출이 없는 경우에는 의견이 없는 것으로 본다.

③ [X]

> **제15조(과태료의 시효)** ① 과태료는 행정청의 과태료 부과처분이나 법원의 과태료 재판이 확정된 후 5년간 징수하지 아니하거나 집행하지 아니하면 시효로 인하여 소멸한다.

④ [O] 질서위반행위규제법 제8조

07 난도 ●●○ 　　　　　　　　　　　　　　(정답) ②

① [O] 국가재정법 제96조, 지방재정법 제82조

② [X] 공법상 부당이득반환청구권의 법적 성질에 관하여는 학설이 대립되고 있으나 판례는 이를 사권으로 본다. 국가재정법이 정한 금전채권에 대한 5년의 시효기간은 국민과 국가 간의 사법상 금전채권에 대해서도 적용된다.

③ [O] 구 국유재산법에서는 변상금 및 연체료의 부과권과 징수권을 구별하여 제척기간이나 소멸시효의 적용 대상으로 규정하고 있지 않으므로, 변상금부과권 및 연체료부과권도 모두 국가재정법 제96조 제1항에 따라 5년의 소멸시효가 적용된다. 그리고 구 국유재산법 제51조 제2항, 구 국유재산법 시행령 제56조 제5항, 제44조 제3항의 규정에 의하면, 변상금 납부의무자가 변상금을 기한 내에 납부하지 아니하는 때에는 국유재산의 관리청은 변상금 납부기한을 경과한 날부터 60월을 초과하지 않는 범위 내에서 연체료를 부과할 수 있고, 연체료 부과권은 변상금 납부기한을 경과한 날부터 60월이 될 때까지 날짜의 경과에 따라 그때그때 발생하는 것이므로, 소멸시효도 각 발생일부터 순차로 5년이 경과하여야 완성된다.(대판 2014.4.10. 2012두16787)

④ [O] 납입고지에 의한 부과처분이 취소되어도 납입고지에 의한 시효중단의 효력이 상실되지 않는다.

> **판례**
> 예산회계법 제98조에서 법령의 규정에 의한 납입고지를 시효중단 사유로 규정하고 있는바, 이러한 납입고지에 의한 시효중단의 효력은 그 납입고지에 의한 부과처분이 취소되더라도 상실되지 않는다.
> (대판 2000.9.8. 98두19933)

08 난도 ●● 　　　　　　　　　　　　　　　(정답) ②

① [X] ② [O]

③ [X] 처분의 효력정지는 처분 등의 집행 또는 절차의 속행을 정지함으로써 목적을 달성할 수 있는 경우에는 허용되지 아니한다(행정소송법 제23조 제2항).

④ [X] 계고처분의 취소소송에서 철거명령의 하자를 주장하는 것은 허용되지 않는다. 즉, 하자의 승계가 인정되지 않는다.

09 난도 ●● 　　　　　　　　　　　　　　　(정답) ①

① [X] 병역법은 현역 외에도 상근예비역소집(제21조), 승선근무예비역(제21조의2), 전환복무(제25조), 사회복무요원(제26조 이하), 예술·체육요원복무(제33조의7 이하) 등 병역의무에 대한 특례를 인정하고 있다.

② [O]

> **병역법 제18조(현역의 복무)** ③ 현역병이 징역·금고·구류의 형이나 군기교육처분을 받은 경우 또는 복무를 이탈한 경우에는 그

형의 집행일수, 군기교육처분일수 또는 복무이탈일수는 현역 복무기간에 산입(算入)하지 아니한다.

③ [O] 국방의 의무는 국방을 위한 직·간접의 병력 형성 의무를 그 내용으로 하는데, 직접적인 병력 형성 의무란 군인으로서의 징집연령에 달한 경우 징집의무에 따를 의무를 의미하며, 간접적인 병력 형성 의무란 예비군 복무의무, 민방위대원소집 응소의무 등과 같이 기타 국방상 필요한 군사적 조치에 협력할 의무를 말한다.

④ [O] 병역법 제75조 제1항 제1호

10 난도 ●● 〔정답〕④

① [O] ② [O]

③ [O] 공무원 채용관계의 설정, 국공립대학교 입학, 국공립도서관 이용관계의 설정은 모두 상대방의 임의적 동의에 의하여 성립하는 특별권력관계이다.

④ [X] 학령아동의 초등학교 취학은 법률의 규정에 의하여 성립하는 특별권력관계이다.

11 난도 ●● 〔정답〕③

①, ②, ④ [행위요건적 신고] 골프장 회원 모집 계획 신고, 납골당 설치 신고, 양수인·양도인 지위승계 신고는 모두 '수리를 요하는 신고'이다.

③ [자기완결적 신고] 체육시설의 설치·이용에 관한 법률 제20조에 의한 골프장 이용료 변경신고서는 그 신고 자체가 위법하거나 그 신고에 무효사유가 없는 한 이것이 도지사에게 제출하여 접수된 때에 신고가 있었다고 볼 것이고, 도지사의 수리행위가 있어야만 신고가 있었다고 볼 것은 아니다.(대판 1993.7.6. 93마635)

■ 자기완결적 신고와 행위요건적 신고의 비교

구 분	자기완결적 신고	행위요건적 신고
내 용	• 당해행위 자체만으로 법적 효과 발생 • 본래적 의미의 신고	• 행정주체의 공법행위의 요건에 불과 • 완화된 허가제의 성질
효력 발생시기	신고(접수) 시 법적 효과 발생	수리 시 법적 효과 발생
수리 여부	수리 불요(접수를 요하는 신고)	수리 요(수리를 요하는 신고)
수리 거부	수리 거부하더라도 처분성 인정 안 됨	수리 거부할 경우 처분성 인정됨
항고소송	항고소송의 대상이 아님	항고소송의 대상이 됨
신고필증	단순한 사실적 의미에 불과함	수리가 이루어졌음을 증명하는 행위
행정절차법	명문규정이 있음	명문규정 없음

12 난도 ●● 〔정답〕①

① [O] 시보 임용 기간 중에 있는 공무원이 근무성적·교육훈련성적이 나쁘거나 국가공무원법 또는 국가공무원법에 따른 명령을 위반하여 공무원으로서의 자질이 부족하다고 판단되는 경우에는 제68조(의사에 반한 신분 조치)와 제70조(직권면직)에도 불구하고 면직시키거나 면직을 제청할 수 있다(국가공무원법 제29조 제3항).

② [X] 5급 공무원을 신규 채용하는 경우에는 1년, 6급 이하의 공무원을 신규 채용하는 경우에는 6개월간 각각 시보(試補)로 임용하고 그 기간의 근무성적·교육훈련성적과 공무원으로서의 자질을 고려하여 정규 공무원으로 임용한다(국가공무원법 제29조 제1항).

③ [X] 명문의 규정이 있다.

국가공무원법 제56조(성실 의무) 모든 공무원은 법령을 준수하며 성실히 직무를 수행하여야 한다.

---

④ [X] 지방공무원 시보 임용 당시에는 지방공무원법 제31조 제4호의 공무원 임용결격자에 해당하였으나, 정규 지방공무원 임용 당시에는 그 결격사유가 해소되었다면, 같은 법 제28조 제1항에서 규정하고 있는 시보 임용기간을 거침이 없이 곧바로 정규 지방공무원으로 임용하였음을 이유로 정규 지방공무원 임용행위를 취소할 수 있음은 별론으로 하고, 정규 지방공무원 임용행위를 당연무효라고 볼 수 없다(법제처 해설).

13 난도 ●● 〔정답〕④

① [X] 건물 옥상 헬리포트부분의 방수공사를 하면서 헬기 이착륙 등의 안전을 위하여 건물외곽과 수평을 이루도록 허가없이 증축한 경우 증축부분에 대한 철거대행계고처분은 위법하다.

판례

원고가 그 소유건물의 옥상 헬리포트부분에 이중 슬래브 방법을 선택하여 방수공사를 하던 차에 마침 비상시 헬기 이착륙 등의 안전비행을 위하여 헬리포트와 건물외곽층이 수평을 이루도록 하라는 서울특별시 항공대의 권고가 있자, … 그 증축부분을 대집행으로 철거할 경우 많은 비용이 들고 건물의 외관을 손상시킬 뿐 아니라 오히려 헬기의 안전 이착륙에 지장이 있게 된다면, 원고가 허가 없이 증축하여 그 위반결과가 현존하고 그 철거의무를 이행하지 않고 있더라도 위와 같은 증축경위나 사후 정황 등에 비추어 이를 그대로 방치한다고 하여도 심히 공익을 해하는 것이라고는 볼 수 없다.(대판 1990.12.7. 90누5405)

---

② [X] 대판 1991.3.12. 90누10070

③ [X] 당초 허가내용과 달리 증·개축한 건물도 공사결과 건물모양이 산뜻하게 되었고, 건물의 안정감이 더하여진 경우에는 심히 공익을 해하는 것이 아니다.

판례

대수선 및 구조변경허가의 내용과 다르게 건물을 증·개축하여 그 위반결과가 현존하고 있다고 할지라도, 그 공사결과 건물모양이 산뜻하게 되었고, 건물의 안정감이 더하여진 반면 그 증평부분을 철거함에는 많은 비용이 소요되고 이를 철거하여도 건물의 외관만을 손상시키고 쓰임새가 줄 뿐인 경우라면 건축주의 철거의무불이행을 방치함이 심히 공익을 해하는 것으로 볼 수 없다.(대판 1987.3.10. 86누860)

④ [O] 개발제한구역 및 도시공원에 속하는 임야상에 신축된 위법건축물인 대형 교회건물은 심히 공익을 해친다.

판례

개발제한구역 및 도시공원에 속하는 임야상에 신축된 위법건축물인 대형 교회건물의 합법화가 불가능한 경우, 교회건물의 건축으로 공원미관조성이나 공원관리 측면에서 유리하고 철거될 경우 막대한 금전적 손해를 입게 되며 신자들이 예배할 장소를 잃게 된다는 사정을 고려하더라도 위 교회건물의 철거의무의 불이행을 방치함이 심히 공익을 해한다.(대판 2000.6.23. 98두3112)

14 난도 ●●   (정답) ②

① [X] 오로지 상대방을 괴롭힐 목적으로 정보공개를 구하고 있다는 등의 특별한 사정이 없는 한 정보공개의 청구가 신의칙에 반하거나 권리남용에 해당한다고 볼 수 없다.(대판 2006.8.24. 2004두2783)

② [O]

공공기관의 정보공개에 관한 법률 제15조(정보의 전자적 공개)
① 공공기관은 전자적 형태로 보유·관리하는 정보에 대하여 청구인이 전자적 형태로 공개하여 줄 것을 요청하는 경우에는 그 정보의 성질상 현저히 곤란한 경우를 제외하고는 청구인의 요청에 따라야 한다.

③ [X] 검찰보존사무규칙은 비록 법무부령으로 되어 있으나, 그 중 불기소사건기록 등의 열람·등사에 대하여 제한하고 있는 부분은 위임근거가 없어 행정기관 내부의 사무처리준칙으로서 행정규칙에 불과하므로, 위 규칙에 의한 열람·등사의 제한을 구 정보공개법 제7조 제1항 제1호의 '다른 법률 또는 법률에 의한 명령에 의하여 비공개사항으로 규정된 경우'에 해당한다고 볼 수 없다.(대판 2004.9.23. 2003두1370)

④ [X] 정보공개 거부에 대해서는 일부 취소 판결이 가능하다.

판례

법원이 행정청의 정보공개거부처분의 위법 여부를 심리한 결과 공개를 거부한 정보에 비공개대상정보에 해당하는 부분과 공개가 가능한 부분이 혼합되어 있고 공개청구의 취지에 어긋나지 아니하는 범위 안에서 두 부분을 분리할 수 있음을 인정할 수 있을 때에는, 위 정보 중 공개가 가능한 부분을 특정하고 판결의 주문에 행정청의 위 거부처분 중 공개가 가능한 정보에 관한 부분만을 취소한다고 표시하여야 한다.(대판 2003.3.11. 2001두6425)

15 난도 ●●●   (정답) ④

① [X] 행정처분에 붙인 부담인 부관이 무효인 경우 그 부담의 이행으로 인한 사법상의 행위까지 당연무효가 되는 것은 아니다.

판례

행정처분에 붙은 부담인 부관이 제소기간의 도과로 확정되어 이미 불가쟁력이 생겼다면 그 하자가 중대하고 명백하여 당연 무효로 보아야 할 경우 외에는 누구나 그 효력을 부인할 수 없을 것이지만, 부담의 이행으로서 하게 된 사법상 매매 등의 법률행위는 부담을 붙인 행정처분과는 어디까지나 별개의 법률행위이므로 그 부담의 불가쟁력의 문제와는 별도로 법률행위가 사회질서 위반이나 강행규정에 위반되는지 여부 등을 따져보아 그 법률행위의 유효 여부를 판단하여야 한다.(대판 2009.6.25. 2006다18174)

② [X] 부관 중 부담은 독립성이 강하기 때문에 부담만에 대한 취소소송이 가능하다.

③ [X] 판례는 법률효과의 일부배제를 부관의 일종으로 본다.

④ [O] 법정부관은 법령이지 부관이 아니기 때문에 부관의 한계의 문제가 발생하지 않는다. 만약 법정부관이 처분성을 갖는다면(법정부관에 하자가 있는 경우에) 이에 대한 통제는 위헌법률심사 또는 명령규칙심사에 의한다. 그러나 정확하게 말하면 법정부관은 법령이므로 법정부관이 위법한 경우 법령에 대한 규범통제제도에 의해 통제되며 법정부관이 처분성을 갖는 경우에는 항고소송 및 헌법소원의 대상이 된다.

16 난도 ●●●   (정답) ④

가. 신뢰보호의 원칙이다(행정절차법 제4조 제2항).

나. 비례의 원칙이다(경찰관 직무집행법 제1조 제2항).

17 난도 ●●   (정답) ②

취소소송의 판결이 확정되면, 확정된 판단내용은 당사자 및 법원(후소법원)을 구속하여, 후소에서 당사자 및 법원은 동일사항에 대하여 확정판결의 내용과 모순되는 주장·판단을 할 수 없는바, 이러한 확정판결의 내용적 효력을 기판력(실질적 확정력)이라 한다.

18 난도 ●●   (정답) ①

① [X] 소득세 원천징수의무자는 공무수탁사인이 아니다.

판례

원천징수하는 소득세에 있어서는 납세의무자의 신고나 과세관청의 부과결정이 없이 법령이 정하는 바에 따라 그 세액이 자동적으로 확정되고, 원천징수의무자는 소득세법 제142조 및 제143조의 규정에 의하여 이와 같이 자동적으로 확정되는 세액을 수급자로부터 징수하여 과세관청에 납부하여야 할 의무를 부담하고 있으므로, 원천징수의무자가 비록 과세관청과 같은 행정청이더라도 그의 원천징수행위는 법령에서 규정된 징수 및 납부의무를 이행하기 위한 것에 불과한 것이지, 공권력의 행사로서의 행정처분을 한 경우에 해당되지 아니한다.(대판 1990.3.23. 89누4789)

② [O] 공무수탁사인의 위법한 공권력 행사에 대하여 항고소송을 제기할 수 있다. 이때 피고는 공무수탁사인이다.

③ [O]

- 공무수탁사인으로 인정되는 예
  ㉠ 토지수용을 하는 사업시행자
  ㉡ 별정우체국장
  ㉢ 학위수여를 하는 사립대총학장
  ㉣ 사선의 선장과 항공기장
  ㉤ 민영교도소
  ㉥ 공증사무를 수행하는 공증인
  ㉦ 변호사협회, 의사협회가 회원에 대한 징계를 하는 경우
  ㉧ 건축공사에 대한 조사 검사를 하는 건축사
- 공무수탁사인이 아닌 경우
  ㉠ 행정보조자: 아르바이트로 공무를 도와주는 사인, 사고현장에서 경찰의 부탁에 의해 경찰을 돕는 사인
  ㉡ 행정대행인(단순히 경영위탁을 받은 사인): 쓰레기수거인, 대집행을 실행하는 제3자, 자동차등록 대행자
  ㉢ 등록금을 징수하는 경우의 사립대총학장
  ㉣ 공의무부담사인: 비상시를 대비하여 특정기업에게 석유비축의무를 부과하는 경우의 사업주
  ㉤ 제한된 공법상 근무관계에 있는 자: 국립대학의 시간강사

④ [O] 공무수탁사인은 국가배상법상 공무원에 해당하므로 공무수탁사인의 위법한 행위로 손해를 입은 국민은 국가배상청구가 가능하다.

19 난도 ●● 정답 ②

① [X] 공무원의 직위해제처분과 면직처분 사이는 하자의 승계가 인정되지 않는다.

> **판례**
> 구 경찰공무원법 제50조 제1항에 의한 직위해제처분과 같은 제3항에 의한 면직처분은 후자가 전자의 처분을 전제로 한 것이기는 하나 각각 단계적으로 별개의 법률효과를 발생하는 행정처분이어서 선행 직위 해제처분의 위법사유가 면직처분에는 승계되지 아니한다 할 것이므로 선행된 직위해제 처분의 위법사유를 들어 면직처분의 효력을 다툴 수는 없다.(대판 1984.9.11. 84누191)

② [O]

서로 독립하여 별개의 효과를 목적으로 하는 경우에 하자승계가 인정되는 3가지 판례

> 1. 개별공시지가결정에 위법이 있는 경우에는 그 자체를 행정소송의 대상이 되는 행정처분으로 보아 그 위법 여부를 다툴 수 있음은 물론 이를 기초로 한 과세처분 등 행정처분의 취소를 구하는 행정소송에서도 선행처분인 개별공시지가결정의 위법을 독립된 위법사유로 주장할 수 있다.(대판 1994.1.25. 93누8542)
> 2. 위법한 표준지공시지가결정에 대하여 그 정해진 시정절차를 통하여 시정하도록 요구하지 않았다는 이유로 위법한 표준지공시지가를 기초로 한 수용재결 등 후행 행정처분에서 표준지공시지가결정의 위법을 주장할 수 없도록 하는 것은 수인한도를 넘는 불이익을 강요하는 것으로서 국민의 재산권과 재판받을 권리를

보장한 헌법의 이념에도 부합하는 것이 아니다. 따라서 표준지공시지가결정이 위법한 경우에는 그 자체를 행정소송의 대상이 되는 행정처분으로 보아 그 위법 여부를 다툴 수 있음은 물론, 수용보상금의 증액을 구하는 소송에서도 선행처분으로서 그 수용대상 토지 가격 산정의 기초가 된 비교표준지공시지가결정의 위법을 독립한 사유로 주장할 수 있다.(대판 2008.8.21. 2007두13845)
> 3. 갑을 친일반민족행위자로 결정한 친일반민족행위진상규명위원회의 최종발표(선행처분)에 따라 지방보훈지청장이 독립유공자 예우에 관한 법률 적용 대상자로 보상금 등의 예우를 받던 갑의 유가족 을 등에 대하여 독립유공자 예우에 관한 법률 적용배제자 결정(후행처분)을 한 경우, 선행처분의 후행처분에 대한 구속력을 인정할 수 없어 선행처분의 위법을 이유로 후행처분의 효력을 다툴 수 있다.(대판 2013.3.14. 2012두6964)

③ [X] 병역법상 보충역편입처분과 공익근무요원소집처분 사이에는 하자의 승계가 인정되지 않는다.

> **판례**
> 보충역편입처분의 기초가 되는 신체등위 판정에 잘못이 있다는 이유로 이를 다투기 위하여는 신체등위 판정을 기초로 한 보충역편입처분에 대하여 쟁송을 제기하여야 할 것이며, 그 처분을 다투지 아니하여 이미 불가쟁력이 생겨 그 효력을 다툴 수 없게 된 경우에는, 병역처분변경신청에 의하는 경우는 별론으로 하고, 보충역편입처분에 하자가 있다고 할지라도 그것이 당연무효라고 볼만한 특단의 사정이 없는 한 그 위법을 이유로 공익근무요원소집처분의 효력을 다툴 수 없다.(대판 2002.12.10. 2001두5422)

④ [X] 하자의 승계가 인정되지 않는 경우이다.

20 난도 ●● 정답 ①

① [X] 구청 공무원이 시영아파트 입주권 매매를 한 것은 직무행위로 볼 수 없다.

> **판례**
> 구청 공무원 갑이 주택정비계장으로 부임하기 이전에 그의 처 등과 공모하여 을에게 무허가건물철거 세입자들에 대한 시영아파트 입주권 매매행위를 한 경우 이는 갑이 개인적으로 저지른 행위에 불과하고 당시 근무하던 세무과에서 수행하던 지방세 부과, 징수 등 본래의 직무와는 관련이 없는 행위로서 외형상으로도 직무범위 내에 속하는 행위라고 볼 수 없고, 갑이 그 후 주택정비계장으로 부임하여 을의 문의에 의하여 주택정비계 사무실에 허위로 작성하여 비치해 놓은 입주신청 및 명의변경 접수대장을 이용하여 세입자들이 정당한 입주권 부여 대상자인 양 허위로 확인하여 주거나 명의변경 신청서류를 접수하여 입주자 명의가 적법히 변경된 것인 양 허위로 확인하여 주었다 하더라도 이는 이미 불법행위가 종료되어 을 등의 손해가 발생된 이후의 범행관여에 불과한 것이어서 그 손해와 갑의 사후적 범행관여 사이에 상당인과관계를 인정하기 어렵다.(대판 1993.1.15. 92다8514)

② [O] 서울특별시 소속 건설담당직원이 무허가건물이 철거되면 그 소유자에게 시영아파트 입주권이 부여될 것이라고 허위의 확인을 하여 주었기 때문에 그 소유자와의 사이에 처음부터 그 이

행이 불가능한 아파트 입주권 매매계약을 체결하여 매매대금을 지급한 경우, 매수인이 입은 손해는 그 아파트 입주권 매매계약이 유효한 것으로 믿고서 출연한 매매대금으로서 이는 매수인이 시영아파트 입주권을 취득하지 못함으로 인하여 발생한 것이 아니라 공무원의 허위의 확인행위로 인하여 발생된 것으로 보아야 하므로, 공무원의 허위 확인행위와 매수인의 손해 발생 사이에는 상당인과관계가 있다.(대판 1996.11.29. 95다21709)

③ [O]

이익의 공제(국가배상법)

㉠ 손익상계
피해자가 손해를 입은 동시에 이익을 얻은 경우에는 손해배상액에서 그 이익에 상당하는 금액을 빼야 한다.(제3조의2 제1항)

㉡ 과실상계
배상금을 지급하는 결정을 함에 있어 피해자 측의 과실이 있을 때에는 법과 이 영에 정한 기준에 따라 산정한 금액에 대하여 그 과실의 정도에 따른 과실상계를 하여야 한다.(시행령 제21조 제1항)

㉢ 이자의 공제
유족배상과 장해배상 및 장래에 필요한 요양비 등을 한꺼번에 신청하는 경우에는 중간이자를 빼야 한다(제3조의2 제2항). 중간이자의 공제방식은 호프만식(단리계산)과 라이프니쯔식(복리계산)이 있는데, 피해자에게 유리한 호프만식에 의하여 산정한다.

---

④ [O] 군인·군무원·경찰공무원 또는 예비군대원이 전투·훈련 등 직무집행과 관련하여 전사(戰死)·순직(殉職)하거나 공상(公傷)을 입은 경우에 본인이나 그 유족이 다른 법령에 따라 재해보상금·유족연금·상이연금 등의 보상을 지급받을 수 있을 때에는 이 법 및 민법에 따른 손해배상을 청구할 수 없다(국가배상법 제2조 제1항).

예상판례(이중배상)

[1] 군인 등이 직무집행과 관련하여 공상을 입는 등의 이유로 보훈보상대상자 지원에 관한 법률이 정한 보훈보상대상자 요건에 해당하여 보상금 등 보훈급여금을 지급받을 수 있을 때에는 국가를 상대로 국가배상을 청구할 수 없다.

[2] 직무집행과 관련하여 공상을 입은 군인 등이 먼저 국가배상법에 따라 손해배상금을 지급받은 다음 보훈보상대상자 지원에 관한 법률이 정한 보상금 등 보훈급여금의 지급을 청구하는 경우, 국가배상법에 따라 손해배상을 받았다는 이유로 그 지급을 거부할 수 없다.

(대판 2017.2.3. 2015두60075)

---

21 난도 ●●　　　　　　　　　　　　　　　（정답）①

공공기관의 정보공개에 관한 법률 제11조(정보공개 여부의 결정)
① 공공기관은 제10조에 따라 정보공개의 청구를 받으면 그 청구를 받은 날부터 10일 이내에 공개 여부를 결정하여야 한다.
제18조(이의신청) ① 청구인이 정보공개와 관련한 공공기관의 비공개 결정 또는 부분 공개 결정에 대하여 불복이 있거나 정보공개 청구 후 20일이 경과하도록 정보공개 결정이 없는 때에는 공

공기관으로부터 정보공개 여부의 결정 통지를 받은 날 또는 정보공개 청구 후 20일이 경과한 날부터 30일 이내에 해당 공공기관에 문서로 이의신청을 할 수 있다.

---

22 난도 ●●　　　　　　　　　　　　　　　（정답）③

취소소송 중 무효등확인소송에 준용되지 않는 것	취소소송 중 부작위위법확인소송에 준용되지 않는 것
㉠ 예외적 행정심판전치주의(조세부과처분 취소소송은 행정심판을 거쳐야 하지만, 조세부과처분 무효소송은 행정심판을 거치지 않아도 된다) ㉡ 제소기간 ㉢ 재량처분의 취소 ㉣ 간접강제 ㉤ 사정판결	㉠ 처분변경으로 인한 소의 변경(처분이 없기 때문이다) ㉡ 집행정지 및 집행정지의 취소 ㉢ 사정판결 ㉣ 제소기간이 준용된다는 규정이 있지만, 행정심판을 거친 경우에는 제소기간이 준용되고 행정심판을 거치지 않으면 부작위가 계속되는 한 기간의 도과는 있을 수 없다.

---

23 난도 ●●　　　　　　　　　　　　　　　（정답）②

권한의 위임(위탁)·대리·내부위임이 있는 경우 피고적격 대리에 있어 피대리청을 표시하지 않으면 대리청이 피고가 되지만, 상대방이 대리권이 있음을 안 경우에는 피대리청이 피고가 된다.

구 분	위 임	대 리	내부위임
법적 근거	필 요	불 요	불 요
권한의 귀속	수임청	피대리청(대리를 시킨 청)	위임청
피고적격	수임청	• 현명을 한 경우: 피대리청 • 현명을 하지 않은 경우: 대리청	• 현명을 한 경우: 위임청 • 현명을 하지 않은 경우: 수임청

---

24 난도 ●●　　　　　　　　　　　　　　　（정답）①

① [O] 특별한 사정이 없는 한, 신청에 대한 거부처분은 행정절차법 제21조 제1항 소정의 처분의 사전통지대상이 되지 않는다.

판례

신청에 따른 처분이 이루어지지 아니한 경우에는 아직 당사자에게 권익이 부과되지 아니하였으므로 특별한 사정이 없는 한 신청에 대한 거부처분이라고 하더라도 직접 당사자의 권익을 제한하는 것은 아니어서 신청에 대한 거부처분을 여기에서 말하는 '당사자의 권익을 제한하는 처분'에 해당한다고 할 수 없는 것이어서 처분의 사전통지대상이 된다고 할 수 없다.(대판 2003.11.28. 2003두674)

---

② [X] 통고처분을 할 것인지의 여부는 관세청장 또는 세관장의 재량에 맡겨져 있고, 따라서 관세청장 또는 세관장이 관세범에 대하여 통고처분을 하지 아니한 채 고발하였다는 것만으로는 그 고발 및 이에 기한 공소의 제기가 부적법하게 되는 것은 아니다.(대판 2007.5.11. 2006도1993)

③ [X]

> **행정절차법 제21조(처분의 사전 통지)** ④ 다음 각 호의 어느 하나에 해당하는 경우에는 제1항에 따른 통지를 하지 아니할 수 있다.
> 1. 공공의 안전 또는 복리를 위하여 긴급히 처분을 할 필요가 있는 경우
> 2. 법령등에서 요구된 자격이 없거나 없어지게 되면 반드시 일정한 처분을 하여야 하는 경우에 그 자격이 없거나 없어지게 된 사실이 법원의 재판 등에 의하여 객관적으로 증명된 경우
> 3. 해당 처분의 성질상 의견청취가 현저히 곤란하거나 명백히 불필요하다고 인정될 만한 상당한 이유가 있는 경우
> ⑥ 제4항에 따라 사전 통지를 하지 아니하는 경우 행정청은 처분을 할 때 당사자등에게 통지를 하지 아니한 사유를 알려야 한다. 다만, 신속한 처분이 필요한 경우에는 처분 후 그 사유를 알릴 수 있다.

④ [X] 도로구역변경결정은 행정절차법상 사전통지나 의견청취의 대상이 되는 처분이 아니다.

> **판례**
> 도로법 제25조 제3항이 도로구역을 결정하거나 변경할 경우 이를 고시에 의하도록 하면서, 그 도면을 일반인이 열람할 수 있도록 한 점 등을 종합하여 보면, 도로구역을 변경한 이 사건 처분은 행정절차법 제21조 제1항의 사전통지나 제22조 제3항의 의견청취의 대상이 되는 처분은 아니라고 할 것이다.(대판 2008.6.12. 2007두1767)

25 난도 ●● (정답) ③

① [X]

> **행정절차법 제22조(의견청취)** ① 행정청이 처분을 할 때 다음 각 호의 어느 하나에 해당하는 경우에는 청문을 한다.
> 1. 다른 법령등에서 청문을 하도록 규정하고 있는 경우
> 2. 행정청이 필요하다고 인정하는 경우
> 3. 다음 각 목의 처분을 하는 경우
>   가. 인허가 등의 취소
>   나. 신분·자격의 박탈
>   다. 법인이나 조합 등의 설립허가의 취소

② [X]

> **제21조(처분의 사전 통지)** ② 행정청은 청문을 하려면 청문이 시작되는 날부터 10일 전까지 제1항 각 호의 사항을 당사자등에게 통지하여야 한다. 이 경우 제1항 제4호부터 제6호까지의 사항은 청문 주재자의 소속·직위 및 성명, 청문의 일시 및 장소, 청문에 응하지 아니하는 경우의 처리방법 등 청문에 필요한 사항으로 갈음한다.
>
> **제28조(청문 주재자)** ① 행정청은 소속 직원 또는 대통령령으로 정하는 자격을 가진 사람 중에서 청문 주재자를 공정하게 선정하여야 한다.
> ② 행정청은 청문이 시작되는 날부터 7일 전까지 청문 주재자에게 청문과 관련한 필요한 자료를 미리 통지하여야 한다.

③ [O] 행정청과 당사자 사이에 의견청취절차 배제협약을 하였더라도 청문배제의 예외적인 사유가 아니다.

> **판례**
> 행정청이 당사자와 사이에 도시계획사업의 시행과 관련한 협약을 체결하면서 관계 법령 및 행정절차법에 규정된 청문의 실시 등 의견청취절차를 배제하는 조항을 두었다고 하더라도, 국민의 행정참여를 도모함으로써 행정의 공정성·투명성 및 신뢰성을 확보하고 국민의 권익을 보호한다는 행정절차법의 목적 및 청문제도의 취지 등에 비추어 볼 때, 위와 같은 협약의 체결로 청문의 실시에 관한 규정의 적용을 배제할 수 있다고 볼 만한 법령상의 규정이 없는 한, 이러한 협약이 체결되었다고 하여 청문의 실시에 관한 규정의 적용이 배제된다거나 청문을 실시하지 않아도 되는 예외적인 경우에 해당한다고 할 수 없다.(대판 2004.7.8. 2002두8350)

④ [X]

> **제22조(의견청취)** ⑥ 행정청은 처분 후 1년 이내에 당사자등이 요청하는 경우에는 청문·공청회 또는 의견제출을 위하여 제출받은 서류나 그 밖의 물건을 반환하여야 한다.

01	③	02	③	03	④	04	④	05	④
06	②	07	③	08	③	09	④	10	①
11	④	12	①	13	②	14	③	15	④
16	④	17	③	18	④	19	②	20	②
21	①	22	①	23	④	24	④	25	③

01 난도 ●●●

정답 ③

① [O]

③ [X] 남북정상회담의 개최는 사법심사의 대상이 아니지만, 대북송금행위는 심사의 대상이다.

> **판례**
> 남북정상회담의 개최는 고도의 정치적 성격을 지니고 있는 행위라 할 것이므로 특별한 사정이 없는 한 그 당부를 심판하는 것은 사법권의 내재적·본질적 한계를 넘어서는 것이 되어 적절하지 못하지만, 남북정상회담의 개최과정에서 재정경제부장관에게 신고하지 아니하거나 통일부장관의 협력사업 승인을 얻지 아니한 채 북한 측에 사업권의 대가 명목으로 송금한 행위 자체는 헌법상 법치국가의 원리와 법 앞에 평등원칙 등에 비추어 볼 때 사법심사의 대상이 된다.(대판 2004.3.26. 2003도7878)

② [O] 대통령의 긴급재정경제명령은 국가긴급권의 일종으로서 고도의 정치적 결단에 의하여 발동되는 통치행위에 속한다고 할 수 있으나, 통치행위를 포함하여 모든 국가작용은 국민의 기본권적 가치를 실현하기 위한 수단이라는 한계를 반드시 지켜야 하는 것이고, 헌법재판소는 헌법의 수호와 국민의 기본권 보장을 사명으로 하는 국가기관이므로 비록 고도의 정치적 결단에 의하여 행해지는 국가작용이라고 할지라도 그것이 국민의 기본권 침해와 직접 관련되는 경우에는 당연히 헌법재판소의 심판대상이 된다.(헌재 1996.2.29. 93헌마186)

④ [O] 비상계엄의 선포나 확대가 국헌문란의 목적을 달성하기 위하여 행하여진 경우에 그 자체가 범죄행위(내란죄)에 해당하는지에 대하여는 심사할 수 있다.

> **판례**
> 대통령의 비상계엄의 선포나 확대 행위는 고도의 정치적·군사적 성격을 지니고 있는 행위라 할 것이므로, 그것이 누구에게도 일견하여 헌법이나 법률에 위반되는 것으로서 명백하게 인정될 수 있는 등 특별한 사정이 있는 경우라면 몰라도, 그러하지 아니한 이상 그 계엄선포의 요건 구비 여부나 선포의 당·부당을 판단할 권한이 사법부에는 없다고 할 것이나, 비상계엄의 선포나 확대가 국헌문란의 목적을 달성하기 위하여 행하여진 경우에는 법원은 그 자체가 범죄행위에 해당하는지의 여부에 관하여 심사할 수 있다.(대판 1997.4.17. 96도3376 전원합의체)

02 난도 ●●

정답 ③

① [O]

> **행정심판법 제28조(심판청구의 방식)** ① 심판청구는 서면으로 하여야 한다.

② [O]

> **제30조(집행정지)** ① 심판청구는 처분의 효력이나 그 집행 또는 절차의 속행(續行)에 영향을 주지 아니한다.

③ [X] '정당한 이익이 있는 자'가 아니라 '법률상 이익이 있는 자'가 제기할 수 있다.

> **제13조(청구인 적격)** ① 취소심판은 처분의 취소 또는 변경을 구할 법률상 이익이 있는 자가 청구할 수 있다. 처분의 효과가 기간의 경과, 처분의 집행, 그밖의 사유로 소멸된 뒤에도 그 처분의 취소로 회복되는 법률상 이익이 있는 자의 경우에도 또한 같다.
> ② 무효등확인심판은 처분의 효력 유무 또는 존재 여부의 확인을 구할 법률상 이익이 있는 자가 청구할 수 있다.
> ③ 의무이행심판은 처분을 신청한 자로서 행정청의 거부처분 또는 부작위에 대하여 일정한 처분을 구할 법률상 이익이 있는 자가 청구할 수 있다.

④ [O]

> **제16조(청구인의 지위 승계)** ① 청구인이 사망한 경우에는 상속인이나 그 밖에 법령에 따라 심판청구의 대상에 관계되는 권리나 이익을 승계한 자가 청구인의 지위를 승계한다.

03 난도 ●●

정답 ④

행정절차법은 처분절차, 신고절차, 행정상 입법예고절차, 행정예고절차 및 행정지도절차에 대해서 주로 규정하고 있다.

ㄱ. 철회 및 직권취소는 법적 근거 없이 할 수 있으면 행정절차법에 별도의 규정이 없다.

ㄴ. 행정쟁송은 행정심판법과 행정소송법에 규정이 있다.

ㄷ. 행정청이 처분을 할 때에는 당사자에게 그 처분에 관하여 행정심판 및 행정소송을 제기할 수 있는지 여부, 그 밖에 불복을 할 수 있는지 여부, 청구절차 및 청구기간, 그 밖에 필요한 사항을 알려야 한다(행정절차법 제26조).

ㄹ. 행정청은 제38조에 따른 공청회와 병행하여서만 정보통신망을 이용한 공청회(이하 "온라인공청회"라 한다)를 실시할 수 있다(행정절차법 제38조의2 제1항).

① [O]

> **공공기관의 정보공개에 관한 법률 제4조(적용 범위)** ③ 국가안전
> 보장에 관련되는 정보 및 보안 업무를 관장하는 기관에서 국가안
> 전보장과 관련된 정보의 분석을 목적으로 수집하거나 작성한 정
> 보에 대해서는 이 법을 적용하지 아니한다. 다만, 제8조 제1항에
> 따른 정보목록의 작성·비치 및 공개에 대해서는 그러하지 아니
> 한다.

② [O]

> **제11조(정보공개 여부의 결정)** ③ 공공기관은 공개 청구된 공개
> 대상 정보의 전부 또는 일부가 제3자와 관련이 있다고 인정할 때
> 에는 그 사실을 제3자에게 지체 없이 통지하여야 하며, 필요한
> 경우에는 그의 의견을 들을 수 있다.

③ [O]

> **제9조(비공개 대상 정보)** ① 공공기관이 보유·관리하는 정보는 공
> 개 대상이 된다. 다만, 다음 각 호의 어느 하나에 해당하는 정보는
> 공개하지 아니할 수 있다.
> 1. 다른 법률 또는 법률에서 위임한 명령(국회규칙·대법원규
>   칙·헌법재판소규칙·중앙선거관리위원회규칙·대통령령 및
>   조례로 한정한다)에 따라 비밀이나 비공개 사항으로 규정된
>   정보
> 2. 국가안전보장·국방·통일·외교관계 등에 관한 사항으로서
>   공개될 경우 국가의 중대한 이익을 현저히 해칠 우려가 있다
>   고 인정되는 정보
> 3. 공개될 경우 국민의 생명·신체 및 재산의 보호에 현저한 지
>   장을 초래할 우려가 있다고 인정되는 정보
> 4. 진행 중인 재판에 관련된 정보와 범죄의 예방, 수사, 공소의
>   제기 및 유지, 형의 집행, 교정(矯正), 보안처분에 관한 사항으
>   로서 공개될 경우 그 직무수행을 현저히 곤란하게 하거나 형사
>   피고인의 공정한 재판을 받을 권리를 침해한다고 인정할 만한
>   상당한 이유가 있는 정보
> 5. 감사·감독·검사·시험·규제·입찰계약·기술개발·인사관
>   리에 관한 사항이나 의사결정 과정 또는 내부검토 과정에 있
>   는 사항 등으로서 공개될 경우 업무의 공정한 수행이나 연
>   구·개발에 현저한 지장을 초래한다고 인정할 만한 상당한 이
>   유가 있는 정보. 다만, 의사결정 과정 또는 내부검토 과정을
>   이유로 비공개할 경우에는 제13조 제5항에 따라 통지를 할 때
>   의사결정 과정 또는 내부검토 과정의 단계 및 종료 예정일을
>   함께 안내하여야 하며, 의사결정 과정 및 내부검토 과정이 종
>   료되면 제10조에 따른 청구인에게 이를 통지하여야 한다.
> 6. 해당 정보에 포함되어 있는 성명·주민등록번호 등 「개인정보
>   보호법」 제2조 제1호에 따른 개인정보로서 공개될 경우 사생
>   활의 비밀 또는 자유를 침해할 우려가 있다고 인정되는 정보.
>   다만, 다음 각 목에 열거한 사항은 제외한다.
>   가. 법령에서 정하는 바에 따라 열람할 수 있는 정보
>   나. 공공기관이 공표를 목적으로 작성하거나 취득한 정보로서
>   사생활의 비밀 또는 자유를 부당하게 침해하지 아니하는
>   정보
>   다. 공공기관이 작성하거나 취득한 정보로서 공개하는 것이
>   공익이나 개인의 권리 구제를 위하여 필요하다고 인정되
>   는 정보

>   라. 직무를 수행한 공무원의 성명·직위
>   마. 공개하는 것이 공익을 위하여 필요한 경우로서 법령에 따
>   라 국가 또는 지방자치단체가 업무의 일부를 위탁 또는 위
>   촉한 개인의 성명·직업
> 7. 법인·단체 또는 개인(이하 "법인등"이라 한다)의 경영상·영
>   업상 비밀에 관한 사항으로서 공개될 경우 법인등의 정당한 이
>   익을 현저히 해칠 우려가 있다고 인정되는 정보. 다만, 다음
>   각 목에 열거한 정보는 제외한다.
>   가. 사업활동에 의하여 발생하는 위해(危害)로부터 사람의 생
>   명·신체 또는 건강을 보호하기 위하여 공개할 필요가 있
>   는 정보
>   나. 위법·부당한 사업활동으로부터 국민의 재산 또는 생활을
>   보호하기 위하여 공개할 필요가 있는 정보
> 8. 공개될 경우 부동산 투기, 매점매석 등으로 특정인에게 이익
>   또는 불이익을 줄 우려가 있다고 인정되는 정보

④ [X]

> **공공기관의 정보공개에 관한 법률 시행령 제3조(외국인의 정보공
> 개 청구)** 법 제5조 제2항에 따라 정보공개를 청구할 수 있는 외
> 국인은 다음 각 호의 어느 하나에 해당하는 자로 한다.
> 1. 국내에 일정한 주소를 두고 거주하거나 학술·연구를 위하여
>   일시적으로 체류하는 사람
> 2. 국내에 사무소를 두고 있는 법인 또는 단체

① [X] 손실보상의 대상이 되기 위해서는 공공침해의 성격이 있
　　　어야 한다. 즉, 특별한 희생으로부터 발생하여야 한다. 따라서
　　　단순히 사회적인 제약이 가해진 경우에는 원칙적으로 손실보
　　　상의 대상이 되지 않는다.

② [X] 위법행위로 인한 손해에 대해서는 행정상 손해배상이 인
　　　정되고, 손실보상의 대상이 될 수 없다.

③ [X] 행정상 손해배상은 재산적·비재산적 손해를 모두 포함하
　　　지만, 행정상 손실보상은 재산적 손실만을 대상으로 한다.

④ [O] 사업시행자는 민간기업도 가능하다. 사업시행자의 성격은
　　　공무수탁사인이다.

■ 손해배상과 손실보상의 비교

구 분	손해배상	손실보상
기본 이념	개인주의 사상에 입각	단체주의 사상에 입각한 배분적 정의, 개인이 부담하는 특별한 손실에 대한 보상
헌법적 근거	헌법 제29조	헌법 제23조 제3항
발생 원인	위법한 행정작용, 고의·과실을 요함	적법한 행정작용, 무과실책임
성립 요건	위법성, 고의·과실, 손해의 발생 등	공공필요, 특별한 희생, 재산상 손해 발생
적용 법률	국가배상법(일반법이다)	개별법 규정의 보상 규정(일반법이 없다)

손해의 범위	재산적 손해와 비재산적 손해 포함(생명, 신체에 대한 손해와 정신적 손해)	재산적 손실만 보상
양도 · 압류의 가능성	• 생명 · 신체에 대한 손해로 발생한 청구권은 양도 · 압류, 상계 금지 • 재산권에 대한 청구권은 양도 · 압류 가능	양도 · 압류 가능
공통점	사후적 구제제도, 금전적 구제제도(손해의 전보), 실체적 행정구제제도	

06 난도 ●●

(정답) ②

① [O] 현역입영대상자로서는 현실적으로 입영을 하였다고 하더라도, 입영 이후의 법률관계에 영향을 미치고 있는 현역병입영통지처분 등을 한 관할지방병무청장을 상대로 위법을 주장하여 그 취소를 구할 소송상의 이익이 있다.(대판 2003.12.26. 2003두1875) – 다만, 현역입영대상자로서 자원입대한 경우에는 소의 이익이 인정되지 않는다.

② [X] 공익근무요원 소집해제신청을 거부한 후에 원고가 계속하여 공익근무요원으로 복무함에 따라 복무기간만료를 이유로 소집해제처분을 한 경우, 원고가 입게 되는 권리와 이익의 침해는 소집해제처분으로 해소되었으므로 위 거부처분의 취소를 구할 소의 이익이 없다.(대판 2005.5.13. 2004두4369)

③ [O] 원상회복이 불가능한 경우에도 회복되는 부수적 이익이 있는 경우에는 소의 이익이 인정된다.

> **판례**
> 징계처분으로서 감봉처분이 있은 후 공무원의 신분이 상실(자진 퇴직)된 경우에도 위법한 감봉처분의 취소가 필요한 경우에는 위 감봉처분의 취소를 구할 소의 이익이 있다.(대판 1977.7.12. 74누147)

④ [O] 원고들이 불합격처분의 취소를 구하는 이 사건 소송계속 중 당해연도의 입학시기가 지났더라도 당해연도의 합격자로 인정되면 다음년도의 입학시기에 입학할 수도 있다고 할 것이고, 피고의 위법한 처분이 있게 됨에 따라 당연히 합격하였어야 할 원고들이 불합격처리되고 불합격되었어야 할 자들이 합격한 결과가 되었다면 원고들은 입학정원에 들어가는 자들이라고 하지 않을 수 없다고 할 것이므로 원고들로서는 피고의 불합격처분의 적법여부를 다툴만한 법률상의 이익이 있다고 할 것이다.(대판 1990.8.28. 89누8255)

07 난도 ●●●

(정답) ③

당초 처분 1억	경정처분: 2억으로 증액한 경우 → 증액처분인 2억이 소의 대상이다(흡수설).
	감액분: 7천을 감액한 경우 → 감액되고 남은 3천이 소의 대상이다(역흡수설).

① [O]

② [O] 과세처분이 있은 후 증액경정처분이 있는 경우, 그 증액

경정처분은 당초의 처분을 그대로 둔 채 당초 처분에서의 과세표준 및 세액을 초과하는 부분만을 추가로 확정하는 것이 아니라 당초의 처분에서의 과세표준 및 세액을 포함시켜 전체로서의 하나의 과세표준과 세액을 다시 결정하는 것이므로, 당초 처분은 증액경정처분에 흡수되어 당연히 소멸하고 그 증액경정처분만이 쟁송의 대상이 된다.(대판 2001.12.27. 2000두10083)

③ [X] 과세표준과 세액을 감액하는 경정처분은 당초 부과처분과 별개 독립의 과세처분이 아니라 그 실질은 당초 부과 처분의 변경이고, 그에 의하여 세액의 일부취소라는 납세자에게 유리한 효과를 가져오는 처분이라 할 것이므로 그 경정결정으로도 아직 취소되지 않고 남아 있는 부분이 위법하다 하여 다투는 경우 항고소송의 대상은 당초의 부과처분 중 경정결정에 의하여 취소되지 않고 남은 부분이고, 경정결정이 항고소송의 대상이 되는 것은 아니다.(대판 1993.11.9. 93누9989)

④ [O] 감액경정처분의 경우 항고소송의 대상이 되는 것은 당초처분 중 경정결정에 의하여 취소되지 않고 남아 있는 부분, 즉 감액되고 남은 당초처분이며, 제소기간의 준수 및 기타 적법한 전심절차를 거쳤는지 여부도 당초 처분을 기준으로 판단하여야 한다.

08 난도 ●●

(정답) ③

① [O]

④ [O] 구 국유재산법 제51조 제1항에 의한 국유재산의 무단점유자에 대한 변상금부과는 행정청이 공권력을 가진 우월적 지위에서 행하는 것으로서 행정처분이라고 보아야 한다.(대판 1992.4.14. 91다42197)

② [O] 국유재산의 무단점유 등에 대한 변상금징수의 요건은 국유재산법 제51조 제1항에 명백히 규정되어 있으므로 변상금을 징수할 것인가는 처분청의 재량을 허용하지 않는 기속행위이다.(대판 2000.1.28. 97누4098)

③ [X] 일반적으로 국가는 강제징수(독촉, 압류, 매각, 청산)가 가능하면 별도의 민사소송을 허용하지 않지만 변상금의 경우에는 민사소송이 가능하다.

> **판례**
> 국가는 국유재산의 무단점유자를 상대로 변상금 부과 · 징수권의 행사와 별도로 국유재산의 소유자로서 민사상 부당이득반환청구의 소를 제기할 수 있다.(대판 2014.7.16. 2011다76402)

09 난도 ●●

(정답) ④

① [O] 영조물 설치의 하자라 함은 영조물의 축조에 불완전한 점이 있어 이 때문에 영조물 자체가 통상 갖추어야 할 완전성을 갖추지 못한 상태에 있음을 말한다고 할 것인바 그 하자 유무는 객관적 견지에서 본 안전성의 문제이고 그 설치자의 재정사정이나 영조물의 사용목적에 의한 사정은 안전성을 요구하는 데 대한 정도 문제로서 참작사유에는 해당할지언정 안전성을 결정지을 절대적 요건에는 해당하지 아니한다 할

것이다.(대판 1967.2.21. 66다1723)

② [O] 국가배상법 제5조 제1항 소정의 '공공의 영조물'에는 국가 또는 지방자치단체가 소유권, 임차권 그 밖의 권한에 기하여 관리하고 있는 경우뿐만 아니라 사실상의 관리를 하고 있는 경우도 포함한다.(대판 1995.1.24. 94다45302)

③ [O]

④ [X] 편도 2차선 도로의 1차선상에 교통사고의 원인이 될 수 있는 크기의 돌멩이가 방치되어 있는 경우, 도로의 점유·관리자가 그에 대한 관리 가능성이 없다는 입증을 하지 못하는 한 이는 도로의 관리·보존상의 하자에 해당한다.(대판 1998.2.10. 97다32536)

10 난도 ●

정답 ①

① [X]

> **질서위반행위규제법 제7조(고의 또는 과실)** 고의 또는 과실이 없는 질서위반행위는 과태료를 부과하지 아니한다.

② [O] 과태료 부과처분에 대하여 불복하는 당사자는 과태료 부과통지를 받은 날로부터 60일 이내에 해당 행정청에 서면으로 이의제기를 할 수 있으며, 이의제기가 있는 경우에는 당해 행정청의 과태료 부과처분은 그 효력을 상실하게 되고(제20조), 재판절차로 가게 되므로, 과태료 부과처분은 항고소송의 대상이 되는 행정처분이 아니다.

③ [O]

> **제42조(과태료 재판의 집행)** ① 과태료 재판은 검사의 명령으로써 집행한다. 이 경우 그 명령은 집행력 있는 집행권원과 동일한 효력이 있다.

④ [O]

> **제20조(이의제기)** ① 행정청의 과태료 부과에 불복하는 당사자는 제17조 제1항에 따른 과태료 부과 통지를 받은 날부터 60일 이내에 해당 행정청에 서면으로 이의제기를 할 수 있다.

11 난도 ●

정답 ④

① [O] 불가쟁력이 발생한 행정행위라도 불가변력이 발생하지 않았다면 권한 있는 기관은 이를 취소·변경할 수 있다. 따라서 불가쟁력이 발생한 경우라 하더라도 처분행정청은 직권으로 취소가 가능하다.

② [O] 하자가 치유되면 소급해서 처음부터 적법한 행위가 되기 때문에 당해 행정행위를 직권취소할 수 없다.

③ [O] 직권취소와 철회는 법적 근거 없이 가능하다.

④ [X] 침익적 행정행위의 취소는 상대방에게 이익이 되므로 원칙적으로 자유롭게 할 수 있다. 그러나 수익적 행정행위의 취소는 불이익처분이므로 수익적 행정행위의 취소일 경우 행정절차법상 처분의 절차가 적용된다.

12 난도 ●●

정답 ①

① [X] 행정심판은 2심의 개념이 없다. 즉, 행정심판의 재결 자체에 고유한 위법이 있을 때는 재결에 대한 소송이 가능한 것이지 재결 자체에 대하여 다시 행정심판을 청구할 수는 없다.

② [O]

> **행정심판법 제31조(임시처분)** ① 위원회는 처분 또는 부작위가 위법·부당하다고 상당히 의심되는 경우로서 처분 또는 부작위 때문에 당사자가 받을 우려가 있는 중대한 불이익이나 당사자에게 생길 급박한 위험을 막기 위하여 임시지위를 정하여야 할 필요가 있는 경우에는 직권으로 또는 당사자의 신청에 의하여 임시처분을 결정할 수 있다.

③ [O]

> **제5조(행정심판의 종류)** 행정심판의 종류는 다음 각 호와 같다.
> 1. 취소심판: 행정청의 위법 또는 부당한 처분을 취소하거나 변경하는 행정심판
> 2. 무효등확인심판: 행정청의 처분의 효력 유무 또는 존재 여부를 확인하는 행정심판
> 3. 의무이행심판: 당사자의 신청에 대한 행정청의 위법 또는 부당한 거부처분이나 부작위에 대하여 일정한 처분을 하도록 하는 행정심판

④ [O] 불이익변경금지의 원칙이다.

> **제47조(재결의 범위)** ② 위원회는 심판청구의 대상이 되는 처분보다 청구인에게 불리한 재결을 하지 못한다.

13 난도 ●●

정답 ②

① [O] 기속행위와 재량행위에 대한 사법심사 방식에는 차이가 있다.

> **판례**
> 행정행위를 기속행위와 재량행위로 구분하는 경우 양자에 대한 사법심사는, 전자(기속행위)의 경우 그 법규에 대한 원칙적인 기속성으로 인하여 법원이 사실인정과 관련 법규의 해석·적용을 통하여 일정한 결론을 도출한 후 그 결론에 비추어 행정청이 한 판단의 적법 여부를 독자의 입장에서 판정하는 방식에 의하게 되나, 후자(재량행위)의 경우 행정청의 재량에 기한 공익판단의 여지를 감안하여 법원은 독자의 결론을 도출함이 없이 당해 행위에 재량권의 일탈·남용이 있는지 여부만을 심사하게 되고, 이러한 재량권의 일탈·남용 여부에 대한 심사는 사실오인, 비례·평등의 원칙 위배 등을 그 판단 대상으로 한다.(대판 2005.7.14. 2004두6181)

② [X] 기속행위가 아니라 기속재량행위이다.

> **대기환경보전법 제23조(배출시설의 설치 허가 및 신고)** ⑧ 환경부 장관 또는 시·도지사는 배출시설로부터 나오는 특정대기유해물질이나 특별대책지역의 배출시설로부터 나오는 대기오염물질로 인하여 환경기준의 유지가 곤란하거나 주민의 건강·재산, 동식물의 생육에 심각한 위해를 끼칠 우려가 있다고 인정되면 대통령령

으로 정하는 바에 따라 특정대기유해물질을 배출하는 배출시설의 설치 또는 특별대책지역에서의 배출시설 설치를 제한할 수 있다.

③ [O] 귀화허가는 재량행위이다.

> **판례**
> 국적은 국민의 자격을 결정짓는 것이고, 이를 취득한 사람은 국가의 주권자가 되는 동시에 국가의 속인적 통치권의 대상이 되므로, 귀화허가는 외국인에게 대한민국 국적을 부여함으로써 국민으로서의 법적 지위를 포괄적으로 설정하는 행위에 해당한다. 한편, 국적법 등 관계 법령 어디에도 외국인에게 대한민국의 국적을 취득할 권리를 부여하였다고 볼 만한 규정이 없다. 이와 같은 귀화허가의 근거 규정의 형식과 문언, 귀화허가의 내용과 특성 등을 고려해 보면, 법무부장관은 귀화신청인이 귀화 요건을 갖추었다 하더라도 귀화를 허가할 것인지 여부에 관하여 재량권을 가진다고 보는 것이 타당하다.(대판 2010.10.28. 2010두6496)

> **비교판례**
> 외국인 갑이 법무부장관에게 귀화신청을 하였으나 법무부장관이 심사를 거쳐 '품행 미단정'을 불허사유로 국적법상의 요건을 갖추지 못하였다며 신청을 받아들이지 않는 처분을 하였는데, 법무부장관이 갑을 '품행 미단정'이라고 판단한 이유에 대하여 제1심 변론절차에서 자동차관리법위반죄로 기소유예를 받은 전력 등을 고려하였다고 주장하였다가 원심 변론절차에서 불법 체류한 전력이 있다는 추가적인 사정까지 고려하였다고 주장한 사안에서, 법무부장관이 처분 당시 갑의 전력 등을 고려하여 갑이 구 국적법(2017.12.19. 법률 제15249호로 개정되기 전의 것, 이하 같다) 제5조 제3호의 '품행 단정' 요건을 갖추지 못하였다고 판단하여 처분을 하였고, 그 처분서에 처분사유로 '품행 미단정'이라고 기재하였으므로, '품행 미단정'이라는 판단 결과를 위 처분의 처분사유로 보아야 하는데, 법무부장관이 원심에서 추가로 제시한 불법 체류 전력 등의 제반 사정은 불허가처분의 처분사유 자체가 아니라 그 근거가 되는 기초 사실 내지 평가요소에 지나지 않으므로, 법무부장관이 이러한 사정을 추가로 주장할 수 있다고 한 사례.
> 귀화신청인이 구 국적법(2017.12.19. 법률 제15249호로 개정되기 전의 것) 제5조 각 호에서 정한 귀화요건을 갖추지 못한 경우 법무부장관은 귀화 허부에 관한 재량권을 행사할 여지없이 귀화불허처분을 하여야 한다.(대판 2018.12.13. 2016두31616)

④ [O]

> **행정소송법 제27조(재량처분의 취소)** 행정청의 재량에 속하는 처분이라도 재량권의 한계를 넘거나 그 남용이 있는 때에는 법원은 이를 취소할 수 있다.

14 난도 ●● (정답) ③

① [O] 비과세관행이 성립하려면, 상당한 기간에 걸쳐 과세를 하지 아니한 객관적 사실이 존재할 뿐만 아니라, 과세관청 자신이 그 사항에 관하여 과세할 수 있음을 알면서도 어떤 특별한 사정 때문에 과세하지 않는다는 의사가 있어야 하며, 위와 같은 공적 견해나 의사는 명시적 또는 묵시적으로 표시되어야 하

지만 묵시적 표시가 있다고 하기 위해서는 단순한 과세누락과는 달리 과세관청이 상당기간의 불과세 상태에 대하여 과세하지 않겠다는 의사표시를 한 것으로 볼 수 있는 사정이 있어야 한다.(대판 1995.11.14. 95누10181)

② [O]

> **행정조사기본법 제3조(적용범위)** ① 행정조사에 관하여 다른 법률에 특별한 규정이 있는 경우를 제외하고는 이 법으로 정하는 바에 따른다.
> ② 다음 각 호의 어느 하나에 해당하는 사항에 대하여는 이 법을 적용하지 아니한다.
> 1. 행정조사를 한다는 사실이나 조사내용이 공개될 경우 국가의 존립을 위태롭게 하거나 국가의 중대한 이익을 현저히 해칠 우려가 있는 국가안전보장·통일 및 외교에 관한 사항
> 2. 국방 및 안전에 관한 사항 중 다음 각 목의 어느 하나에 해당하는 사항
>   가. 군사시설·군사기밀보호 또는 방위사업에 관한 사항
>   나. 「병역법」·「예비군법」·「민방위기본법」·「비상대비에 관한 법률」에 따른 징집·소집·동원 및 훈련에 관한 사항
> 3. 「공공기관의 정보공개에 관한 법률」 제4조 제3항의 정보에 관한 사항
> 4. 「근로기준법」 제101조에 따른 근로감독관의 직무에 관한 사항
> 5. 조세·형사·행형 및 보안처분에 관한 사항
> 6. 금융감독기관의 감독·검사·조사 및 감리에 관한 사항
> 7. 「독점규제 및 공정거래에 관한 법률」, 「표시·광고의 공정화에 관한 법률」, 「하도급거래 공정화에 관한 법률」, 「가맹사업거래의 공정화에 관한 법률」, 「방문판매 등에 관한 법률」, 「전자상거래 등에서의 소비자보호에 관한 법률」, 「약관의 규제에 관한 법률」 및 「할부거래에 관한 법률」에 따른 공정거래위원회의 법률위반행위 조사에 관한 사항
> ③ 제2항에도 불구하고 제4조(행정조사의 기본원칙), 제5조(행정조사의 근거) 및 제28조(정보통신수단을 통한 행정조사)는 제2항 각 호의 사항에 대하여 적용한다.

③ [X] 세액 산출근거가 기재되지 아니한 납세고지서에 의한 부과처분은 강행법규에 위반하여 취소대상이 된다 할 것이므로 이와 같은 하자는 납세의무자가 전심절차에서 이를 주장하지 아니하였거나, 그 후 부과된 세금을 자진 납부하였다거나, 또는 조세채권의 소멸시효 기간이 만료되었다 하여 치유되는 것이라고는 할 수 없다.(대판 1985.4.9. 84누431)

④ [O] 과세처분을 취소하는 판결이 확정되면 그 과세처분은 처분시에 소급하여 소멸하므로 그 뒤에 과세관청에서 그 과세처분을 경정하는 경정처분을 하였다면 이는 존재하지 않는 과세처분을 경정한 것으로서 그 하자가 중대하고 명백한 당연무효의 처분이다.(대판 1989.5.9. 88다카16096)

15 난도 ●● (정답) ④

① [O] 행정처분의 적법 여부는 특별한 사정이 없는 한 그 처분 당시를 기준으로 하여 판단하여야 한다.(대판 1989.3.28. 88누12257) — 다만, 부작위위법확인소송의 경우에는 처분시를 기준으로 판단한다.

② [O] 사정판결은 취소소송에만 인정되고, 사정재결은 취소심판과 의무이행심판에 인정된다.

③ [O] 어떠한 행정처분에 위법한 하자가 있다는 이유로 그 취소를 소구한 행정소송에서 그 행정처분을 취소하는 판결이 선고되어 확정된 경우에 처분행정청이 그 행정소송의 사실심 변론종결 이전의 사유를 내세워 다시 확정판결에 저촉되는 행정처분을 하는 것은 확정판결의 기판력에 저촉되어 허용될 수 없고 이와 같은 행정처분은 그 하자가 명백하고 중대한 경우에 해당되어 당연무효이다.(대판 1989.9.12. 89누985)

④ [X] 행정소송법은 부작위위법확인소송에 대해서는 거부처분취소판결의 간접강제에 관한 규정을 준용하지만, 무효등확인소송에 대하여 거부처분취소판결의 간접강제에 관한 규정인 제34조를 준용하는 규정을 두고 있지 않다.

16 난도 ●●　　　　　　　　　　　　　　　정답 ④

① [O] 공무원이 한 사직 의사표시의 철회나 취소는 그에 터 잡은 의원면직처분이 있을 때까지 할 수 있는 것이고, 일단 면직처분이 있고 난 이후에는 철회나 취소할 여지가 없다.(대판 2001.8.24. 99두9971)

② [O]

> **국가공무원법 제14조(소청심사위원회의 결정)** ⑦ 소청심사위원회의 취소명령 또는 변경명령 결정은 그에 따른 징계나 그 밖의 처분이 있을 때까지는 종전에 행한 징계처분 또는 제78조의2에 따른 징계부가금(이하 "징계부가금"이라 한다) 부과처분에 영향을 미치지 아니한다.

③ [O] 필요적 행정심판전치사유에 해당한다.

전문적인 분야	엄정한 심사가 필요한 분야	대량 반복적인 경우
• 조세소송: 국세기본법, 관세법상의 조세심판(단, 지방세법은 과거 이중의 전치절차를 요구하였으나, 헌법재판소의 위헌결정 이후 지금은 임의적 절차이다) • 선박안전법상의 선박검사	• 공무원에 대한 징계처분: 국가공무원법, 지방공무원법의 소청심사위원회의 심사·결정 • 교육공무원법상의 교원소청심사위원회의 결정 • 감사원법상의 변상판정처분에 대한 재심	• 도로교통법상의 운전면허 취소·정지처분에 대한 심판(중앙행정심판위원회의 4인으로 구성된 소위원회의 심리·의결) • 노동조합 및 노동관계조정법상의 부당노동행위에 대한 중앙노동위원회의 재심 판정

④ [X] 근로기준법 등의 입법 취지, 지방공무원법과 지방공무원 징계 및 소청규정의 여러 규정에 비추어 볼 때, 채용계약상 특별한 약정이 없는 한, 지방계약직공무원에 대하여 지방공무원법, 지방공무원징계 및 소청규정에 정한 징계절차에 의하지 않고서는 보수를 삭감할 수 없다고 봄이 상당하다.(대판 2008.6.12. 2006두16328)

17 난도 ●　　　　　　　　　　　　　　　정답 ③

① [O]

> **행정절차법 제15조(송달의 효력 발생)** ① 송달은 다른 법령 등에 특별한 규정이 있는 경우를 제외하고는 해당 문서가 송달받을 자에게 도달됨으로써 그 효력이 발생한다.

② [O]

> **제29조(청문 주재자의 제척·기피·회피)** ① 청문 주재자가 다음 각 호의 어느 하나에 해당하는 경우에는 청문을 주재할 수 없다.
> 1. 자신이 당사자등이거나 당사자등과 「민법」 제777조 각 호의 어느 하나에 해당하는 친족관계에 있거나 있었던 경우
> 2. 자신이 해당 처분과 관련하여 증언이나 감정(鑑定)을 한 경우
> 3. 자신이 해당 처분의 당사자등의 대리인으로 관여하거나 관여하였던 경우
> 4. 자신이 해당 처분업무를 직접 처리하거나 처리하였던 경우
> 5. 자신이 해당 처분업무를 처리하는 부서에 근무하는 경우. 이 경우 부서의 구체적인 범위는 대통령령으로 정한다.
> ② 청문 주재자에게 공정한 청문 진행을 할 수 없는 사정이 있는 경우 당사자등은 행정청에 기피신청을 할 수 있다. 이 경우 행정청은 청문을 정지하고 그 신청이 이유가 있다고 인정할 때에는 해당 청문 주재자를 지체 없이 교체하여야 한다.
> ③ 청문 주재자는 제1항 또는 제2항의 사유에 해당하는 경우에는 행정청의 승인을 받아 스스로 청문의 주재를 회피할 수 있다.

③ [X]

> **제2조(정의)** 이 법에서 사용하는 용어의 뜻은 다음과 같다.
> 7. "의견제출"이란 행정청이 어떠한 행정작용을 하기 전에 당사자 등이 의견을 제시하는 절차로서 청문이나 공청회에 해당하지 아니하는 절차를 말한다.

④ [O]

> **제22조(의견청취)** ① 행정청이 처분을 할 때 다음 각 호의 어느 하나에 해당하는 경우에는 청문을 한다.
> 1. 다른 법령등에서 청문을 하도록 규정하고 있는 경우
> 2. 행정청이 필요하다고 인정하는 경우
> 3. 다음 각 목의 처분을 하는 경우
> 　가. 인허가 등의 취소
> 　나. 신분·자격의 박탈
> 　다. 법인이나 조합 등의 설립허가의 취소
> ② 행정청이 처분을 할 때 다음 각 호의 어느 하나에 해당하는 경우에는 공청회를 개최한다.
> 1. 다른 법령등에서 공청회를 개최하도록 규정하고 있는 경우
> 2. 해당 처분의 영향이 광범위하여 널리 의견을 수렴할 필요가 있다고 행정청이 인정하는 경우
> 3. 국민생활에 큰 영향을 미치는 처분으로서 대통령령으로 정하는 처분에 대하여 대통령령으로 정하는 수 이상의 당사자등이 공청회 개최를 요구하는 경우
> ③ 행정청이 당사자에게 의무를 부과하거나 권익을 제한하는 처분을 할 때 제1항 또는 제2항의 경우 외에는 당사자등에게 의견제출의 기회를 주어야 한다.

④ 제1항부터 제3항까지의 규정에도 불구하고 제21조 제4항 각 호의 어느 하나에 해당하는 경우와 당사자가 의견진술의 기회를 포기한다는 뜻을 명백히 표시한 경우에는 의견청취를 하지 아니할 수 있다.

---

18 난도 ●●●　　　　　　　　　　　　　　　정답 ④

① [O] 조례는 포괄위임이 가능하다.

> **판례**
> 조례의 제정권자인 지방의회는 선거를 통해서 그 지역적인 민주적 정당성을 지니고 있는 주민의 대표기관이고 헌법이 지방자치단체에 포괄적인 자치권을 보장하고 있는 취지로 볼 때, 조례에 대한 법률의 위임은 법규명령에 대한 법률의 위임과 같이 반드시 구체적으로 범위를 정하여 할 필요가 없으며 포괄적인 것으로 족하다.(헌재 1995.4.20. 92헌마264)

② [O] 정관의 경우 포괄위임이 가능하지만 중요한 내용은 법률에 규정한 다음에 위임해야 한다.

> **판례**
> 법률이 공법적 단체 등의 정관에 자치법적 사항을 위임한 경우에는 포괄적인 위임입법의 금지는 원칙적으로 적용되지 않는다고 봄이 상당하고, 그렇다 하더라도 그 사항이 국민의 권리·의무에 관련되는 것일 경우에는 적어도 국민의 권리·의무에 관한 기본적이고 본질적인 사항은 국회가 정하여야 한다.(대판 2007.10.12. 2006두14476)

③ [O] 위임입법의 경우 그 한계는 예측가능성인바, 이러한 예측가능성의 유무는 당해 특정조항 하나만을 가지고 판단할 것은 아니고 관련 법조항 전체를 유기적·체계적으로 종합 판단하여야 하며 각 대상법률의 성질에 따라 구체적·개별적으로 검토하여 법률조항과 법률의 입법 취지를 종합적으로 고찰할 때 합리적으로 그 대강이 예측될 수 있는 것이라면 위임의 한계를 일탈하지 아니한 것이다.(대판 2007.10.26. 2007두9884)

④ [X] 국민의 기본권을 제한하거나 침해할 소지가 있는 사항에 관한 위임입법의 경우에는, 급부행정의 영역에 비하여 그 구체성 내지 명확성 요건이 엄격하게 요구되며, 다양한 사실관계를 규율하거나 사실관계가 수시로 변화될 것이 예상되는 때에는 위임의 명확성 요건이 완화된다.(헌재 1997.12.24. 95헌마390)

19 난도 ●●　　　　　　　　　　　　　　　정답 ②

① [O] 구 국가유공자 등 예우 및 지원에 관한 법률에 의하여 국가유공자와 유족으로 등록되어 보상금을 받고, 교육보호 등 각종 보호를 받을 수 있는 권리는 국가유공자와 유족에 대한 응분의 예우와 국가유공자에 준하는 군경 등에 대한 지원을 행함으로써 이들의 생활안정과 복지향상을 도모하기 위하여 당해 개인에게 부여되어진 일신전속적인 권리이어서, 같은 법 규정에 비추어 상속의 대상으로도 될 수 없다고 할 것이므로, 전상군경 등록 거부처분 취소 청구소송은 원고의 사망과 동시에 종

료하였고, 원고의 상속인들에 의하여 승계될 여지는 없다.(대판 2003.8.19. 2003두5037)

② [X] 석유판매업 등록은 원칙적으로 대물적 처분의 성격을 가지는바, 석유판매업자의 지위를 승계한 자는 종전 석유판매업자가 유사석유제품을 판매함으로써 받게 되는 사업정지 등 제재처분의 승계가 포함되어 그 지위를 승계한 자에 해당하므로, 석유판매업자의 지위를 승계한 자에 대해서도 사업정지 등의 제재처분을 취할 수 있다.(대판 2003.10.23. 2003두8005)

③ [O] 공중위생영업과 관련한 위반행위에 대하여 영업소에 대한 영업정지 또는 영업장폐쇄명령은 모두 대물적 처분의 성격을 가지는바, 만일 어떠한 공중위생영업에 대하여 그 영업을 정지할 위법사유가 있다면, 관할 행정청은 그 영업이 양도·양수되었다 하더라도 그 업소의 양수인에 대하여 영업정지처분을 할 수 있다.(대판 2001.6.29. 2001두1611)

④ [O] 개인적 공권과 반사적 이익의 차이점이다.

20 난도 ●●●　　　　　　　　　　　　　　　정답 ②

① [O] 행정처분의 근거가 된 법률에 대하여 헌법재판소의 위헌결정이 있기 이전에 행정처분이 있었으나, 당해 행정처분에 대한 강제집행단계에서 행정처분의 근거가 된 법률에 대하여 위헌결정이 있었다면, 그 처분에 대한 강제집행행위는 이미 법률적인 근거가 없어 허용되지 않는다.(대판 2002.8.23. 2001두2959)

② [X] 어느 행정처분에 대하여 그 행정처분의 근거가 된 법률이 위헌이라는 이유로 무효확인청구의 소가 제기된 경우에는 다른 특별한 사정이 없는 한 법원으로서는 그 법률이 위헌인지 여부에 대하여는 판단할 필요 없이 그 무효확인청구를 기각하여야 한다.(대판 1994.10.28. 92누9463)

③ [O] 일반적으로 법률이 헌법에 위반된다는 사정은 헌법재판소의 위헌결정이 있기 전에는 객관적으로 명백한 것이라고 할 수는 없으므로 헌법재판소의 위헌결정 전에 행정처분의 근거되는 당해 법률이 헌법에 위반된다는 사유는 특별한 사정이 없는 한 그 행정처분의 취소소송의 전제가 될 수 있을 뿐 당연무효사유는 아니라고 봄이 상당하다.(대판 2014.3.27. 2011두24057)

④ [O] 헌법재판소의 위헌결정은 법원 기타 국가기관 및 지방자치단체를 기속하므로(헌법재판소법 제47조 제1항), 행정기관이 위헌으로 선고된 법률을 적용하여 처분 등을 하면 그 행위는 처음부터 법적 효과를 발생하지 못하여 당연무효가 된다.

21 난도 ●●　　　　　　　　　　　　　　　정답 ①

① [X] 지문은 구속력이 아니라 기속력에 대한 개념이다. 기속력은 판결의 효력이고 내용적 구속력은 행정행위가 성립요건과 효력요건을 갖추어 행하여진 경우에 그 내용에 따라 상대방·관계인 및 행정청을 구속하는 실체적 효과를 말한다.

② [O] 대통령이 담화를 발표하고 이에 따라 국방부장관이 삼청교육 관련 피해자들에게 그 피해를 보상하겠다고 공고하고 피해신고까지 받음으로써, 상대방은 그 약속이 이행될 것에 대한

강한 신뢰를 가지게 되고, 이러한 신뢰는 단순한 사실상의 기대를 넘어 법적으로 보호받아야 할 이익이라고 보아야 할 것이다.(대판 2003.11.28. 2002다72156)

③ [O] 처분 등을 취소하는 확정판결은 제3자에 대하여도 효력이 있다(행정소송법 제29조 제1항). 또한 동 규정은 무효등확인소송(제38조 제1항), 부작위법확인소송(제38조 제2항)에도 준용된다.

④ [O] 불가쟁력과 불가변력은 별개의 내용이므로 불가쟁력이 발생한 행정행위이더라도 불가변력이 발생하는 행정행위[확인행위, 준사법(司法)적 행위]가 아니면 처분청은 직권으로 취소·변경할 수 있다.

22 난도 ●● 〔정답〕 ①

① [X] 반대로 설명되어 있다. 공법상 계약은 복수 당사자의 반대 방향의 의사의 합치로 성립되고, 공법상 합동행위(조합설립)는 복수 당사자의 동일한 방향의 의사의 합치로 성립된다.

② [O]

법률우위	공법상 계약에도 법률우위원칙은 적용된다.
법률유보	공법상 계약에 법률유보원칙이 적용되는지에 대해서는 학설 대립이 있다. 통설은 법률의 명시적 근거가 없어도 성립할 수 있다고 본다. 공법상 계약은 비권력적 행정작용의 일종으로서, 권력적 행위인 행정행위 등과는 성립의 기초를 달리하여 당사자 사이의 의사합치에 의하여 성립하는 것이기 때문이다.

③ [O] 공법상 계약은 행정절차법의 규율 대상이 아니다.

④ [O] 공정력은 행정행위에 인정되는 것으로 공법상 계약, 법규명령, 행정규칙, 조례 등에는 인정되지 않는다. 따라서 공법상 계약, 법규명령, 행정규칙, 조례에 하자가 있으면 유효 아니면 무효 둘 중의 하나이며 취소가 없다는 것이 다수설이다.

23 난도 ●● 〔정답〕 ④

① [O] ② [O]

③ [O] 이익형량을 전혀 행하지 아니하거나 이익형량의 고려 대상에 마땅히 포함시켜야 할 사항을 누락한 경우 또는 이익형량을 하였으나 정당성과 객관성이 결여된 경우에는 그 행정계획결정은 형량에 하자가 있어 위법하게 된다.

> **판례**
> 행정주체는 구체적인 행정계획을 입안·결정함에 있어서 비교적 광범위한 형성의 자유를 가지는 것이지만, 행정주체가 가지는 이와 같은 형성의 자유는 무제한적인 것이 아니라 그 행정계획에 관련되는 자들의 이익을 공익과 사익 사이에서는 물론이고 공익 상호간과 사익 상호간에도 정당하게 비교교량하여야 한다는 제한이 있으므로, 행정주체가 행정계획을 입안·결정함에 있어서 이익형량을 전혀 행하지 아니하거나 이익형량의 고려 대상에 마땅히 포함시켜야 할 사항을 누락한 경우 또는 이익형량을 하였으나 정당성과 객관성이 결여된 경우에는 그 행정계획결정은 형량에 하자가 있어 위법하게 된다.(대판 2007.4.12. 2005두1893)

④ [X] 이익형량 결과 경미한 흠이 있는 경우에는 관련된 이익들을 상호교량하여 흠 있는 사업승인결정의 취소여부를 결정하여야 하고, 사업승인을 무조건 취소하여야 하는 것은 아니다.

형량의 해태	관계 이익을 형량함에 있어서 형량을 전혀 하지 않은 경우
형량의 흠결	형량을 함에 있어서 반드시 고려하여야 할 이익을 누락시킨 경우
오형량	형량에 있어 특정 사실이나 특정 이익에 대한 평가가 정당성과 객관성을 결한 경우
형량조사의 하자	조사의무를 이행하지 않은 하자
평가의 과오	관련된 공익 또는 사익의 가치를 잘못 평가하는 경우

24 난도 ●● 〔정답〕 ④

① [O] ② [O] ③ [O] ④ [X]

특별권력관계 정리

전통적 이론	특별권력관계	공통점: 왕의 권한 중 입법권을 국회에, 재판권을 법원에 넘기는 과정에서 법률유보원칙과 사법심사를 받지 않는다는 점에서 출발 → 군주와 의회의 타협과정에서 발생
	행정규칙	
	재량행위	

↓ 울레의 이론: 기본행위(공무원 임용·해임 등)는 사법심사 가능, 업무수행 행위(직무상 명령)는 사법심사 불가

현대 이론	특별권력관계	전면적인 법률유보와 전면적인 사법심사 인정
	행정규칙	원칙적으로 법률유보와 사법심사의 적용이 없으나, 예외적으로 인정
	재량행위	개별법 없이 가능. 재량의 일탈·남용이 있으면 사법심사 가능

25 난도 ●● 〔정답〕 ③

① [O]

재량과 판단여지

구별긍정설	판단여지는 법률요건에 대한 해석문제이지만, 재량은 법률효과의 선택이라는 점을 근거로 구별을 인정한다.
구별부정설	재량과 판단여지는 모두 법원에 의한 사법심사의 배제라는 점에서 동일하고, 재량은 법규의 효과에만 국한되는 것은 아니므로 구별할 실익이 없다고 본다.

② [O]

③ [X] 특정인에게 권리나 이익을 부여하는 이른바 수익적 행정처분은 법령에 특별한 규정이 없는 한 재량행위이고, 구 전염병예방법 제54조의2 제2항에 의하여 보건복지가족부장관에게 예방접종으로 인한 질병, 장애 또는 사망의 인정 권한을 부여한 것은, 예방접종과 장애 등 사이에 인과관계가 있는지를 판단하는 것은 고도의 전문적 의학 지식이나 기술이 필요한 점과 전국적으로 일관되고 통일적인 해석이 필요한 점을 감안한 것으로 역시 보건복지 가족부장관의 재량에 속하는

것이다.(대판 2014.5.16. 2014두274)

④ [O] 어느 행정행위가 기속행위인지 재량행위인지는 이를 일률
적으로 규정지을 수는 없는 것이고, 당해 처분의 근거가 된 규정
의 형식이나 체재 또는 문언에 따라 개별적으로 판단해야 한다.
(대판 2013.12.12. 2011두3388)

01	②	02	④	03	①	04	③	05	②
06	①	07	④	08	①	09	④	10	③
11	③	12	①	13	②	14	①	15	①
16	③	17	③	18	②	19	④	20	③
21	③	22	②	23	①	24	②	25	④

01 난도 ●● 　　　　　　　　　　　　　　　　　　　 정답 ②

① [O]

> **행정절차법 제2조(정의)** 이 법에서 사용하는 용어의 뜻은 다음과 같다.
> 5. "청문"이란 행정청이 어떠한 처분을 하기 전에 당사자 등의 의견을 직접 듣고 증거를 조사하는 절차를 말한다.

② [X]

> **행정절차법 제21조(처분의 사전 통지)** ④ 다음 각 호의 어느 하나에 해당하는 경우에는 제1항에 따른 통지를 하지 아니할 수 있다.
> 1. 공공의 안전 또는 복리를 위하여 긴급히 처분을 할 필요가 있는 경우
> 2. 법령 등에서 요구된 자격이 없거나 없어지게 되면 반드시 일정한 처분을 하여야 하는 경우에 그 자격이 없거나 없어지게 된 사실이 법원의 재판 등에 의하여 객관적으로 증명된 경우
> 3. 해당 처분의 성질상 의견청취가 현저히 곤란하거나 명백히 불필요하다고 인정될 만한 상당한 이유가 있는 경우

③ [O] ④ [O]

> **제23조(처분의 이유 제시)** ① 행정청은 처분을 할 때에는 다음 각 호의 어느 하나에 해당하는 경우를 제외하고는 당사자에게 그 근거와 이유를 제시하여야 한다.
> 1. 신청 내용을 모두 그대로 인정하는 처분인 경우
> 2. 단순·반복적인 처분 또는 경미한 처분으로서 당사자가 그 이유를 명백히 알 수 있는 경우
> 3. 긴급히 처분을 할 필요가 있는 경우

02 난도 ●● 　　　　　　　　　　　　　　　　　　　 정답 ④

① [O]

② [O] 행정행위가 그 재량성의 유무 및 범위와 관련하여 이른바 기속행위 내지 기속재량행위와 재량행위 내지 자유재량행위로 구분된다고 할 때, 그 구분은 당해 행위의 근거가 된 법규의 체재·형식과 그 문언, 당해 행위가 속하는 행정 분야의 주된 목적과 특성, 당해 행위 자체의 개별적 성질과 유형 등을 모두 고려하여 판단하여야 하고, 이렇게 구분되는 양자에 대한 사법심사는, 전자의 경우 그 법규에 대한 원칙적인 기속성으로 인하여 법원이 사실인정과 관련 법규의 해석·적용을 통하여 일정한 결론을 도출한 후 그 결론에 비추어 행정청이 한 판단의 적법 여부를 독자의 입장에서 판정하는 방식에 의하게 되나, 후자의 경우 행정청의 재량에 기한 공익판단의 여지를 감안하여 법원은 독자의 결론을 도출함이 없이 당해 행위에 재량권의 일탈·남용이 있는지 여부만을 심사하게 되고, 이러한 재량권의 일탈·남용 여부에 대한 심사는 사실오인, 비례·평등의 원칙 위배, 당해 행위의 목적 위반이나 동기의 부정 유무 등을 그 판단 대상으로 한다.(대판 2001.2.9. 98두17593)

③ [O] 주택재건축사업시행의 인가는 상대방에게 권리나 이익을 부여하는 효과를 가진 이른바 수익적 행정처분으로서 법령에 행정처분의 요건에 관하여 일의적으로 규정되어 있지 아니한 이상 행정청의 재량행위에 속하므로, 처분청으로서는 법령상의 제한에 근거한 것이 아니라 하더라도 공익상 필요 등에 의하여 필요한 범위 내에서 여러 조건(부담)을 부과할 수 있다.(대판 2007.7.12. 2007두6663)

④ [X] 어떤 행정법규 위반행위에 대하여 행정질서벌인 과태료를 과할 것인가 아니면 행정형벌을 과할 것인가, 그리고 행정형벌을 과할 경우 그 법정형의 형종과 형량을 어떻게 정할 것인가는 당해 위반행위가 위의 어느 경우에 해당하는가에 대한 법적 판단을 그르친 것이 아닌 한 그 처벌내용은 기본적으로 입법권자가 제반사정을 고려하여 결정할 입법재량에 속하는 문제라고 할 수 있다.(헌재 1997.8.21. 93헌바51)

03 난도 ● 　　　　　　　　　　　　　　　　　　　 정답 ①

① [X] 주민의 권리·의무에 관한 사항을 조례로 제정하기 위해서는 법률에 근거가 있어야 한다. 다만, 근거가 있다면 포괄위임이 가능하다.

> **판례**
> 법률이 주민의 권리·의무에 관한 사항에 관하여 구체적으로 아무런 범위도 정하지 아니한 채 조례로 정하도록 포괄적으로 위임하였다고 하더라도, 행정관청의 명령과는 달리, 조례도 주민의 대표기관인 지방의회의 의결로 제정되는 지방자치단체의 자주법인 만큼, 지방자치단체가 법령에 위반되지 않는 범위 내에서 주민의 권리·의무에 관한 사항을 조례로 제정할 수 있는 것이다.(대판 1991.8.27. 90누6613)

② [O]

> **지방자치법 제107조(지방의회의 의결에 대한 재의요구와 제소)** ① 지방자치단체의 장은 지방의회의 의결이 월권이거나 법령에 위반되거나 공익을 현저히 해친다고 인정되면 그 의결사항을 이송받은 날부터 20일 이내에 이유를 붙여 재의를 요구할 수 있다.

③ [O]

> **제107조(지방의회의 의결에 대한 재의요구와 제소)** ② 제1항의 요구에 대하여 재의한 결과 재적의원 과반수의 출석과 출석의원 3분의 2 이상의 찬성으로 전과 같은 의결을 하면 그 의결사항은 확정된다.

④ [O]

제107조(지방의회의 의결에 대한 재의요구와 제소) ③ 지방자치
단체의 장은 제2항에 따라 재의결된 사항이 법령에 위반된다고
인정되면 대법원에 소(訴)를 제기할 수 있다. 이 경우에는 제172조
제3항을 준용한다.

04 난도 ●○○   정답 ③

① [O] 외국에의 국군의 파견결정에 대하여 헌법재판소가 사법적
기준만으로 이를 심판하는 것은 자제되어야 한다.

판례
외국에의 국군의 파견결정은 고도의 정치적 결단이 요구되는 사안
이다. 현행 헌법이 채택하고 있는 대의민주제 통치구조 하에서 대의
기관인 대통령과 국회의 그와 같은 고도의 정치적 결단은 가급적 존
중되어야 한다. 이 사건 파병결정은 … 국무회의 심의·의결을 거쳐
국회의 동의를 얻음으로써 헌법과 법률에 따른 절차적 정당성을 확
보했음을 알 수 있다. 그렇다면 이 사건 파견결정은 그 성격상 국방
및 외교에 관련된 고도의 정치적 결단을 요하는 문제로서, 헌법과
법률이 정한 절차를 지켜 이루어진 것임이 명백하므로, 대통령과 국
회의 판단은 존중되어야 하고 헌법재판소가 사법적 기준만으로 이
를 심판하는 것은 자제되어야 한다.(헌재 2004.4.29. 2003헌마 814)

② [O] 대통령의 긴급재정경제명령은 국가긴급권의 일종으로서
고도의 정치적 결단에 의하여 발동되는 행위이고 그 결단을 존
중하여야 할 필요성이 있는 행위라는 의미에서 이른바 통치행
위에 속한다고 할 수 있으나, 통치행위를 포함하여 모든 국가
작용은 국민의 기본권적 가치를 실현하기 위한 수단이라는 한
계를 반드시 지켜야 하는 것이고, 헌법재판소는 헌법의 수호와
국민의 기본권 보장을 사명으로 하는 국가기관이므로 비록 고
도의 정치적 결단에 의하여 행해지는 국가작용이라고 할지라
도 그것이 국민의 기본권 침해와 직접 관련되는 경우에는 당연
히 헌법재판소의 심판대상이 된다.(헌재 1996.2.29. 93헌마186)

③ [X] 남북정상회담의 개최는 사법심사의 대상이 아니지만, 대
북송금행위는 심사의 대상이다.

판례
남북정상회담의 개최는 고도의 정치적 성격을 지니고 있는 행위라
할 것이므로 특별한 사정이 없는 한 그 당부를 심판하는 것은 사법
권의 내재적·본질적 한계를 넘어서는 것이 되어 적절하지 못하지
만, 남북정상회담의 개최과정에서 재정경제부장관에게 신고하지 아
니하거나 통일부장관의 협력사업 승인을 얻지 아니한 채 북한 측에
사업권의 대가 명목으로 송금한 행위 자체는 헌법상 법치국가의 원
리와 법 앞에 평등원칙 등에 비추어 볼 때 사법심사의 대상이 된
다.(대판 2004.3.26. 2003도7878)

④ [O] 비상계엄의 선포나 확대가 국헌문란의 목적을 달성하기
위하여 행하여진 경우에 그 자체가 범죄행위(내란죄)에 해당하
는지에 대하여는 심사할 수 있다.

판례
대통령의 비상계엄의 선포나 확대 행위는 고도의 정치적·군사적 성격
을 지니고 있는 행위라 할 것이므로, 그것이 누구에게도 일견하여 헌법
이나 법률에 위반되는 것으로서 명백하게 인정될 수 있는 등 특별한 사
정이 있는 경우라면 몰라도, 그러하지 아니한 이상 그 계엄선포의 요건
구비 여부나 선포의 당·부당을 판단할 권한이 사법부에는 없다고
할 것이나, 비상계엄의 선포나 확대가 국헌문란의 목적을 달성하기
위하여 행하여진 경우에는 법원은 그 자체가 범죄행위에 해당하는
지의 여부에 관하여 심사할 수 있다.(대판 1997.4.17. 96도3376 전원
합의체)

05 난도 ●●○   정답 ②

① [처분성 인정] 원자력부지 사전승인제도는 처분성이 인정된다.

판례
원자로 및 관계 시설의 부지사전승인처분은 그 자체로서 건설부지
를 확정하고 사전공사를 허용하는 법률효과를 지닌 독립한 행정처
분이기는 하지만, 건설허가 전에 신청자의 편의를 위하여 미리 그
건설허가의 일부 요건을 심사하여 행하는 사전적 부분 건설허가처
분의 성격을 갖고 있는 것이어서 나중에 건설허가처분이 있게 되면
그 건설허가처분에 흡수되어 독립된 존재가치를 상실함으로써 그
건설허가처분만이 쟁송의 대상이 되는 것이므로, 부지사전승인처분
의 취소를 구하는 소는 소의 이익을 잃게 되고, 따라서 부지사전승인
처분의 위법성은 나중에 내려진 건설허가처분의 취소를 구하는 소송에
서 이를 다투면 된다.(대판 1998.9.4. 97누19588)

② [처분성 부정] 확약은 처분성이 인정되지 않는다.

판례
어업권면허에 선행하는 우선순위결정은 강학상 확약에 불과하고 행
정처분은 아니므로, 우선순위결정에 공정력이나 불가쟁력과 같은 효
력은 인정되지 아니한다.(대판 1995.1.20. 94누6529)

③ [처분성 인정] 건축주명의변경신고 수리거부행위는 양수인의
권리의무에 직접 영향을 미치는 것으로서 취소소송의 대상이
되는 처분이라고 하지 않을 수 없다.(대판 1992.3.31. 91누4911)

④ [처분성 인정] 농지개량조합과 그 직원과의 관계는 사법상의
근로계약관계가 아닌 공법상의 특별권력관계이고, 그 조합의
직원에 대한 징계처분의 취소를 구하는 소송은 행정소송사항
에 속한다.(대판 1995.6.9. 94누10870) ─ 다만, 농지개량조합 직
원의 퇴직금은 사법관계이다.

06 난도 ●●○   정답 ①

① [사법관계] 국유잡종재산에 관한 관리 처분의 권한을 위임받은
기관이 국유잡종재산을 대부하는 행위는 국가가 사경제 주체
로서 상대방과 대등한 위치에서 행하는 사법상의 계약이고, 행
정청이 공권력의 주체로서 상대방의 의사 여하에 불구하고 일
방적으로 행하는 행정처분이라고 볼 수 없으며, 국유잡종재산
에 관한 대부료의 납부고지 역시 사법상의 이행청구에 해당하

고, 이를 행정처분이라고 할 수 없다.(대판 2000.2.11. 99다61675)
② [공법관계] 대판 2003.6.24. 2001두8865
③ [공법관계] 대판 1993.7.13. 92다47564 − 다만, 국립공원관리
공단에서 근무하는 청원경찰의 근무관계는 사법관계이다.
④ [공법관계] 대판 1991.10.22. 90다20503

07 난도 ●●   정답 ④

① [O] 성업공사가 체납압류된 재산을 공매하는 것은 세무서장의
공매권한 위임에 의한 것으로 보아야 할 것이므로, 성업공사가
한 그 공매처분에 대한 취소 등의 항고소송을 제기함에 있어서
는 수임청으로서 실제로 공매를 행한 성업공사를 피고로 하여
야 하고, 위임청인 세무서장은 피고적격이 없다. 세무서장의
위임에 의하여 성업공사가 한 공매처분에 대하여 피고 지정을
잘못하여 피고적격이 없는 세무서장을 상대로 그 공매처분의
취소를 구하는 소송이 제기된 경우, 법원으로서는 석명권을 행
사하여 피고를 성업공사로 경정하게 하여 소송을 진행하여야
한다.(대판 1997.2.28. 96누1757)

■ 권한의 위임(위탁)·대리·내부위임이 있는 경우 피고적격

구 분	위 임	대 리	내부위임
법적 근거	필 요	불 요	불 요
권한의 귀속	수임청	피대리청 (대리를 시킨 청)	위임청
피고적격	수임청	• 현명을 한 경우: 피대리청 • 현명을 하지 않은 경우:대리청	• 현명을 한 경우: 위임청 • 현명을 하지 않은 경우: 수임청

대리에 있어 피대리청을 표시하지 않으면 대리청이 피고가 되지만,
상대방이 대리권이 있음을 안 경우에는 피대리청이 피고가 된다.
② [O] ③ [O]
④ [X]

처분적 조례에 대한 피고적격	지방의회 내부의 문제에 대한 피고
처분적 조례에 대한 피고는 지방자치단체장이다. 조례의 의결은 지방의회가 하지만 이를 대외적으로 공포하는 것은 지방자치단체장이기 때문이다. 교육조례의 경우에는 교육감이 피고가 된다.(대판 1996.9.20. 95누8003)	지방의회 의원에 대한 징계의결, 의장선거, 의장에 대한 불신임결의 취소소송에서의 피고는 지방의회가 된다.

08 난도 ●   정답 ①

① [당사자소송] 공중보건의사 채용계약 해지의 의사표시에 대하
여는 대등한 당사자 간의 소송형식인 공법상의 당사자소송으
로 그 의사표시의 무효확인을 청구할 수 있는 것이지, 이를 항
고소송의 대상이 되는 행정처분이라는 전제하에서 그 취소를
구하는 항고소송을 제기할 수는 없다.(대판 1996.5.31. 95누10617)
② [민사소송] 대법원은 부당이득반환청구소송은 민사소송에 의한
다고 본다.
③ [항고소송] 구 공무원연금법상의 퇴직급여는 공무원연금관리공

단의 지급결정으로 구체적 권리가 발생하는 것이므로 공무원
연금관리공단의 급여결정은 행정처분으로서 이에 대해서는 항
고소송을 제기하여야 한다.(대판 1996.12.6. 96누6417)
④ [민사소송]

09 난도 ●●   정답 ④

① [O]
② [O] 대판 1993.4.23. 92누17099
③ [O] 부작위위법확인소송도 소의 종류의 변경은 가능하지만,
처분변경으로 인한 소의 변경은 인정되지 않는다. 처분이 없기
때문이다.
④ [X] 부작위위법확인소송과 손해배상은 경합이 가능하지만 헌
법소원과는 경합이 불가능하다. 헌법소원은 항고소송 등 법원
에 의한 재판이 가능하면 제기할 수 없다. 행정입법부작위에
대해서는 부작위위법확인소송 제기가 불가하므로 헌법소원과
국가배상이 가능하다.

10 난도 ●●   정답 ③

① [O]
② [O] 이행강제금의 개념에 대한 옳은 설명이다.
③ [X] 이행강제금의 납부는 일신전속적인 것으로 상속인 기타의
사람에게 승계될 수 없으며 이행강제금을 부과받은 사람이 이
의를 제기하여 비송사건절차법에 의한 재판절차가 개시된 후
에 그 이의한 사람이 사망한 경우 사건 자체가 목적을 잃고 절
차가 종료된다.(대판 2006.12.8. 2006마470) − 다만, 부동산실명
법상의 과징금은 승계가 된다.
④ [O] 이행강제금(집행벌)은 의무자의 신체·재산에 직접적으로
실력을 가하여 의무이행상태를 실현하는 것이 아니라, 일정한
기한 내에 의무를 이행하지 않으면 금전적 불이익을 과할 것을
계고함으로써 의무자에게 심리적 압박을 가하여 그 의무의 이
행을 간접적으로 강제하는 수단을 말한다.

11 난도 ●●   정답 ③

① [O] ④ [O]

부관의 독립쟁송가능성	부관의 독립취소가능성
• 소송요건, 대상적격의 문제: 행정행위는 그대로 두고 부관만 취소소송의 대상이 되는가의 문제 → 진정일부취소소송 • 판례는 부담에 대해서만 인정 → 부담 이외의 부관에 대해 소를 제기하면 각하	• 본안의 문제: 행정행위와 부관모두를 소의 대상으로 한 후 소송에서 부관만의 취소를 구하는 일부승소가능성의 문제 → 부진정일부취소소송 • 판례는 인정하지 않는다.

② [O]

부담	• 행정행위+작·부·수·급을 명령하는 것(예 도로점용허가에 점용료 부과) • 독립성이 강하다. → 부담만에 대한 강제집행과 부담만에 대한 독립쟁송이 가능하다. 부담을 이행하지 않아도 그것만으로 행정행위의 효력이 없어지는 것이 아니다. → 별도로 행정행위를 철회하거나 강제집행, 후속허가의 거부, 행정벌이 가능하다.
조건 (장래의 불확실한 일과 연계)	• 정지조건: 장래의 불확실한 일이 성취되면 행정행위의 효력 발생 • 해제조건: 일단 효력이 발생한 행정행위가 장래의 불확실한 일의 성취로 효력 소멸
기한 (장래의 확실한 일과 연계)	• 시기: … 부터 • 종기: … 까지 • 확정기한: 10년간 • 불확정기한: A가 죽을 때까지
철회권유보	예 청소년에게 술을 팔면 영업철회 • 법적 근거 없이 가능하다. • 철회사유의 발생만으로 철회되는 것이 아니라 별도의 철회가 필요하다.
법률효과의 일부배제	예 영업허가를 하면서 10시 이후의 영업금지 • 법적 근거가 필요하다.

부관이 무효인 경우 부관만 무효가 되는 것이 원칙이나 부관이 행정행위의 본질적 요소인 경우에는 전체가 무효가 된다(도로점용에서의 점용기간이나 점용료는 본질적 요소이다).

③ [X] 재량행위에는 법적 근거 없이 부관을 붙일 수 있고 기속행위에는 원칙적으로 부관의 부과가 어렵다.

구 분	종래의 견해	새로운 견해
부관의 개념	행정행위의 효과제한만 부관	행정행위의 효과제한+요건보충도 부관
인정범위	• 법률행위적 행정행위: 부관 가능 • 준법률행위적 행정행위: 부관 불가	법률행위적 행정행위 가운데에도 부관을 붙이기가 적당치 않은 것(예 귀화허가)이 있는가 하면, 준법률행위적 행정행위(예 공증에 해당하는 여권발급 시에 붙인 유효기간)에도 부관을 붙일 수 있는 것이 있다는 견해이다.
재량 행위와 기속행위	• 재량행위: 부관 가능 • 기속행위: 부관 불가	• 재량행위: 부관 가능 • 기속행위: 원칙은 불가하지만 법률요건충족부관은 가능

12 난도 ●● （정답） ①

① [X] 우리나라에서 부작위위법확인소송은 인정되지만 부작위위법확인심판은 인정되지 않는다.

② [O] 의무이행심판은 명령을 하는 심판이므로 작위의무를 전제로 한다.

③ [O] 무효등확인심판의 성질에 대해서 준형성적 쟁송설이 통설이다. 이 학설은 무효등확인심판이 실질적으로는 확인쟁송이나,

형식적으로는 처분의 효력유무 등을 직접 소송의 대상으로 한다는 점에서 형성적 쟁송으로서의 성질을 함께 가지는 것으로 본다.

④ [O]

13 난도 ●● （정답） ②

① [X] 관보에 게재하여 고시하지 아니한 도시계획결정 등 처분은 효력을 발생하지 아니한다.

> **판례**
> 구 도시계획법 제7조는 도시계획결정 등 처분의 고시를 도시계획구역, 도시계획결정 등의 효력발생요건으로 규정하였다고 볼 것이어서 건설부장관 또는 그의 권한의 일부를 위임받은 서울특별시장, 도지사 등 지방장관이 기안, 결재 등의 과정을 거쳐 정당하게 도시계획결정 등의 처분을 하였다고 하더라도 이를 관보에 게재하여 고시하지 아니한 이상 대외적으로는 아무런 효력도 발생하지 아니한다.(대판 1985.12.10. 85누186)

② [O]

③ [X] 행정절차법에는 명시적인 행정계획의 확정절차에 관한 규정이 없다. 다만 행정계획을 할 때 행정예고와 처분성을 갖는 계획의 경우 처분에 관한 행정절차법 규정이 적용된다.

④ [X] 계획재량은 형성의 자유가 인정되지만, 법률로부터 자유로운 행위는 아니다.

14 난도 ●● （정답） ①

① [X] 법규명령 중 위임명령은 구체적 범위를 정한 위임이 있어야 하나 집행명령은 상위법의 수권이 없어도 제정이 가능하다.

행정부의 법규제정	법규 명령	위임명령	• 상위법의 수권 필요, 법규성 인정, 대외적 구속력 인정, 공포 요함 • 위임명령을 위반한 행정행위는 위법 → 항고소송 가능
		집행명령	• 상위법의 수권 불요 • 시행절차에 관한 규정이므로 새로운 법규사항(권리·의무)을 정할 수 없음
	행정 규칙	행정규칙	• 상위법의 수권 불요. 일반적인 경우 법규성 없음. 공포 불요 • 어겨도 위법하지 않으므로 항고소송 불가
		재량준칙	평등원칙과 자기구속원리를 매개로 간접적인 위법성 인정(전환규범) → 항고소송 가능
		법령보충적 행정규칙	'상위법과 결합하여 대외적 구속력을 가진다. …에 관하여 법무부장관이 정한다.'라는 형식을 취한다(예 청소년 유해매체물 고시).
국회 등	국회, 대법원, 중앙선관위, 헌법재판소의 규칙제정권(헌법에 근거 있음)		
감사원	감사원규칙(헌법에 근거가 없음, 법규명령으로 보는 것이 다수설)		
지방자치 단체	조례	지방의회가 제정, 포괄적 위임 가능	
	규칙	지방자치단체장이 정함(예 교육규칙 등)	

② [O] 처벌법규의 위임은 특히 긴급한 필요가 있거나 미리 법률로써 자세히 정할 수 없는 부득이한 사정이 있는 경우에 한정되어야 하고 이 경우에도 법률에서 범죄의 구성요건은 처벌대상인 행위가 어떠한 것일 것이라고 이를 예측할 수 있을 정도로 구체적으로 정하고 형벌의 종류 및 그 상한과 폭을 명백히 규정하여야 한다.(헌재 1991.7.8. 91헌가4) 즉, 처벌법규의 위임은 일반 법률사항보다는 많은 제한을 받는다.

③ [O]

④ [O] 위임받은 사항을 그대로 위임하는 전면적 재위임은 허용되지 않으나, 위임받은 사항에 관하여 일반적인 사항을 규정하고 그 세부적 사항을 하위명령에 재위임하는 것은 가능하다.

15 난도 ●● (정답) ①

① [X] 재개발조합설립인가신청에 대한 행정청의 조합설립인가처분은 단순히 사인들의 조합설립행위에 대한 보충행위로서의 성질을 가지는 것이 아니라 법령상 일정한 요건을 갖추는 경우 행정주체(공법인)의 지위를 부여하는 일종의 설권적 처분의 성질을 가진다고 봄이 상당하다.(대판 2010.1.28. 2009두4845)

② [O] 대판 1996.9.12. 96마1088

③ [O] 실효된 공유수면매립면허의 효력을 회복시키는 처분은 자유재량행위이다.

> **판례**
> 공유수면매립면허는 설권행위인 특허의 성질을 갖는 것이므로 원칙적으로 행정청의 자유재량에 속하며, 일단 실효된 공유수면매립면허의 효력을 회복시키는 행위도 특단의 사정이 없는 한 새로운 면허부여와 같이 면허관청의 자유재량에 속한다고 할 것이므로 공유수면매립법부칙 제4항의 규정에 의하여 위 법시행전에 같은 법 제25조 제1항의 규정에 의하여 효력이 상실된 매립면허의 효력을 회복시키는 처분도 특단의 사정이 없는 한 면허관청의 자유재량에 속하는 행위라고 봄이 타당하다.(대판 1989.9.12. 88누9206)

④ [O]

16 난도 ● (정답) ③

① [O] 대판 2010.4.8. 2009두22997

② [O] 대판 1995.12.22. 95누4636

③ [X] 수입 녹용 중 전지 3대를 절단부위로부터 5cm까지의 부분을 절단하여 측정한 회분함량이 기준치를 0.5% 초과하였다는 이유로 수입 녹용 전부에 대하여 전량 폐기 또는 반송처리를 지시한 처분은 재량권을 일탈·남용한 경우에 해당하지 않는다.

> **판례**
> 지방식품의약품안전청장이 수입 녹용 중 전지 3대를 절단부위로부터 5cm까지의 부분을 절단하여 측정한 회분함량이 기준치를 0.5% 초과하였다는 이유로 수입 녹용 전부에 대하여 전량 폐기 또는 반송처리를 지시한 경우, 녹용 수입업자가 입게 될 불이익이 의약품의 안

전성과 유효성을 확보함으로써 국민보건의 향상을 기하고 고가의 한약재인 녹용에 대하여 부적합한 수입품의 무분별한 유통을 방지하려는 공익상 필요보다 크다고는 할 수 없으므로 위 폐기 등 지시처분이 재량권을 일탈·남용한 경우에 해당하지 않는다.(대판 2006.4.14. 2004두3854)

④ [O] 여객자동차운수사업법에 따른 개인택시운송사업 면허는 특정인에게 권리나 이익을 부여하는 재량행위이고, 행정청이 면허 발급 여부를 심사함에 있어 이미 설정된 면허기준의 해석상 당해 신청이 면허발급의 우선순위에 해당함이 명백함에도 불구하고 이를 제외시켜 면허거부처분을 하였다면 특별한 사정이 없는 한 그 거부처분은 재량권을 남용한 위법한 처분이다.(대판 2002.1.22. 2001두8414)

17 난도 ●● (정답) ③

① [처분성 인정] 근로기준법상 평균임금결정은 처분성이 인정된다.(대판 2002.10.25. 2000두9717)

② [처분성 인정] 대판 2002.11.8. 2001두7695

③ [처분성 부정] 도시기본계획은 도시의 기본적인 공간구조와 장기발전방향을 제시하는 종합계획으로서 그 계획에는 토지이용계획, 환경계획, 공원녹지계획 등 장래의 도시개발의 일반적인 방향이 제시되지만, 그 계획은 도시계획입안의 지침이 되는 것에 불과하여 일반 국민에 대한 직접적인 구속력은 없다.(대판 2002.10.11. 2000두8226)

④ [처분성 인정] 대판 1991.11.22. 91누2144

18 난도 ●● (정답) ②

① [O] ② [X]

④ [O] 우리 헌법하에서 행정권의 행정입법 등 법집행의무는 헌법적 의무라고 보아야 한다. 왜냐하면 행정입법이나 처분의 개입 없이도 법률이 집행될 수 있거나 법률의 시행여부나 시행시기까지 행정권에 위임된 경우는 별론으로 하고, 이 사건과 같이 치과전문의제도의 실시를 법률 및 대통령령이 규정하고 있고 그 실시를 위하여 시행규칙의 개정 등이 행해져야 함에도 불구하고 행정권이 법률의 시행에 필요한 행정입법을 하지 아니하는 경우에는 행정권에 의하여 입법권이 침해되는 결과가 되기 때문이다. 따라서 보건복지부장관에게는 헌법에서 유래하는 행정입법의 작위의무가 있다.(헌재 1998.7.16. 96헌마246)

③ [O] 우리나라는 구체적 규범통제만 인정하고 추상적 규범통제를 인정하지 않는다.

19 난도 ●● (정답) ④

① [O] 대집행은 대체적 작위의무 및 공법상의 의무에 대해 가능하고, 비대체적 작위의무나 부작위의무는 대집행의 대상이 아니다.

② [O] 모든 국유재산에 대하여 당해 재산이 행정재산 등 공용재

산인 여부나 그 철거의무가 공법상의 의무인 여부에 관계없이 대집행을 할 수 있다.

> **판례**
> 현행 국유재산법은 제한 없이 모든 국유재산에 대하여 행정대집행법을 준용할 수 있도록 규정하였으므로, 행정청은 당해 재산이 행정재산 등 공용재산인 여부나 그 철거의무가 공법상의 의무인 여부에 관계없이 대집행을 할 수 있으며, 이는 같은 법 제25조 및 제38조가 사법상 권리관계인 국유재산의 사용료 또는 대부료 체납에 관하여도 국세징수법 중 체납처분에 관한 규정을 준용하여 징수할 수 있도록 규정한 것과도 그 궤를 같이하는 것이다.(대판 1992.9.8. 91누13090)

③ [O] 건축법에 위반하여 건축한 것이어서 철거의무가 있는 건물이라 하더라도 그 철거의무를 대집행하기 위한 계고처분을 하려면 다른 방법으로는 이행의 확보가 어렵고 불이행을 방치함이 심히 공익을 해하는 것으로 인정될 때에 한하여 허용되고 이러한 요건의 주장 입증책임은 처분 행정청에 있다.(대판 1993.9.14. 92누16690)

④ [X] 제1차 계고는 처분이지만, 제2차, 제3차의 계고처분은 새로운 철거의무를 부과한 것이 아니고 다만 대집행기한의 연기통지에 불과하므로 행정처분이 아니다.(대판 1994.10.28. 94누5144)

20 난도 ●●● 〔정답〕③

① [O] 재결의 개념이다.

② [O] 행정심판위원회는 심판청구의 대상이 되는 처분 또는 부작위 외의 사항에 대하여는 재결하지 못한다(행정심판법 제47조 제1항).

③ [X] 행정심판위원회가 직접 처분을 하기 위하여는 처분의 이행을 명하는 재결이 있었음에도 당해 행정청이 아무런 처분을 하지 아니하였어야 하므로, 당해 행정청이 어떠한 처분을 하였다면 그 처분이 재결의 내용에 따르지 아니하였다고 하더라도 행정심판위원회가 직접 처분을 할 수는 없다.(대판 2002.7.23. 2000두9151)

④ [O] 행정심판법 제47조 제2항

21 난도 ●● 〔정답〕③

① [O] 행정개입청구권의 발동 상황이다.

② [O] 도시계획법, 건축법, 도로법 등 관계 법령상 주민에게 도로상 장애물의 철거를 신청할 수 있는 권리를 인정한 근거 법규가 없을 뿐 아니라 조리상 이를 인정할 수도 없고, 따라서 행정청이 인접 토지소유자의 장애물 철거요구를 거부한 행위는 항고소송의 대상이 되는 거부처분에 해당될 수 없다.(대판 1996.1.23. 95누1378)

③ [X] 행정개입청구권은 사전예방적 성격과 사후구제적 성격 둘 다를 가지고 있다.

④ [O] 구 건축법 및 기타 관계 법령에 국민이 행정청에 대하여 제3자에 대한 건축허가의 취소나 준공검사의 취소 또는 제3자

소유의 건축물에 대한 철거 등의 조치를 요구할 수 있다는 취지의 규정이 없고, 같은 법 제69조 제1항 및 제70조 제1항은 각 조항 소정의 사유가 있는 경우에 시장·군수·구청장에게 건축허가 등을 취소하거나 건축물의 철거 등 필요한 조치를 명할 수 있는 권한 내지 권능을 부여한 것에 불과할 뿐, 시장·군수·구청장에게 그러한 의무가 있음을 규정한 것은 아니므로 위 조항들도 그 근거 규정이 될 수 없으며, 그 밖에 조리상 이러한 권리가 인정된다고 볼 수도 없다.(대판 1999.12.7. 97누17568)

22 난도 ●● 〔정답〕②

① [O] 공유수면에 매립공사를 시행하였으나 그중 일부가 원래의 수면형태로 남아 있다면 그 부분은 주변이 매립지로 바뀌었다고 하여도 공유수면성을 상실하지 않는다고 할 것이다.(대판 1992.4.28. 91누4300)

② [X] 문화재보호구역 내의 국유 토지는 시효취득의 대상이 아니다.(대판 1994.5.10. 93다23442)

③ [O] 시효취득의 대상이 될 수 없는 자연공물이란 자연의 상태 그대로 공공용에 제공될 수 있는 실체를 갖추고 있는 것을 말하므로, 원래 자연상태에서는 전·답에 불과하였던 토지 위에 수리조합이 저수지를 설치한 경우라면 이는 자연공물이라고 할 수 없을 뿐만 아니라 국가가 직접 공공목적에 제공한 것도 아니어서 비록 일반공중의 공동이용에 제공된 것이라 하더라도 국유재산법상의 행정재산에 해당하지 아니하므로 시효취득의 대상이 된다.(대판 2010.11.25. 2010다37042)

④ [O] 공물의 용도폐지 의사표시는 명시적이든 묵시적이든 불문하나 적법한 의사표시이어야 하고 단지 사실상 공물로서의 용도에 사용되지 아니하고 있다는 사실이나 무효인 매도행위를 가지고 용도폐지의 의사표시가 있다고 볼 수 없다.(대판 1983.6.14. 83다카181)

23 난도 ●●● 〔정답〕①

① [X] 시행규칙에서 시행령의 위임에 의한 것임을 명시하지 않은 경우에도 시행령과의 위임관계가 인정된다.(대판 1999.12.24. 99두5658)

② [O] 헌재 1998.2.27. 97헌마64

③ [O] 대판 1994.1.28. 93누17218

④ [O] 대판 1995.12.8. 95카기16

24 난도 ●● 〔정답〕②

① [O] 행정계획이라 함은 행정에 관한 전문적·기술적 판단을 기초로 하여 도시의 건설·정비·개량 등과 같은 특정한 행정목표를 달성하기 위하여 서로 관련되는 행정수단을 종합·조정함으로써 장래의 일정한 시점에 있어서 일정한 질서를 실현하기 위한 활동기준으로 설정된 것으로서, 도시계획법 등 관계 법령에는 추상적인 행정목표와 절차만이 규정되어 있을 뿐 행정계

획의 내용에 대하여는 별다른 규정을 두고 있지 아니하므로 행정주체는 구체적인 행정계획을 입안·결정함에 있어서 비교적 광범위한 형성의 자유를 가진다.(대판 2000.3.23. 98두2768)

② [X] 애매한 지문이다. 행정계획은 절차적 통제와 실체적 통제가 둘 다 중요하다. 다만 행정계획은 사법적 통제가 곤란한 경우가 많으므로 수립과정에서 절차적 통제가 상대적으로 더 중요한 의미를 갖는다고 볼 수 있다.

③ [O] 행정계획에 있어서는 다수의 상충하는 사익과 공익들의 조정에 따르는 다양한 결정가능성과 그 미래전망적인 성격으로 인하여 그에 대한 입법적 규율은 상대적으로 제한될 수밖에 없다. 따라서 행정청이 행정계획을 수립함에 있어서는 일반 재량행위의 경우에 비하여 더욱 광범위한 판단 여지 내지는 형성의 자유, 즉 계획재량이 인정되는바, 이 경우 일반적인 행정행위의 요건을 규정하는 경우보다 추상적이고 불확정적인 개념을 사용하여야 할 필요성이 더욱 커진다.(헌재 2007.10.4. 2006헌바91)

④ [O]

구 분	계획재량	행정재량
규범 구조	목적 – 수단의 형식을 취하는 목적적 규범 구조	요건규정과 효과규정(가언 명령적 형식), 조건적 규범 구조
재량의 대상	장래에 이루고자 하는 행정 목적사항	현재의 구체적 생활관계
재량의 범위	재량권의 범위가 상대적으로 넓다.	재량권의 범위가 상대적으로 좁다(구체적 사실과 결부시켜 판단하고 결정).
통 제	절차적 통제가 중요	실체적 통제, 절차적 통제 모두 중요
위법성 판단기준	형량명령이라는 법리로 판단	재량권의 내적·외적 한계를 기준으로 판단

25 난도 ●● 　　　　　　　　　　　　　　정답 ④

① [O] 국민의 알 권리, 특히 국가정보에의 접근의 권리는 우리 헌법상 기본적으로 표현의 자유와 관련하여 인정되는 것으로 그 권리의 내용에는 일반 국민 누구나 국가에 대하여 보유·관리하고 있는 정보의 공개를 청구할 수 있는 이른바 일반적인 정보공개청구권이 포함된다.(대판 1999.9.21. 97누5114)

② [O] 대판 2004.12.9. 2003두12707

③ [O] 알 권리는 국민의 청구를 전제로 하여 발생한다.

판례
알 권리에서 파생되는 정부의 공개의무는 특별한 사정이 없는 한 국민의 적극적인 정보수집행위, 특히 특정의 정보에 대한 공개청구가 있는 경우에야 비로소 존재하므로, 정보공개청구가 없었던 경우 대한민국과 중화인민공화국이 2000.7.31. 체결한 양국 간 마늘교역에 관한 합의서 및 그 부속서 중 '2003.1.1.부터 한국의 민간기업이 자유롭게 마늘을 수입할 수 있다'는 부분을 사전에 마늘재배농가들에게 공개할 정부의 의무는 인정되지 아니한다.(헌재 2004.12.16. 2002헌마579)

④ [X] 공공기관의 정보공개에 관한 법률은 국민을 정보공개청구권자로 규정하고 있다. 지방자치단체는 정보공개청구권자가 아니라 정보공개의무가 있는 공공기관이다.

01	④	02	①	03	①	04	④	05	①
06	③	07	①	08	④	09	④	10	①
11	③	12	②	13	③	14	①	15	③
16	②	17	③	18	③	19	②	20	③

01 난도 ●　　　　　　　　　　　　　정답 ④

① [O] 신뢰보호가 인정되기 위해서는 상대방이 신뢰를 얻는 과정에서 귀책사유가 없어야 하는데, 귀책사유라 함은 행정청의 견해표명의 하자가 상대방 등 관계자의 사실은폐나 기타 사위의 방법에 의한 신청행위 등 부정행위에 기인한 것이거나 그러한 부정행위가 없다고 하더라도 하자가 있음을 알았거나 중대한 과실로 알지 못한 경우 등을 의미한다.(대판 2002.11.8. 2001두1512)

② [O] 행정청이 상대방에게 장차 어떤 처분을 하겠다고 확약 또는 공적 견해표명을 하였다고 하더라도, 그 자체에서 둔 유효기간 내에 상대방의 신청이 없었다거나 공적견해표명 후에 그 전제로 된 사실적·법률적 상태가 변경되었다면 그러한 견해표명은 행정청의 별다른 의사표시 를 기다리지 않고 실효된다.(대판 1996.8.20. 95누10877)

③ [O] 대학이 성적불량을 이유로 학생에 대하여 징계처분을 하는 경우에 있어서 수강신청이 있은 후 징계요건을 완화하는 학칙개정이 이루어지고 이어 당해 시험이 실시되어 그 개정학칙에 따라 징계처분을 한 경우라면 이는 이른바 부진정소급효에 관한 것으로서 구 학칙의 존속에 관한 학생의 신뢰보호가 대학당국의 학칙개정의 목적달성보다 더 중요하다고 인정되는 특별한 사정이 없는 한 위법이라고 할 수 없다.(대판 1989.7.11. 87누1123)

④ [X] 병무청 담당부서의 담당공무원에게 공적 견해의 표명을 구하는 정식의 서면질의 등을 하지 아니한 채 총무과 민원팀장에 불과한 공무원이 민원봉사차원에서 상담에 응하여 안내한 것을 신뢰한 경우, 신뢰보호의 원칙이 적용되지 않는다.(대판 2003.12.26. 2003두1875)

02 난도 ●　　　　　　　　　　　　　정답 ①

① [X] 형성력에 의해 영업허가취소처분 자체가 소급적으로 없어지므로, 무허가영업이 아니다.

② [O] 연령미달의 결격자인 피고인이 소외인의 이름으로 운전면허시험에 응시, 합격하여 교부받은 운전면허는 취소사유이므로 취소되지 않는 한 유효하므로 피고인의 운전행위는 무면허운전에 해당하지 아니한다.(대판 1982.6.8. 80도2646)

③ [O] 시정명령이 위법하면 이를 따르지 않아도 범죄가 성립되지 않지만, 적법한 명령일 경우에는 시정명령위반죄가 성립될 수 있다. 결국 위법성의 판단이므로 형사법원이 판단 가능하다.

④ [O] 조세의 부과처분을 취소하는 행정소송판결이 확정된 경우 그 조세부과처분의 효력은 처분시에 소급하여 효력을 잃게 되고 따라서 그 부과처분을 받은 사람은 그 처분에 따른 납부의무가 없다고 할 것이므로 위 확정된 행정판결은 조세포탈에 대한 무죄 내지 원판결이 인정한 죄보다 경한 죄를 인정할 명백한 증거라 할 것이다.(대판 1985.10.22. 83도2933)

03 난도 ●●　　　　　　　　　　　　정답 ①

① [X] 지방자치단체의 장이 공유재산법에 근거하여 기부채납 및 사용·수익허가 방식으로 민간투자사업을 추진하는 과정에서 사업시행자를 지정하기 위한 전 단계에서 공모제안을 받아 일정한 심사를 거쳐 우선협상대상자를 선정하는 행위와 이미 선정된 우선협상대상자를 그 지위에서 배제하는 행위는 민간투자사업의 세부내용에 관한 협상을 거쳐 공유재산법에 따른 공유재산의 사용·수익허가를 우선적으로 부여받을 수 있는 지위를 설정하거나 또는 이미 설정한 지위를 박탈하는 조치이므로 모두 항고소송의 대상이 되는 행정처분으로 보아야 한다.(대판 2020.4.29. 2017두31064)

② [O] 원자로 및 관계 시설의 부지사전승인처분은 그 자체로서 건설부지를 확정하고 사전공사를 허용하는 법률효과를 지닌 독립한 행정처분이다.(대판 1998.9.4. 97누19588) － 다만, 본허가가 나면 사전승인은 소의 이익이 없게 된다.

③ [O] 자진신고에 의한 과징금 감면이 있었던 경우, 선행처분과 후행감면처분을 나누어 의결한 때에 취소를 구하여야 할 처분은 후행처분이다. － 선행처분은 이러한 종국적 처분을 예정하고 있는 일종의 잠정적 처분으로서 후행처분이 있을 경우 선행처분은 후행처분에 흡수되어 소멸한다고 봄이 타당하다. 따라서 위와 같은 경우에 선행처분의 취소를 구하는 소는 이미 효력을 잃은 처분의 취소를 구하는 것으로 부적법하다.(대판 2015.2.12. 2013두987)

④ [O] 자동차운송사업 양도양수인가신청에 대하여 행정청이 내인가를 한 후 그 본인가신청 이 있음에도 내인가를 취소함으로써 다시 본인가에 대하여 따로 인가여부의 처분을 한다는 사정이 보이지 않는 경우 위 내인가취소를 인가신청거부처분으로 보아야 한다.(대판 1991.6.28. 90누4402)

04 난도 ●●　　　　　　　　　　　　정답 ④

① [O] 동일한 목적이 아니므로 하자의 승계가 인정되지 않는다.(대판 2002.12.10. 2001두5422)

② [O] 동일한 목적이 아니므로 하자의 승계가 인정되지 않는다. 철거명령과 계고 사이에는 하자의 승계가 인정되지 않지만, 계통실비 사이에는 그 승계가 인정된다.

③ [O] 선행처분과 후행처분이 서로 독립하여 별개의 법률효과를 목적으로 하는 때에도 선행처분이 당연무효이면 선행처분의 하자를 이유로 후행처분의 효력을 다툴 수 있다. 도시계획시설사업의 시행자가 작성한 실시계획을 인가하는 처분은 도시계획시설사업 시행자에게 도시계획시설사업의 공사를 허가하고

수용권을 부여하는 처분으로서 선행처분인 도시계획시설사업 시행자 지정 처분이 처분 요건을 충족하지 못하여 당연무효인 경우에는 사업시행자 지정 처분이 유효함을 전제로 이루어진 후행처분인 실시계획 인가처분도 무효라고 보아야 한다.(대판 2017.7.11. 2016두35120)

④ [X] 동일한 목적이 아니므로 하자의 승계가 인정되지 않는다.

> **판례**
> 구 경찰공무원법에 의한 직위해제처분과 면직처분은 후자가 전자의 처분을 전제로 한 것이기는 하나 각각 단계적으로 별개의 법률효과를 발생하는 행정처분이어서 선행 직위해제처분의 위법사유가 면직처분에는 승계되지 아니한다.(대판 1984.9.11. 84누191)

05 난도 ●● (정답) ①

① [O] 국민의 정보공개청구권은 법률상 보호되는 구체적인 권리이므로, 공공기관에 대하여 정보의 공개를 청구하였다가 공개거부처분을 받은 청구인은 행정소송을 통하여 그 공개거부처분의 취소를 구할 법률상의 이익이 있다.(대판 2003.3.11. 2001두6425)

② [X] 직접적인 이해관계가 없어도 정보공개 거부에 대해 항고소송으로 다툴 수 있다.

③ [X] 법원이 행정기관의 정보공개거부처분의 위법 여부를 심리한 결과 공개를 거부한 정보에 비공개대상 정보에 해당하는 부분과 공개가 가능한 부분이 혼합되어 있고 공개청구의 취지에 어긋나지 아니하는 범위 안에서 두 부분을 분리할 수 있음을 인정할 수 있을 때에는 청구취지의 변경이 없더라도 공개가 가능한 정보에 관한 부분만의 일부취소를 명할 수 있다 할 것이고, 공개청구의 취지에 어긋나지 아니하는 범위 안에서 비공개대상 정보에 해당하는 부분과 공개가 가능한 부분을 분리할 수 있다고 함은, 이 두 부분이 물리적으로 분리가능한 경우를 의미하는 것이 아니고 당해 정보의 공개방법 및 절차에 비추어 당해 정보에서 비공개대상 정보에 관련된 기술 등을 제외 내지 삭제하고 그 나머지 정보만을 공개하는 것이 가능하고 나머지 부분의 정보만으로도 공개의 가치가 있는 경우를 의미한다고 해석하여야 한다.(대판 2004.12.9. 2003두12707)

④ [X] 법원 이외의 공공기관이 정보공개법 제9조 제1항 제4호에서 정한 '진행 중인 재판에 관련된 정보'에 해당한다는 사유로 정보공개를 거부하기 위하여는 반드시 그 정보가 진행 중인 재판의 소송기록 자체에 포함된 내용일 필요는 없다. 그러나 재판에 관련된 일체의 정보가 그에 해당하는 것은 아니고 진행 중인 재판의 심리 또는 재판결과에 구체적으로 영향을 미칠 위험이 있는 정보에 한정된다고 보는 것이 타당하다.(대판 2011.11.24. 2009두19021)

06 난도 ● (정답) ③

① [O] 원상회복이 불가능하면 원칙적으로 소의 이익이 없다.

> **판례**
> 영업정지기간이 도과하거나 원상회복이 불가능하면 원칙적으로 소의 이익이 없다. 다만 회복되는 부수적 이익이 있으면 예외적으로 소의 이익이 인정된다.

> **판례**
> 해임처분 무효확인 또는 취소소송 계속 중 임기가 만료되어 해임처분의 무효확인 또는 취소로 지위를 회복할 수는 없다고 할지라도, 그 무효확인 또는 취소로 해임처분일부터 임기만료일까지 기간에 대한 보수 지급을 구할 수 있는 경우에는 해임처분의 무효확인 또는 취소를 구할 법률상 이익이 있다.(대판 2012.2.23. 2011두5001)

② [O] 한국방송공사 사장은 해임처분 무효확인 또는 취소소송 계속 중 임기가 만료되어 해임처분의 무효확인 또는 취소로 지위를 회복할 수 없다고 할지라도, 그 무효확인 또는 취소로 해임처분일부터 임기만료일까지의 기간에 대한 보수지급을 구할 수 있는 경우에는 해임처분의 무효확인 또는 취소를 구할 법률상 이익이 있다.(대판 2012.2.23. 2011두5001)

③ [X] 이행강제금은 개념상 급부하명이지만, 개별법에 별도의 구제절차가 없는 경우(건축법)에는 처분성이 인정되어 항고소송이 가능하다. 다만, 개별법에 별도의 구제절차가 있는 경우(농지법)에는 처분성이 부정된다.

> **판례**
> 농지법에 따른 이행강제금 부과처분에 불복하는 경우에는 비송사건절차법에 따른 재판절차가 적용되어야 하고, 행정소송법상 항고소송의 대상은 될 수 없다. 설령 관할청이 이행강제금 부과처분을 하면서 재결청에 행정심판을 청구하거나 관할 행정법원에 행정소송을 할 수 있다고 잘못 안내하거나 관할 행정심판위원회가 각하재결이 아닌 기각재결을 하면서 관할 법원에 행정소송을 할 수 있다고 잘못 안내하였다고 하더라도, 그러한 잘못된 안내로 행정법원의 항고소송 재판관할이 생긴다고 볼 수도 없다.(대판 2019.4.11. 2018두42955)

④ [O] 재결의 고유한 하자란 주체, 내용, 형식 및 절차상의 하자를 포함한다.

07 난도 ●● (정답) ①

① [X] 구 군인연금법과 같은법시행령의 관계 규정을 종합하면, 같은 법에 의한 퇴역연금 등의 급여를 받을 권리는 법령의 규정에 의하여 직접 발생하는 것이 아니라 각 군 참모총장의 확인을 거쳐 국방부장관이 인정함으로써 비로소 구체적인 권리가 발생하고, 위와 같은 급여를 받으려고 하는 자는 우선 관계법령에 따라 국방부장관에게 그 권리의 인정을 청구하여 국방부장관이 그 인정 청구를 거부하거나 청구 중의 일부만을 인정하는 처분을 하는 경우 그 처분을 대상으로 항고소송을 제기하는 등으로 구체적 권리를 인정받은 다음 비로소 당사자소송으

로 그 급여의 지급을 구하여야 할 것이고, 구체적인 권리가 발생하지 않은 상태에서 곧바로 국가를 상대로 한 당사자소송으로 그 권리의 확인이나 급여의 지급을 소구하는 것은 허용되지 아니한다.(대판 2003.9.5. 2002두3522)

② [O] 법무사의 사무원 채용승인 신청에 대하여 소속 지방법무사회가 '채용승인을 거부'하는 조치 또는 일단 채용승인을 하였으나 법무사규칙 제37조 제6항을 근거로 '채용승인을 취소'하는 조치는 공법인인 지방법무사회가 행하는 구체적 사실에 관한 법집행으로서 공권력의 행사 또는 그 거부에 해당하므로 항고소송의 대상인 '처분'이라고 보아야 한다.

지방법무사회의 법무사 사무원 채용승인은 단순히 지방법무사회와 소속 법무사 사이의 내부 법률문제라거나 지방법무사회의 고유사무라고 볼 수 없고, 법무사 감독이라는 국가사무를 위임받아 수행하는 것이라고 보아야 한다. 따라서 지방법무사회는 법무사 감독 사무를 수행하기 위하여 법률에 의하여 설립과 법무사의 회원 가입이 강제된 공법인으로서 법무사 사무원 채용승인에 관한 한 공권력 행사의 주체라고 보아야 한다.

지방법무사회가 법무사의 사무원 채용승인 신청을 거부하거나 채용승인을 얻어 채용 중인 사람에 대한 채용승인을 취소하면, 상대방인 법무사로서도 그 사람을 사무원으로 채용할 수 없게 되는 불이익을 입게 될 뿐만 아니라, 그 사람도 법무사 사무원으로 채용되어 근무할 수 없게 되는 불이익을 입게 된다. 법무사규칙 제37조 제4항이 이의신청 절차를 규정한 것은 채용승인을 신청한 법무사뿐만 아니라 사무원이 되려는 사람의 이익도 보호하려는 취지로 볼 수 있다. 따라서 지방법무사회의 사무원 채용승인 거부처분 또는 채용승인 취소처분에 대해서는 처분 상대방인 법무사뿐만 아니라 그 때문에 사무원이 될 수 없게 된 사람도 이를 다툴 원고적격이 인정되어야 한다.(대판 2020. 4.9. 2015다34444)

③ [O] 갑 주식회사 소유의 유조선에서 원유가 유출되는 사고가 발생하자 을 주식회사가 피해 방지를 위해 해양경찰의 직접적인 지휘를 받아 방제작업을 보조한 경우, 을 회사는 사무관리에 근거하여 국가에 방제비용을 청구할 수 있다.(대판 2014.12. 11. 2012다15602)

④ [O] 구 공익사업을 위한 토지 등의 취득 및 보상에 관한 법률 제91조에 규정된 환매권은 상대방에 대한 의사표시를 요하는 형성권의 일종으로서 재판상이든 재판 외이든 위 규정에 따른 기간 내에 행사하면 매매의 효력이 생기는 바, 이러한 환매권의 존부에 관한 확인을 구하는 소송 및 구 공익사업법 제91조 제4항에 따라 환매금액의 증감을 구하는 소송 역시 민사소송에 해당한다.(대판 2013.2.28. 선고 2010두22368)

08 난도 ●○○　　　　　　　　　　　　　　　정답 ④

① [O] 양벌규정의 성격이다. 영업주에 대한 처벌은 영업주의 관리·감독상 고의·과실에 대한 책임이다.

② [O] ③ [O] 양벌규정에 의한 영업주의 처벌은 금지위반행위

자인 종업원의 처벌에 종속하는 것이 아니라 독립하여 그 자신의 종업원에 대한 선임감독상의 과실로 인하여 처벌되는 것이므로 종업원의 범죄성립이나 처벌이 영업주 처벌의 전제조건이 될 필요는 없다.(대판 2006.2.24. 2005도7673)

④ [X] 양벌규정에 의한 법인의 처벌은 어디까지나 형벌의 일종으로서 행정적 제재처분이나 민사상 불법행위책임과는 성격을 달리한다.(대판 2019.11.14. 2017도4111)

09 난도 ●●○　　　　　　　　　　　　　　　정답 ④

① [O] 구 독점규제및공정거래에관한법률 제23조 제1항의 규정에 위반하여 불공정거래행위를 한 사업자에 대하여 같은 법 제24조의2 제1항의 규정에 의하여 부과되는 과징금은 행정법상의 의무를 위반한 자에 대하여 당해 위반행위로 얻게 된 경제적 이익을 박탈하기 위한 목적으로 부과하는 금전적인 제재로서, 같은 법이 규정한 범위 내에서 그 부과처분 당시까지 부과관청이 확인한 사실을 기초로 일의적으로 확정되어야 할 것이고, 그렇지 아니하고 부과관청이 과징금을 부과하면서 추후에 부과금 산정 기준이 되는 새로운 자료가 나올 경우에는 과징금액이 변경될 수도 있다고 유보한다든지, 실제로 추후에 새로운 자료가 나왔다고 하여 새로운 부과처분을 할 수는 없다 할 것인바, 왜냐하면 과징금의 부과와 같이 재산권의 직접적인 침해를 가져오는 처분을 변경하려면 법령에 그 요건 및 절차가 명백히 규정되어 있어야 할 것인데, 위와 같은 변경처분에 대한 법령상의 근거규정이 없고, 이를 인정하여야 할 합리적인 이유 또한 찾아 볼 수 없기 때문이다.(대판 1999.5.28. 99두1571)

② [O] 구 영유아보육법 제45조 제1항 각 호의 사유가 인정되는 경우, 행정청에 어린이집 운영정지 처분을 할 것인지 또는 이에 갈음하여 과징금을 부과할 것인지를 선택할 수 있는 재량이 인정된다.(대판 2015.6.24. 2015두39378)

③ [O] 이중처벌에서 말하는 처벌은 형사처벌만 의미한다.

④ [X] 일반적으로 과징금은 재량이지만, 「부동산 실권리자명의 등기에 관한 법률」상 명의신탁자에 대한 과징금의 부과 여부는 기속행위이다.

> **판례**
> 부동산 실권리자명의 등기에 관한 법률 제3조 제1항, 제5조 제1항, 같은 법 시행령 제3조 제1항의 규정을 종합하면, 명의신탁자에 대하여 과징금을 부과할 것인지 여부는 기속행위에 해당한다.(대판 2007. 7.12. 2005두17287)

10 난도 ●○○　　　　　　　　　　　　　　　정답 ①

① [X] 공무원의 직무상 불법행위로 손해를 입은 피해자가 국가배상청구를 하였을 때, 비록 그 소멸시효 기간이 경과하였다고 하더라도 국가가 소멸시효의 완성 전에 피해자의 권리행사나 시효중단을 불가능 또는 현저히 곤란하게 하였거나 객관적으로 피해자가 권리를 행사할 수 없는 장애사유가 있었다는 등의

사정이 있어 국가에게 채무이행의 거절을 인정하는 것이 현저히 부당하거나 불공평하게 되는 등 특별한 사정이 있는 경우에는, 국가가 소멸시효 완성을 주장하는 것은 신의성실 원칙에 반하여 권리남용으로서 허용될 수 없다. 이와 같이 공무원의 불법행위로 손해를 입은 피해자의 국가배상청구권의 소멸시효 기간이 지났으나 국가가 소멸시효 완성을 주장하는 것이 신의성실의 원칙에 반하는 권리남용으로 허용될 수 없어 배상책임을 이행한 경우에는, 그 소멸시효 완성 주장이 권리남용에 해당하게 된 원인행위와 관련하여 해당 공무원이 그 원인이 되는 행위를 적극적으로 주도하였다는 등의 특별한 사정이 없는 한, 국가가 해당 공무원에게 구상권을 행사하는 것은 신의칙상 허용되지 않는다고 봄이 상당하다.(대판 2016.6.10. 2015다217843)

② [O] 행정청이 관계 법령의 해석이 확립되기 전에 어느 한 설을 취하여 업무를 처리한 것이 결과적으로 위법하게 되어 그 법령의 부당집행이라는 결과를 빚었다고 하더라도 처분 당시 그와 같은 처리 방법 이상의 것을 성실한 평균적 공무원에게 기대하기 어려웠던 경우라면 특별한 사정이 없는 한 이를 두고 공무원의 과실로 인한 것이라고는 할 수 없다.(대판 1997.7.11. 97다7608)

③ [O] 사익보호성이 인정되지 않으면 국가배상은 인정되지 않는다.

④ [O] 항고소송에서 승소했다고 국가배상도 승소하는 것은 아니다.

> **판례**
> 어떠한 행정처분이 후에 항고소송에서 취소되었다고 할지라도 그 기판력에 의하여 당해 행정처분이 곧바로 공무원의 고의 또는 과실로 인한 것으로서 불법행위를 구성한다고 단정할 수는 없는 것이다.(대판 2000.5.12. 99다70600)

11 난도 ●●● 정답 ③

① [O] ② [O] 건축허가는 대물적 성질을 갖는 것이어서 행정청으로서는 허가를 할 때에 건축주 또는 토지 소유자가 누구인지 등 인적 요소에 관하여는 형식적 심사만 한다. 건축주가 토지 소유자로부터 토지사용승낙서를 받아 그 토지 위에 건축물을 건축하는 대물적(對物的) 성질의 건축허가를 받았다가 착공에 앞서 건축주의 귀책사유로 해당 토지를 사용할 권리를 상실한 경우, 건축허가의 존재로 말미암아 토지에 대한 소유권 행사에 지장을 받을 수 있는 토지 소유자로서는 건축허가의 철회를 신청할 수 있다고 보아야 한다. 따라서 토지 소유자의 위와 같은 신청을 거부한 행위는 항고소송의 대상이 된다.(대판 2017.3.15. 2014두41190)

③ [X] 취소와 철회는 법적 근거 없이 가능하다.

④ [O] 철회권 행사의 한계이다.

> **판례**
> 수익적 행정행위를 취소 또는 철회하거나 중지시키는 경우에는 이미 부여된 국민의 기득권을 침해하는 것이 되므로, 비록 취소 등의 사유가 있다고 하더라도 그 취소권 등의 행사는 기득권의 침해를 정당화할 만한 중대한 공익상의 필요 또는 제3자의 이익을 보호할 필요가 있고, 이를 상대방이 받는 불이익과 비교·교량하여 볼 때 공익상의 필요 등이 상대방이 입을 불이익을 정당화할 만큼 강한 경우에 한하여 허용될 수 있다.(대판 2017.3.15. 2014두41190)

12 난도 ●●● 정답 ②

① [O] 불가쟁력이나 기판력이 발생하면 위헌결정의 소급효가 미치지 않는다.

② [X] ③ [O] 소송계속 중인 경우에는 불가쟁력이 발생하지 않으므로, 다른 사건에서 위헌결정이 내려졌더라도 소급효가 인정되어 승소가 가능하다.

④ [O] 위헌결정 이후에는 절차를 진행하면 안 되고, 만약 진행했다면 무효사유이다.

13 난도 ● 정답 ③

① [O] 대통령령은 내용과 관계없이 법규명령으로 인정되는데, 부령의 경우 그 내용이 제재적 내용이면 행정규칙으로서 대외적 구속력이 인정되지 않는다.

② [O] 어떠한 고시가 일반적·추상적 성격을 가질 때에는 법규명령 또는 행정규칙에 해당할 것이지만, 다른 집행행위의 매개 없이 그 자체로서 직접 국민의 구체적인 권리의무나 법률관계를 규율하는 성격을 가질 때에는 항고소송의 대상이 되는 행정처분에 해당한다.(대판 2003.10.9. 2003무23) (2) 보건복지부 고시인 약제급여·비급여목록 및 급여상한금액표는 다른 집행행위의 매개 없이 그 자체로서 국민건강보험가입자, 국민건강보험공단, 요양기관 등의 법률관계를 직접 규율하는 성격을 가지므로 항고소송의 대상이 되는 행정처분에 해당한다.(대판 2006.9.22. 2005두2506)

③ [X] 일반적으로 법률의 위임에 의하여 효력을 갖는 법규명령의 경우, 구법에 위임의 근거가 없어 무효였더라도 사후에 법개정으로 위임의 근거가 부여되면 그때부터는 유효한 법규명령이 되나, 반대로 구법의 위임에 의한 유효한 법규명령이 법개정으로 위임의 근거가 없어지게 되면 그때부터 무효인 법규명령이 되므로, 어떤 법령의 위임 근거 유무에 따른 유효 여부를 심사하려면 법개정의 전·후에 걸쳐 모두 심사하여야만 그 법규명령의 시기에 따른 유효·무효를 판단할 수 있다.(대판 1995. 6.30. 93추83)

④ [O] 공공기관운영법 제39조 제2항과 그 하위법령에 따른 입찰참가자격제한 조치는 '구체적 사실에 관한 법집행으로서의 공권력의 행사'로서 행정처분에 해당한다.
[1] 한국수력원자력 주식회사는 공공기관운영법에 따른 '공기

업'으로 지정됨으로써 공공기관운영업 제39조 제2항에 따라 입찰참가자격제한처분을 할 수 있는 권한을 부여받았으므로 '법령에 따라 행정처분권한을 위임받은 공공기관'으로서 행정청에 해당한다.

[2] 공공기관의 운영에 관한 법률(이하 '공공기관운영법'이라 한다)이나 그 하위법령은 공기업이 거래상대방 업체에 대하여 공공기관운영법 제39조 제2항 및 공기업·준정부기관 계약사무규칙 제15조에서 정한 범위를 뛰어넘어 추가적인 제재조치를 취할 수 있도록 위임한 바 없다. 따라서 한국수력원자력 주식회사가 조달하는 기자재, 용역 및 정비공사, 기기수리의 공급자에 대한 관리업무 절차를 규정함을 목적으로 제정·운용하고 있는 '공급자관리지침' 중 등록취소 및 그에 따른 일정 기간의 거래제한조치에 관한 규정들은 공공기관으로서 행정청에 해당하는 한국수력원자력 주식회사가 상위법령의 구체적 위임 없이 정한 것이어서 대외적 구속력이 없는 행정규칙이다.(대판 2020.5.28. 2017두66541)

14 난도 ●●● 　　　　　　　　　　(정답) ①

① [O] 기본계획이나 종합계획은 대외적 구속력이 없고, 처분성이 인정되지 않는다.

② [X] 취소는 공정력을 전제로 하므로 행정행위로 인정된다. 법규명령, 행정규칙, 조례 및 공법상 계약은 하자가 있으면 유효 아니면 무효이지 취소사유는 아니다.

③ [X] 지도, 권고, 조언 등의 행정지도는 비권력적 사실행위로서 처분이 아니다.

④ [X] 지방자치단체나 국가가 체결하는 공공계약은 사법상 계약의 일종이다.

> **판례**
> 「국가를 당사자로 하는 계약에 관한 법률」과 「지방자치 단체를 당사자로 하는 계약에 관한 법률」에 의해서 만들어진 조달계약은 사법상행위이므로 처분이 아니어서 민사로 다투어야 한다.(대판 2001.12.11. 2001다33604)

15 난도 ●●● 　　　　　　　　　　(정답) ③

① [O]

> **행정절차법 제21조(처분기준의 설정·공표)** ③ 제1항 제6호에 따른 기한은 의견제출에 필요한 기간을 10일 이상으로 고려하여 정하여야 한다.
> ④ 다음 각 호의 어느 하나에 해당하는 경우에는 제1항에 따른 통지를 하지 아니할 수 있다.
> 1. 공공의 안전 또는 복리를 위하여 긴급히 처분을 할 필요가 있는 경우
> 2. 법령등에서 요구된 자격이 없거나 없어지게 되면 반드시 일정한 처분을 하여야 하는 경우에 그 자격이 없거나 없어지게 된 사실이 법원의 재판 등에 의하여 객관적으로 증명된 경우

3. 해당 처분의 성질상 의견청취가 현저히 곤란하거나 명백히 불필요하다고 인정될 만한 상당한 이유가 있는 경우

② [O]

> **제22조(의견청취)** ④ 제1항부터 제3항까지의 규정에도 불구하고 제21조제4항 각 호의 어느 하나에 해당하는 경우와 당사자가 의견진술의 기회를 포기한다는 뜻을 명백히 표시한 경우에는 의견청취를 하지 아니할 수 있다.

③ [X] 공무원 인사관계 법령에 의한 처분에 관한 사항이라 하더라도 전부에 대하여 행정절차법의 적용이 배제되는 것이 아니라, 성질상 행정절차를 거치기 곤란하거나 불필요 하다고 인정되는 처분이나 행정절차에 준하는 절차를 거치도록 하고 있는 처분의 경우에만 행정절차법의 적용이 배제되는 것으로 보아야 하고, 이러한 법리는 '공무원 인사관계 법령에 의한 처분'에 해당하는 별정직 공무원에 대한 직권면직 처분의 경우에도 마찬가지로 적용된다.(대판 2013.01.16. 2011두30687)

④ [O] 한국방송공사의 적자구조 만성화에 대한 경영상 책임이 인정되는 데다 대통령이 감사원의 한국방송공사에 대한 감사에 따른 해임제청 요구 및 한국방송공사 이사회의 해임제청결의에 따라 해임처분을 하게 된 것인 점 등에 비추어 대통령에게 주어진 한국방송공사 사장 해임에 관한 재량권 일탈·남용의 하자가 존재한다고 하더라도 그것이 중대·명백하지 않아 당연무효사유에 해당하지 않고, 해임처분 과정에서 상대방이 처분 내용을 사전에 통지받거나 그에 대한 의견제출 기회 등을 받지 못했고 해임 처분 시 법적근거 및 구체적 해임 사유를 제시받지 못하였으므로 해임처분이 행정절차법에 위배되어 위법하지만, 절차나 처분 형식의 하자가 중대하고 명백하다고 볼 수 없어 역시 당연무효가 아닌 취소사유에 해당한다.(대판 2012.2.23. 2011두5001)

16 난도 ●●● 　　　　　　　　　　(정답) ②

① [O] 체류자격 및 사증발급의 기준과 절차에 관한 출입국관리법과 그 하위법령의 위와 같은 규정들은, 대한민국의 출입국질서와 국경관리라는 공익을 보호하려는 취지일 뿐, 외국인에게 대한민국에 입국할 권리를 보장하거나 대한민국에 입국하고자 하는 외국인의 사익까지 보호하려는 취지로 해석하기는 어렵다. 사증발급 거부처분을 다투는 외국인은, 아직 대한민국에 입국하지 않은 상태에서 대한민국에 입국하게 해달라고 주장하는 것으로, 대한민국과의 실질적 관련성 내지 대한민국에서 법적으로 보호가치 있는 이해관계를 형성한 경우는 아니어서, 해당 처분의 취소를 구할 법률상 이익을 인정하여야 할 법정책적 필요성도 크지 않다. 반면, 국적법상 귀화불허가처분이나 출입국관리법상 체류자격변경 불허가처분, 강제퇴거명령 등을 다투는 외국인은 대한민국에 적법하게 입국하여 상당한 기간을 체류한 사람이므로, 이미 대한민국과의 실질적 관련성 내

지 대한민국에서 법적으로 보호가치 있는 이해관계를 형성한 경우이어서, 해당 처분의 취소를 구할 법률상 이익이 인정된다고 보아야 한다. 이와 같은 사증발급의 법적 성질, 출입국관리법의 입법 목적, 사증발급 신청인의 대한민국과의 실질적 관련성, 상호주의원칙 등을 고려하면, 우리 출입국관리법의 해석상 외국인에게는 사증발급 거부처분의 취소를 구할 법률상 이익이 인정되지 않는다고 봄이 타당하다.(대판 2018.5.15. 2014두42506)

② [X] 법령이 특정한 행정기관 등으로 하여금 다른 행정기관을 상대로 제재적 조치를 취할 수 있도록 하면서, 그에 따르지 않으면 그 행정기관에 대하여 과태료를 부과하거나 형사처벌을 할 수 있도록 정하는 경우, 제재적 조치의 상대방인 행정기관 등에게 항고소송 원고로서의 당사자능력과 원고적격을 인정할 수 있는지 여부(한정 적극) : 국민권익위원회가 소방청장에게 인사와 관련하여 부당한 지시를 한 사실이 인정된다며 이를 취소할 것을 요구하기로 의결하고 그 내용을 통지하자 소방청장이 국민권익위원회 조치요구의 취소를 구하는 소송을 제기한 사안에서, 처분성이 인정되는 국민권익위원회의 조치요구에 불복하고자 하는 소방청장으로서는 조치요구의 취소를 구하는 항고소송을 제기하는 것이 유효·적절한 수단으로 볼 수 있으므로 소방청장이 예외적으로 당사자능력과 원고적격을 가진다고 한 사례(대판 2018.8.1. 2014두35379)

③ [O] 교사에 대한 임용권자가 교육공무원법 제12조에 따라 임용지원자를 특별채용할 것인지 여부는 임용권자의 판단에 따른 재량에 속하는 것이고, 임용권자가 임용지원자의 임용 신청에 기속을 받아 그를 특별채용하여야 할 의무는 없으며 임용지원자로서도 자신의 임용을 요구할 법규상 또는 조리상 권리가 있다고 할 수 없다.(대판 2005.4. 5. 2004두11626)

④ [O] 갑 등이 인터넷 포털사이트 등의 개인정보 유출사고로 자신들의 주민등록번호 등 개인정보가 불법 유출되자 이를 이유로 관할 구청장에게 주민등록번호를 변경해 줄 것을 신청하였으나 구청장이 '주민등록번호가 불법 유출된 경우 주민등록법상 변경이 허용되지 않는다'는 이유로 주민등록번호 변경을 거부하는 취지의 통지를 한 경우, 피해자의 의사와 무관하게 주민등록번호가 유출된 경우에는 조리상 주민등록번호의 변경을 요구할 신청권을 인정함이 타당하고, 구청장의 주민등록번호 변경신청 거부행위는 항고소송의 대상이 되는 행정처분에 해당한다.(대판 2017.6.15. 2013두2945)

17 난도 ●● 〔정답〕③

ㄱ. [O] 즉시강제는 권력적 사실행위로서 처분성이 인정된다.

ㄴ. [X] 즉시강제는 과거의 의무위반에 대해 가해지는 제재가 아니라, 급박할 때 장래의 이행을 확보하는 것이다.

ㄷ. [X] 즉시강제는 법적 근거가 있어야 한다.

ㄹ. [O] 강제 건강진단과 예방접종은 대인적 강제수단이지만, 즉시강제라기보다는 직접강제에 해당한다.

ㅁ. [O] 즉시강제도 국가배상의 대상인 직무행위에 해당한다.

18 난도 ●● 〔정답〕③

ㄱ. [일반행정심판] 행정심판법상의 행정심판이다.

> **공공기관의 정보공개에 관한 법률 제19조(행정심판)** ① 청구인이 정보공개와 관련한 공공기관의 결정에 대하여 불복이 있거나 정보공개 청구 후 20일이 경과하도록 정보공개 결정이 없는 때에는 「행정심판법」에서 정하는 바에 따라 행정심판을 청구할 수 있다. 이 경우 국가기관 및 지방자치단체 외의 공공기관의 결정에 대한 감독행정기관은 관계 중앙행정기관의 장 또는 지방자치단체의 장으로 한다.

ㄴ. [특별행정심판] 「공익사업을 위한 토지 등의 취득 및 보상에 관한 법률」에 의한 특별행정심판이다.

ㄷ. [특별행정심판]

> **난민법 제21조(이의신청)** ① 제18조제2항 또는 제19조에 따라 난민불인정결정을 받은 사람 또는 제22조에 따라 난민인정이 취소 또는 철회된 사람은 그 통지를 받은 날부터 30일 이내에 법무부장관에게 이의신청을 할 수 있다. 이 경우 이의신청서에 이의의 사유를 소명하는 자료를 첨부하여 지방출입국·외국인관서의 장에게 제출하여야 한다.
> ② 제1항에 따른 이의신청을 한 경우에는 「행정심판법」에 따른 행정심판을 청구할 수 없다.

ㄹ. [일반행정심판]

> **민원처리에 관한 법률 제35조(거부처분에 대한 이의신청)** ① 법정 민원에 대한 행정기관의 장의 거부처분에 불복하는 민원인은 그 거부처분을 받은 날부터 60일 이내에 그 행정기관의 장에게 문서로 이의신청을 할 수 있다.
> ② 행정기관의 장은 이의신청을 받은 날부터 10일 이내에 그 이의신청에 대하여 인용 여부를 결정하고 그 결과를 민원인에게 지체 없이 문서로 통지하여야 한다. 다만, 부득이한 사유로 정하여진 기간 이내에 인용 여부를 결정할 수 없을 때에는 그 기간의 만료일 다음 날부터 기산(起算)하여 10일 이내의 범위에서 연장할 수 있으며, 연장 사유를 민원인에게 통지하여야 한다.
> ③ 민원인은 제1항에 따른 이의신청 여부와 관계없이 「행정심판법」에 따른 행정심판 또는 「행정소송법」에 따른 행정소송을 제기할 수 있다.

19 난도 ●●● 〔정답〕②

① [X] 집행부정지원칙상 수용재결에 대해 이의신청을 제기하더라도, 사업의 진행 및 토지의 수용 또는 사용을 정지시키는 효력은 인정되지 않는다.

② [O] 수용재결은 대리로서 처분이므로 취소소송이 가능하다. 이때 피고는 지방토지수용위원회이다.

③ [X] 손실보상금증감청구소송은 형식적 당사자소송이다.

④ [X] 부동산의 인도·명도·퇴거는 대집행의 대상이 아니다.

20 난도 ●●● 　　　　　　　　　　　　　　　　　정답 ③

① [X] 과징금을 돌려받기 위한 소송은 부당이득이므로 민사소송이다.

> **판례**
> 민사소송에 있어서 어느 행정처분의 당연무효 여부가 선결문제로 되는 때에는 이를 판단하여 당연무효임을 전제로 판결할 수 있고 반드시 행정소송 등의 절차에 의하여 그 취소나 무효확인을 받아야 하는 것은 아니다.(대판 2010.4.8. 2009다90092)

② [X] 하자의 치유는 소송제기 전까지만 가능하다.

③ [O] 대통령령은 내용과 관계없이 법규명령으로 인정되는데, 부령이나 총리령의 경우 그 형식은 법규명령이지만, 그 내용이 제재적 내용이면 행정규칙의 성질로 보는 것이 판례의 입장이다.

> **판례**
> 식품위생법시행규칙(총리령) 제89조가 식품위생법 제74조에 따른 행정처분의 기준으로 마련한 [별표 23] 제3호 8. 라. 1)에서 위반사항을 '유흥주점 외의 영업장에 무도장을 설치한 경우'로 한 행정처분 기준을 규정하고 있을 뿐이다. 그러나 이러한 행정처분 기준은 행정청 내부의 재량준칙에 불과하다.(대판 2015.7.9. 2014두47853)

④ [X] 기본적 사실관계의 동일성이 인정되지 않으므로 추가할 수 없다.

01	②	02	④	03	③	04	③	05	②
06	④	07	②	08	①	09	④	10	②
11	①	12	③	13	①	14	②	15	④
16	①	17	②	18	④	19	③	20	④

01 난도 ●■■　　　　　　　　　　　정답 ②

① [O] 조례와 정관에는 포괄위임이 가능하다.

② [X] 부령의 경우 그 내용이 제재적 내용이면 행정규칙으로서 대외적 구속력이 인정되지 않는데, 시행령은 내용과 관계없이 법규명령이다.

③ [O] 법령보충적 행정규칙에 대한 설명이다.

④ [O] 형벌법규에 대하여도 특히 긴급한 필요가 있거나 미리 법률로써 자세히 정할 수 없는 부득이한 사정이 있는 경우에 한하여 수권법률(위임법률)이 구성요건의 점에서는 처벌대상인 행위가 어떠한 것일 거라고 이를 예측할 수 있을 정도로 구체적으로 정하고, 형벌의 점에서는 형벌의 종류 및 그 상한과 폭을 명확히 규정하는 것을 조건으로 위임입법이 허용되며, 이러한 위임입법은 죄형법정주의에 반하지 않는다.(헌재 1996.2.29. 94헌마213)

02 난도 ●●■　　　　　　　　　　　정답 ④

① [X] 행정처분에 붙인 부담인 부관이 무효가 되었다고 하더라도, 그 부담의 이행으로 한 사법상 법률행위까지 당연히 무효가 되는 것은 아니다.

판례

행정처분에 부담인 부관을 붙인 경우 부관의 무효화에 의하여 본체인 행정처분 자체의 효력에도 영향이 있게 될 수는 있지만, 그 처분을 받은 사람이 부담의 이행으로 사법상 매매 등의 법률행위를 한 경우에는 그 부관은 특별한 사정이 없는 한 법률행위를 하게 된 동기 내지 연유로 작용하였을 뿐이므로 이는 법률행위의 취소사유가 될 수 있음은 별론으로 하고 그 법률행위 자체를 당연히 무효화하는 것은 아니다.(대판 2009.6.25. 2006다18174)

② [X] 행정처분에 이미 부담이 부가되어 있는 상태에서 그 의무의 범위 또는 내용을 변경하는 부관의 사후변경은 ㉠ 법률에 명문의 규정이 있거나 ㉡ 그 변경이 미리 유보되어 있는 경우 또는 ㉢ 상대방의 동의가 있는 경우에 한하여 허용되는 것이 원칙이지만, ㉣ 사정변경으로 인하여 당초에 부담을 부가한 목적을 달성할 수 없게 된 경우에도 그 목적달성에 필요한 범위 내에서 예외적으로 허용된다.(대판 1997.5.30. 97누2627)

③ [X] 행정처분과 부관 사이에 실제적 관련성이 있다고 볼 수 없는 경우 공무원이 위와 같은 공법상의 제한을 회피할 목적으로 행정처분의 상대방과 사이에 사법상 계약을 체결하는 형식을 취하였다면 이는 법치행정의 원리에 반하는 것으로서 위법하다. 지방자치단체가 골프장사업계획승인과 관련하여 사업자

로부터 기부금을 지급받기로 한 증여계약은 공무수행과 결부된 금전적 대가로서 그 조건이나 동기가 사회질서에 반하므로 민법 제103조에 의해 무효이다.(대판 2009.12.10. 2007다63966)

④ [O] 부관 중 부담에 대해서만 독립하여 소송이 가능하다.

03 난도 ●●■　　　　　　　　　　　정답 ③

ㄱ. [O] 특허로서 재량이다.

ㄴ. [O] 대기오염물질총량관리사업장 설치의 허가 또는 변경허가에 관한 규정들의 문언 및 그 체제·형식과 함께 구 수도권대기환경특별법의 입법 목적, 규율 대상, 허가의 방법, 허가 후 조치권한 등을 종합적으로 고려할 때, 구 수도권대기환경특별법 제14조 제1항에서 정한 대기오염물질총량관리사업장 설치의 허가 또는 변경허가는 특정인에게 인구가 밀집되고 대기오염이 심각하다고 인정되는 수도권 대기관리권역에서 총량관리대상 오염물질을 일정량을 초과하여 배출할 수 있는 특정한 권리를 설정하여 주는 행위로서 그 처분의 여부 및 내용의 결정은 행정청의 재량에 속한다.(대판 2013.5.9. 2012두22799)

ㄷ. [X] '만 6세 이하의 초등학교 취학 전 자녀'를 양육대상으로 하여 '교육공무원이 그 자녀를 양육하기 위하여 필요한 경우'를 육아휴직의 사유로 규정하고 있으므로, 육아휴직 중 그 사유가 소멸하였는지는 해당 자녀가 사망하거나 초등학교에 취학하는 등으로 양육대상에 관한 요건이 소멸한 경우뿐만 아니라 육아휴직 중인 교육공무원에게 해당 자녀를 더 이상 양육할 수 없거나, 양육을 위하여 휴직할 필요가 없는 사유가 발생하였는지 여부도 함께 고려하여야 하고, 국가공무원법 제73조 제2항의 문언에 비추어 복직명령은 기속행위이므로 휴직사유가 소멸하였음을 이유로 신청하는 경우 임용권자는 지체 없이 복직명령을 하여야 한다.(대판 2014.6.12. 2012두4852)

ㄹ. [O] 특허로서 재량이다.

04 난도 ●●■　　　　　　　　　　　정답 ③

① [O] 「행정절차법」에 의해 근거와 이유를 제시하는 것은 처분에 대해서이다. 따라서 공법상 계약은 이유제시의 대상이 아니다.

② [O] 교육부장관이 어떤 후보자를 총장 임용에 부적격하다고 판단하여 배제하고 다른 후보자를 임용제청하는 경우라면 배제한 후보자에게 연구윤리 위반, 선거부정, 그 밖의 비위행위 등과 같은 부적격사유가 있다는 점을 구체적으로 제시할 의무가 있다. 그러나 부적격사유가 없는 후보자들 사이에서 어떤 후보자를 상대적으로 더욱 적합하다고 판단하여 임용제청하는 경우라면, 이는 후보자의 경력, 인격, 능력, 대학운영계획 등 여러 요소를 종합적으로 고려하여 총장 임용의 적격성을 정성적으로 평가하는 것으로 그 판단 결과를 수치화하거나 이유제시를 하기 어려울 수 있다. 이 경우에는 교육부장관이 어떤 후보자를 총장으로 임용제청하는 행위 자체에 그가 총장으로 더욱 적합하다는 정성적 평가 결과가 당연히 포함되어 있는 것으로, 이로써 행정절차법상 이유제시의무를 다한 것이라고 보아

야 한다. 여기에서 나아가 교육부장관에게 개별 심사항목이나 고려요소에 대한 평가 결과를 더 자세히 밝힐 의무까지는 없다.(대판 2018.6.15. 2016두57564)

③ [X] 직위해제처분은 가행정행위로서 개략적 심사를 하게 되므로 사전통지의 대상이 아니다.

④ [O] 대판 1984.6.26. 83누679

05 난도 ●
정답 ②

ㄱ. [O]

ㄴ. [X] 위법한 처분은 반복되어도 평등원칙이나 자기구속력의 적용이 없다.

ㄷ. [X] 사실상 공무원 임용은 무효이므로 신의칙이 적용되지 않는다.

ㄹ. [O] 지방자치단체장이 사업자에게 주택사업계획승인을 하면서 그 주택사업과는 아무런 관련이 없는 토지를 기부채납하도록 하는 부관을 주택사업계획승인에 붙인 경우, 그 부관은 부당결부금지의 원칙에 위반되어 위법하지만, 부관의 하자가 중대하고 명백하여 당연무효라고는 볼 수 없다.(대판 1997.3.11. 96다49650)

06 난도 ●
정답 ④

① [O] 건축허가는 대물적 성질을 갖는 것이어서 행정청으로서는 허가를 할 때에 건축주 또는 토지 소유자가 누구인지 등 인적 요소에 관하여는 형식적 심사만 한다. 건축주가 토지 소유자로부터 토지사용승낙서를 받아 그 토지 위에 건축물을 건축하는 대물적(對物的) 성질의 건축허가를 받았다가 착공에 앞서 건축주의 귀책사유로 해당 토지를 사용할 권리를 상실한 경우, 건축허가의 존재로 말미암아 토지에 대한 소유권 행사에 지장을 받을 수 있는 토지 소유자로서는 건축허가의 철회를 신청할 수 있다고 보아야 한다. 따라서 토지 소유자의 위와 같은 신청을 거부한 행위는 항고소송의 대상이 된다.(대판 2017.3.15. 2014두41190)

② [O] 횡단보도 설치는 일반처분으로서 항고소송의 대상이다. 다만, 지하상가의 상인에게 원고적격이 인정되지는 않는다.

③ [O] 변상금 징수는 기속행위이다.

④ [X] 도로점용허가, 공유수면점용허가는 독점적 권리를 설정해 주는 처분으로서 특허이다.

07 난도 ●
정답 ②

① [O] 대판 2017.9.7. 2017두44558

② [X] 의사결정과정에 제공된 회의관련자료나 의사결정과정이 기록된 회의록 등은 의사가 결정되거나 의사가 집행된 경우에는 더 이상 의사결정과정에 있는 사항 그 자체라고는 할 수 없으나, 의사결정과정에 있는 사항에 준하는 사항으로서 비공개 대상정보에 포함될 수 있다.(대판 2003.8.22. 2002두12946)

③ [O] 구체적인 비공개사유를 밝혀야 한다는 것이다.

> **판례**
> 이를 거부하는 경우라 할지라도 대상이 된 정보의 내용을 구체적으로 확인·검토하여 어느 부분이 어떠한 법익 또는 기본권과 충돌되어 「같은 법」 제9조 제1항 몇 호에서 정하고 있는 비공개사유에 해당하는지를 주장·입증하여야만 하며, 그에 이르지 아니한 채 개괄적인 사유만을 들어 공개를 거부하는 것은 허용되지 아니한다.(대판 2007.2.8. 2006두4899)

④ [O] 공개를 구하는 정보를 행정기관이 보유·관리하고 있을 상당한 개연성이 있다는 점은 청구권자가 입증해야 하고, 당해 정보가 비공개정보라는 점, 공개를 구하는 정보를 공공기관이 한때 보유·관리하였으나 그 후에 더 이상 보유·관리하고 있지 아니하다는 점에 대한 입증책임은 공공기관에게 있다.

08 난도 ●
정답 ①

① [X] 고지는 비권력적 사실행위이므로, 고지를 하지 않았다고 하더라도 행정처분 자체의 효과에는 아무런 영향도 미치지 않는다.

② [O]

③ [O] 기속력은 동일인에게 동일한 사유로 동일한 처분을 하는 것을 금지하는 것이다. 따라서 사유가 다르면 동일한 처분을 하는 것이 가능하다.

④ [O] 권한없는 행정기관이 한 당연무효인 행정처분을 취소할 수 있는 권한은 당해 행정처분을 한 처분청에게 속하고, 당해 행정처분을 할 수 있는 적법한 권한을 가지는 행정청에게 그 취소권이 귀속되는 것이 아니다.(대판 1984.10.10. 84누463)

09 난도 ●●●
정답 ④

① [O] 행정청이 (구)식품위생법 규정에 의하여 영업자지위승계 신고를 수리하는 처분은 종전의 영업자 권익을 제한하는 처분이라 할 것이고 따라서 종전의 영업자는 그 처분에 대하여 직접 그 상대가 되는 자에 해당한다고 봄이 상당하므로, 행정청으로서는 위 신고를 수리하는 처분을 함에 있어서 행정절차법 규정 소정의 당사자에 해당하는 종전의 영업자에 대하여 위 규정 소정의 행정절차를 실시하고 처분을 하여야 한다.(대판 2003.2.14. 2001두7015)

② [O] 개인택시 운송사업의 양도·양수에 대한 인가를 한 후, 그 양도·양수 이전에 있었던 양도인에 대한 운송사업면허 취소사유를 들어 양수인의 사업면허를 취소할 수 있다. 관할관청이 개인택시 운송사업의 양도·양수에 대한 인가를 한 후 그 이전에 있었던 양도인의 음주운전 사실로 운전면허가 취소되자, 양도인의 운전면허 취소가 운송사업면허의 취소사유에 해당한다는 이유로 양수인의 운송사업면허를 취소하는 처분을 한 사안에서, 개인택시 운송사업자의 면허를 박탈함으로써 개인택시 운송사업의 질서를 확립하여야 할 공익상의 필요가 위 처분으

로 양수인이 입게 될 불이익에 비해 가볍다고 볼 수 없어 관계 법령의 기준에 따른 위 처분에 재량을 일탈·남용한 위법이 없다고 판단한 사례.(대판 2010.4.8. 2009두17018)

③ [O] 사업양도·양수에 따른 허가관청의 지위승계신고의 수리는 적법한 사업의 양도·양수가 있었음을 전제로 하는 것이므로 그 수리대상인 사업양도·양수가 존재하지 아니하거나 무효인 때에는 수리를 하였다 하더라도 그 수리는 유효한 대상이 없는 것으로서 당연히 무효라 할 것이고, 사업의 양도행위가 무효라고 주장하는 양도자는 민사쟁송으로 양도·양수행위의 무효를 구함이 없이 막바로 허가관청을 상대로 하여 행정소송으로 위 신고수리처분의 무효확인을 구할 법률상 이익이 있다.(대판 2005.12.23. 2005두3554)

④ [X] 사실상 영업이 양도·양수되었지만 아직 승계신고 및 그 수리처분이 있기 이전에는 여전히 종전의 영업자인 양도인이 영업허가자이고, 양수인은 영업허가자가 되지 못한다 할 것이어서 행정제재처분의 사유가 있는지 여부 및 그 사유가 있다고 하여 행하는 행정제재처분은 영업허가자인 양도인을 기준으로 판단하여 그 양도인에 대하여 행하여야 할 것이고, 한편 양도인이 그의 의사에 따라 양수인에게 영업을 양도하면서 양수인으로 하여금 영업을 하도록 허락하였다면 그 양수인의 영업 중 발생한 위반행위에 대한 행정적인 책임은 영업허가자인 양도인에게 귀속된다고 보아야 할 것이다.(대판 1995.2.24. 94누9146)

10 난도 ●● (정답) ②

① [O] ② [X] 행정법규 위반에 대하여 가하는 제재조치는 반드시 현실적인 행위자가 아니라도 법령상 책임자로 규정된 자에게 부과되고 특별한 사정이 없는 한 위반자에게 고의나 과실이 없더라도 부과할 수 있다. 행정법규 위반에 대하여 가하는 제재조치는 행정목적의 달성을 위하여 행정법규 위반이라는 객관적 사실에 착안하여 가하는 제재이므로 위반자의 고의·과실이 있어야만 하는 것은 아니나, 그렇다고 하여 위반자의 의무 해태를 탓할 수 없는 정당한 사유가 있는 경우까지 부과할 수 있는 것은 아니다.(대판 2014.12.24. 2010두6700)

③ [O] 과징금 부과는 처분성이 인정된다.

④ [O] 과징금은 원칙적으로 전부를 취소하지만, 일부의 위법을 인정할 수 있는 자료가 있는 경우에는 일부취소도 가능하다.

11 난도 ● (정답) ①

① [O] 공무원이 직무를 수행하면서 그 근거되는 법령의 규정에 따라 구체적으로 의무를 부여받았어도 그것이 국민의 이익과는 관계없이 순전히 행정기관 내부의 질서를 유지하기 위한 것이거나, 또는 국민의 이익과 관련된 것이라도 직접 국민 개개인의 이익을 위한 것이 아니라 전체적으로 공공 일반의 이익을 도모하기 위한 것이라면 그 의무에 위반하여 국민에게 손해를 가하여도 국가 또는 지방자치단체는 배상책임을 부담하지 아니한다.(대판 2006.4.14. 2003다41746)

② [X] 국가배상법이 정한 손해배상청구의 요건인 '공무원의 직무'에는 국가나 지방자치단체의 권력적 작용뿐만 아니라 비권력적 작용도 포함되지만, 단순한 사경제의 주체로서 하는 작용은 포함되지 아니한다.(대판 1999.11.26. 98다47245)

③ [X] 피해자가 아니라 국가에 구상한다.

판례

경과실이 있는 공무원이 피해자에 대하여 손해배상 책임을 부담하지 아니함에도 피해자에게 손해를 배상하였다면 그것은 채무자 아닌 사람이 타인의 채무를 변제한 경우에 해당하고, 이는 민법 제469조의 '제3자의 변제' 또는 민법 제744조의 '도의관념에 적합한 비채변제'에 해당하여 피해자는 공무원에 대하여 이를 반환 할 의무가 없고, 그에 따라 피해자의 국가에 대한 손해배상청구권이 소멸하여 국가는 자신의 출연 없이 그 채무를 면하게 되므로, 피해자에게 손해를 직접 배상한 경과실이 있는 공무원은 특별한 사정이 없는 한 국가에 대하여 국가의 피해자에 대한 손해배상책임의 범위 내에서 공무원이 변제한 금액에 관하여 구상권을 취득한다고 봄이 타당하다.(대판 2014.8.20. 2012다54478)

④ [X] 특정 공공의 목적에 공여된 물이라 함은 일반공중의 자유로운 사용에 직접적으로 제공 되는 공공용물에 한하지 아니하고 행정주체 자신의 사용에 제공되는 공용물도 포함하며, 국가 또는 지방자치단체가 소유권, 임차권, 그 밖의 권한에 기하여 관리하고 있는 경우뿐만 아니라 사실상의 관리를 하고 있는 경우도 포함한다.(대판 1995.1.24. 94다45302)

12 난도 ● (정답) ③

① [X] 양벌규정에 의한 영업주의 처벌은 금지위반행위자인 종업원의 처벌에 종속하는 것이 아니라 독립하여 그 자신의 종업원에 대한 선임감독상의 과실로 인하여 처벌되는 것이므로 종업원의 범죄성립이나 처벌이 영업주 처벌의 전제조건이 될 필요는 없다.(대판 2006.2.24. 2005도7673)

② [X] 통고처분은 처분이 아니다.

판례

도로교통법 제118조에서 규정하는 경찰서장의 통고처분은 행정소송의 대상이되는 행정처분이 아니므로 그 처분의 취소를 구하는 소송은 부적법하고, 도로교통법상의 통고처분을 받은 자가 그 처분에 대하여 이의가 있는 경우에는 통고처분에 따른 범칙금의 납부를 이행하지 아니함으로써 경찰서장의 즉결심판청구에 의하여 법원의 심판을 받을 수 있게 될 뿐이다.(대판 1995.6.29. 95누4674)

③ [O] 질서위반행위규제법 제20조

④ [X] 신뢰보호는 장래에 대한 약속을 지키라는 것인데, 재판은 과거를 대상으로 하기 때문에 신뢰보호와는 관계가 없다.

13 난도 ●● (정답) ①

ㄱ. [O] 건물의 점유자가 철거의무자일 때에는 건물철거의무에 퇴거의무도 포함되어 있는 것이어서 별도로 퇴거를 명하는 집행권원이 필요하지 않다. 행정청이 행정대집행의 방법으로 건물

철거의무의 이행을 실현할 수 있는 경우에는 건물 철거 대집행 과정에서 부수적으로 건물의 점유자들에 대한 퇴거 조치를 할 수 있고, 점유자들이 적법한 행정대집행을 위력을 행사하여 방해하는 경우 형법상 공무집행방해죄가 성립하므로, 필요한 경우에는 '경찰관 직무집행법'에 근거한 위험발생 방지조치 또는 형법상 공무집행방해죄의 범행방지 내지 현행범체포의 차원에서 경찰의 도움을 받을 수도 있다.(대판 2017.4.28. 2016다213916)

ㄴ. [O] 아무런 권원 없이 국유재산에 설치한 시설물에 대하여 행정청이 행정대집행을 할 수 있음에도 민사소송의 방법으로 그 시설물의 철거를 구하는 것이 허용되는지 않는다. 그러나 아무런 권원 없이 국유재산에 설치한 시설물에 대하여 행정청이 행정대집행을 실시하지 않는 경우, 그 국유재산에 대한 사용청구권을 가지고 있는 자가 국가를 대위하여 민사소송으로 그 시설물의 철거를 구할 수 있다.(대판 2009.6.11. 2009다1122)

ㄷ. [X] 관계 법령상 행정대집행의 절차가 인정되어 행정청이 행정대집행의 방법으로 건물의 철거 등 대체적 작위의무의 이행을 실현할 수 있는 경우에는 따로 민사소송의 방법으로 그 의무의 이행을 구할 수 없다.(대판 2017.4.28. 2016다213916)

ㄹ. [X] 사용중지의무는 비대체적 의무이기 때문이다.

14 난도 ●●●　　　　　　　　　　　　 정답 ②

① [O] 무효사유는 공정력이 없으므로 민사법원이 판단할 수 있다. 다만, 민사법원이 무효판결을 할 수는 없다.

② [X] 국가배상은 취소소송과 관계없이 별도로 할 수 있다.

③ [O] 물품을 수입하고자 하는 자가 일단 세관장에게 수입신고를 하여 그 면허를 받고 물품을 통관한 경우에는, 세관장의 수입면허가 중대하고도 명백한 하자가 있는 행정행위이어서 당연무효가 아닌 한 관세법 제181조 소정의 무면허수입죄가 성립될 수 없다.(대판 1989.3.28. 89도149)

④ [O] 행정소송에서 취소되면 형성력에 의해 영업취소처분 자체가 없어지므로 무허가영업이 아니다.

15 난도 ●●　　　　　　　　　　　　　 정답 ④

① [X] 지방자치단체나 국가가 체결하는 공공계약은 사법상 계약의 일종이다.

> **판례**
> 「국가를 당사자로 하는 계약에 관한 법률」과 「지방자치 단체를 당사자로 하는 계약에 관한 법률」에 의해서 만들어진 조달계약은 사법상행위이므로 처분이 아니어서 민사로 다투어야 한다.(대판 2001.12.11. 2001다33604)

② [X] 행정재산의 사용·수익에 대한 허가는 순전히 사경제주체로서 행하는 사법상의 행위가 아니라 관리청이 공권력을 가진 우월적 지위에서 행하는 행정처분으로서 특정인에게 행정재산을 사용할 수 있는 권리를 설정하여 주는 강학상 특허에 해당

하는바, 이러한 행정재산의 사용·수익 허가에 따른 사용료에 대하여는 국세징수법 제21조, 제22조가 규정한 가산금과 중가산금을 징수할 수 있다 할 것이고, 위 가산금과 중가산금은 위 사용료가 납부기한까지 납부되지 않은 경우 미납분에 관한 지연이자의 의미로 부과되는 부대세의 일종이다. 따라서 원고가 그 주장과 같이 이 사건 가산금 지급채무의 부존재를 주장하여 구제를 받으려면, 적절한 행정쟁송절차를 통하여 권리관계를 다투어야 할 것이지, 이 사건과 같이 피고에 대하여 민사소송으로 위 지급의무의 부존재확인을 구할 수는 없다.(대판 2006.3.9. 2004다31074)

③ [X] 공법상 계약은 당사자소송의 대상이다.

④ [O] 갑 지방자치단체가 을 주식회사 등 4개 회사로 구성된 공동수급체를 자원회수시설과 부대시설의 운영·유지관리 등을 위탁할 민간사업자로 선정하고 을 회사 등의 공동수급체와 위 시설에 관한 위·수탁 운영 협약을 체결하였는데, 민간위탁 사무감사를 실시한 결과 을 회사 등이 위 협약에 근거하여 노무비와 복지후생비 등 비정산비용 명목으로 지급받은 금액 중 집행되지 않은 금액에 대하여 회수하기로 하고 을 회사에 이를 납부하라고 통보하자, 을 회사 등이 이를 납부한 후 회수통보의 무효확인 등을 구하는 소송을 제기한 사안에서, <u>위 협약은 갑 지방자치단체가 사인인 을 회사 등에 위 시설의 운영을 위탁하고 그 위탁운영비용을 지급하는 것을 내용으로 하는 용역계약으로서 상호 대등한 입장에서 당사자의 합의에 따라 체결한 사법상 계약에 해당하고, 위 협약에 따르면 수탁자인 을 회사 등이 위탁운영비용 중 비정산비용 항목을 일부 집행하지 않았다고 하더라도, 위탁자인 갑 지방자치단체에 미집행액을 회수할 계약상 권리가 인정된다고 볼 수 없는 점, 인건비 등이 일부 집행되지 않았다는 사정만으로 을 회사 등이 협약상 의무를 불이행하였다고 볼 수는 없는 점, 을 회사 등이 갑 지방자치단체에 미집행액을 반환하여야 할 계약상 의무가 없으므로 결과적으로 을 회사 등이 미집행액을 계속 보유하고 자신들의 이윤으로 귀속시킬 수 있다고 해서 협약에서 정한 '운영비용의 목적 외 사용'에 해당한다고 볼 수도 없는 점 등을 종합하면, 갑 지방자치단체가 미집행액 회수를 위하여 을 회사 등으로부터 지급받은 돈이 부당이득에 해당하지 않는다고 본 원심판단</u>에 법리를 오해한 잘못이 있다.(대판 2019.10.17. 2018두60588)

16 난도 ●●　　　　　　　　　　　　　 정답 ①

① [O] 사정판결은 신청 또는 직권으로 가능하다.

② [X] 취소판결이 확정되면 형성력에 의해 자동으로 처분이 취소되므로, 처분청이 별도로 위소를 할 필요는 없다.

③ [X] 판결이 확정되면 기판력이 발생하여 같은 내용을 다시 다툴 수 없다.

④ [X] 동일성이 없는 사유라면 다시 동일한 처분을 하는 것이 가능하다.

17 난도 ●●● 정답 ②

① [X] 기각재결이 있으면 처분이 적법하므로 행정청이 원처분을 취소할 필요는 없지만, 국민의 권리구제를 위해 취소하는 것이 가능하다.

② [O] 취소재결, 변경재결 및 변경명령재결이 가능하다. 취소명령재결은 인정되지 않는다.

③ [X] 사정재결은 취소심판과 의무이행심판에 인정되므로 무효심판에서는 허용되지 않는다.

④ [X] 행정심판 후에 소송을 하는 것은 가능하지만, 행정심판을 다시 하는 것은 불가능하다.

18 난도 ●●● 정답 ④

① [X] 본안이 각하되어서는 안 된다는 의미이다.

> **판례**
> 행정처분의 효력정지나 집행정지를 구하는 신청사건에 있어서는 행정처분 자체의 적법 여부는 궁극적으로 본안재판에서 심리를 거쳐 판단할 성질의 것이므로 원칙적으로 판단할 것이 아니고, 그 행정처분의 효력이나 집행을 정지할 것인가에 관한 행정소송법 제23조 제2항 소정의 요건의 존부만이 판단의 대상이 된다고 할 것이지만, 나아가 집행정지는 행정처분의 집행부정지원칙의 예외로서 인정되는 것이고 또 본안에서 원고가 승소할 수 있는 가능성을 전제로 한 권리보호수단이라는 점에 비추어 보면 집행정지사건 자체에 의하여도 신청인의 본안청구가 적법한 것이어야 한다는 것을 집행정지의 요건에 포함시켜야 한다.(대판 1999.11.26. 99부3)

② [X] 행정심판을 거친 경우에는 재결서 정본을 송달받은 날부터 90일이다.

③ [X] 직접처분은 신청이 있어야 하고, 직권으로는 할 수 없다.

④ [O] 기속력에 위반한 처분은 무효이므로 간접강제가 가능하다.

19 난도 ●● 정답 ③

① [X] ㉠은 특허이고, ㉡은 인가이다.

② [X] 관리처분에 대한 의결을 다투는 소송은 당사자소송이다.

③ [O] 관리처분계획은 처분이므로 항고소송의 대상이다.

④ [X] 관리처분계획의 피고는 사업주체인 재건축조합이다.

20 난도 ● 정답 ④

① [X] 기판력은 판결에만 인정되고, 재결에는 인정되지 않는다.

② [X] 무효선언을 구하는 취소소송은 취소소송과 같으므로 제소기간이 적용된다.

③ [X] 국민의 적극적 행위 신청에 대하여 행정청이 그 신청에 따른 행위를 하지 않겠다고 거부한 행위가 항고소송의 대상이 되는 행정처분에 해당하는 것이라고 하려면, 그 신청한 행위가 공권력의 행사 또는 이에 준하는 행정작용이어야 하고 그 거부행위가 신청인의 법률관계에 어떤 변동을 일으키는 것이어야 하며 그 국민에게 그 행위발동을 요구할 법규상 또는 조리상의

신청권이 있어야 한다고 할 것인바, 여기에서 '신청인의 법률관계에 어떤 변동을 일으키는 것'이라는 의미는 신청인의 실체상의 권리관계에 직접적인 변동을 일으키는 것은 물론 그렇지 않다 하더라도 신청인이 실체상의 권리자로서 권리를 행사함에 중대한 지장을 초래하는 것도 포함한다고 해석함이 상당하다.(대판 2002.11.22. 2000두9229)

④ [O] 행정청이 법정 심판청구기간보다 긴 기간으로 잘못 알린 경우에 그 잘못 알린 기간 내에 심판청구가 있으면 그 심판청구는 법정 심판청구기간 내에 제기된 것으로 본다는 취지의 행정심판법 제18조 제5항의 규정은 행정심판 제기에 관하여 적용되는 규정이지, 행정소송 제기에도 당연히 적용되는 규정이라고 할 수는 없다.(대판 2001.5.8. 2000두6916)

01	④	02	③	03	③	04	③	05	②
06	①	07	③	08	②	09	②	10	②
11	④	12	③	13	②	14	②	15	①
16	④	17	②	18	③	19	④	20	①

01 난도 ●●●　　　　　　　　　　　　정답 ④

① [O]

> **행정기본법 제8조(법치행정의 원칙)** 행정작용은 법률에 위반되어서는 아니 되며, 국민의 권리를 제한하거나 의무를 부과하는 경우와 그 밖에 국민생활에 중요한 영향을 미치는 경우에는 법률에 근거하여야 한다.

② [O]

> **제12조(신뢰보호의 원칙)** ② 행정청은 권한 행사의 기회가 있음에도 불구하고 장기간 권한을 행사하지 아니하여 국민이 그 권한이 행사되지 아니할 것으로 믿을 만한 정당한 사유가 있는 경우에는 그 권한을 행사해서는 아니 된다. 다만, 공익 또는 제3자의 이익을 현저히 해칠 우려가 있는 경우는 예외로 한다.

③ [O]

> **제33조(즉시강제)** ① 즉시강제는 다른 수단으로는 행정목적을 달성할 수 없는 경우에만 허용되며, 이 경우에도 최소한으로만 실시하여야 한다.

④ [X] 처분에 재량이 있는 경우에는 완전히 자동화된 시스템으로 처분을 할 수 없다.

> **제20조(자동적 처분)** 행정청은 법률로 정하는 바에 따라 완전히 자동화된 시스템(인공지능 기술을 적용한 시스템을 포함한다)으로 처분을 할 수 있다. 다만, 처분에 재량이 있는 경우는 그러하지 아니하다.

02 난도 ●　　　　　　　　　　　　　정답 ③

① [O] 만일 국토계획법령이 정한 도시계획시설사업의 대상 토지의 소유와 동의 요건을 갖추지 못하였는데도 사업시행자로 지정하였다면, 이는 국토계획법령이 정한 법규의 중요한 부분을 위반한 것으로서 특별한 사정이 없는 한 그 하자가 중대하다고 보아야 한다.(대판 2017.7.11. 2016두35120)

② [O] 조세 부과의 근거가 되었던 법률규정이 위헌으로 선언된 경우, 비록 그에 기한 과세처분이 위헌결정 전에 이루어졌고, 과세처분에 대한 제소기간이 이미 경과하여 조세채권이 확정되었으며, 조세채권의 집행을 위한 체납처분의 근거규정 자체에 대하여는 따로 위헌결정이 내려진 바 없다고 하더라도, 위와 같은 위헌결정 이후에 조세채권의 집행을 위한 새로운 체납처분에 착수하거나 이를 속행하는 것은 더 이상 허용되지 않고, 나아가 이러한 위헌결정의 효력에 위배하여 이루어진 체납처분은 그 사유만으로 하자가 중대하고 객관적으로 명백하여 당연무효라고 보아야 한다.(대판 2012.2.16. 2010두10907)

③ [X] 절차상 하자이므로 취소사유이다.

> **판례**
> 금지행위 및 시설의 해제 여부에 관한 행정처분을 하면서 절차상 위와 같은 심의를 누락한 흠이 있다면 그와 같은 흠을 가리켜 위 행정처분의 효력에 아무런 영향을 주지 않는다거나 경미한 정도에 불과하다고 볼 수는 없으므로, 특별한 사정이 없는 한 이는 행정처분을 위법하게 하는 취소사유가 된다.(대판 2007.3.15. 2006두15806)

④ [O] 과세관청이 납세자에 대한 체납처분으로서 제3자의 소유 물건을 압류하고 공매하더라도 그 처분으로 인하여 제3자가 소유권을 상실하는 것이 아니고, 체납처분으로서 압류의 요건을 규정하는 국세징수법 제24조 각 항의 규정을 보면 어느 경우에나 압류의 대상을 납세자의 재산에 국한하고 있으므로, 납세자가 아닌 제3자의 재산을 대상으로 한 압류처분은 그 처분의 내용이 법률상 실현될 수 없는 것이어서 당연무효이다.(대판 2006.4. 3. 2005두15151)

03 난도 ●●　　　　　　　　　　　　정답 ③

① [O] 불이익처분은 취소의 취소가 안되고, 수익적 처분은 취소의 취소가 된다.(대판 1995.3.10. 94누7027)

② [O] 철회는 법적근거 없이 가능하지만 철회에 소급효를 인정하려면 별도의 법적근거가 있어야 한다.(대판 2018.6.28. 2015두58195)

③ [X] 행정처분을 한 처분청은 처분의 성립에 하자가 있는 경우 별도의 법적 근거가 없더라도 직권으로 이를 취소할 수 있다고 봄이 원칙이므로, 국민연금법이 정한 수급요건을 갖추지 못하였음에도 연금 지급결정이 이루어진 경우에는 이미 지급된 급여 부분에 대한 환수처분과 별도로 지급결정을 취소할 수 있다.(대판 2017.3.30. 2015두43971)

④ [O] 대판 2016.12.15. 2016두47659

04 난도 ●　　　　　　　　　　　　　정답 ③

① [O] 대판 1998.11.13. 98두7343

② [O] 과세관청의 행위에 대하여 신의성실의 원칙 또는 신뢰보호의 원칙을 적용하기 위해서는, 과세관청이 공적인 견해표명 등을 통하여 부여한 신뢰가 평균적인 납세자로 하여금 합리적이고 정당한 기대를 가지게 할 만한 것이어야 한다. 비록 과세관청이 질의회신 등을 통하여 어떤 견해를 표명하였다고 하더라도 그것이 중요한 사실관계와 법적인 쟁점을 제대로 드러내지 아니한 채 질의한 데 따른 것이라면 공적인 견해표명에 의하여 정당한 기대를 가지게 할 만한 신뢰가 부여된 경우라고 볼 수 없다.(대판 2013.12.26. 2011두5940)

③ [X] 폐기물처리업에 대하여 사전에 관할 관청으로부터 적정통

보를 받고 막대한 비용을 들여 허가요건을 갖춘 다음 허가신청을 하였음에도 다수 청소업자의 난립으로 안정적이고 효율적인 청소업무의 수행에 지장이 있다는 이유로 한 불허가처분이 신뢰보호의 원칙 및 비례의 원칙에 반하는 것으로서 재량권을 남용한 위법한 처분이다.(대판 1998.5.8. 98두4061)

④ [O] 법원이 비송사건절차법에 따라서 하는 과태료 재판은 관할 관청이 부과한 과태료처분에 대한 당부를 심판하는 행정소송절차가 아니라 법원이 직권으로 개시·결정하는 것이므로, 원칙적으로 과태료 재판에서는 행정소송에서와 같은 신뢰보호의 원칙위반 여부가 문제로 되지 아니하고, 다만 위반자가 그 의무를 알지 못하는 것이 무리가 아니었다고 할 수 있어 그것을 정당시할 수 있는 사정이 있을 때 또는 그 의무의 이행을 그 당사자에게 기대하는 것이 무리라고 하는 사정이 있을 때 등 그 의무 해태를 탓할 수 없는 정당한 사유가 있는 때에는 이를 부과할 수 없다.(대결 2006.4.28. 2003마715)

05 난도 ●

(정답) ②

① [O] 대판 2015.8.20. 2012두23808
② [X] 요건위반은 형식적 하자이므로 무효사유이다.

> **판례**
> 국가가 사인과 계약을 체결할 때에는 국가계약법령에 따른 계약서를 따로 작성하는 등 요건과 절차를 이행하여야 할 것이고, 설령 국가와 사인 사이에 계약이 체결되었더라도 이러한 법령상 요건과 절차를 거치지 아니한 계약은 효력이 없다.(대판 2015.1.15. 2013다215133)

③ [O] 지방의회의원에 대하여 유급보좌인력을 두는 것은 지방의회의원의 신분·지위 및 그 처우에 관한 현행 법령상의 제도에 중대한 변경을 초래하는 것으로서, 이는 개별 지방의회의 조례로써 규정할 사항이 아니라 국회의 법률로써 규정하여야 할 입법사항이다.(대판 2013.1.16. 2012추84)

④ [O] 법인세, 종합소득세와 같이 납세의무자에게 조세의 납부의무뿐만 아니라 스스로 과세표준과 세액을 계산하여 신고하여야 하는 의무까지 부과하는 경우에는 신고의무 이행에 필요한 기본적인 사항과 신고의무불이행 시 납세의무자가 입게 될 불이익 등은 납세의무를 구성하는 기본적, 본질적 내용으로서 법률로 정하여야 한다.(대판 2015.8.20. 2012두23808)

06 난도 ●

(정답) ①

① [X] 법률의 시행령이나 시행규칙은 법률에 의한 위임이 없으면 개인의 권리·의무에 관한 내용을 변경·보충하거나 법률이 규정하지 아니한 새로운 내용을 정할 수는 없지만, 법률의 시행령이나 시행규칙의 내용이 모법의 입법 취지와 관련 조항 전체를 유기적·체계적으로 살펴보아 모법의 해석상 가능한 것을 명시한 것에 지나지 아니하거나 모법 조항의 취지에 근거하여 이를 구체화하기 위한 것인 때에는 모법의 규율 범위를 벗어난

것으로 볼 수 없으므로, 모법에 이에 관하여 직접 위임하는 규정을 두지 아니하였다고 하더라도 이를 무효라고 볼 수는 없다.(대판 2014.8.20. 2012두19526)

② [O] 행정입법부작위에 대해서는 부작위위법확인소송을 할 수 없지만, 헌법소원과 국가배상은 가능하다.

> **판례**
> 구 군법무관임용법 제5조 제3항과 군법무관임용 등에 관한 법률 제6조가 군법무관의 보수를 법관 및 검사의 예에 준하도록 규정하면서 그 구체적 내용을 시행령에 위임하고 있는 이상, 위 법률의 규정들은 군법무관의 보수의 내용을 법률로써 일차적으로 형성한 것이고, 위 법률들에 의해 상당한 수준의 보수청구권이 인정되는 것이므로, 위 보수청구권은 단순한 기대이익을 넘어서는 것으로서 법률의 규정에 의해 인정된 재산권의 한 내용이 되는 것으로 봄이 상당하고, 따라서 행정부가 정당한 이유 없이 시행령을 제정하지 않은 것은 위 보수청구권을 침해하는 불법행위에 해당한다.(대판 2007.11.29. 2006다3561)

③ [O] 일반적으로 법률의 위임에 따라 효력을 갖는 법규명령의 경우에 그 위임의 근거가 없어 무효였더라도 나중에 법 개정으로 위임의 근거가 부여되면 그때부터는 유효한 법규명령으로 볼 수 있다.(대판 2017.4.20. 2015두45700)

④ [O] 처분의 적법 여부는 그러한 내부지침 등에서 정한 요건에 합치하는지 여부가 아니라 일반 국민에 대하여 구속력을 가지는 법률 등 법규성이 있는 관계 법령의 규정을 기준으로 판단하여야 한다.(대판 2018.6.15. 2015두40248)

07 난도 ●

(정답) ③

① [X]

개인정보 보호법 제2조(정의) 이 법에서 사용하는 용어의 뜻은 다음과 같다.

1. "개인정보"란 살아 있는 개인에 관한 정보로서 다음 각 목의 어느 하나에 해당하는 정보를 말한다.
   가. 성명, 주민등록번호 및 영상 등을 통하여 개인을 알아볼 수 있는 정보
   나. 해당 정보만으로는 특정 개인을 알아볼 수 없더라도 다른 정보와 쉽게 결합하여 알아볼 수 있는 정보. 이 경우 쉽게 결합할 수 있는지 여부는 다른 정보의 입수 가능성 등 개인을 알아보는 데 소요되는 시간, 비용, 기술 등을 합리적으로 고려하여야 한다.
   다. 가목 또는 나목을 제1호의2에 따라 가명처리함으로써 원래의 상태로 복원하기 위한 추가 정보의 사용·결합 없이는 특정 개인을 알아볼 수 없는 정보(이하 "가명정보"라 한다)
1의2. "가명처리"란 개인정보의 일부를 삭제하거나 일부 또는 전부를 대체하는 등의 방법으로 추가 정보가 없이는 특정 개인을 알아볼 수 없도록 처리하는 것을 말한다.

---

② [X]

> 제7조(개인정보 보호위원회) ① 개인정보 보호에 관한 사무를 독립적으로 수행하기 위하여 국무총리 소속으로 개인정보 보호위원회를 둔다.

③ [O]

> 제35조(개인정보의 열람) ① 정보주체는 개인정보처리자가 처리하는 자신의 개인정보에 대한 열람을 해당 개인정보처리자에게 요구할 수 있다.
> ② 제1항에도 불구하고 정보주체가 자신의 개인정보에 대한 열람을 공공기관에 요구하고자 할 때에는 공공기관에 직접 열람을 요구하거나 대통령령으로 정하는 바에 따라 보호위원회를 통하여 열람을 요구할 수 있다.

④ [X]

> 제17조(개인정보의 제공) ④ 개인정보처리자는 당초 수집 목적과 합리적으로 관련된 범위에서 정보주체에게 불이익이 발생하는지 여부, 암호화 등 안전성 확보에 필요한 조치를 하였는지 여부 등을 고려하여 대통령령으로 정하는 바에 따라 정보주체의 동의 없이 개인정보를 제공할 수 있다.

08 난도 ●●　　　　　　　　　　　　　　정답 ②

① [O] 정보공개를 청구하는 자가 공공기관에 대해 정보의 사본 또는 출력물의 교부의 방법으로 공개방법을 선택하여 정보공개청구를 한 경우에 공개청구를 받은 공공기관으로서는 법 제8조 제2항에서 규정한 정보의 사본 또는 복제물의 교부를 제한할 수 있는 사유에 해당하지 않는 한 정보공개청구자가 선택한 공개방법에 따라 정보를 공개하여야 하므로 그 공개방법을 선택할 재량권이 없다고 해석함이 상당하다.(대판 2004.8.20. 2003두8302)

② [X]

> 정보공개법 제21조(제3자의 비공개 요청 등) ① 제11조제3항에 따라 공개 청구된 사실을 통지받은 제3자는 그 통지를 받은 날부터 3일 이내에 해당 공공기관에 대하여 자신과 관련된 정보를 공개하지 아니할 것을 요청할 수 있다.
> ② 제1항에 따른 비공개 요청에도 불구하고 공공기관이 공개 결정을 할 때에는 공개 결정 이유와 공개 실시일을 분명히 밝혀 지체 없이 문서로 통지하여야 하며, 제3자는 해당 공공기관에 문서로 이의신청을 하거나 행정심판 또는 행정소송을 제기할 수 있다. 이 경우 이의신청은 통지를 받은 날부터 7일 이내에 하여야 한다.
> ③ 공공기관은 제2항에 따른 공개 결정일과 공개 실시일 사이에 최소한 30일의 간격을 두어야 한다.

③ [O] 국민의 정보공개청구권은 법률상 보호되는 구체적인 권리이므로, 공공기관에 대하여 정보의 공개를 청구하였다가 공개거부처분을 받은 청구인은 행정소송을 통하여 그 공개거부처분의 취소를 구할 법률상의 이익이 있다.(대판 2003.3.11. 2001두6425)

④ [O] 행정처분의 취소를 구하는 항고소송에서 처분청은 당초 처분의 근거로 삼은 사유와 기본적 사실관계가 동일성이 있다고 인정되는 한도 내에서만 다른 사유를 추가 또는 변경할 수 있고, 이러한 기본적 사실관계의 동일성 유무는 처분사유를 법률적으로 평가하기 이전의 구체적 사실에 착안하여 그 기초인 사회적 사실관계가 기본적인 점에서 동일한지에 따라 결정되므로, 추가 또는 변경된 사유가 처분 당시에 이미 존재하고 있었다거나 당사자가 그 사실을 알고 있었다고 하여 당초의 처분사유와 동일성이 있다고 할 수 없다.(대판 2011.11.24. 2009두19021)

09 난도 ●●　　　　　　　　　　　　　　정답 ②

① [O] 이때 피고는 내부적 의결기관으로서 지방자치단체의 의사를 외부에 표시한 권한이 없는 지방의회가 아니라, 구 지방자치법 제19조 제2항, 제92조에 의하여 지방자치단체의 집행기관으로서 조례로서의 효력을 발생시키는 공포권이 있는 지방자치단체의 장이다.(대판 1996.9.20. 95누8003)

② [X] 행정입법부작위에 대해서는 부작위위법확인소송을 할 수 없지만, 헌법소원과 국가배상은 가능하다.

③ [O] 대판 2002.7.26. 2001두3532

④ [O] 법령의 규정이 특정 행정기관에게 법령 내용의 구체적 사항을 정할 수 있는 권한을 부여하면서 권한행사의 절차나 방법을 특정하지 아니한 경우에는 수임 행정기관은 행정규칙이나 규정 형식으로 법령 내용이 될 사항을 구체적으로 정할 수 있다. 이 경우 행정규칙 등은 당해 법령의 위임한계를 벗어나지 않는 한 대외적 구속력이 있는 법규명령으로서 효력을 가지게 되지만, 이는 행정규칙이 갖는 일반적 효력이 아니라 행정기관에 법령의 구체적 내용을 보충할 권한을 부여한 법령 규정의 효력에 근거하여 예외적으로 인정되는 것이다. 따라서 그 행정규칙이나 규정이 상위법령의 위임범위를 벗어난 경우에는 법규명령으로서 대외적 구속력을 인정할 여지는 없다.(대판 2012.7.5. 2010다72076)

10 난도 ●●　　　　　　　　　　　　　　정답 ②

① [O] 주민등록의 신고는 행정청에 도달하기만 하면 신고로서의 효력이 발생하는 것이 아니라 행정청이 수리한 경우에 비로소 신고의 효력이 발생한다.(대판 2009.1.30. 2006다17850)

② [X] 장기요양기관의 폐업신고와 노인의료복지시설의 폐지신고는, 수리를 필요로 하는 신고에 해당한다. 그러나 행정청이 그 신고를 수리하였다고 하더라도, 신고서 위조 등의 사유가 있어 신고행위 자체가 효력이 없다면, 그 수리행위는 유효한 대상이 없는 것으로서, 수리행위 자체에 중대·명백한 하자가 있는지를 따질 것도 없이 당연히 무효이다.(대판 2018.6.12. 2018두33593)

③ [O] 정신과의원을 개설하려는 자가 법령에 규정되어 있는 요건을 갖추어 개설신고를 한 때에, 행정청은 원칙적으로 이를 수리하여 신고필증을 교부하여야 하고, 법령에서 정한 요건 이

외의 사유를 들어 의원급 의료기관 개설신고의 수리를 거부할 수는 없다.(대판 2018.10.25. 2018두44302)

④ [O] 가설건축물 존치기간을 연장하려는 건축주 등이 법령에 규정되어 있는 제반 서류와 요건을 갖추어 행정청에 연장신고를 한 때에는 행정청은 원칙적으로 이를 수리하여 신고필증을 교부하여야 하고, 법령에서 정한 요건 이외의 사유를 들어 수리를 거부할 수는 없다. 따라서 행정청으로서는 법령에서 요구하고 있지도 아니한 '대지사용승낙서' 등의 서류가 제출되지 아니하였거나, 대지소유권자의 사용승낙이 없다는 등의 사유를 들어 가설건축물 존치기간 연장신고의 수리를 거부하여서는 아니 된다.(대판 2018.1.25. 2015두35116)

11 난도 ●○○   정답 ④

① [O] 행정계획은 일반행정보다 광범위한 재량을 가지는데, 이를 형성재량이라고 한다.

② [O] 행정주체가 행정계획을 입안·결정할 때 이러한 이익형량을 전혀 하지 않거나 이익형량의 고려 대상에 마땅히 포함시켜야 할 사항을 누락한 경우, 또는 이익형량을 하였으나 정당성과 객관성이 결여된 경우에는 재량권을 일탈·남용한 것으로 위법하다고 보아야 한다.(대판 2020.9.3. 2020두34346)

③ [O] 기본계획·종합계획은 구속력이 없고, 처분성도 인정되지 않는다.

④ [X] 개발제한구역은 도시의 무질서한 확산을 방지하고 도시 주변의 자연환경을 보전하여 도시민의 건전한 생활환경을 확보하기 위하여 도시의 개발을 제한할 필요에 의하여 지정되는 것이어서 원칙적으로 개발제한구역에서의 개발행위는 제한되는 것이기는 하지만 위와 같은 개발제한구역의 지정목적에 위배되지 않는다면 허용될 수 있는 것인바, 도시계획시설인 묘지공원과 화장장 시설의 설치가 위와 같은 개발제한구역의 지정목적에 위배된다고 보이지 않으므로, 시장이 이미 개발제한구역으로 지정되어 있는 부지에 묘지공원과 화장장 시설들을 설치하기로 하는 내용의 도시계획시설결정을 하였다 하더라도 이를 두고 위법하다고 할 수 없다.(대판 2007.4.12. 2005두1893)

12 난도 ●●○   정답 ③

① [O] 국가가 본래 그의 사무의 일부를 지방자치단체의 장에게 위임하여 그 사무를 처리하게 하는 기관위임사무의 경우에는 지방자치단체는 국가기관의 일부로 볼 수 있는 것이지만, 지방자치단체가 그 고유의 자치사무를 처리하는 경우에는 지방자치단체는 국가기관의 일부가 아니라 국가기관과는 별도의 독립한 공법인이므로, 지방자치단체 소속 공무원이 지방자치단체 고유의 자치사무를 수행하던 중 도로법 제81조 내지 제85조의 규정에 의한 위반행위를 한 경우에는 지방자치단체는 도로법 제86조의 양벌규정에 따라 처벌대상이 되는 법인에 해당한다. (대판 2005.11.10. 2004도2657)

② [O] 지방국세청장 또는 세무서장이 조세범칙행위에 대하여 고

발을 한 후에 동일한 조세범칙행위에 대하여 통고처분을 하였더라도, 이는 법적 권한 소멸 후에 이루어진 것으로서 특별한 사정이 없는 한 효력이 없고, 조세범칙행위자가 이러한 통고처분을 이행하였더라도 조세범 처벌절차법 제15조 제3항에서 정한 일사부재리의 원칙이 적용될 수 없다.(대판 2016.9.28. 2014도10748)

③ [X] 통고처분이 있으면 당사자가 납부할 때까지 행정청은 별다른 조치를 하지 못하고, 납부하지 않으면 경찰서장의 고발에 의해 즉결심판을 하게 된다.

> **판례**
> 경찰서장이 범칙행위에 대하여 통고처분을 한 이상, 범칙자의 위와 같은 절차적 지위를 보장하기 위하여 통고처분에서 정한 범칙금 납부기간까지는 원칙적으로 경찰서장은 즉결심판을 청구할 수 없고, 검사도 동일한 범칙행위에 대하여 공소를 제기할 수 없다고 보아야 한다.(대판 2020.4.29. 2017도13409)

④ [O]

> **질서위반행위규제법 제13조(수개의 질서위반행위의 처리)** ① 하나의 행위가 2 이상의 질서위반행위에 해당하는 경우에는 각 질서위반행위에 대하여 정한 과태료 중 가장 중한 과태료를 부과한다.
> ② 제1항의 경우를 제외하고 2 이상의 질서위반행위가 경합하는 경우에는 각 질서위반행위에 대하여 정한 과태료를 각각 부과한다. 다만, 다른 법령(지방자치단체의 조례를 포함한다)에 특별한 규정이 있는 경우에는 그 법령으로 정하는 바에 따른다.

13 난도 ●●○   정답 ②

① [O] 소송에서 원고가 피고를 잘못 지정한 경우에는 신청이 있어야 하고, 직권으로 경정을 하지 못한다. 그러나 행정심판은 신청 또는 직권에 의한 경정이 가능하다.

> **행정심판법 제17조(피청구인의 적격 및 경정)** ② 청구인이 피청구인을 잘못 지정한 경우에는 위원회는 직권으로 또는 당사자의 신청에 의하여 결정으로써 피청구인을 경정(更正)할 수 있다.

② [X] 불이익변경금지원칙이다.

> **제47조(재결의 범위)** ② 위원회는 심판청구의 대상이 되는 처분보다 청구인에게 불리한 재결을 하지 못한다.

③ [O] 시정요청은 중앙행정심판위원회만 할 수 있다.

> **제59조(불합리한 법령 등의 개선)** ① 중앙행정심판위원회는 심판청구를 심리·재결할 때에 처분 또는 부작위의 근거가 되는 명령 등(대통령령·총리령·부령·훈령·예규·고시·조례·규칙 등을 말한다)이 법령에 근거가 없거나 상위법령에 위배되거나 국민에게 과도한 부담을 주는 등 크게 불합리하면 관계 행정기관에 그 명령 등의 개정·폐지 등 적절한 시정조치를 요청할 수 있다. 이 경우 중앙행정심판위원회는 시정조치를 요청한 사실을 법제처장에게 통보하여야 한다.

④ [O]

제49조(재결의 기속력 등) ⑤ 법령의 규정에 따라 공고하거나 고시한 처분이 재결로써 취소되거나 변경되면 처분을 한 행정청은 지체 없이 그 처분이 취소 또는 변경되었다는 것을 공고하거나 고시하여야 한다.

14 난도 ●● (정답) ②

① [O] 대판 1987.12.8. 87누861

② [X] 처분상대방에게 법령에서 정한 임의적 감경사유가 있는 경우에, 행정청이 감경사유까지 고려하고도 감경하지 않은 채 개별처분기준에서 정한 상한으로 처분을 한 경우에는 재량권을 일탈·남용하였다고 단정할 수는 없으나, 행정청이 감경사유를 전혀 고려하지 않았거나 감경사유에 해당하지 않는다고 오인하여 개별처분기준에서 정한 상한으로 처분을 한 경우에는 마땅히 고려대상에 포함하여야 할 사항을 누락하였거나 고려대상에 관한 사실을 오인한 경우에 해당하여 재량권을 일탈·남용한 것이라고 보아야 한다.(대판 2020.6.25. 2019두52980)

③ [O] 허가 등의 행정처분은 원칙적으로 처분시의 법령과 허가기준에 의하여 처리되어야 하고 허가신청 당시의 기준에 따라야 하는 것은 아니며, 비록 허가신청 후 허가기준이 변경되었다 하더라도 그 허가관청이 허가신청을 수리하고도 정당한 이유 없이 그 처리를 늦추어 그 사이에 허가기준이 변경된 것이 아닌 이상 변경된 허가기준에 따라서 처분을 하여야 한다.(대판 2006.8.25. 2004두2974)

④ [O] 학교법인의 임원취임승인취소처분에 대한 취소소송에서, 교비회계자금을 법인회계로 부당전출한 위법성의 정도와 임원들의 이에 대한 가공의 정도가 가볍지 아니하고, 학교법인이 행정청의 시정 요구에 대하여 이를 시정하기 위한 노력을 하였다고는 하나 결과적으로 대부분의 시정 요구 사항이 이행되지 아니하였던 사정 등을 참작하여, 위 취소처분이 재량권을 일탈·남용하였다고 볼 수 없다.(대판 2007.7.19. 2006두19297)

15 난도 ● (정답) ①

① [O] 건축물의 건축이 국토계획법상 개발행위에 해당할 경우 그에 대한 건축허가를 하는 허가권자는 건축허가에 배치·저촉되는 관계 법령상 제한 사유의 하나로 국토계획법령의 개발행위허가기준을 확인하여야 하므로, 국토계획법상 건축물의 건축에 관한 개발행위허가가 의제되는 건축허가신청이 국토계획법령이 정한 개발행위허가기준에 부합하지 아니하면 허가권자로서는 이를 거부할 수 있고, 이는 건축법 제16조 제3항에 의하여 개발행위허가의 변경이 의제되는 건축허가사항의 변경허가에서도 마찬가지이다.(대판 2016.8.24. 2016두35762)

② [X] 통상 주된 인허가가 소의 대상이 되고, 의제되는 인허가는 소송의 대상이 아니지만, 주택법의 경우에는 그렇지 않다.

판례

주택건설사업계획 승인처분에 따라 의제된 인허가가 위법함을 다투고자 하는 이해관계인은, 주택건설사업계획 승인처분의 취소를 구할 것이 아니라 의제된 인허가의 취소를 구하여야 하며, 의제된 인허가는 주택건설사업계획 승인처분과 별도로 항고소송의 대상이 되는 처분에 해당한다.(대판 2018.11.29. 2016두38792)

③ [X] 도로·하천점용허가는 강학상 특허에 해당한다.

④ [X] 체류자격 변경허가는 신청인에게 당초의 체류자격과 다른 체류자격에 해당하는 활동을 할 수 있는 권한을 부여하는 일종의 설권적 처분의 성격을 가지므로, 허가권자는 신청인이 관계 법령에서 정한 요건을 충족하였더라도, 신청인의 적격성, 체류 목적, 공익상의 영향 등을 참작하여 허가 여부를 결정할 수 있는 재량을 가진다.(대판 2016.7.14. 2015두48846)

16 난도 ●● (정답) ④

① [X] 수익적 행정처분에 있어서는 법령에 특별한 근거규정이 없다고 하더라도 그 부관으로서 부담을 붙일 수 있고, 그와 같은 부담은 행정청이 행정처분을 하면서 일방적으로 부가할 수도 있지만 부담을 부가하기 이전에 상대방과 협의하여 부담의 내용을 협약의 형식으로 미리 정한 다음 행정처분을 하면서 이를 부가할 수도 있다.(대판 2009.2.12. 2008다56262)

② [X] 행정처분에 부담인 부관을 붙인 경우 부관의 무효화에 의하여 본체인 행정처분 자체의 효력에도 영향이 있게 될 수는 있지만, 그 처분을 받은 사람이 부담의 이행으로 사법상 매매 등의 법률행위를 한 경우에는 그 부관은 특별한 사정이 없는 한 법률행위를 하게 된 동기 내지 연유로 작용하였을 뿐이므로 이는 법률행위의 취소사유가 될 수 있음은 별론으로 하고 그 법률행위 자체를 당연히 무효화하는 것은 아니다.(대판 2009.6.25. 2006다18174)

③ [X] 행정처분에 이미 부담이 부가되어 있는 상태에서 그 의무의 범위 또는 내용 등을 변경하는 부관의 사후변경은, 법률에 명문의 규정이 있거나 그 변경이 미리 유보되어 있는 경우 또는 상대방의 동의가 있는 경우에 한하여 허용되는 것이 원칙이지만, 사정변경으로 인하여 당초에 부담을 부가한 목적을 달성할 수 없게 된 경우에도 그 목적달성에 필요한 범위 내에서 예외적으로 허용된다.(대판 2007.9.21. 2006두7973)

행정기본법 제17조(부관) ① 행정청은 처분에 재량이 있는 경우에는 부관(조건, 기한, 부담, 철회권의 유보 등을 말한다)을 붙일 수 있다.
② 행정청은 처분에 재량이 없는 경우에는 법률에 근거가 있는 경우에 부관을 붙일 수 있다.
③ 행정청은 부관을 붙일 수 있는 처분이 다음 각 호의 어느 하나에 해당하는 경우에는 그 처분을 한 후에도 부관을 새로 붙이거나 종전의 부관을 변경할 수 있다.
1. 법률에 근거가 있는 경우
2. 당사자의 동의가 있는 경우

3. 사정이 변경되어 부관을 새로 붙이거나 종전의 부관을 변경하지 아니하면 해당 처분의 목적을 달성할 수 없다고 인정되는 경우

④ [O] 대판 2003.5.30. 2003다6422

17 난도 ●●　　　　　　　　　　　　　정답 ②

① [O] 대판 2006.6.30. 2005두14363
② [X] 행정청이 사전환경성검토협의를 거쳐야 할 대상사업에 관하여 법의 해석을 잘못한 나머지 세부용도지역이 지정되지 않은 개발사업 부지에 대하여 사전환경성검토협의를 할지 여부를 결정하는 절차를 생략한 채 승인 등의 처분을 한 사안에서, 그 하자가 객관적으로 명백하다고 할 수 없다.(대판 2009.9.24. 2009두2825)
③ [O] 대판 2001.6.29. 99두9902
④ [O] 환경영향평가 대상지역 밖의 주민이라 할지라도 공유수면매립면허처분 등으로 인하여 그 처분 전과 비교하여 수인한도를 넘는 환경피해를 받거나 받을 우려가 있는 경우에는, 공유수면매립면허처분 등으로 인하여 환경상 이익에 대한 침해 또는 침해우려가 있다는 것을 입증함으로써 그 처분 등의 무효확인을 구할 원고적격을 인정받을 수 있다.(대판 2006.3.16. 2006두330)

18 난도 ●●　　　　　　　　　　　　　정답 ③

① [X] 국회의원의 입법행위는 그 입법 내용이 헌법의 문언에 명백히 위배됨에도 불구하고 국회가 굳이 당해 입법을 한 것과 같은 특수한 경우가 아닌 한 국가배상법 제2조 제1항 소정의 위법행위에 해당한다고 볼 수 없고, 같은 맥락에서 국가가 일정한 사항에 관하여 헌법에 의하여 부과되는 구체적인 입법의무를 부담하고 있음에도 불구하고 그 입법에 필요한 상당한 기간이 경과하도록 고의 또는 과실로 이러한 입법의무를 이행하지 아니하는 등 극히 예외적인 사정이 인정되는 사안에 한정하여 국가배상법 소정의 배상책임이 인정될 수 있으며, 위와 같은 구체적인 입법의무 자체가 인정되지 않는 경우에는 애당초 부작위로 인한 불법행위가 성립할 여지가 없다.(대판 2008.5.29. 2004다33469)
② [X] 정책의 주무 부처인 중앙행정기관이 그 소관 사항에 대하여 입안한 법령안은 법제처 심사 등의 절차를 거쳐 공포함으로써 확정되므로, 법령이 확정되기 이전에는 법적 효과가 발생할 수 없다. 따라서 입법예고를 통해 법령안의 내용을 국민에게 예고한 적이 있다고 하더라도 그것이 법령으로 확정되지 아니한 이상 국가가 이해관계자들에게 위 법령안에 관련된 사항을 약속하였다고 볼 수 없으며, 이러한 사정만으로 어떠한 신뢰를 부여하였다고 볼 수도 없다.(대판 2018.6.5. 2017다249769)
③ [O] 공무원에게 부과된 직무상의 의무의 내용이 단순히 공공 일반의 이익을 위한 것이거나 행정기관 내부의 질서를 규율하

기 위한 것이 아니고, 전적으로 또는 부수적으로 사회구성원 개인의 안전과 이익을 보호하기 위하여 설정된 것이라면 공무원이 직무상의 의무를 위반함으로 인하여 피해자가 입은 손해에 대하여는 상당인과관계가 인정되는 범위 내에서 국가 또는 지방자치단체가 배상책임을 져야 한다.(대판 1995.4.11. 94다15646)
④ [X] 금융위원회의 설치 등에 관한 법률의 입법취지 등에 비추어 볼 때, 피고 금융감독원에 금융기관에 대한 검사·감독의무를 부과한 법령의 목적이 금융상품에 투자한 투자자 개인의 이익을 직접 보호하기 위한 것이라고 할 수 없으므로, 피고 금융감독원 및 그 직원들의 위법한 직무집행과 부산2저축은행의 후순위사채에 투자한 원고들이 입은 손해 사이에 상당인과관계가 있다고 보기 어렵다.(대판 2015.12.23. 2015다210194)

19 난도 ●●　　　　　　　　　　　　　정답 ④

① [O] 손실보상과 손해배상은 근거 규정과 요건·효과를 달리하는 것으로서, 각 요건이 충족되면 성립하는 별개의 청구권이다. 다만 손실보상청구권에는 이미 '손해 전보'라는 요소가 포함되어 있어 실질적으로 같은 내용의 손해에 관하여 양자의 청구권을 동시에 행사할 수 있다고 본다면 이중배상의 문제가 발생하므로, 실질적으로 같은 내용의 손해에 관하여 양자의 청구권이 동시에 성립하더라도 영업자는 어느 하나만을 선택적으로 행사할 수 있을 뿐이고, 양자의 청구권을 동시에 행사할 수는 없다.(대판 2019.11.28. 2018두227)
② [O] 대판 2004.9.23. 2004다25581
③ [O] 수용재결에 불복하여 취소소송을 제기하는 때에는 이의신청을 거친 경우에도 수용재결을 한 중앙토지수용위원회 또는 지방토지수용위원회를 피고로 하여 수용재결의 취소를 구하여야 하고, 다만 이의신청에 대한 재결 자체에 고유한 위법이 있음을 이유로 하는 경우에는 그 이의재결을 한 중앙토지수용위원회를 피고로 하여 이의재결의 취소를 구할 수 있다고 보아야 한다.(대판 2010.1.28. 2008두1504)
④ [X] 수용 자체는 합의가 되고 보상금의 범위만 문제되므로, 보상금증감소송을 해야 한다.

> **판례**
> 어떤 보상항목이 공익사업을 위한 토지 등의 취득 및 보상에 관한 법령상 손실보상대상에 해당함에도 관할 토지수용위원회가 사실을 오인하거나 법리를 오해함으로써 손실보상대상에 해당하지 않는다고 잘못된 내용의 재결을 한 경우에는, 피보상자는 관할 토지수용위원회를 상대로 그 재결에 대한 취소소송을 제기할 것이 아니라, 사업시행자를 상대로 구 공익사업을 위한 토지 등의 취득 및 보상에 관한 법률 제85조 제2항에 따른 보상금증감소송을 제기하여야 한다.(대판 2018.7.20. 2015두4044)

20 난도 ●●　　　　　　　　　　　　　정답 ①

① [X] 병무청장이 법무부장관에게 '가수 갑이 공연을 위하여 국외여행허가를 받고 출국한 후 미국 시민권을 취득함으로써 사

실상 병역의무를 면탈하였으므로 재외동포 자격으로 재입국하고자 하는 경우 국내에서 취업, 가수활동 등 영리활동을 할 수 없도록 하고, 불가능할 경우 입국 자체를 금지해 달'라'고 요청함에 따라 법무부장관이 갑의 입국을 금지하는 결정을 하고, 그 정보를 내부전산망인 '출입국관리정보시스템'에 입력하였으나, 갑에게는 통보하지 않은 사안에서, 위 입국금지결정은 항고소송의 대상이 되는 '처분'에 해당하지 않는다.(대판 2019.7.11. 2017두38874)

② [O] 병무청장이 병역법 제81조의2 제1항에 따라 병역의무 기피자의 인적사항 등을 인터넷 홈페이지에 게시하는 등의 방법으로 공개한 경우 병무청장의 공개결정을 항고소송의 대상이 되는 행정처분으로 보아야 한다.(대판 2019.6.27. 2018두49130)

③ [O] 갑 시장이 감사원으로부터 감사원법 제32조에 따라 을에 대하여 징계의 종류를 정직으로 정한 징계 요구를 받게 되자 감사원에 징계 요구에 대한 재심의를 청구하였고, 감사원이 재심의청구를 기각하자 을이 감사원의 징계 요구와 그에 대한 재심의결정의 취소를 구하고 갑 시장이 감사원의 재심의결정 취소를 구하는 소를 제기한 사안에서, 감사원의 징계 요구와 재심의결정이 항고소송의 대상이 되는 행정처분이라고 할 수 없고, 갑 시장이 제기한 소송이 기관소송으로서 감사원법 제40조 제2항에 따라 허용된다고 볼 수 없다.(대판 2016.12.27. 2014두5637)

④ [O] 국방전력발전업무훈령 제113조의5 제1항에 의한 연구개발확인서 발급은 개발업체가 '업체투자연구개발' 방식 또는 '정부·업체공동투자연구개발' 방식으로 전력지원체계 연구개발사업을 성공적으로 수행하여 군사용 적합판정을 받고 국방규격이 제·개정된 경우에 사업관리기관이 개발업체에게 해당 품목의 양산과 관련하여 경쟁입찰에 부치지 않고 수의계약의 방식으로 국방조달계약을 체결할 수 있는 지위(경쟁입찰의 예외사유)가 있음을 인정해 주는 '확인적 행정행위'로서 공권력의 행사인 '처분'에 해당하고, 연구개발 확인서 발급 거부는 신청에 따른 처분 발급을 거부하는 '거부처분'에 해당한다.(대판 2020. 1.16. 2019다264700)

PART 01 군무원 기출(복원)문제

2022년 9급 군무원 기출문제　　p. 4-10

01	①	02	④	03	②	04	②	05	①
06	②	07	④	08	③	09	③	10	①
11	②	12	③	13	③	14	③	15	①
16	④	17	①	18	③	19	④	20	①
21	④	22	②	23	②	24	④	25	②

2022년 7급 군무원 기출문제　　p. 11-18

01	②	02	②	03	③	04	③	05	③
06	①	07	②	08	①	09	①	10	④
11	③	12	④	13	④	14	④	15	②
16	③	17	④	18	①	19	④	20	②
21	①	22	①	23	①	24	③	25	②

2021년 9급 군무원 기출문제　　p. 19-25

01	④	02	②	03	①	04	①	05	④
06	③	07	②	08	①	09	④	10	①
11	③	12	②	13	①	14	④	15	④
16	③	17	③	18	③	19	②	20	②
21	④	22	③	23	③	24	②	25	④

2021년 7급 군무원 기출문제　　p. 26-32

01	②	02	전항	03	④	04	②	05	④
06	④	07	③	08	①	09	①	10	③
11	②	12	①	13	④	14	③	15	④
16	②	17	①	18	②	19	③	20	①
21	①	22	④	23	②	24	③	25	전항

2020년 9급 군무원 기출문제　　p. 33-40

01	④	02	③	03	②	04	②	05	①
06	②	07	③	08	③	09	①	10	④
11	①	12	④	13	④	14	②	15	①
16	①	17	①	18	①	19	②	20	③
21	③	22	③	23	②	24	③	25	③

2019년 9급 군무원 기출복원문제　　p. 41-48

01	②	02	②	03	④	04	③	05	②
06	④	07	③	08	②	09	②	10	③
11	②	12	③	13	④	14	①	15	②
16	④	17	②	18	③	19	④	20	②
21	④	22	③	23	③	24	②	25	③

2018년 9급 군무원 기출복원문제　　p. 49-55

01	④	02	①	03	②	04	①	05	②
06	④	07	④	08	②	09	②	10	③
11	②	12	②	13	①	14	③	15	③
16	①	17	②	18	④	19	④	20	③
21	③	22	④	23	①	24	①	25	①

2017년 9급 군무원 기출복원문제　　p. 56-61

01	④	02	②	03	④	04	③	05	①
06	③	07	②	08	②	09	①	10	④
11	③	12	①	13	④	14	②	15	④
16	④	17	②	18	①	19	②	20	①
21	①	22	③	23	②	24	①	25	③

2016년 9급 군무원 기출복원문제　　p. 62-68

01	③	02	③	03	④	04	④	05	④
06	②	07	③	08	③	09	④	10	①
11	④	12	①	13	②	14	③	15	④
16	④	17	③	18	④	19	②	20	②
21	①	22	①	23	④	24	④	25	③

2015년 9급 군무원 기출복원문제　　p. 69-74

01	②	02	④	03	①	04	③	05	②
06	①	07	④	08	①	09	④	10	③
11	③	12	①	13	②	14	①	15	①
16	③	17	③	18	④	19	④	20	③
21	③	22	②	23	①	24	②	25	④

PART 02 기타 공무원 기출문제

2022년 9급 국가직 기출문제
p. 78 – 84

01	④	02	①	03	①	04	④	05	①
06	③	07	①	08	④	09	④	10	①
11	③	12	②	13	③	14	①	15	③
16	②	17	③	18	③	19	②	20	③

2022년 소방직 기출문제
p. 91 – 98

01	④	02	③	03	③	04	③	05	②
06	①	07	③	08	②	09	②	10	②
11	④	12	③	13	②	14	②	15	①
16	④	17	②	18	③	19	④	20	①

2022년 9급 지방직 기출문제
p. 85 – 90

01	②	02	④	03	③	04	③	05	②
06	④	07	②	08	①	09	④	10	②
11	①	12	③	13	①	14	②	15	④
16	①	17	②	18	④	19	③	20	④

ANSWER SHEET

날짜		점수	
문번	답 란	문번	답 란
01	① ② ③ ④	14	① ② ③ ④
02	① ② ③ ④	15	① ② ③ ④
03	① ② ③ ④	16	① ② ③ ④
04	① ② ③ ④	17	① ② ③ ④
05	① ② ③ ④	18	① ② ③ ④
06	① ② ③ ④	19	① ② ③ ④
07	① ② ③ ④	20	① ② ③ ④
08	① ② ③ ④	21	① ② ③ ④
09	① ② ③ ④	22	① ② ③ ④
10	① ② ③ ④	23	① ② ③ ④
11	① ② ③ ④	24	① ② ③ ④
12	① ② ③ ④	25	① ② ③ ④
13	① ② ③ ④		

ANSWER SHEET

날짜		점수	
문번	답 란	문번	답 란
01	① ② ③ ④	14	① ② ③ ④
02	① ② ③ ④	15	① ② ③ ④
03	① ② ③ ④	16	① ② ③ ④
04	① ② ③ ④	17	① ② ③ ④
05	① ② ③ ④	18	① ② ③ ④
06	① ② ③ ④	19	① ② ③ ④
07	① ② ③ ④	20	① ② ③ ④
08	① ② ③ ④	21	① ② ③ ④
09	① ② ③ ④	22	① ② ③ ④
10	① ② ③ ④	23	① ② ③ ④
11	① ② ③ ④	24	① ② ③ ④
12	① ② ③ ④	25	① ② ③ ④
13	① ② ③ ④		

ANSWER SHEET

날짜		점수	
문번	답 란	문번	답 란
01	① ② ③ ④	14	① ② ③ ④
02	① ② ③ ④	15	① ② ③ ④
03	① ② ③ ④	16	① ② ③ ④
04	① ② ③ ④	17	① ② ③ ④
05	① ② ③ ④	18	① ② ③ ④
06	① ② ③ ④	19	① ② ③ ④
07	① ② ③ ④	20	① ② ③ ④
08	① ② ③ ④	21	① ② ③ ④
09	① ② ③ ④	22	① ② ③ ④
10	① ② ③ ④	23	① ② ③ ④
11	① ② ③ ④	24	① ② ③ ④
12	① ② ③ ④	25	① ② ③ ④
13	① ② ③ ④		

ANSWER SHEET

날짜		점수	
문번	답 란	문번	답 란
01	① ② ③ ④	14	① ② ③ ④
02	① ② ③ ④	15	① ② ③ ④
03	① ② ③ ④	16	① ② ③ ④
04	① ② ③ ④	17	① ② ③ ④
05	① ② ③ ④	18	① ② ③ ④
06	① ② ③ ④	19	① ② ③ ④
07	① ② ③ ④	20	① ② ③ ④
08	① ② ③ ④	21	① ② ③ ④
09	① ② ③ ④	22	① ② ③ ④
10	① ② ③ ④	23	① ② ③ ④
11	① ② ③ ④	24	① ② ③ ④
12	① ② ③ ④	25	① ② ③ ④
13	① ② ③ ④		

ANSWER SHEET

날 짜				점 수				
문 번	답 란			문 번	답 란			
01	① ② ③ ④			14	① ② ③ ④			
02	① ② ③ ④			15	① ② ③ ④			
03	① ② ③ ④			16	① ② ③ ④			
04	① ② ③ ④			17	① ② ③ ④			
05	① ② ③ ④			18	① ② ③ ④			
06	① ② ③ ④			19	① ② ③ ④			
07	① ② ③ ④			20	① ② ③ ④			
08	① ② ③ ④			21	① ② ③ ④			
09	① ② ③ ④			22	① ② ③ ④			
10	① ② ③ ④			23	① ② ③ ④			
11	① ② ③ ④			24	① ② ③ ④			
12	① ② ③ ④			25	① ② ③ ④			
13	① ② ③ ④							

ANSWER SHEET

날 짜				점 수				
문 번	답 란			문 번	답 란			
01	① ② ③ ④			14	① ② ③ ④			
02	① ② ③ ④			15	① ② ③ ④			
03	① ② ③ ④			16	① ② ③ ④			
04	① ② ③ ④			17	① ② ③ ④			
05	① ② ③ ④			18	① ② ③ ④			
06	① ② ③ ④			19	① ② ③ ④			
07	① ② ③ ④			20	① ② ③ ④			
08	① ② ③ ④			21	① ② ③ ④			
09	① ② ③ ④			22	① ② ③ ④			
10	① ② ③ ④			23	① ② ③ ④			
11	① ② ③ ④			24	① ② ③ ④			
12	① ② ③ ④			25	① ② ③ ④			
13	① ② ③ ④							

ANSWER SHEET

날 짜				점 수				
문 번	답 란			문 번	답 란			
01	① ② ③ ④			14	① ② ③ ④			
02	① ② ③ ④			15	① ② ③ ④			
03	① ② ③ ④			16	① ② ③ ④			
04	① ② ③ ④			17	① ② ③ ④			
05	① ② ③ ④			18	① ② ③ ④			
06	① ② ③ ④			19	① ② ③ ④			
07	① ② ③ ④			20	① ② ③ ④			
08	① ② ③ ④			21	① ② ③ ④			
09	① ② ③ ④			22	① ② ③ ④			
10	① ② ③ ④			23	① ② ③ ④			
11	① ② ③ ④			24	① ② ③ ④			
12	① ② ③ ④			25	① ② ③ ④			
13	① ② ③ ④							

ANSWER SHEET

날 짜				점 수				
문 번	답 란			문 번	답 란			
01	① ② ③ ④			14	① ② ③ ④			
02	① ② ③ ④			15	① ② ③ ④			
03	① ② ③ ④			16	① ② ③ ④			
04	① ② ③ ④			17	① ② ③ ④			
05	① ② ③ ④			18	① ② ③ ④			
06	① ② ③ ④			19	① ② ③ ④			
07	① ② ③ ④			20	① ② ③ ④			
08	① ② ③ ④			21	① ② ③ ④			
09	① ② ③ ④			22	① ② ③ ④			
10	① ② ③ ④			23	① ② ③ ④			
11	① ② ③ ④			24	① ② ③ ④			
12	① ② ③ ④			25	① ② ③ ④			
13	① ② ③ ④							

정답 | 바로 체크

ANSWER SHEET

날짜		점수	
문번	답란	문번	답란
01	① ② ③ ④	14	① ② ③ ④
02	① ② ③ ④	15	① ② ③ ④
03	① ② ③ ④	16	① ② ③ ④
04	① ② ③ ④	17	① ② ③ ④
05	① ② ③ ④	18	① ② ③ ④
06	① ② ③ ④	19	① ② ③ ④
07	① ② ③ ④	20	① ② ③ ④
08	① ② ③ ④	21	① ② ③ ④
09	① ② ③ ④	22	① ② ③ ④
10	① ② ③ ④	23	① ② ③ ④
11	① ② ③ ④	24	① ② ③ ④
12	① ② ③ ④	25	① ② ③ ④
13	① ② ③ ④		

ANSWER SHEET

날짜		점수	
문번	답란	문번	답란
01	① ② ③ ④	14	① ② ③ ④
02	① ② ③ ④	15	① ② ③ ④
03	① ② ③ ④	16	① ② ③ ④
04	① ② ③ ④	17	① ② ③ ④
05	① ② ③ ④	18	① ② ③ ④
06	① ② ③ ④	19	① ② ③ ④
07	① ② ③ ④	20	① ② ③ ④
08	① ② ③ ④	21	① ② ③ ④
09	① ② ③ ④	22	① ② ③ ④
10	① ② ③ ④	23	① ② ③ ④
11	① ② ③ ④	24	① ② ③ ④
12	① ② ③ ④	25	① ② ③ ④
13	① ② ③ ④		

ANSWER SHEET

날짜		점수	
문번	답란	문번	답란
01	① ② ③ ④	14	① ② ③ ④
02	① ② ③ ④	15	① ② ③ ④
03	① ② ③ ④	16	① ② ③ ④
04	① ② ③ ④	17	① ② ③ ④
05	① ② ③ ④	18	① ② ③ ④
06	① ② ③ ④	19	① ② ③ ④
07	① ② ③ ④	20	① ② ③ ④
08	① ② ③ ④	21	① ② ③ ④
09	① ② ③ ④	22	① ② ③ ④
10	① ② ③ ④	23	① ② ③ ④
11	① ② ③ ④	24	① ② ③ ④
12	① ② ③ ④	25	① ② ③ ④
13	① ② ③ ④		

ANSWER SHEET

날짜		점수	
문번	답란	문번	답란
01	① ② ③ ④	14	① ② ③ ④
02	① ② ③ ④	15	① ② ③ ④
03	① ② ③ ④	16	① ② ③ ④
04	① ② ③ ④	17	① ② ③ ④
05	① ② ③ ④	18	① ② ③ ④
06	① ② ③ ④	19	① ② ③ ④
07	① ② ③ ④	20	① ② ③ ④
08	① ② ③ ④	21	① ② ③ ④
09	① ② ③ ④	22	① ② ③ ④
10	① ② ③ ④	23	① ② ③ ④
11	① ② ③ ④	24	① ② ③ ④
12	① ② ③ ④	25	① ② ③ ④
13	① ② ③ ④		

정답 | 바로 체크

ANSWER SHEET

날 짜		점 수	
문 번	답 란	문 번	답 란
01	① ② ③ ④	14	① ② ③ ④
02	① ② ③ ④	15	① ② ③ ④
03	① ② ③ ④	16	① ② ③ ④
04	① ② ③ ④	17	① ② ③ ④
05	① ② ③ ④	18	① ② ③ ④
06	① ② ③ ④	19	① ② ③ ④
07	① ② ③ ④	20	① ② ③ ④
08	① ② ③ ④	21	① ② ③ ④
09	① ② ③ ④	22	① ② ③ ④
10	① ② ③ ④	23	① ② ③ ④
11	① ② ③ ④	24	① ② ③ ④
12	① ② ③ ④	25	① ② ③ ④
13	① ② ③ ④		

ANSWER SHEET

날 짜		점 수	
문 번	답 란	문 번	답 란
01	① ② ③ ④	14	① ② ③ ④
02	① ② ③ ④	15	① ② ③ ④
03	① ② ③ ④	16	① ② ③ ④
04	① ② ③ ④	17	① ② ③ ④
05	① ② ③ ④	18	① ② ③ ④
06	① ② ③ ④	19	① ② ③ ④
07	① ② ③ ④	20	① ② ③ ④
08	① ② ③ ④	21	① ② ③ ④
09	① ② ③ ④	22	① ② ③ ④
10	① ② ③ ④	23	① ② ③ ④
11	① ② ③ ④	24	① ② ③ ④
12	① ② ③ ④	25	① ② ③ ④
13	① ② ③ ④		

ANSWER SHEET

날 짜		점 수	
문 번	답 란	문 번	답 란
01	① ② ③ ④	14	① ② ③ ④
02	① ② ③ ④	15	① ② ③ ④
03	① ② ③ ④	16	① ② ③ ④
04	① ② ③ ④	17	① ② ③ ④
05	① ② ③ ④	18	① ② ③ ④
06	① ② ③ ④	19	① ② ③ ④
07	① ② ③ ④	20	① ② ③ ④
08	① ② ③ ④	21	① ② ③ ④
09	① ② ③ ④	22	① ② ③ ④
10	① ② ③ ④	23	① ② ③ ④
11	① ② ③ ④	24	① ② ③ ④
12	① ② ③ ④	25	① ② ③ ④
13	① ② ③ ④		

ANSWER SHEET

날 짜		점 수	
문 번	답 란	문 번	답 란
01	① ② ③ ④	14	① ② ③ ④
02	① ② ③ ④	15	① ② ③ ④
03	① ② ③ ④	16	① ② ③ ④
04	① ② ③ ④	17	① ② ③ ④
05	① ② ③ ④	18	① ② ③ ④
06	① ② ③ ④	19	① ② ③ ④
07	① ② ③ ④	20	① ② ③ ④
08	① ② ③ ④	21	① ② ③ ④
09	① ② ③ ④	22	① ② ③ ④
10	① ② ③ ④	23	① ② ③ ④
11	① ② ③ ④	24	① ② ③ ④
12	① ② ③ ④	25	① ② ③ ④
13	① ② ③ ④		

ANSWER SHEET

날 짜		점 수	
문 번	답 란	문 번	답 란
01	① ② ③ ④	14	① ② ③ ④
02	① ② ③ ④	15	① ② ③ ④
03	① ② ③ ④	16	① ② ③ ④
04	① ② ③ ④	17	① ② ③ ④
05	① ② ③ ④	18	① ② ③ ④
06	① ② ③ ④	19	① ② ③ ④
07	① ② ③ ④	20	① ② ③ ④
08	① ② ③ ④	21	① ② ③ ④
09	① ② ③ ④	22	① ② ③ ④
10	① ② ③ ④	23	① ② ③ ④
11	① ② ③ ④	24	① ② ③ ④
12	① ② ③ ④	25	① ② ③ ④
13	① ② ③ ④		

ANSWER SHEET

날 짜		점 수	
문 번	답 란	문 번	답 란
01	① ② ③ ④	14	① ② ③ ④
02	① ② ③ ④	15	① ② ③ ④
03	① ② ③ ④	16	① ② ③ ④
04	① ② ③ ④	17	① ② ③ ④
05	① ② ③ ④	18	① ② ③ ④
06	① ② ③ ④	19	① ② ③ ④
07	① ② ③ ④	20	① ② ③ ④
08	① ② ③ ④	21	① ② ③ ④
09	① ② ③ ④	22	① ② ③ ④
10	① ② ③ ④	23	① ② ③ ④
11	① ② ③ ④	24	① ② ③ ④
12	① ② ③ ④	25	① ② ③ ④
13	① ② ③ ④		

ANSWER SHEET

날 짜		점 수	
문 번	답 란	문 번	답 란
01	① ② ③ ④	14	① ② ③ ④
02	① ② ③ ④	15	① ② ③ ④
03	① ② ③ ④	16	① ② ③ ④
04	① ② ③ ④	17	① ② ③ ④
05	① ② ③ ④	18	① ② ③ ④
06	① ② ③ ④	19	① ② ③ ④
07	① ② ③ ④	20	① ② ③ ④
08	① ② ③ ④	21	① ② ③ ④
09	① ② ③ ④	22	① ② ③ ④
10	① ② ③ ④	23	① ② ③ ④
11	① ② ③ ④	24	① ② ③ ④
12	① ② ③ ④	25	① ② ③ ④
13	① ② ③ ④		

ANSWER SHEET

날 짜		점 수	
문 번	답 란	문 번	답 란
01	① ② ③ ④	14	① ② ③ ④
02	① ② ③ ④	15	① ② ③ ④
03	① ② ③ ④	16	① ② ③ ④
04	① ② ③ ④	17	① ② ③ ④
05	① ② ③ ④	18	① ② ③ ④
06	① ② ③ ④	19	① ② ③ ④
07	① ② ③ ④	20	① ② ③ ④
08	① ② ③ ④	21	① ② ③ ④
09	① ② ③ ④	22	① ② ③ ④
10	① ② ③ ④	23	① ② ③ ④
11	① ② ③ ④	24	① ② ③ ④
12	① ② ③ ④	25	① ② ③ ④
13	① ② ③ ④		

ANSWER SHEET

날 짜					점 수	
문 번	답 란				문 번	답 란
01	① ② ③ ④				14	① ② ③ ④
02	① ② ③ ④				15	① ② ③ ④
03	① ② ③ ④				16	① ② ③ ④
04	① ② ③ ④				17	① ② ③ ④
05	① ② ③ ④				18	① ② ③ ④
06	① ② ③ ④				19	① ② ③ ④
07	① ② ③ ④				20	① ② ③ ④
08	① ② ③ ④				21	① ② ③ ④
09	① ② ③ ④				22	① ② ③ ④
10	① ② ③ ④				23	① ② ③ ④
11	① ② ③ ④				24	① ② ③ ④
12	① ② ③ ④				25	① ② ③ ④
13	① ② ③ ④					

ANSWER SHEET

날 짜					점 수	
문 번	답 란				문 번	답 란
01	① ② ③ ④				14	① ② ③ ④
02	① ② ③ ④				15	① ② ③ ④
03	① ② ③ ④				16	① ② ③ ④
04	① ② ③ ④				17	① ② ③ ④
05	① ② ③ ④				18	① ② ③ ④
06	① ② ③ ④				19	① ② ③ ④
07	① ② ③ ④				20	① ② ③ ④
08	① ② ③ ④				21	① ② ③ ④
09	① ② ③ ④				22	① ② ③ ④
10	① ② ③ ④				23	① ② ③ ④
11	① ② ③ ④				24	① ② ③ ④
12	① ② ③ ④				25	① ② ③ ④
13	① ② ③ ④					

ANSWER SHEET

날 짜					점 수	
문 번	답 란				문 번	답 란
01	① ② ③ ④				14	① ② ③ ④
02	① ② ③ ④				15	① ② ③ ④
03	① ② ③ ④				16	① ② ③ ④
04	① ② ③ ④				17	① ② ③ ④
05	① ② ③ ④				18	① ② ③ ④
06	① ② ③ ④				19	① ② ③ ④
07	① ② ③ ④				20	① ② ③ ④
08	① ② ③ ④				21	① ② ③ ④
09	① ② ③ ④				22	① ② ③ ④
10	① ② ③ ④				23	① ② ③ ④
11	① ② ③ ④				24	① ② ③ ④
12	① ② ③ ④				25	① ② ③ ④
13	① ② ③ ④					

ANSWER SHEET

날 짜					점 수	
문 번	답 란				문 번	답 란
01	① ② ③ ④				14	① ② ③ ④
02	① ② ③ ④				15	① ② ③ ④
03	① ② ③ ④				16	① ② ③ ④
04	① ② ③ ④				17	① ② ③ ④
05	① ② ③ ④				18	① ② ③ ④
06	① ② ③ ④				19	① ② ③ ④
07	① ② ③ ④				20	① ② ③ ④
08	① ② ③ ④				21	① ② ③ ④
09	① ② ③ ④				22	① ② ③ ④
10	① ② ③ ④				23	① ② ③ ④
11	① ② ③ ④				24	① ② ③ ④
12	① ② ③ ④				25	① ② ③ ④
13	① ② ③ ④					

ANSWER SHEET

날 짜		점 수	
문 번	답 란	문 번	답 란
01	① ② ③ ④	14	① ② ③ ④
02	① ② ③ ④	15	① ② ③ ④
03	① ② ③ ④	16	① ② ③ ④
04	① ② ③ ④	17	① ② ③ ④
05	① ② ③ ④	18	① ② ③ ④
06	① ② ③ ④	19	① ② ③ ④
07	① ② ③ ④	20	① ② ③ ④
08	① ② ③ ④	21	① ② ③ ④
09	① ② ③ ④	22	① ② ③ ④
10	① ② ③ ④	23	① ② ③ ④
11	① ② ③ ④	24	① ② ③ ④
12	① ② ③ ④	25	① ② ③ ④
13	① ② ③ ④		

ANSWER SHEET

날 짜		점 수	
문 번	답 란	문 번	답 란
01	① ② ③ ④	14	① ② ③ ④
02	① ② ③ ④	15	① ② ③ ④
03	① ② ③ ④	16	① ② ③ ④
04	① ② ③ ④	17	① ② ③ ④
05	① ② ③ ④	18	① ② ③ ④
06	① ② ③ ④	19	① ② ③ ④
07	① ② ③ ④	20	① ② ③ ④
08	① ② ③ ④	21	① ② ③ ④
09	① ② ③ ④	22	① ② ③ ④
10	① ② ③ ④	23	① ② ③ ④
11	① ② ③ ④	24	① ② ③ ④
12	① ② ③ ④	25	① ② ③ ④
13	① ② ③ ④		

ANSWER SHEET

날 짜		점 수	
문 번	답 란	문 번	답 란
01	① ② ③ ④	14	① ② ③ ④
02	① ② ③ ④	15	① ② ③ ④
03	① ② ③ ④	16	① ② ③ ④
04	① ② ③ ④	17	① ② ③ ④
05	① ② ③ ④	18	① ② ③ ④
06	① ② ③ ④	19	① ② ③ ④
07	① ② ③ ④	20	① ② ③ ④
08	① ② ③ ④	21	① ② ③ ④
09	① ② ③ ④	22	① ② ③ ④
10	① ② ③ ④	23	① ② ③ ④
11	① ② ③ ④	24	① ② ③ ④
12	① ② ③ ④	25	① ② ③ ④
13	① ② ③ ④		

ANSWER SHEET

날 짜		점 수	
문 번	답 란	문 번	답 란
01	① ② ③ ④	14	① ② ③ ④
02	① ② ③ ④	15	① ② ③ ④
03	① ② ③ ④	16	① ② ③ ④
04	① ② ③ ④	17	① ② ③ ④
05	① ② ③ ④	18	① ② ③ ④
06	① ② ③ ④	19	① ② ③ ④
07	① ② ③ ④	20	① ② ③ ④
08	① ② ③ ④	21	① ② ③ ④
09	① ② ③ ④	22	① ② ③ ④
10	① ② ③ ④	23	① ② ③ ④
11	① ② ③ ④	24	① ② ③ ④
12	① ② ③ ④	25	① ② ③ ④
13	① ② ③ ④		

ANSWER SHEET

날짜		점수	
문번	답란	문번	답란
01	① ② ③ ④	14	① ② ③ ④
02	① ② ③ ④	15	① ② ③ ④
03	① ② ③ ④	16	① ② ③ ④
04	① ② ③ ④	17	① ② ③ ④
05	① ② ③ ④	18	① ② ③ ④
06	① ② ③ ④	19	① ② ③ ④
07	① ② ③ ④	20	① ② ③ ④
08	① ② ③ ④	21	① ② ③ ④
09	① ② ③ ④	22	① ② ③ ④
10	① ② ③ ④	23	① ② ③ ④
11	① ② ③ ④	24	① ② ③ ④
12	① ② ③ ④	25	① ② ③ ④
13	① ② ③ ④		

ANSWER SHEET

날짜		점수	
문번	답란	문번	답란
01	① ② ③ ④	14	① ② ③ ④
02	① ② ③ ④	15	① ② ③ ④
03	① ② ③ ④	16	① ② ③ ④
04	① ② ③ ④	17	① ② ③ ④
05	① ② ③ ④	18	① ② ③ ④
06	① ② ③ ④	19	① ② ③ ④
07	① ② ③ ④	20	① ② ③ ④
08	① ② ③ ④	21	① ② ③ ④
09	① ② ③ ④	22	① ② ③ ④
10	① ② ③ ④	23	① ② ③ ④
11	① ② ③ ④	24	① ② ③ ④
12	① ② ③ ④	25	① ② ③ ④
13	① ② ③ ④		

ANSWER SHEET

날짜		점수	
문번	답란	문번	답란
01	① ② ③ ④	14	① ② ③ ④
02	① ② ③ ④	15	① ② ③ ④
03	① ② ③ ④	16	① ② ③ ④
04	① ② ③ ④	17	① ② ③ ④
05	① ② ③ ④	18	① ② ③ ④
06	① ② ③ ④	19	① ② ③ ④
07	① ② ③ ④	20	① ② ③ ④
08	① ② ③ ④	21	① ② ③ ④
09	① ② ③ ④	22	① ② ③ ④
10	① ② ③ ④	23	① ② ③ ④
11	① ② ③ ④	24	① ② ③ ④
12	① ② ③ ④	25	① ② ③ ④
13	① ② ③ ④		

ANSWER SHEET

날짜		점수	
문번	답란	문번	답란
01	① ② ③ ④	14	① ② ③ ④
02	① ② ③ ④	15	① ② ③ ④
03	① ② ③ ④	16	① ② ③ ④
04	① ② ③ ④	17	① ② ③ ④
05	① ② ③ ④	18	① ② ③ ④
06	① ② ③ ④	19	① ② ③ ④
07	① ② ③ ④	20	① ② ③ ④
08	① ② ③ ④	21	① ② ③ ④
09	① ② ③ ④	22	① ② ③ ④
10	① ② ③ ④	23	① ② ③ ④
11	① ② ③ ④	24	① ② ③ ④
12	① ② ③ ④	25	① ② ③ ④
13	① ② ③ ④		

정답 바로 체크

ANSWER SHEET

날 짜			점 수	
문 번	답 란		문 번	답 란
01	① ② ③ ④		14	① ② ③ ④
02	① ② ③ ④		15	① ② ③ ④
03	① ② ③ ④		16	① ② ③ ④
04	① ② ③ ④		17	① ② ③ ④
05	① ② ③ ④		18	① ② ③ ④
06	① ② ③ ④		19	① ② ③ ④
07	① ② ③ ④		20	① ② ③ ④
08	① ② ③ ④		21	① ② ③ ④
09	① ② ③ ④		22	① ② ③ ④
10	① ② ③ ④		23	① ② ③ ④
11	① ② ③ ④		24	① ② ③ ④
12	① ② ③ ④		25	① ② ③ ④
13	① ② ③ ④			

ANSWER SHEET

날 짜			점 수	
문 번	답 란		문 번	답 란
01	① ② ③ ④		14	① ② ③ ④
02	① ② ③ ④		15	① ② ③ ④
03	① ② ③ ④		16	① ② ③ ④
04	① ② ③ ④		17	① ② ③ ④
05	① ② ③ ④		18	① ② ③ ④
06	① ② ③ ④		19	① ② ③ ④
07	① ② ③ ④		20	① ② ③ ④
08	① ② ③ ④		21	① ② ③ ④
09	① ② ③ ④		22	① ② ③ ④
10	① ② ③ ④		23	① ② ③ ④
11	① ② ③ ④		24	① ② ③ ④
12	① ② ③ ④		25	① ② ③ ④
13	① ② ③ ④			

ANSWER SHEET

날 짜			점 수	
문 번	답 란		문 번	답 란
01	① ② ③ ④		14	① ② ③ ④
02	① ② ③ ④		15	① ② ③ ④
03	① ② ③ ④		16	① ② ③ ④
04	① ② ③ ④		17	① ② ③ ④
05	① ② ③ ④		18	① ② ③ ④
06	① ② ③ ④		19	① ② ③ ④
07	① ② ③ ④		20	① ② ③ ④
08	① ② ③ ④		21	① ② ③ ④
09	① ② ③ ④		22	① ② ③ ④
10	① ② ③ ④		23	① ② ③ ④
11	① ② ③ ④		24	① ② ③ ④
12	① ② ③ ④		25	① ② ③ ④
13	① ② ③ ④			

ANSWER SHEET

날 짜			점 수	
문 번	답 란		문 번	답 란
01	① ② ③ ④		14	① ② ③ ④
02	① ② ③ ④		15	① ② ③ ④
03	① ② ③ ④		16	① ② ③ ④
04	① ② ③ ④		17	① ② ③ ④
05	① ② ③ ④		18	① ② ③ ④
06	① ② ③ ④		19	① ② ③ ④
07	① ② ③ ④		20	① ② ③ ④
08	① ② ③ ④		21	① ② ③ ④
09	① ② ③ ④		22	① ② ③ ④
10	① ② ③ ④		23	① ② ③ ④
11	① ② ③ ④		24	① ② ③ ④
12	① ② ③ ④		25	① ② ③ ④
13	① ② ③ ④			

정답 | 바로 체크

ANSWER SHEET

날 짜		점 수	
문 번	답 란	문 번	답 란
01	① ② ③ ④	14	① ② ③ ④
02	① ② ③ ④	15	① ② ③ ④
03	① ② ③ ④	16	① ② ③ ④
04	① ② ③ ④	17	① ② ③ ④
05	① ② ③ ④	18	① ② ③ ④
06	① ② ③ ④	19	① ② ③ ④
07	① ② ③ ④	20	① ② ③ ④
08	① ② ③ ④	21	① ② ③ ④
09	① ② ③ ④	22	① ② ③ ④
10	① ② ③ ④	23	① ② ③ ④
11	① ② ③ ④	24	① ② ③ ④
12	① ② ③ ④	25	① ② ③ ④
13	① ② ③ ④		

ANSWER SHEET

날 짜		점 수	
문 번	답 란	문 번	답 란
01	① ② ③ ④	14	① ② ③ ④
02	① ② ③ ④	15	① ② ③ ④
03	① ② ③ ④	16	① ② ③ ④
04	① ② ③ ④	17	① ② ③ ④
05	① ② ③ ④	18	① ② ③ ④
06	① ② ③ ④	19	① ② ③ ④
07	① ② ③ ④	20	① ② ③ ④
08	① ② ③ ④	21	① ② ③ ④
09	① ② ③ ④	22	① ② ③ ④
10	① ② ③ ④	23	① ② ③ ④
11	① ② ③ ④	24	① ② ③ ④
12	① ② ③ ④	25	① ② ③ ④
13	① ② ③ ④		

ANSWER SHEET

날 짜		점 수	
문 번	답 란	문 번	답 란
01	① ② ③ ④	14	① ② ③ ④
02	① ② ③ ④	15	① ② ③ ④
03	① ② ③ ④	16	① ② ③ ④
04	① ② ③ ④	17	① ② ③ ④
05	① ② ③ ④	18	① ② ③ ④
06	① ② ③ ④	19	① ② ③ ④
07	① ② ③ ④	20	① ② ③ ④
08	① ② ③ ④	21	① ② ③ ④
09	① ② ③ ④	22	① ② ③ ④
10	① ② ③ ④	23	① ② ③ ④
11	① ② ③ ④	24	① ② ③ ④
12	① ② ③ ④	25	① ② ③ ④
13	① ② ③ ④		

ANSWER SHEET

날 짜		점 수	
문 번	답 란	문 번	답 란
01	① ② ③ ④	14	① ② ③ ④
02	① ② ③ ④	15	① ② ③ ④
03	① ② ③ ④	16	① ② ③ ④
04	① ② ③ ④	17	① ② ③ ④
05	① ② ③ ④	18	① ② ③ ④
06	① ② ③ ④	19	① ② ③ ④
07	① ② ③ ④	20	① ② ③ ④
08	① ② ③ ④	21	① ② ③ ④
09	① ② ③ ④	22	① ② ③ ④
10	① ② ③ ④	23	① ② ③ ④
11	① ② ③ ④	24	① ② ③ ④
12	① ② ③ ④	25	① ② ③ ④
13	① ② ③ ④		

정답 바로 체크

ANSWER SHEET

날 짜		점 수	
문 번	답 란	문 번	답 란
01	① ② ③ ④	14	① ② ③ ④
02	① ② ③ ④	15	① ② ③ ④
03	① ② ③ ④	16	① ② ③ ④
04	① ② ③ ④	17	① ② ③ ④
05	① ② ③ ④	18	① ② ③ ④
06	① ② ③ ④	19	① ② ③ ④
07	① ② ③ ④	20	① ② ③ ④
08	① ② ③ ④	21	① ② ③ ④
09	① ② ③ ④	22	① ② ③ ④
10	① ② ③ ④	23	① ② ③ ④
11	① ② ③ ④	24	① ② ③ ④
12	① ② ③ ④	25	① ② ③ ④
13	① ② ③ ④		

ANSWER SHEET

날 짜		점 수	
문 번	답 란	문 번	답 란
01	① ② ③ ④	14	① ② ③ ④
02	① ② ③ ④	15	① ② ③ ④
03	① ② ③ ④	16	① ② ③ ④
04	① ② ③ ④	17	① ② ③ ④
05	① ② ③ ④	18	① ② ③ ④
06	① ② ③ ④	19	① ② ③ ④
07	① ② ③ ④	20	① ② ③ ④
08	① ② ③ ④	21	① ② ③ ④
09	① ② ③ ④	22	① ② ③ ④
10	① ② ③ ④	23	① ② ③ ④
11	① ② ③ ④	24	① ② ③ ④
12	① ② ③ ④	25	① ② ③ ④
13	① ② ③ ④		

ANSWER SHEET

날 짜		점 수	
문 번	답 란	문 번	답 란
01	① ② ③ ④	14	① ② ③ ④
02	① ② ③ ④	15	① ② ③ ④
03	① ② ③ ④	16	① ② ③ ④
04	① ② ③ ④	17	① ② ③ ④
05	① ② ③ ④	18	① ② ③ ④
06	① ② ③ ④	19	① ② ③ ④
07	① ② ③ ④	20	① ② ③ ④
08	① ② ③ ④	21	① ② ③ ④
09	① ② ③ ④	22	① ② ③ ④
10	① ② ③ ④	23	① ② ③ ④
11	① ② ③ ④	24	① ② ③ ④
12	① ② ③ ④	25	① ② ③ ④
13	① ② ③ ④		

ANSWER SHEET

날 짜		점 수	
문 번	답 란	문 번	답 란
01	① ② ③ ④	14	① ② ③ ④
02	① ② ③ ④	15	① ② ③ ④
03	① ② ③ ④	16	① ② ③ ④
04	① ② ③ ④	17	① ② ③ ④
05	① ② ③ ④	18	① ② ③ ④
06	① ② ③ ④	19	① ② ③ ④
07	① ② ③ ④	20	① ② ③ ④
08	① ② ③ ④	21	① ② ③ ④
09	① ② ③ ④	22	① ② ③ ④
10	① ② ③ ④	23	① ② ③ ④
11	① ② ③ ④	24	① ② ③ ④
12	① ② ③ ④	25	① ② ③ ④
13	① ② ③ ④		

ANSWER SHEET

날 짜		점 수	
문 번	답 란	문 번	답 란
01	① ② ③ ④	14	① ② ③ ④
02	① ② ③ ④	15	① ② ③ ④
03	① ② ③ ④	16	① ② ③ ④
04	① ② ③ ④	17	① ② ③ ④
05	① ② ③ ④	18	① ② ③ ④
06	① ② ③ ④	19	① ② ③ ④
07	① ② ③ ④	20	① ② ③ ④
08	① ② ③ ④	21	① ② ③ ④
09	① ② ③ ④	22	① ② ③ ④
10	① ② ③ ④	23	① ② ③ ④
11	① ② ③ ④	24	① ② ③ ④
12	① ② ③ ④	25	① ② ③ ④
13	① ② ③ ④		

ANSWER SHEET

날 짜		점 수	
문 번	답 란	문 번	답 란
01	① ② ③ ④	14	① ② ③ ④
02	① ② ③ ④	15	① ② ③ ④
03	① ② ③ ④	16	① ② ③ ④
04	① ② ③ ④	17	① ② ③ ④
05	① ② ③ ④	18	① ② ③ ④
06	① ② ③ ④	19	① ② ③ ④
07	① ② ③ ④	20	① ② ③ ④
08	① ② ③ ④	21	① ② ③ ④
09	① ② ③ ④	22	① ② ③ ④
10	① ② ③ ④	23	① ② ③ ④
11	① ② ③ ④	24	① ② ③ ④
12	① ② ③ ④	25	① ② ③ ④
13	① ② ③ ④		

ANSWER SHEET

날 짜		점 수	
문 번	답 란	문 번	답 란
01	① ② ③ ④	14	① ② ③ ④
02	① ② ③ ④	15	① ② ③ ④
03	① ② ③ ④	16	① ② ③ ④
04	① ② ③ ④	17	① ② ③ ④
05	① ② ③ ④	18	① ② ③ ④
06	① ② ③ ④	19	① ② ③ ④
07	① ② ③ ④	20	① ② ③ ④
08	① ② ③ ④	21	① ② ③ ④
09	① ② ③ ④	22	① ② ③ ④
10	① ② ③ ④	23	① ② ③ ④
11	① ② ③ ④	24	① ② ③ ④
12	① ② ③ ④	25	① ② ③ ④
13	① ② ③ ④		

ANSWER SHEET

날 짜		점 수	
문 번	답 란	문 번	답 란
01	① ② ③ ④	14	① ② ③ ④
02	① ② ③ ④	15	① ② ③ ④
03	① ② ③ ④	16	① ② ③ ④
04	① ② ③ ④	17	① ② ③ ④
05	① ② ③ ④	18	① ② ③ ④
06	① ② ③ ④	19	① ② ③ ④
07	① ② ③ ④	20	① ② ③ ④
08	① ② ③ ④	21	① ② ③ ④
09	① ② ③ ④	22	① ② ③ ④
10	① ② ③ ④	23	① ② ③ ④
11	① ② ③ ④	24	① ② ③ ④
12	① ② ③ ④	25	① ② ③ ④
13	① ② ③ ④		